汽车故障诊断与排除

（第2版）

主　编　孙志刚　董大伟
副主编　李　波　侯吉光　程　识

北京理工大学出版社
BEIJING INSTITUTE OF TECHNOLOGY PRESS

内 容 简 介

本书从现场的维修实践入手，以了解汽车故障诊断方法、正确使用汽车维修工具设备、解决实际故障以及拓宽诊断故障思路为目的。在内容选取上围绕典型案例展开，以经验性（怎么做）和策略性（怎么做更好）知识、技能为主，情境设计与实施过程中以学生亲历完成工作过程为原则，由浅入深，重点突出了学以致用，根据所学的理论知识及故障分析的方法，使学员具备在维修现场解决实际问题的能力，做到举一反三。

本书可作为高职高专院校汽车检测与维修技术专业、汽车运用与维修专业、汽车电子技术专业、汽车整形技术专业、汽车定损与评估及汽车技术服务与营销专业的教学用书，也可作为成人、夜大、职大等层次学生的教材和广大从事汽车维修技术人员的参考用书。

图书在版编目（CIP）数据

汽车故障诊断与排除/孙志刚，董大伟主编．—2 版．—北京：北京理工大学出版社，2016.1（2021.7 重印）

ISBN 978 - 7 - 5682 - 1837 - 5

Ⅰ．①汽…　Ⅱ．①孙…②董…　Ⅲ．①汽车 - 故障诊断 - 高等学校 - 教材②汽车 - 车辆修理 - 高等学校 - 教材　Ⅳ．①U472.4

中国版本图书馆 CIP 数据核字（2016）第 021868 号

出版发行 / 北京理工大学出版社有限责任公司
社　　址 / 北京市海淀区中关村南大街 5 号
邮　　编 / 100081
电　　话 / （010）68914775（总编室）
（010）82562903（教材售后服务热线）
（010）68948351（其他图书服务热线）
网　　址 / http：//www.bitpress.com.cn
经　　销 / 全国各地新华书店
印　　刷 / 三河市华骏印务包装有限公司
开　　本 / 787 毫米×1092 毫米　1/16
印　　张 / 17.5
字　　数 / 405 千字
版　　次 / 2016 年 1 月第 2 版　2021 年 7 月第 5 次印刷
定　　价 / 39.80 元

责任编辑 / 陈莉华
文案编辑 / 陈莉华
责任校对 / 周瑞红
责任印制 / 周瑞红

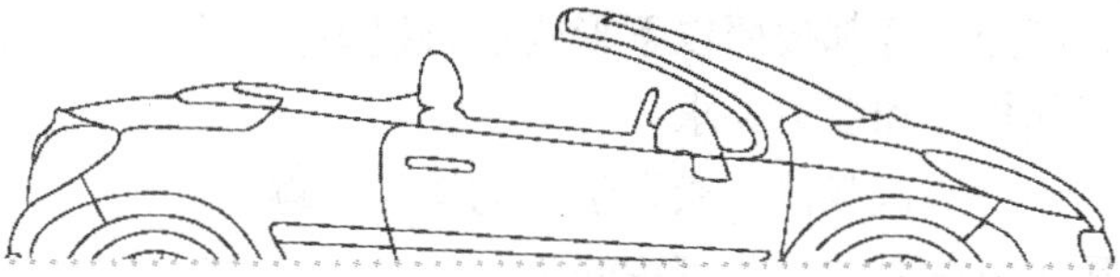

前言

PREFACE

本书是根据高等职业教育的特点和要求，针对高职高专院校学生的学情，遵循知识和技能并重的改革方向编写的职业教育教材。

本书从现场的维修实践入手，以了解汽车故障诊断方法、正确使用汽车维修工具设备、解决实际故障以及拓宽诊断故障思路为目的。在内容选取上围绕典型案例展开，以经验性（怎么做）和策略性（怎么做更好）知识、技能为主，情境设计与实施过程中以学生亲历完成工作过程为原则，由浅入深，重点突出了学以致用，根据所学的理论知识及故障分析的方法，使学员具备在维修现场解决实际问题的能力，做到举一反三。本教材语言精练，图文并茂，易学、易懂、易用；内容翔实，保持汽车故障系统的完整性与系统性。

本书在编写过程中，首先考虑了本行业领域就业的需要、学生在本行业领域持续发展的需要、满足企业特定岗位的需要和学生个性的发展。其次注重培养学生的职业生涯中专业能力、方法能力和社会能力。本书根据上述过程，确定了能够实现的专业能力培养目标：掌握故障诊断与排除的基本方法；掌握故障因果关系分析图的编写；掌握常用检测工具的使用方法。确定了方法能力培养目标：强化收集、分析和组织故障诊断与排除工作所需信息的能力；强化计划和组织故障诊断工作活动的能力；强化依照检修标准作业，优化故障诊断工作流程，协调配合工作能力；强化继续学习，获取新知识、技能以及独立解决问题的能力；强化故障诊断与排除工作中自我控制、自我管理及有效工作评价的能力。确定了社会能力培养目标：团队精神及参与社会生活能力；强化职业道德、安全环保，注重质量和服务意识。在实际的教学组织与实施过程中注重各种能力的培养，将之体现在每个完整的工作过程中，即体现在情境设计的每个环节上，使学生在每个情境的学习过程中都能得到相应能力的培养。

本书紧随高等职业教育改革的发展，凝练属于自己的特色。编写过程中依据特定的工作任务情境下的“资讯、决策、计划、实施、检查、评价”6 个工作过程步骤，选取“适度够用”的内容，以经验性（怎么做）和策略性（怎么做更好）知识、技能为主的教学内容，全书围绕现场的典型案例共设计 11 个教学情境，包括发动机异响的故障诊断与排除、机油油压报警器报警的故障诊断与排除、散热器“开锅”的故障诊断与排除、起动系统无起动征兆的故障诊断与排除、怠速不稳的故障诊断与排除、冷起动困难的故障诊断与排除、转向沉重的故障诊断与排除、制动距离过长的故障诊断与排除、离合器起动发抖的故障诊断与排除、汽车不能起动的故障诊断与排除、汽车电控系统的故障诊断与排除。每个情境设计与实施过程中以学生亲历完整工作过程为原则，以了解汽车故障诊断方法、正确使用汽车维修工具设备、解决实际故障、拓宽诊断故障思路为目的；课程的教学组织与实施突出以学生为中心，以教师为主导；由浅入深，重点突出学以致用。通过对本书的学习使学生转变角色，适应未来工作环境，使之早日成为汽车医生。

本书编写内容丰富，编排新颖，每部分内容都按照以下形式进行组织。

· 工学目标：明确通过学习应达到的技能和能力要求。

· 情境描述：预设一个应用情境，作为知识载体，激发学生的学习兴趣。

· 相关知识：列出本情境解决实际故障需要的相关理论知识。

· 排除故障：针对情境描述的故障现象，按照维修企业的维修流程进行故障排除。

· 评价反馈：对学生在故障排除过程的表现进行动态考核评价，激发学生主观能动性。

· 知识拓展：增加需要学生课后拓展的知识或实践案例分析。

参加本书编写工作的有吉林铁道职业技术学院孙志刚、董大伟、李善锋、乔国春、黄延刚，吉林工程职业学院李波，吉林省经济管理干部学院侯吉光和吉林城市职业技术学院程识老师。全书由孙志刚、董大伟担任主编，由李波、侯吉光、程识担任副主编。

本书在编写的过程中参阅了许多国内外公开出版的同类教材，在此向作者们深表感谢。在编写过程中得到了本地大众4S店、奥迪4S店、别克4S店等企业技术人员的大力支持，在此深表感谢。同时，借本书修订出版之际，衷心感谢关心和支持我们的广大读者，感谢帮助和关爱编者的北京理工大学出版社的领导和同事们。

书中提出的故障诊断方法有的是编者个人的看法，在内容的组合方式上有的还有待探讨，一定会有不完善之处，希望读者给予谅解和宽容，敬请批评指正，我们由衷感谢。

编　者

目 录

CONTENTS

绪论　汽车故障诊断基础知识学习 ······ 001

学习情境一　发动机异响的故障诊断与排除 ······ 018

　工学目标 ······ 018

　情境描述 ······ 018

　相关知识 ······ 018

　　知识一　发动机异响故障概述 ······ 018

　　知识二　排除发动机异响故障的相关知识 ······ 020

　　知识三　发动机异响故障相关零部件的使用与保养 ······ 030

　排除故障 ······ 032

　评价反馈 ······ 035

　知识拓展 ······ 035

学习情境二　机油油压报警器报警的故障诊断与排除 ······ 037

　工学目标 ······ 037

　情境描述 ······ 037

　相关知识 ······ 037

　　知识一　机油油压报警器报警故障的概述 ······ 037

　　知识二　排除机油油压报警器报警故障的相关知识 ······ 038

　　知识三　机油报警灯报警故障相关部件的使用与保养 ······ 050

　排除故障 ······ 055

　评价反馈 ······ 058

　知识拓展 ······ 058

学习情境三　散热器“开锅”的故障诊断与排除 ······ 062

　工学目标 ······ 062

　情境描述 ······ 062

　相关知识 ······ 062

　　知识一　散热器“开锅”故障概述 ······ 062

　　知识二　排除散热器“开锅”故障的相关知识 ······ 063

　　知识三　散热器“开锅”故障相关部件的使用与保养 ······ 079

排除故障……………………………………………………………………… 082
评价反馈……………………………………………………………………… 085
知识拓展……………………………………………………………………… 085
学习情境四　起动系统无起动征兆的故障诊断与排除……………………… 088
工学目标……………………………………………………………………… 088
情境描述……………………………………………………………………… 088
相关知识……………………………………………………………………… 088
知识一　起动系统无起动征兆故障的概述………………………………… 088
知识二　排除起动系统无起动征兆故障的相关知识……………………… 089
知识三　起动机的使用及维护……………………………………………… 102
排除故障……………………………………………………………………… 103
评价反馈……………………………………………………………………… 106
知识拓展……………………………………………………………………… 106
学习情境五　怠速不稳的故障诊断与排除………………………………… 108
工学目标……………………………………………………………………… 108
情境描述……………………………………………………………………… 108
相关知识……………………………………………………………………… 108
知识一　怠速不稳故障的概述……………………………………………… 108
知识二　排除怠速不稳故障的相关知识…………………………………… 109
知识三　怠速不稳故障相关部件的使用与保养…………………………… 124
排除故障……………………………………………………………………… 130
评价反馈……………………………………………………………………… 133
知识拓展……………………………………………………………………… 133
学习情境六　冷起动困难的故障诊断与排除……………………………… 137
工学目标……………………………………………………………………… 137
情境描述……………………………………………………………………… 137
相关知识……………………………………………………………………… 137
知识一　冷起动困难故障的概述…………………………………………… 137
知识二　排除冷起动困难故障的相关知识………………………………… 138
知识三　冷起动困难故障相关部件的使用与保养………………………… 151
排除故障……………………………………………………………………… 153
评价反馈……………………………………………………………………… 156
知识拓展……………………………………………………………………… 156
学习情境七　转向沉重的故障诊断与排除………………………………… 159
工学目标……………………………………………………………………… 159
情境描述……………………………………………………………………… 159
相关知识……………………………………………………………………… 159
知识一　排除转向沉重故障的相关知识…………………………………… 159
知识二　转向系统的常见故障及检修方法………………………………… 160

知识三　造成转向沉重故障相关部件的使用与保养…………… 172
排除故障……………………………………………………………… 174
评价反馈……………………………………………………………… 177
知识拓展……………………………………………………………… 177
学习情境八　制动距离过长的故障诊断与排除…………………… 180
工学目标……………………………………………………………… 180
情境描述……………………………………………………………… 180
相关知识……………………………………………………………… 180
知识一　制动距离过长的故障概述…………………………… 180
知识二　排除制动距离过长故障的相关知识……………… 181
知识三　制动距离过长故障的相关零部件的维护………… 196
排除故障……………………………………………………………… 199
评价反馈……………………………………………………………… 202
知识拓展……………………………………………………………… 202
学习情境九　离合器起动发抖的故障诊断与排除……………… 205
工学目标……………………………………………………………… 205
情境描述……………………………………………………………… 205
相关知识……………………………………………………………… 205
知识一　汽车离合器起步发抖故障的概述………………… 205
知识二　排除汽车离合器起步发抖故障的相关知识……… 206
知识三　离合器起步发抖故障相关零部件的使用与保养……… 216
排除故障……………………………………………………………… 217
评价反馈……………………………………………………………… 220
知识拓展……………………………………………………………… 220
学习情境十　汽车不能起动的故障诊断与排除………………… 223
工学目标……………………………………………………………… 223
情境描述……………………………………………………………… 223
相关知识……………………………………………………………… 223
知识一　汽车不能起动故障的概述…………………………… 223
知识二　排除汽车不能起动故障的相关知识……………… 224
知识三　发动机不能起动故障相关零部件的使用与保养……… 238
排除故障……………………………………………………………… 239
评价反馈……………………………………………………………… 242
知识拓展……………………………………………………………… 242
学习情境十一　汽车电控系统的故障诊断与排除……………… 247
工学目标……………………………………………………………… 247
情境描述……………………………………………………………… 247
相关知识……………………………………………………………… 247
知识一　汽车电控系统的概述………………………………… 247

知识二　排除汽车发动机电控系统故障的相关知识 …………… 251
知识三　汽车电控系统检修注意事项 ……………………… 260
排除故障 ………………………………………………………… 262
评价反馈 ………………………………………………………… 265
知识拓展 ………………………………………………………… 265
参考文献 ……………………………………………………… 267

绪论

汽车故障诊断基础知识学习

一、汽车故障的基本概念

1. 基本术语和定义的解释

汽车维修常用技术术语在《汽车维修术语》（GB/T 5624—2005）中已作了明确规定，有关汽车故障诊断、汽车检测和汽车维修的术语主要如下。

（1）汽车技术状况：定量测得的表征某一时刻汽车外观和性能参数的总和。

（2）汽车技术状况参数：评价汽车使用性能的物理量和化学量。

（3）汽车工作能力：汽车按技术文件规定的使用性能指标，执行规定功能的能力。

（4）汽车检测：确定汽车技术状况和工作能力的检查。

（5）汽车故障：汽车部分或完全丧失工作能力的现象。

（6）汽车故障现象：汽车故障的具体表现。

（7）汽车诊断：在不解体（或仅拆下个别小件）的条件下，确定汽车技术状况，查明故障部位及原因。

（8）诊断参数：是能够反映出汽车发动机和底盘的机械装置结构特征、运行状态、工作性能的技术参数。

（9）诊断规范：对汽车诊断作业技术要求的规定。

（10）故障率：使用到某行驶里程的汽车，在该行驶里程后单位里程内发生故障的概率。

（11）故障树：表示故障因果关系的分析图。

（12）汽车维修：汽车维护和修理的泛称。

（13）汽车维护：为维持汽车完好技术状况或工作能力而进行的作业。

（14）汽车修理：为恢复汽车完好技术状况（或工作能力）和寿命而进行的作业。

（15）技术检验：按规定的技术要求确定汽车、总成、零部件技术状况所实施的检查。

（16）汽车检测站：从事汽车检测的企业。

（17）汽车诊断站：从事汽车诊断的企业。

（18）汽车维修企业：从事汽车维护和修理生产的经济实体。

（19）定期维护：按技术文件规定的运行间隔期实施的汽车维护。

（20）视情修理：按技术文件规定对汽车技术状况进行诊断或检测后，决定修理内容和实施时间的修理。

从上述术语中有关“汽车故障”和“汽车诊断”的定义出发，不难推出汽车故障诊断的含义，汽车故障诊断是“当汽车部分或完全丧失工作能力的现象发生后，在不解体（或仅拆下个别小件）的条件下，对汽车所进行的确定汽车技术状况、查明故障部位及原因的检查”。

2. 汽车检测、汽车维修与汽车故障诊断的关系

汽车故障诊断包含了“诊”和“断”两个环节，汽车故障诊断的过程就是由诊断技术人员从汽车的故障现象出发，熟练应用各种检测设备对汽车进行全面综合的检测，完成“诊”的环节，然后运用对汽车原理与结构的深刻理解，对测试结果进行综合分析后，再对故障部位和原因做出确切的判断，完成“断”的环节。

汽车故障诊断中的第一环节“诊”应该比汽车检测的内容更深入一些，它不是一个单纯的“检测”过程，而是一个综合的“测试”过程。测试包括参数检测和性能试验两个部分。因为汽车检测的目的是判断被测汽车是否符合安全环保检测或综合性能检测的规定，检测参数若超标则为不合格，若未超标则为合格。检测是定性分析，它只有通过和不通过两个结果。汽车诊断的目的是判断汽车的故障部位和原因，对检测参数必须做出定量分析，然后通过性能试验才能为找到故障部位查明故障原因提供充分的根据。诊断的结果可能由多个部位和多种原因造成。所以，汽车诊断应该包括技术检测、性能试验和结果分析3个部分。技术检测的主要任务是通过测试仪器和设备对汽车的诊断参数进行测量。性能试验的主要任务是对被检测系统进行功能性动态试验，通过改变系统的状态进行对比试验分析，旨在发现系统故障与诊断参数之间的关系。结果分析的目的是对诊断的最终结果做出因果关系的客观分析，也就是对故障生成的原因机理与故障现象特征之间的必然联系，以及故障现象与诊断参数之间的内在联系做出理论分析。

（1）完全故障：汽车完全丧失工作能力、不能行驶的故障。

（2）局部故障：汽车部分丧失工作能力，即降低了使用性能的故障。

（3）致命故障：导致汽车、总成重大损坏的故障。

（4）严重故障：汽车运行中无法排除的完全故障。

（5）一般故障：汽车运行中能及时排除的故障或不能排除的局部故障。

上述故障的类别划分显然偏少，故障类别因分类方法的不同，类别的范围非常广泛。另外，上述的“局部故障”从其定义来看，称为“部分故障”更为合适。

3. 汽车故障的分类

汽车故障按不同的方式可以分成多种不同的类型。

（1）按照故障造成的性质可分为自然故障和人为故障两种。

①自然故障是指汽车在正常使用和维护的条件下，由于不可抗拒的原因而形成的故障。例如，在汽车的使用过程中，零件会产生自然磨损；在长期交变载荷作用下，零件会产生疲劳；在外载荷及温度残余内应力作用下，零件会产生变形；此外，非金属零件及电气元件会产生老化失效等，这些原因造成的故障都属于自然故障。

②人为故障是指由于人为不慎造成的故障。例如，汽车在制造和维修中使用了不合格的配件，或违反了装配技术条件，在使用过程中没有遵守使用条件以及未按操作技术规程维修等原因造成的故障。

（2）按照故障发生的部位可分为整体故障和局部故障两种。

①整体故障是指汽车达到设计寿命后，汽车因整体老化导致的整体性能故障，表现为汽

车动力性、安全性、经济性、可靠性、制动性、操纵性、环保性、平顺性等多种综合指标整体下降。

②局部故障是指汽车某部分出现的故障，这个部分的功能不能实现，但其他部分的功能仍然完好。

（3）按故障发生时间可分为初始磨合期故障、正常使用期故障及即将报废期故障3种。

①初始磨合期故障是指在新车或大修车的磨合期间发生的故障。

②正常使用期故障是指在完成初始磨合后，在汽车设计的正常使用寿命周期内发生的故障。

③即将报废期故障是指在达到汽车设计的正常寿命后，在汽车报废前发生的故障。

（4）按照故障的发展过程可分为突发性故障和渐进性故障两种。

①突发性故障是指在发生故障前没有可以察觉到的现象而是突然出现的，这是各种不利因素以及偶然的外界影响共同作用的结果，这种作用超出了产品所能承受的限度，因而导致故障发生。这种故障发生的特点具有偶然性和突然性，具有明显的质变特征，一般不受使用时间的影响，无法监控也难以预测，如轮胎爆裂、钢板弹簧断裂等。

②渐进性故障是指故障现象的发生是循序渐进的，其程度由弱到强逐渐形成，通常与使用时间相关联，随着使用时间的延长，故障逐渐明显。这种故障发生的特点具有渐强性和必然性，具有明显的量变特征。这种故障可以在刚刚发生时就予以诊断，加以排除，如发动机异响声音逐渐变强、燃油消耗量逐渐增大等。

（5）按照故障存在的时间可分为间歇性故障和持续性故障。

①间歇性故障的特点是故障发生后其故障现象时有时无，俗称“软故障”，如发动机抖动时有时无、发动机异响时隐时现等。这样的故障在诊断时需要造成故障发生的工况条件和环境，获取故障诊断参数比较困难。

②持续性故障特点是在故障发生的阶段故障现象始终存在，俗称“硬故障”，如某一汽缸始终不工作、变速器始终无法换入某一挡等。这样的故障可以方便地对诊断参数进行示波方式采集，获取故障诊断参数比较容易。

（6）按故障表现特征可分为功能性故障、警示性故障及隐蔽性故障3种。

①功能性故障是指故障具有明显的可感觉到的使用性能发生变化的特征，是指可以感觉到的故障，如加速不良、转向沉重等。

②警示性故障是指故障具有明显的可察觉到的外观状况发生变化的特征，是指可以察觉到的故障，如排气冒黑烟、故障灯亮等。

因为功能性故障和警示性故障是可以感觉或察觉到的故障，也统称为可见故障，但准确地说应该是可见可感故障。

③隐蔽性故障是指故障发生后无法察觉到故障现象的故障，这种故障通常要通过检测才能够发现，因此，也称之为检测性故障。另外，渐进性故障在发展初期尚未对功能产生影响时也属于隐蔽性故障，也称之为潜在性故障。

（7）按故障生成原因可分为设计故障、制造故障、使用故障和维修故障4种。

①设计故障是指因汽车设计缺陷导致的故障，如发动机与底盘设计匹配不当导致换挡加速时车身发抖。

②制造故障是指因汽车制造缺陷导致的故障，如汽缸铸造时产生气孔导致冷却液渗漏、曲轴因热处理不良导致早期断裂等。

③使用故障是指因汽车使用不当造成的故障。如：恶劣条件下长期行驶导致悬架、车架和轮胎损坏；润滑油使用不当导致发动机汽缸损坏；驾驶操作不当导致变速器打齿等。

④维修故障是指由于维修不当造成的故障。例如，装配不当导致零件损坏；调整不当导致操纵性能变差；养护不当导致发动机早期磨损等。设计故障、制造故障、使用故障和维修故障 4 种故障同属于人为故障。

(8) 按故障的危害程度可分为轻微故障、一般故障、严重故障和致命故障 4 种。

①轻微故障是指不会导致停驶，尚不影响正常使用，亦不需要更换零件，可用随车工具在短时间内（约 5 min）轻易排除的故障。

②一般故障是指造成停驶，但不会导致主要零部件损坏，并可用随车工具和易损件或价值很低的零件在短时间内（约 30 min）修复；虽未造成停驶，但已影响正常使用，需调整和修复的故障。

③严重故障是指导致整车性能显著下降，造成主要零部件损坏，且不能用随车工具和易损备件在短时间内（约 30 min）修复的故障。

④致命故障是指涉及人身安全，可能导致人身伤亡，引起主要总成报废，造成重大经济损失，不符合制动、排放、噪声等法规要求的故障。

(9) 按故障发生频次可分为偶发性故障和多发性故障两种。

①偶发性故障是指故障现象出现概率非常低的故障，即发生次数极少的故障，如行驶中发动机突然熄火（在很长时间内仅发生过一两次）。

②多发性故障是指故障现象出现概率比较高的故障，即经常发生的故障。

不论是偶发性故障还是多发性故障，当故障出现时其故障现象既可以是间歇性的，也可以是持续性的。

(10) 按故障影响程度可分为部分故障和完全故障两种。

①部分故障是指汽车部分丧失工作能力的故障，即使用性能降低，如制动性能变差、加速性能不良、怠速不良等。

②完全故障是指汽车完全丧失工作能力的故障，即使用性能完全丧失，如完全没有制动、完全不能加速（加速就熄火）、没有怠速等。

(11) 按故障发生状态可分为实际故障和潜在故障两种。

①实际故障是指已经发生的故障，故障真实存在并且已经造成结果的故障，如制动管路已经发生泄漏，导致制动不灵的症状发生。

②潜在故障是指存在着可能发生的故障，故障还没有发生，但已经具有发生的可能性。例如，制动管路出现裂纹，但还没有导致制动管路的泄漏，就是一个潜在故障。

(12) 按故障影响性质可分为功能故障和参数故障两种。

①功能故障是致使预定功能不能完成的故障。功能故障常常是由于个别零部件损坏或卡滞造成的，如由于起动机损坏导致发动机无法起动。

②参数故障是指工作参数超出标准值，但并未导致功能完全丧失的故障。例如，点火正时超出标准值，但并未导致点火过早（或晚）的故障现象发生。

(13) 按故障点的数量可分为单点故障和多点故障两种。

①单点故障是指只有一个故障点存在的故障，如只有冷却液温度传感器开路一个故障点的故障。

②多点故障是指同时有两个以上故障点存在的故障，如喷油器结焦和节气门位置传感器损坏同时发生在一辆汽车上的故障。

（14）按故障发生系统的数量可分为单系统故障和多系统故障两种。

①单系统故障是指在汽车某一部分或某个总成上只有一个系统出现故障，如故障只发生在发动机点火系统的故障。单系统故障可以是单点故障，也可以是多点故障。

②多系统故障是指汽车某一部分或某个总成有多个系统同时出现故障，如故障同时发生在发动机点火和燃油两个系统上的故障。多系统故障在每个系统中可以是单点故障，也可以是多点故障。

（15）按故障点与症状关系可分为一点多症故障和一症多点故障两种。

①一点多症故障是指一个故障点导致多种症状发生的故障。例如，点火正时因调整不当导致点火过早的故障点，表现为加速不良、产生爆震、水温高等多个症状。

②一症多点故障是指一个症状有多个故障点的故障，如汽车怠速不稳症状由怠速电磁阀故障、进气系统故障、供油系统故障等多个故障点引起。

二、汽车故障的症状

1. 汽车故障症状的分类

汽车故障症状是在汽车操纵过程中可以感觉和察觉到的异常现象，能够感觉到的是功能性故障症状，能够察觉到的是警示性故障症状，有些故障症状可能不明显，既不能感觉到也不能察觉到，但是故障却存在，这样的故障是隐蔽性故障，它只能通过检测的方式才能发现，因而也称之为检测性故障。对汽车故障症状进行分析分类，是进行汽车故障诊断的出发点，描述故障症状的准确性和同一性是分析判断汽车故障的基础，本节对汽车故障症状从功能性、警示性和隐蔽性 3 种存在状态出发，对汽车发动机、底盘、电器和计算机控制系统等 4 个部分常见的典型故障症状进行归纳和列举，希望在描述常见汽车故障症状时能够达到同一性和准确性的目标。

2. 汽车故障症状类别表

汽车故障按照表现特征可以分为功能性故障、警示性故障和隐蔽性故障，因此，依据这种分类方式，可以将故障症状具体的表现形式进一步分为表 0－1 所列的不同的类别。

表 0－1　故障症状表现形式分类表

症状表现形式	症状现象
工作状况异常	行驶性能、运转性能、工作性能、操纵性能等不正常
仪表指示异常	仪表显示、灯光警示、屏幕显示不正常
各部响声异常	发动机、底盘、电器、车身各个部分的运动零部件及总成异响
工作温度异常	发动机、传动、制动、转向、行驶等系统的各个总成及润滑油温度不正常
机械振动异常	发动机、底盘等系统运动零部件及总成振动、摆动、跳动、抖动等
排放色味异常	尾气排放为白烟、蓝烟、黑烟，尾气排放有异味

续表

症状表现形式	症状现象
气味、颜色异常	发动机舱、车厢内外，各种液（气）体、燃油、润滑油、橡胶及塑料件等颜色、气味不正常
油液消耗异常	燃油、润滑油、冷却液、转向助力液、变速器油、差速器油等液体消耗量不正常
汽车外观异常	车身、车架、轮胎、轮辋、悬架、发动机舱、行李舱等外观变形
液体漏堵异常	发动机润滑油、冷却液、转向助力液、变速器油、差速器油等渗漏、堵塞等
检测参数异常	力、力矩、角度、位移、照度、压力、温度、功率、电压、电流、侧滑量、排放值等超标
故障症状关系	单一症状与多种症状、简单症状与复合症状、伴随症状与因果症状

从表 0－1 中不难发现，“工作状况异常”是功能性故障的表现，“检测参数异常”是隐蔽性故障的表现，从第 2 项到第 10 项异常是警示性故障的表现。第 12 项是故障症状与故障的关系分类。

（1）工作状况异常。

工作状况异常是指汽车的各个部分出现工作状况不正常的现象，这种现象能够直接感受到，如汽车加速不良、发动机怠速不稳、自动变速器换挡不正常、制动失灵等。

（2）仪表指示异常。

仪表指示异常是指汽车仪表指示不正常的现象，这种现象可以直接察觉到，如水温表指示温度过高、机油报警灯点亮、发动机故障指示灯亮、液晶显示屏故障指示等。

（3）各部响声异常。

各部响声异常是指汽车行驶过程中发出的声响不正常，这种现象可以直接听到，如发动机连杆轴承、离合器分离轴承和变速器齿轮啮合有响声、排气管放炮、空调皮带出现噪声等。

（4）工作温度异常。

工作温度异常是指汽车各个总成部件的温度不正常，这种现象可以感觉到，如散热器水箱开锅、自动变速器油温过高、制动盘（鼓）过热、排气管发红等。

（5）机械振动异常。

机械振动异常是指汽车行驶中各部分的不正常振动，这种现象可以感觉到，如转向盘振动、车厢振动、车轮摆动、发动机振动等。

（6）排放色味异常。

排放色味异常是指排气过程中气味和颜色不正常，这种现象可以观察到和嗅到，如排放气味呛人、排放黑烟、排放蓝烟等。

（7）气味、颜色异常。

气味、颜色异常是指汽车各个部分在行驶和运转时出现味道和外观颜色的不正常现象，这种现象可以观察到和嗅到，如车厢内的汽油味、机油烧焦味、离合器片焦煳味或电路外皮烧焦、机油或变速器油颜色异常等。

（8）油液消耗异常。

油液消耗异常是指汽车各种润滑油、电解液、冷却液等消耗过快的现象，这种现象可以观察到，如机油消耗快、蓄电池电解液消耗过快、水箱亏水等。

（9）汽车外观异常。

汽车外观异常是指汽车变形、倾斜等现象，这种现象可以将汽车停放在平坦路面上观察出来，如车身偏斜、车轮变形、车身前后左右高低不一致等。

（10）液体漏堵异常。

液体漏堵异常是指汽车各部分有油液渗漏、泄漏或堵塞现象，通过检查可以发现，如发动机油底壳漏油、水箱渗漏、转向助力油路漏油、蓄电池电解液渗漏、燃油管路堵塞等。

（11）检测参数异常。

检测参数异常是指只有通过检测才能发现的故障，这种隐蔽性故障必须通过检测才能发现。例如，尾气排放超标、发动机功率下降等故障在变化范围比较小时，一般感觉不到，但通过测试可以发现。

（12）单一症状与多种症状、简单症状与复合症状、伴随症状与因果症状。

故障症状按照症状数量的多少分为单一症状和多种症状，按照故障原因与故障症状之间的关系分为简单症状和复合症状，按照症状与症状之间的关系分为伴随症状和因果症状。单一症状是指只有一个症状表现的故障症状。多种症状是指多个症状同时存在的故障症状。例如，前左转向灯不亮和汽油管渗漏，就是两个简单症状，两者之间没有必然联系。一个症状单独发生时称为单一故障，两个或两个以上症状同时发生称为多种故障。

简单症状是指由一个故障原因导致的一个故障症状。复合症状是指由两个以上故障原因导致的一个故障症状。例如，混合气偏稀加上一个汽缸的压力偏低，导致这个汽缸出现间歇性断火症状，就是复合症状，这时可能只需改变混合气浓度，就可以将这个汽缸的断火故障现象大大削弱。如果将这个汽缸做表面再生修复，就有可能将故障症状完全消除。这表明复合症状中的任何一个故障原因发生变化，都有可能影响到故障症状的表现。

伴随症状与因果症状是使多种同时出现的症状之间存在一定的相互联系。例如，混合气过浓导致的发动机故障症状是排气冒黑烟和怠速不稳，其中怠速不稳是发动机运转性能变化的功能性故障症状，冒黑烟是警示性故障症状，这两个故障症状的联系是冒黑烟与怠速不稳具有相互伴随的关系。又如，发动机有进气管漏气声和发动机转速不稳，发动机转速不稳是运转性能不良的功能性症状，而有进气管漏气声是警示性症状，这两个故障症状之间是因果关系。

3. 汽车发动机的典型故障症状

1）功能性故障症状

在发动机工作中可以感觉到的工作状况发生异常变化的症状。

（1）不能起动。

①起动机不转。

②起动机运转，但不点火、不喷油、缸压不正常。

（2）起动困难。

长时间起动才能发动、多次起动才能发动。

（3）怠速不正常。

①无怠速。

②有怠速：无快怠速、怠速高、怠速低、怠速抖动、怠速游车、怠速熄火、怠速摆动、

怠速忽高忽低。

（4）运转不良：转速不稳、抖动、喘振、闯车。

（5）动力不足：最高车速低、爬坡无力。

（6）加速不良：迟滞、无力、闯车、发闷、提速慢、提速转速低。

（7）减速不良：熄火、不降速、降速慢。

（8）自动熄火：突然熄火、逐渐熄火。

（9）无法熄火：关闭点火开关后不熄火。

2）警示性故障症状

在发动机工作中可以察觉到的、有异常现象发生的症状。

（1）进气异常：回火放炮、异响。

（2）排气异常：放炮、发出“突突”声、温度异常、异味、异响；冒白烟、蓝烟、黑烟。

（3）发动机异响：燃烧异响、机械运动副间隙响、气流异响、跳火异响、机件摩擦敲击响。

（4）发动机异味：汽油味、焦煳味、机油味。

（5）温度异常：水箱开锅、水温过高、水温过低、暖机慢。

（6）指示异常：故障灯亮、充电灯亮、机油灯亮；转速表、燃油表指示不正确。

（7）外观异常：转动异常、安装不当、变形损坏。

（8）消耗异常：燃油、润滑油、冷却液等液体消耗量不正常。

（9）颜色异常：润滑油、冷却液等颜色不正常。

（10）液体渗漏：冷却液渗漏、润滑油渗漏。

3）检测性故障症状

在发动机工作时不易感觉和察觉到的隐蔽性故障，这是只有经过检测才能发现的异常故障。

（1）汽缸压力略低。

（2）汽缸漏气率略高。

（3）曲轴箱窜气率略高。

（4）进气真空度略高或略低。

（5）水箱盖开关阀压力异常。

（6）水箱保压时间短。

（7）燃油压力略高或略低。

（8）燃油箱盖进气阀开关压力异常。

（9）机油压力偏高。

（10）尾气排放略高或略低。

（11）怠速转速略高或略低。

（12）点火高压略高或略低。

（13）点火正时基准略微偏移。

（14）流量、角度、温度等传感器输入参数轻微偏离。

（15）燃油消耗量偏高。

4. 汽车底盘的典型故障症状

1）功能性故障症状

在汽车底盘工作中可以感觉到的工作状况发生异常变化的症状。

（1）离合器工作不良。

①打滑：发动机转速升高快，车速升高慢。

②分离不开：换挡时变速器齿轮响。

③结合不平顺：起步时汽车窜动。

（2）手动变速器工作不良。

①跳挡：行驶中动力突然中断。

②乱挡：变速器无法正常进入挡位。

③卡挡：变速器无法退回空挡。

④换挡困难：变速器进出挡不顺利。

（3）自动变速器工作不良。

①无挡：换入 D 挡后不走车。

②不换挡：换入 D 挡后不能自动升降挡。

③换挡冲击：自动变速器换挡时闯车。

④换挡迟滞：自动变速器换挡时动力中断。

⑤选挡困难：选挡杆进出挡位不顺利。

⑥打滑：离合器、制动带打滑，车速上升慢。

（4）转向性能不良：发飘、沉重、跑偏、摆头、摆振、转向不稳、转向不足、转向不回、转向过度。

（5）制动性能不良：失灵、拖滞、跑偏、甩尾、解除迟缓、制动盘偏摆。

（6）制动踏板操纵不适：过高、过低、阻力过大、反弹。

（7）驻车制动性能不良：坡道停车时溜车下滑。

（8）防滑功能失效：ABS、ASR、EBD、ESP 等功能丧失。

（9）减振器性能不良：车身颠簸、舒适性差。

（10）车轮运转不良：跳动、摆动。

2）警示性故障症状

在汽车底盘工作中可以察觉到的、有异常现象发生的症状。

（1）底盘异响摆振：离合器、手动变速器、自动变速器、传动轴、万向节、前后桥、半轴、转向器及助力泵、制动器、驻车制动器、悬架、车轮等部件及总成异响。

（2）底盘异味：离合器、手动变速器、自动变速器、转向器、助力泵、制动器、悬架、车轮等有异味。

（3）温度异常：离合器、手动变速器、自动变速器、转向器、助力泵、制动器、悬架等温度不正常。

（4）指示灯异常：挡位指示、O/D、ABS、ASR、ESP、制动液位及驻车制动器指示灯显示异常。

（5）外观异常：车身倾斜、车架变形、悬架变形、轮辋损伤、车轮磨耗、车轮擦伤等。

（6）底盘各总成润滑油：渗漏、溢出、变色、变质、高温、过热、液面低、产生异味、消耗过快。

3）检测性故障症状

汽车底盘工作时感觉不明显、不易察觉到的隐蔽性故障。

（1）离合器踏板自由行程略大或略小。

（2）自动变速器油压略高或略低。

（3）自动变速器换挡点略高或略低。

（4）转向助力油压偏高、偏低。

（5）转向盘转向力偏高、偏低。

（6）制动踏板行程略高或略低。

（7）制动踏板踏力偏高、偏低。

（8）制动力略微不足。

（9）制动力左右略微不均。

（10）制动轻微拖滞、制动器发热温度略高。

（11）传动系统间隙略大。

（12）侧滑量偏大。

（13）四轮定位不准。

（14）转向角度有偏差。

（15）前后轮距、轴距有偏差。

（16）轮胎气压有偏差。

（17）轮边功率不足。

（18）滑行距离不足。

（19）制动距离偏长。

（20）加速时间偏长。

（21）车轮动平衡失准。

（22）轮胎气压偏高、偏低。

5. 汽车电器的典型故障症状

由于电器系统中许多装置的功能必须通过观察的方式来确认其是否正常，这也就决定了这种故障症状同时具备了功能性和警示性的特征。例如，前照灯开关打开后，前照灯不亮，这对于前照灯控制电路来说是功能性故障症状，但这一症状又是通过观察才发现的，因此，这个症状又具备了警示性的特征。

1）功能性故障症状

电器系统工作时可以感觉到或察觉到的工作状况发生异常的症状。

（1）灯光照明异常：不亮、发暗、开关异常、亮度异常、光束位置不当。

（2）仪表指示异常。

①仪表不动、摆动、指示不当。

②指示灯不亮、不灭、闪烁。

（3）信号系统异常。

①喇叭不响、响声异常。

②转向灯不亮、不闪、闪烁频率不当、不能自动关闭。

③制动灯不亮、常亮。

（4）电源系统异常。

①不充电、过充电、充电不正常。

②蓄电池亏电、充不进电、不存电、电解液消耗快、寿命短。

③发电机不发电、发电异常。

（5）空调系统异常。

①压缩机不工作、压缩机工作但不制冷或制冷效果差。

②出风控制异常。

a. 无暖风、无冷风、无风、风量小。

b. 温控调整无效。

c. 车厢内外风循环控制失常。

d. 出风口控制失常。

（6）辅助电器异常：刮水器工作异常、中控门锁工作异常、遥控器工作异常、防盗控制不正常、玻璃升降不正常、座椅调整不正常、后窗除雾不正常。

（7）收放音响异常：无声、收音无台、收音声小、收音质差、放音质差。

（8）气囊安全带异常：气囊指示灯异常、安全带锁紧异常。

2）警示性故障症状

电器系统工作中，可以察觉到的工作异常症状。

（1）电器系统异响：发电机、空调系统、起动机、继电器等零件及总成异响，空调皮带打滑。

（2）电器系统异味或异样：线束焦煳、熔断器烧熔、塑料件烧焦。

（3）电器系统温度异常：线束、熔断器、电动机、开关等发热。

（4）蓄电池异常：通气孔大量冒气泡、电解液位低、电解液渗漏。

（5）开关指示灯不亮：A/C 开关、后窗加热开关、收放机电源开关等损坏，无法显示是否为工作状态。

（6）外观异常：元器件破损、变形、破碎、烧蚀、断裂。

3）检测性故障症状

在电器系统工作时不易感觉和察觉的隐蔽性故障，但通过电器系统检测可以发现的这些工作状况异常的症状。

（1）基本参数异常。

①电压、电流、电阻、电容、电感、频率、脉宽、占空比等参数不准。

②点火电压、点火闭合角、跳火时间、点火正时提前角等参数不准。

③真空度、压力、温度、湿度、转速、功率、波形、相位等数据异常。

（2）蓄电池异常：充放电电压、电流、电解液相对密度等与正常值相差较大。

（3）发电机异常：充电电压、电流、额定功率、额定转速等与正常值相差较大。

（4）前照灯异常：工作电压、电流、照度、光束等与正常值相差较大。

（5）空调系统异常：高低压力、进出口温度、湿度、温差等与正常值相差较大。

6. 汽车计算机控制系统的典型故障症状

计算机控制系统由软件（控制程序）和硬件（计算机、传感器、执行器）两部分组成。

计算机控制系统故障症状是指在汽车发动机、底盘和电器3个系统中的机械与电器装置工作均正常的前提下，完全由计算机控制系统软硬件工作失常所造成的故障现象。

1）功能性故障症状

计算机控制系统功能性故障主要表现为电控汽车各个系统工作的异常，具体如下：

（1）发动机控制功能异常。

（2）自动变速器控制功能异常。

（3）ABS、ASR、EBD、ESP等功能失常。

（4）四轮驱动控制失常。

（5）动力及四轮转向控制失常。

（6）SRS控制失常。

（7）空气液压悬架控制失常。

（8）自动空调系统控制失常。

（9）仪表显示控制失常。

（10）灯光控制失常。

（11）车身辅助电器系统控制失常。

（12）电源系统控制失常。

（13）执行器工作失常：计算机输出电路损坏、执行器及其驱动损坏。

2）警示性故障症状

计算机控制系统警示性故障症状主要表现为各个计算机控制系统的故障灯异常和电路、元器件、计算机控制单元等的外观异常。

（1）发动机故障灯异常。

（2）A/T指示灯异常。

（3）ABS、ASR、ESP指示灯异常。

（4）SRS指示灯异常。

（5）A/C指示灯异常。

（6）电路烧坏。

（7）元器件破损。

（8）计算机控制单元异常：进水、烧坏、机械损伤等。

3）检测性故障症状

计算机控制系统隐蔽性故障通常无法感觉和察觉到，必须采用检测的方式才能发现。

（1）传感器工作参数异常。

（2）计算机网络通信异常。

（3）电压降及接头接触电阻偏大。

（4）计算机、传感器、执行器型号错误。计算机控制程序与所控制的对象（机械装置）不匹配、计算机与传感器不匹配、计算机过程控制参数超限。

（5）传感器及计算机参考电源搭铁不良。

（6）计算机电源及搭铁不良。

（7）电磁干扰过强。

（8）电路干扰过强。

（9）计算机参考电源损坏。

（10）计算机输入接口电路损坏。

三、汽车产生故障的原因

生成汽车故障的原因由外因和内因两个部分组成。其中外部原因主要有环境因素、人为因素和时间因素，而内部原因则主要有物理、化学或机械的变化因素。导致汽车故障生成的内部原因称为故障机理。

对故障原因进行模式化分类，就是找出不同故障原因的相同模式进行归类，故障树就是从故障原因中抽出具有相同本质的内容进行分类组合而成的。对汽车故障原因进行分层定义是为了在诊断故障时逐级缩小故障范围，最终锁定故障点，找出损坏的零部件，然后分析零部件故障的生成原因，区分出零部件损坏的内因和外因，从根源上杜绝故障再次发生的可能性。

1. 汽车故障生成的外部原因

1）环境因素

外界施加于汽车的各种条件、客观环境等均称为环境因素。环境因素可以包括力、能量、温度、湿度、振动、污染物等外界因素，这些环境因素将以各种能量的形式对汽车产生作用，并使机件发生磨损、变形、裂纹以及腐蚀等各种形式的损伤，最终导致故障发生。这些能量包括机械能、热能、化学能和其他能量。

2）人为因素

汽车在设计、制造、使用和维修过程中，始终包含人为因素的作用，特别是早期故障的发生大部分都可以归咎于人为因素。

3）时间因素

通常机械指标（如强度、精度、功率等）都是随时间而变化的。因为，即使是和设计要求完全相符的机械，经过长年累月的使用，其特性指标都会因为温度、湿度、负荷等影响而随时间发生变化。

上述的环境因素、人为因素等是促使汽车发生故障的诱因，就其广义来讲时间因素也应考虑在内。施加应力的先后顺序、单位时间内应力循环的频率、疲劳裂纹扩展的速度以及负荷时间与无负荷时间的比例等，都是产生故障的时间因素。

2. 汽车故障生成的内部原因（故障机理）

（1）根据机械零件的类型、使用环境和故障表现形式，故障机理通常可以归纳为磨损、变形、断裂、裂纹和腐蚀等。

①磨损机理。磨损是指相对运动的零件物质由于摩擦而不断损耗的现象。按照磨损的机理，磨损又可分为磨粒磨损、黏着磨损、疲劳磨损和腐蚀磨损 4 种。

a. 磨粒磨损。磨粒磨损是指摩擦表面间有硬质颗粒物相互摩擦引起的表面磨损。磨粒磨损会在材料表面划出沟槽。减少磨粒磨损的主要措施是防止外来磨粒进入摩擦表面和防止摩擦表面产生磨粒。

b. 黏着磨损。黏着磨损是指摩擦表面间因温度过高导致的金属局部熔化，发生转移黏附到相接触的零件表面上的现象。黏着磨损会在材料表面发生擦伤、撕脱、咬合现象，如拉缸、烧瓦、抱轴等。

c. 疲劳磨损。疲劳磨损是指在交变载荷长时间的作用下，摩擦表面产生裂纹、金属剥落的现象。例如，滚珠轴承滚道金属剥落，齿轮、凸轮表面金属裂纹和剥落等。

d. 腐蚀磨损。腐蚀磨损是指材料与周围介质发生化学和电化学反应引起金属表面穴蚀产物剥落的现象。腐蚀磨损又分为氧化磨损、特殊介质（酸、碱、盐）腐蚀磨损和穴蚀 3 种，如曲轴轴颈、汽缸、活塞销、齿轮啮合表面都会产生氧化（层剥落）磨损。

②变形机理。变形是指机件在外部载荷以及内部应力作用下，形状和尺寸发生变化的现象。根据外力去除后变形能否恢复，可分为弹性变形和塑性变形。机件变形的原因主要是外载荷、内应力、温度以及内因 4 个方面。

a. 弹性变形。弹性变形是指机件受载时发生的变形，在外载荷卸除后变形即自行消失，弹性变形具有可逆性特点。

b. 塑性变形。塑性变形是指机件受载时发生的变形，在外载荷卸除后变形依然存在。塑性变形具有不可逆特点。

c. 外载荷。外载荷是指汽车机械零件在工作中传递的力和转矩以及承受的冲击和振动。当这些外载荷作用到金属零件上时，零件内部就产生了各种应力，当这种应力在材料的弹性极限之内时，汽车机械零件发生的变形是弹性变形，当上述应力超过屈振强度时，汽车机械零件发生的变形是塑性变形。

d. 内应力。内应力是指铸件冷却后由于相连部分体积变化不均匀，相互牵制而产生的力。内应力分为热应力和残余内应力两种。内应力要通过时效处理加以消除，时效处理不当是导致机械铸件发生早期变形的主要原因。

e. 温度。汽车零件在高温下工作容易产生变形，原因是金属材料的弹性极限随温度的升高而下降。温度高导致金属强度下降，而金属强度下降又导致汽车零件的变形。

f. 内因。内因是指金属材料的结晶缺陷，这是指金属材料在微观组织结构上的缺陷，主要包括空位、位错、沿晶粒界限的缺陷、空穴和其他杂质等。内因是指零件材料的质量问题，它也是导致零件变形的原因。

③断裂机理。断裂是指机件在承受较大静载荷或动载荷时，达到材料的强度极限或疲劳极限时断成两个或几个部分的现象。断裂可分为疲劳断裂、静载断裂和环境断裂 3 种。

a. 疲劳断裂。疲劳断裂是指机件在重复以及交变应力的作用下，虽然所承受的应力低于材料的屈服极限，按静强度设计观点来看应该是安全的，但仍然发生了断裂的现象。

b. 静载断裂。静载断裂是指机件在静载荷（一次冲击或恒定载荷）作用下，外部载荷超过材料的强度极限时，机件发生断裂的现象。静载断裂分为韧性断裂和脆性断裂两种。韧性断裂是发生在宏观塑性变形下的断裂，也就是在断裂前机件发生过明显的塑性变形。脆性断裂是突然发生的几乎没有明显塑性变形的断裂，也就是机件在断裂前基本没有发生明显的塑性变形。

c. 环境断裂。环境断裂是指机件在腐蚀环境中，材料表面或裂纹前沿由于经过氧化、腐蚀或其他过程使断裂表面的强度下降所导致的断裂现象。

④裂纹机理。裂纹是指机件表面出现局部断裂的现象。裂纹的发展过程为裂纹产生、裂纹扩展和最终断裂 3 个阶段。裂纹属于可挽救故障，断裂属于不可挽救故障。裂纹的形态和成因都很复杂，裂纹的类型很难区分。为了讨论方便，可将裂纹分为工艺裂纹和使用裂纹两种。

a. 工艺裂纹。工艺裂纹主要指铸造裂纹、锻造裂纹、焊接裂纹、热处理裂纹和磨削裂纹 5 种。

b. 使用裂纹。使用裂纹是指机件在实际使用中产生的裂纹，主要有疲劳裂纹、应力腐蚀裂纹和蠕变裂纹 3 种。

⑤腐蚀机理。腐蚀是指金属机件表面接触各种介质后发生某种反应而逐渐损坏的现象。腐蚀按照破坏机理可分为化学腐蚀和电化学腐蚀两种。

a. 化学腐蚀。化学腐蚀是指零件材料直接与介质发生化学反应的现象。化学腐蚀通常在零件表面形成一层相应的化合物覆盖膜。例如，铁、铝等金属在空气中氧化，就会在其表面形成一层氧化膜。

b. 电化学腐蚀。电化学腐蚀是指当两种不同的金属材料处在同一电解质溶液中时，两种金属相当于一对电极，这样就形成了微电池，产生了电化学反应，使得阳极金属因有电子流向阴极而受到腐蚀的现象。

四、汽车故障诊断的基本原理

因果图分析法以故障现象为结果，以导致该故障的诸多因素为原因用分支分叉的方法绘制而成。通过图形的因果关系可以全面分析导致故障现象发生的各种原因，并从中找出故障的主导原因。如图 0－1 所示，以发动机无法起动为故障现象，用因果图分析法表示已造成故障现象的各种因素之间的相互关系。

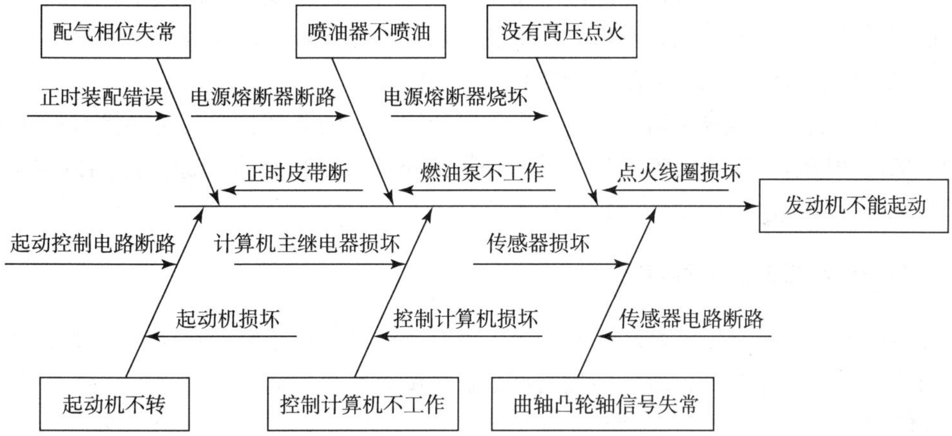

图 0－1　因果关系图

显然，图 0－1 所示的故障现象是发动机不能起动，导致这个结果发生的因素有许多，它包括喷油器不喷油、没有高压点火、配气相位失常、曲轴凸轮轴信号失常、控制计算机不工作和起动机不转等原因，这些原因形成了第一层分支，沿着这层分支再往下，又可以查找出第二层小分支。例如，没有高压点火可以是点火线圈初级电源熔断器损坏，也可以是点火线圈本身损坏导致的结果。

可以看出因果图中有一条主干，其端部箭头指向表示故障现象的结果（发动机不能起动），在主干的两侧有若干分支形成枝节，每个枝节表示构成故障的主导原因（没有高压点火、控制计算机不工作等）。对于复杂的故障现象枝节上再画出若干小分支，以表示不同的次要原因（如电源熔断器烧坏、点火线圈损坏等）。

将因果图中导致结果发生的各级主支干原因用字母表示，可以将因果图画成图 0－2 所示的形式。

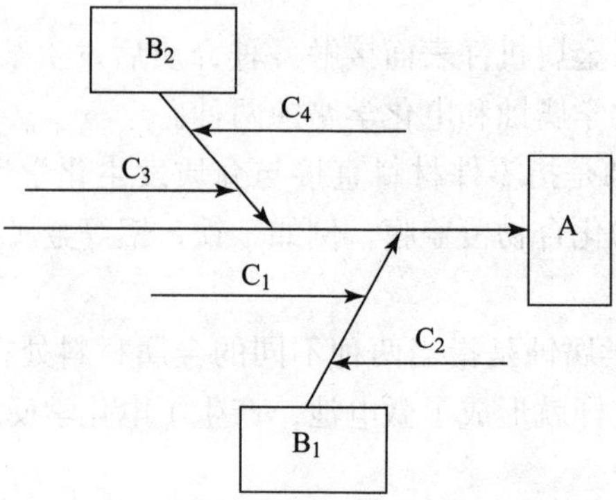

图 0 -2　用字母表示的因果图

因果图分析法给出任意一个故障现象对应的所有生成因素的脉络联系，它把一个故障症状与各种导致故障的原因用网状枝杈的方式联系在一起，形成一个非常清晰的关系图。从故障现象入手，让我们方便地沿着这个网状关系（见图 0 -1）去分层查找出故障的最终原因。

因果图分析法在汽车故障诊断中所具有的重要意义在于：对每一个常见的汽车故障现象，都是基于因果的必然联系，通过因果图分析法，可以清楚地区分出汽车各个部分或系统对这一故障症状所具有的不同影响因素，清理出从各个方向查找出故障原因的基本脉络，它即为沿着网状枝杈顺藤摸瓜的故障诊断技巧。

因果图分析法简明地表示出故障现象和故障原因之间的关系，尤其对寻找由多种多层故障原因导致的故障现象更为清晰。但因果图分析法不能表示出结果与原因之间的定量关系，所以该方法仅能作为故障的定性分析方法。

五、汽车故障诊断的基本思路

汽车故障诊断的基本思路是从问诊入手了解症状，经过试车验证症状，通过分析三清原理，再推理假设出可能原因，最后经过测试验证故障点是否成立的全过程。故障点验证过程如图 0 -3 所示。

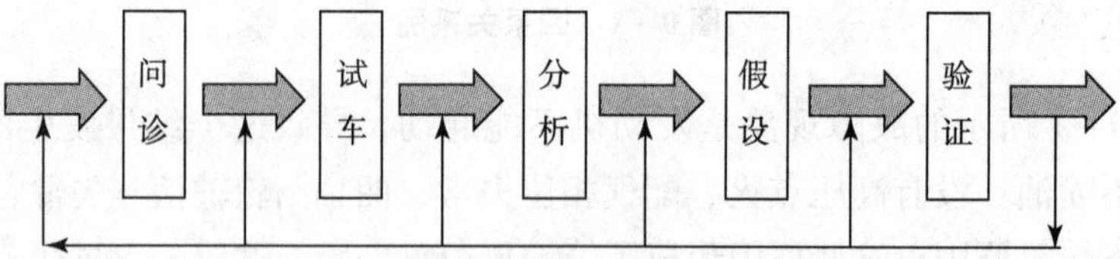

图 0 -3　故障点验证过程

当验证的环节证明假设的故障点不成立时，应该返回到前一个环节提出新的假设，之后再去验证。当提不出新的假设时，就要再向前一个环节进行重新分析，如果重新分析还得不到更新的假设，就要再向前一个环节，应更加仔细地试车发现新的特征，必要时还可以进一步重复问诊过程以了解更多的信息，重新提出新的假设并加以验证，直至发现真正的故障点为止。这就是汽车故障诊断的基本思路。

汽车故障诊断基本流程是根据基本思路而来的，但比基本思路的内容更为详细，增加了诊断流程设计和修复后的验证环节，使之成为完备的汽车故障诊断基本流程。基本流程是汽车故障诊断中最基础的诊断过程，是对诊断内容的概括和总结，汽车故障诊断基本内容包括从故障症状出发，通过问诊试车（验证故障症状）、分析研究（分析结构原理）、推理假设（推出可能原因）、流程设计（提出诊断步骤）、测试确认（测试确认故障点）、修复验证（排除故障后验证），最后达到发现故障最终原因的目的。

图 0 -4 所示为汽车故障诊断的基本流程框图。

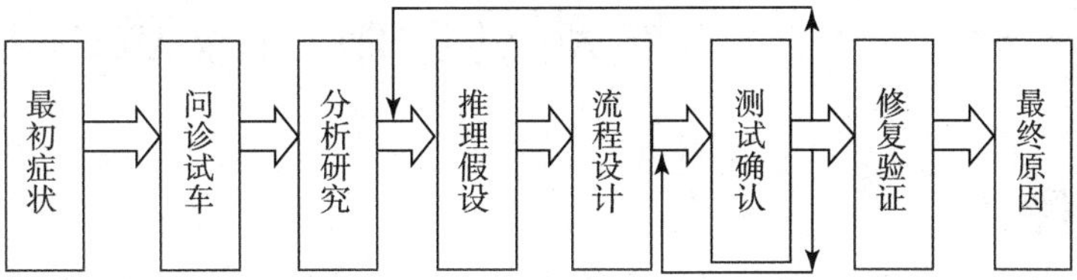

图 0 -4　汽车故障诊断的基本流程框图

学习情境一

发动机异响的故障诊断与排除

工学目标

↓ 能通过与客户交流、查阅相关维修技术资料等方式获取车辆故障信息。

↓ 能根据故障现象制订正确的维修计划。

↓ 能根据维修计划，选择正确的检测和诊断设备对发动机异响故障进行诊断和分析。

↓ 能使用万用表、故障诊断仪、示波器及发动机综合分析仪常用检测和诊断设备对引起发动机异响的故障的各个系统进行检测。

↓ 掌握发动机异响的故障诊断的诊断流程及诊断思路，能独立进行基本诊断、故障码诊断、症状诊断的操作。

↓ 能正确记录、分析各种检测结果并做出故障判断。

↓ 根据环保要求，正确处理对环境和人体有害的辅料、废气液体和损坏零部件。

↓ 能根据故障现象进行诊断和分析，制定正确的诊断流程，并选择正确的检测和诊断设备。

↓ 掌握造成该故障的相关零部件的使用与保养方法。

情境描述

2010 年 12 月 1 日，居住在吉林的王先生驾驶一辆捷达轿车来到售后服务站，王先生描述该车在市区内行驶了 10 000 km，保养了 3 次，发动机号为 JLTD0000000000001，车牌号为吉 A0001。该车在早晨上班的路上在中高速时发动机出现“嗒嗒”响声，于是开车到 4S 店进行维修。根据车主描述的现象，请查阅相关资料对此故障进行诊断并排除，修理完毕后如实填写故障案例报告单。

相关知识

知识一　发动机异响故障概述

电控发动机和传统发动机一样，随着汽车行驶里程的增加加之使用维护不当，或者是修理装配质量不高等，同样会使发动机发生异响故障。

由于现代汽车制造水平的提高，发动机异响故障的故障率很低，异响的种类也大为减少，异响的范围越来越集中。主要异响有爆燃、漏气、断环、活塞烧顶等。对电控发动机来说，除这些相同的故障外，随着发动机结构的不断改进，也有一些新的故障产生。这些故障有：液压挺杆异响；正时带异响或正时链条异响；气门弹簧异响；进气正时自动控制机构异响；大量积炭造成发动机高速运转时气门异响等。

1. 发动机液压挺杆异响

目前汽车发动机配气机构中，普遍采用液压挺杆技术。液压挺杆一方面可以自动消除气门间隙，降低由于磨损造成气门间隙过大出现的气门异响；另一方面也可以使发动机在运转过程中始终保持良好的气门间隙，保证气门的气密性，增加发动机稳定的工作时间。液压挺杆的工作主要依靠机油压力、挺杆体与座孔间隙，气门杆与挺杆间隙及挺杆内止回球阀。液压挺杆刚开始工作时，由于腔内无油压，故挺杆杆塞处在最底部，挺杆与气门间隙较大，气门产生短时异响。随着发动机的运转，在机油压力的作用下，挺杆内杆塞腔内充注油液，杆塞下行，挺杆有效工作长度增加，气门间隙减小。由于挺杆内杆塞所产生的力较小，不能产生压缩气门弹簧的力量，所以当挺杆与气门间隙达到很小时，挺杆不再运动。同时又因挺杆内止回球阀的作用，挺杆杆塞腔内的油压不能迅速排出，使得杆塞保持在原位不动并维持原有长度形成刚性，从而推动气门打开。随着发动机的运转，气门间隙保持一定间隙，消除了气门异响。

（1）单一挺杆异响。这种故障多是单一液压挺杆工作不良或气门杆弯曲造成的，如果响声过大，还会造成发动机怠速工作时运转不平稳。在诊断这种故障时可采用真空表检查发动机怠速运转时进气系统的真空度和用汽缸压力表检查发动机汽缸压力的方法来诊断。当真空表摆幅大于 5 kPa 或汽缸单缸压力过低或过高时，说明该缸进气挺杆或排气挺杆存在故障。

（2）所有挺杆异响。这种故障的原因大多由于机油压力过低或液压挺杆油路堵塞造成。由于油压过低，不能及时向挺杆充油，挺杆内的油压就会逐渐下降，挺杆与气门间隙随之增大，形成异响。对于此类故障，应用机油压力表检查机油压力。一般发动机怠速运转时油压应大于 150 kPa，转速为 2 500 r/min 时油压应大于 250 kPa、小于 600 kPa（油压过高会造成发动机高速运转时气门关闭不严）。当然，除了检查发动机机油压力外，还应检查液压挺杆的上油情况，以防油路堵塞。

（3）冷车起动时响一段时间，热车后正常。由于发动机停止运转时间过长，气门弹簧压迫挺杆内腔机油液缓慢泄漏，挺杆有效工作长度变短，从而使进气门出现异响。随着发动机的运转，机油不断充注到挺杆，挺杆恢复有效长度，异响消失。一般情况下，发动机冷起动后 1 ~ 3 s 内气门异响是正常的，如果异响时间大于 10 s 就属于故障了。其主要原因是使用的机油黏度过大，如冬季应选用 10W/30 级别的机油，若用了 15W/40 级别的，气门异响时间就会长一些。因为液压挺杆充油孔很小，如果机油黏度过大将造成充油时间过长，只有当发动机热车，机油黏度下降后异响才会消失。

（4）液压挺杆异响时响时停。造成液压挺杆异响时响时停的原因一般不是液压挺杆单独故障，此时应着重检查摇臂轴、摇臂及凸轮轴是否严重磨损。若磨损严重会出现气门间隙忽大忽小，调节气门间隙很慢的液压挺杆是不能及时补充快速的间隙变化的。

液压挺杆“咔嗒”的声响在发动机中部和气门挺杆侧可以听到，响声不明显，时响时不响，提高发动机转速后响声减弱或杂乱，高速后消失；冷车时较明显，热车时响声逐渐减弱。若断火试验，响声依然存在。

2. 正时带异响或正时链条异响

正时带或正时链条是配气正时机构的关键部件，同时也是连接曲轴齿轮与凸轮轴齿轮的主要部件。它们由于长时间受力和磨损会产生拉伸和变形，故为了准确传递动力和正时并防止正时带或正时链条的松动，一般要采用张紧轮或张紧器随时修正正时带或正时链条的松动带来的负面影响。对于造成正时带或正时链条异响的原因，一般有以下4种。即：张紧器失效导致正时带或正时链条抖动产生撞击异响；张紧轮轴承异响；张紧器过紧，造成正时带或正时链条异响；正时链条磨损或正时带磨损（背后）造成异响。

正时带异响的特征：当发动机低速运转时，在发动机上部偏前，有一种类似气门脚响的声音，随着转速提高响声减弱或杂乱；冷车、热车时变化不大；通过调整气门间隙，响声仍不消失，当手触摸到正时齿轮盖时，手指有振动的感觉。

3. 气门弹簧异响

一般气门弹簧采用了防噪声结构，即采用非等距弹簧，也就是气门弹簧全长范围内不等距。非等距弹簧又具体分为对称型和非对称型。有些车型采用内外双弹簧结构，当车辆运行时间较长（15万km以上）时，由于弹簧过度疲劳，会出现疲劳或断裂现象，从而导致气门异响故障发生。当发动机大修或进行气门研磨修理时，应特别注意非对称型不等距弹簧的安装方向。一旦非对称弹簧方向装反，发动机怠速运转时将会工作不稳，高速运转时噪声将会加大，并会伴随有很大的发动机振动异响。

4. 进气正时自动控制机构异响

部分车辆采用了先进的进气正时电子控制系统，如丰田、本田与大众等车型。该系统在使用一段时间后极易产生异响，特别是低速时更易出现。在检查时，一般采用的方法是在发动机怠速时，将控制电磁阀插头拔下，接入12 V电压，令电磁阀工作。若响声消失，则可判定电磁阀本身正常，应该是调节机构的问题。当然也应检查机油压力，以排除机油压力过低的原因。

5. 大量积炭造成发动机高速运转时气门异响

当发动机大量积炭时，尤其是进气门杆相对存在大量积炭时，对于多气门结构的发动机，因气门弹簧力有限，发动机在高速运转时，进气门杆积炭会导致气门导管与气门杆摩擦力过大，气门回位速度过迟。加之活塞顶积炭又会造成气门与活塞运动时间隙过小，最终使得活塞顶与气门头部形成撞击，发出活塞和气门异响声。但在发动机处于怠速工况时，由于活塞运动速度相对气门弹簧回位速度较慢，气门一般不会撞击活塞。而当汽缸和进气门积炭较严重时，发动机高速运转，气门便会产生异响。

发动机异响除机械方面原因外，还应考虑到电控点火、ECU控制等方面也会引起异响。

知识二　排除发动机异响故障的相关知识

一、曲柄连杆机构的组成原理及异响的诊断、排除

（一）组成原理

曲柄连杆机构装置在发动机机体内部，主要由活塞组、连杆组和曲轴飞轮组3个部分组成，如图1-1所示，其功能是将活塞的往复运动转变为曲轴的旋转运动，并将作用在活塞顶上的燃气压力转变为曲轴的转矩对外输出。

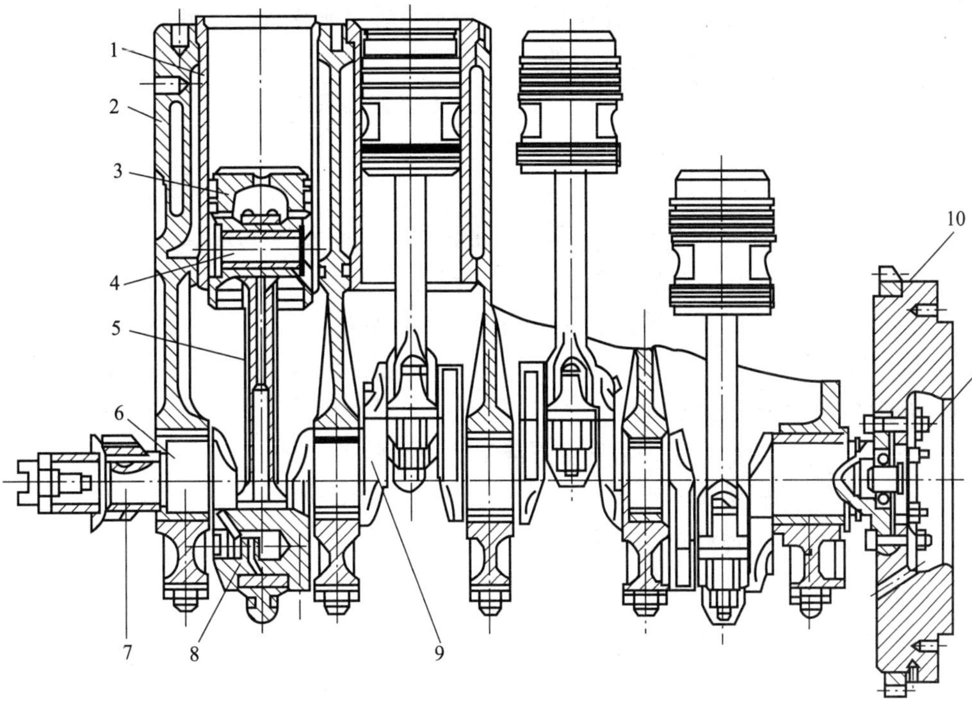

图 1-1　曲柄连杆机构

1—汽缸套；2—汽缸体；3—活塞；4—活塞销；5—连杆；6—曲轴主轴颈；
7—曲轴；8—连杆轴颈；9—曲柄；10—飞轮；11—飞轮连接螺栓

（二）常见异响故障的诊断与排除

活塞组通常由活塞、活塞销、活塞环等主要零件组成。

活塞敲缸响指活塞上下运动时在汽缸内摆动或窜动，其头部或裙部与缸壁、缸盖相碰撞产生异响，又可分为冷敲缸、热敲缸及冷热均敲缸。

1. 冷敲缸

1）故障现象

（1）低温时有敲击声，发动机温度正常后响声减弱或消失。

（2）怠速或低速时发出清晰有节奏的“嗒嗒”敲击声，转速提高后响声减弱或消失。

（3）某缸断火后异响减弱或消失，且火花塞跳火一次发响两次。

2）故障原因

（1）活塞与缸壁的配合间隙过大。

（2）机油压力过低，缸壁润滑不良。

3）故障诊断与排除

诊断冷敲缸故障时，可在发动机缸体上部辅助听诊。

（1）将发动机转速控制在异响最明显的范围，查看机油加注口是否冒烟，排气管是否冒蓝烟，用听诊器在机体上部侧听诊，也可运用螺钉旋具抵触在缸体一侧，将耳朵贴在螺钉旋具的木柄上，听是否有振动敲击声，如果出现上述症状，可确诊为冷敲缸。

（2）逐缸断火试验，若某缸断火后其声响减弱或消失复火时其声响明显增大一两声后又恢复原来声响，当发动机温度升高后声响减弱或消失即可确诊为冷敲缸。

（3）采用加机油试验法将待查汽缸的火花塞拆下，注入少量机油，再重新起动试验，如声响消失或明显减弱，但不久又复出，则可确诊为该缸出现冷敲缸。

2. 热敲缸

1）故障现象

（1）怠速时发出有规律的“嗒嗒”声，高速时发生“嘎嘎”的连续金属敲击声，并伴有机体抖动现象，且温度升高响声加大。

（2）火花塞跳火一次，发响两次，单缸断火后声响加大。

2）故障原因

（1）活塞与缸壁配合间隙过小。

（2）活塞与活塞销装配过紧使活塞变形或呈反椭圆形。

（3）连杆轴颈与曲轴轴颈不平行。

（4）连杆弯曲扭曲或连杆衬套轴向偏斜。

（5）活塞环背隙，侧隙过小导致活塞环卡滞。

3）故障诊断与排除

（1）若发动机低温时没有异响，而温度升高后在怠速时出现“嗒嗒”声，并有机体振动现象，且温度越高声响越大，则是为了防止活塞变形而使活塞环过紧造成的活塞敲缸。

（2）发动机低温时不响，而温度升高后在中高速时发出急剧而有节奏的“嘎嘎”声，单缸断火后其声响变化不大，则为连杆变形或连杆装配不当造成的活塞敲缸。

（3）发动机在热起动后即敲缸，且单缸断火后声响加大，表明该敲缸现象严重，也可能已经产生了拉缸，此时应停机检修以免造成更为严重的恶性故障。

3. 冷热均敲缸

1）故障现象

（1）发动机低速时有“嗒嗒”的敲击声，转速提高后声响消失或低速时发出有节奏且强弱分明的“杠杠”声响，有时会短暂消失，但很快又复出，转速提高后消失。

（2）火花塞跳一次，发响两次，某缸断火后声响或减弱或反而加大，并由节奏声响变为连续声响。

2）故障原因

若发动机出现冷热态均敲缸，一般是活塞连杆组技术状况恶化所致，主要原因如下。

（1）活塞销与连杆销头装配过紧。

（2）连杆轴承装配过紧。

（3）活塞裙部圆柱度误差过大。

3）故障诊断与排除

（1）逐缸做断火试验，某缸断火后声响减小但不消失，则为该缸连杆与曲轴或活塞销装配过紧所致。

（2）断火试验时该缸声响加重，且中间断声响变为连续声响，则为活塞磨损变形所致。

（3）低速时有“嗒嗒”敲击声，当转速提高后声响消失，则为活塞裙部圆柱度误差过大所致。

4. 活塞销响

活塞销是连接活塞与连杆的重要零件，发动机运行中，它承受较大的交变载荷，与活塞的活塞销座孔以及连杆小端的衬套之间，都会发生相对的磨损，使配合间隙增大而松旷，引起不正常的敲击声和机件的损坏，甚至出现打坏汽缸等情况。

1）故障现象

（1）发动机怠速时发出有节奏而又清脆的声响或尖锐的金属敲击声，突然加大节气门时响声也随之加大，高速时响声混纯不清。

（2）火花塞跳火一次，发响两次，单缸断火后声响减弱或消失，严重时反上缸。

2）故障原因

（1）活塞销与连杆衬套、活塞销座孔之间磨损过大而松旷。

（2）润滑不良引起的活塞销严重烧蚀。

（3）活塞销锁脱落导致活塞窜动。

（4）活塞销折断。

3）故障诊断与排除

（1）发动机怠速运转抖动气门到中速位置，如声响能随转速的变化而变化，并且每抖动一次节气门，都能听到明显清晰尖脆而连贯的“嗒嗒”声响即为活塞响。

（2）在怠速或稍高于怠速时，呈双“咔哒”声响特征。

（3）发动机升温后，响声通常会加重，有时冷车时响声小、热车时响声大。

（4）当响声不严重时，将发动机转速控制在声响最明显处，进行单缸断火试验，若断火后响声减轻或消失，复火瞬间又立即发出“嗒嗒”的敲击声，且在汽缸上中部比在下部听到的响声大，则为活塞销轻微响，在安装新活塞后活塞销响声常常变得更加明显。随着活塞环的磨损，这种响声会逐渐减小。

（5）当响声比较严重时，发动机转速越高响声越大，单缸断火后，若声响不仅不消失，反而由间歇异响变为连续异响，听起来更加杂乱，则为活塞销与衬套配合严重松旷。

（6）发动机怠速运转时出现有节奏而较沉重的“吭吭”碰击声，转速提高后声响并不消失，同时伴随出现机体抖动现象，单缸断火后声响反而加大，则为活塞销自由窜动造成的异响。

（7）发动机急加速时声响剧烈而尖锐，单缸断火后声响减轻但不消失，则为活塞销折断。

5. 曲轴主轴承响

1）故障现象

（1）发动机稳定运转时并无响声，当转速突然变化时，发出沉闷连续的“镗镗”敲击声，转速越高声响越大，同时伴有机体振动现象。

（2）发动机负荷增大时，响声加剧。有时上坡加速时，在驾驶室内就可听到沉闷的“镗镗”敲击声。

（3）单缸断火后声响变化不大，而相邻两缸断火后声响明显减弱。

2）故障原因

（1）曲轴主轴颈与轴承配合间隙过大。

（2）曲轴轴向间隙过大。

（3）曲轴轴承盖螺栓松动。

（4）润滑不良导致合金烧损脱落。

（5）曲轴弯曲。

3）故障诊断与排除

曲轴主轴承响故障诊断与排除流程，如图 1－2 所示。

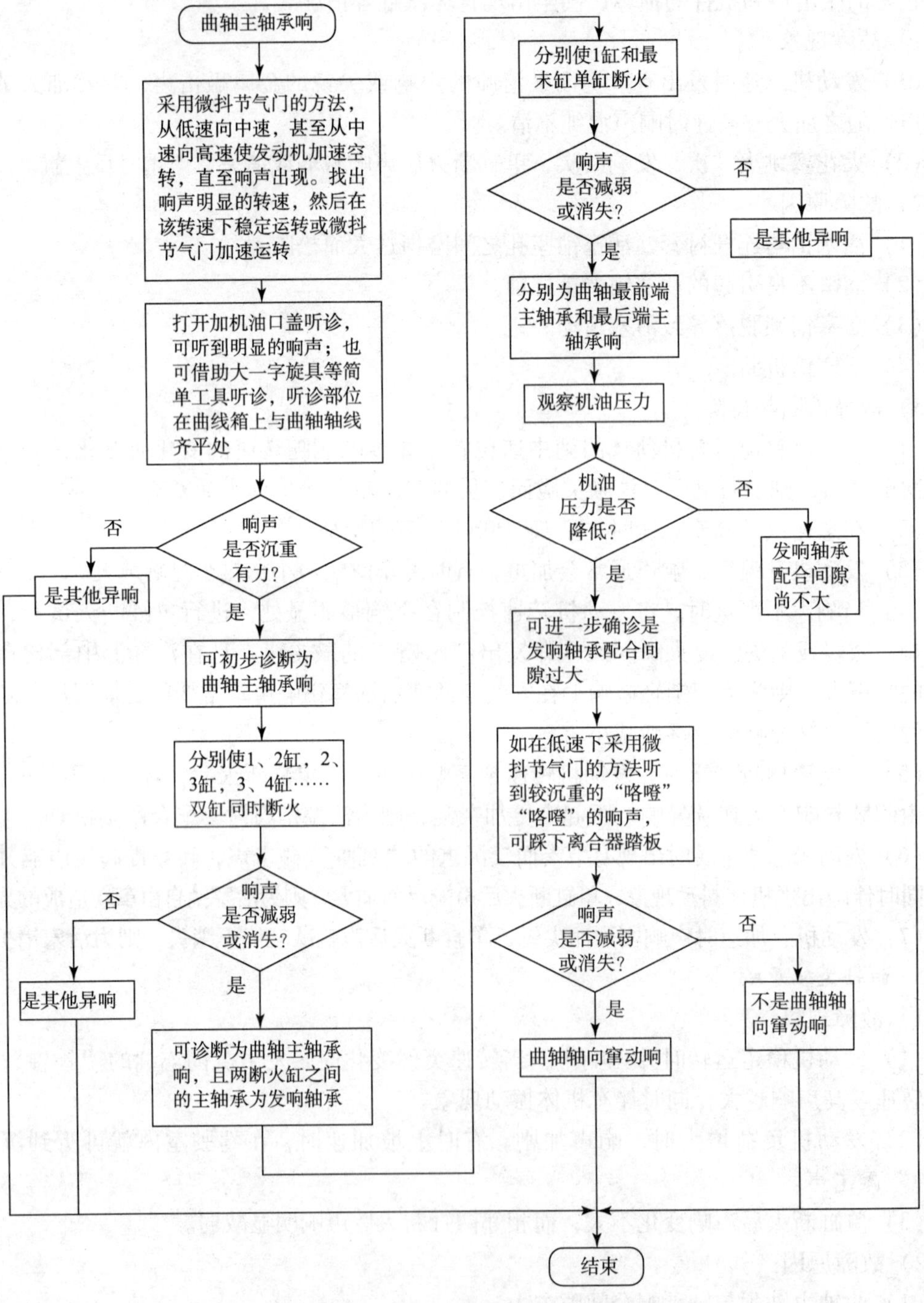

图 1－2　曲轴主轴承响的诊断与排除

如果确诊了主轴承有响声，则应拆卸油底壳，对有异响的轴承进行检查。若是主轴承盖螺栓松动，可按规定的力矩拧紧；若是主轴承磨损或止推垫片磨损致使径向或轴向配合间隙过大，或主轴承表面合金层烧蚀脱落，可更换同一修理尺寸的主轴承；当主轴颈磨损时，应修磨主轴颈并配以相应修理级别的主轴承。

6. 连杆轴承响

1）故障现象

（1）发动机怠速运转时无明显声响，稍高于怠速时有清晰的“嗒嗒”敲击声，有点类似钢球落在钢板上所发出的声音，而高速时有“咯咯”敲击声，急加速时声响尤为明显，连杆轴承响较曲轴主轴承声响轻缓而短促。

（2）当发动机负荷增加时声响也随之增大，单缸断火后声响明显减弱或消失。

2）故障原因

（1）连杆轴承与轴颈磨损过量导致失圆配合间隙过大。

（2）连杆轴承盖紧固螺栓松动。

（3）连杆轴承润滑不良，合金烧蚀脱落。

3）故障诊断

连杆轴承响故障诊断流程，如图 1－3 所示。

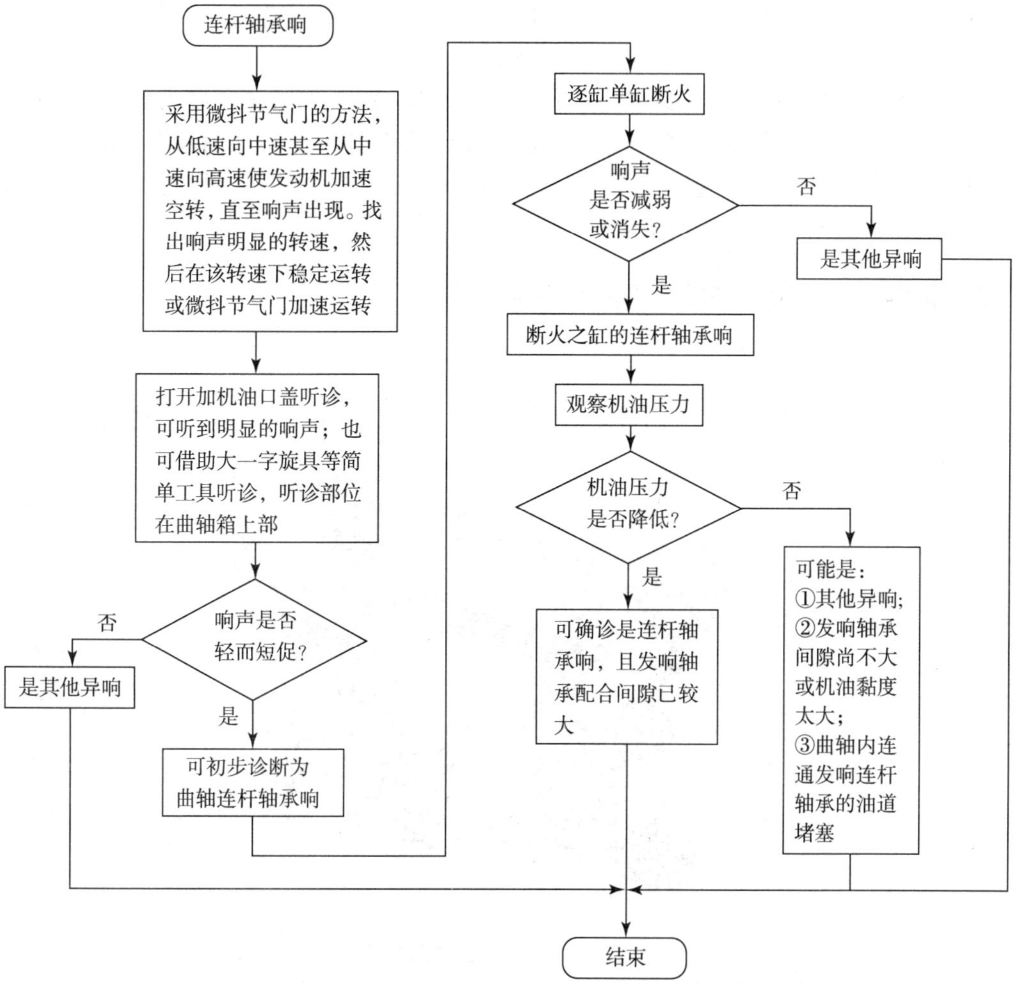

图 1－3　连杆轴承响的诊断

如果确诊了连杆轴承有响声，则应拆卸油底壳进行检查，对有异响的轴承进行检查。若是连杆轴承盖螺栓松动，可按规定的力矩拧紧；若是连杆轴承磨损导致配合间隙过大，或连杆轴承表面合金层烧蚀脱落，可更换同一修理尺寸的连杆轴承；当连杆轴颈磨损或圆度误差过大时，应修磨连杆轴颈并配以相应修理级别的连杆轴承。

7. 曲轴断裂响

1）故障现象

发动机低速运转时机体的振动较大，甚至有摆动摇晃现象，同时发出沉重粗闷而较大的“嘣嘣”敲击声，转速稍有提高就出现巨大可怕的响声，类似采石场里的碎石机所发出的“咔噶”的破碎声。

2）故障诊断与排除

曲轴断裂的概率极低，诊断时一人在发动机下衬住飞轮齿圈，另一个人在曲轴前方用扳手转动曲轴带轮，观察曲轴前端与飞轮端的转动是否同步，如有角度差即为曲轴断裂。

8. 活塞环响

对活塞环响，在汽缸上部听诊比较明显。

（1）如果活塞环侧隙过大，其在环槽内过于松动，加速时会产生高节奏的“咔嗒”声，要排除这种故障应更换活塞环，必要时应更换活塞。

（2）如果汽缸磨损严重，缸壁出现肩（缸肩）时，第一道活塞环敲击台肩发出高节奏的“咔嗒”声，发动机加速时异响更为明显，此时应镗磨汽缸，更换活塞连杆组。

（3）如果活塞环折断加速时，常常会发出高节奏的“啪啪”声，同时在加机油口有脉动冒烟现象，单缸断火后冒烟现象消失。

二、配气机构的组成原理及异响的诊断与排除

（一）组成原理

配气机构主要由气门组和气门传动组两部分组成，如图 1－4 所示，其功用是按照发动

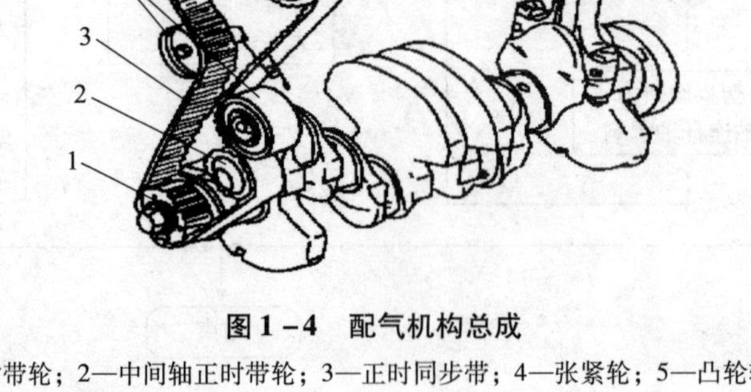

图 1－4　配气机构总成

1—曲轴正时带轮；2—中间轴正时带轮；3—正时同步带；4—张紧轮；5—凸轮轴正时带轮；6—进气凸轮轴；7—凸轮；8—液力挺柱；9—进气门组件；10—排气凸轮轴；11—排气门组件

机点火顺序和工作循环的要求，定时开启和关闭各汽缸的进、排气门，使可燃混合气进入汽缸，使燃烧后的废气排出汽缸外。配气机构工作的好坏直接影响到发动机的工作性能，而配气工作的可靠性也直接影响到发动机工作的可靠性，所以，配气机构是发动机的一个重要机构。

1. 气门响

气门组包括气门、气门锁片、气门弹簧、气门弹簧座、气门油封以及装在汽缸盖上的气门导管和气门座等。气门组的主要功能是在配气凸轮直接或间接的驱动下按配气定时的要求开启和关闭进、排气口，并在关闭时能保证汽缸良好的密封。作为一个组件来说，要求气门头部与气门座严密贴合，气门导管应使气门杆上下运动时有良好的导向，气门弹簧的弹力应始终大于由气门传动组及气门组内运动件负加速度所产生的惯性力，从而确保气门能按凸轮形线的要求运动。

1）故障现象

（1）发动机怠速时，在气门室处发出有节奏的“嗒嗒”声，转速升高，节奏加快，声响也随之增大，中速以上时声响变得混杂。

（2）发动机温度变化或单缸断火后，声响不变。

2）故障原因

（1）因磨损或调整不当导致气门间隙过大而产生撞击声。

（2）气门杆端或气门间隙调整螺钉磨损偏斜。

（3）气门杆与气门导管配合间隙过大。

3）故障诊断与排除

（1）在气门室罩处听察，异响节奏随发动机转速的变化而变化，发动机温度变化或单缸断火后声响不变，且点火一次发响一次。

（2）拆下气门室罩，选择适当厚度的塞尺，逐个插入各气门间隙处，听察异响有无变化，如果插入某气门间隙后，异响明显减弱或消失，即可确诊此气门间隙过大，可通过调整气门间隙排出异响。

（3）若气门间隙正常，气门仍发响，则为气门杆与气门导管磨损严重、间隙过大，将机油喷注到可能发出异响的气门导管，如果响声减小或消失，即表明此气门杆与导管有碰撞异响。

2. 液压挺杆响

液压挺杆与导孔配合面磨损严重、油缸与柱塞偶件磨损、机油压力不足等将导致液压挺杆异响，通常液压挺杆响声在怠速时比较清晰，中速以上时响声减弱或消失，听察时在凸轮轴附近最为明显，且单缸断火后响声无变化，具体症状及原因如下：

（1）怠速或低速时出现断续的响声，一般由挺杆单向阀磨损或脏污所致。

（2）怠速时有异响，转速提高后异响消失，一般是挺杆体和柱塞之间磨损过度所致，油压过低或机油黏度过小也会出现这种响声。

（3）怠速时不响，高速时发响，表明挺杆机油有空气，可能是机油液面过高，曲轴搅动机油使空气进入机油中，也可能是油路渗漏机油泵吸入空气。

（4）液压挺杆始终发响，在任何转速下液压挺杆都发响，其主要原因为液压挺杆脏污或被沉积物卡位、机件严重磨损、机油压力过低等。

（5）在起动发动机时，液压挺杆往往会产生不大的响声，如果在短的时间（1s）内消失则液压挺杆正常，若转速超过 250 r/min 以上，液压挺杆仍有异响，应首先检查和调整机油压力，若压力正常则更换液压挺杆。

3. 气门圈响

1）故障现象

（1）在冷车初起动时易出现气门座圈响，运转时发出清脆的“礅气门”声响，但很快即会消失，严重时此声响将频繁出现。

（2）火花塞跳火一次，发响一次，中速响声清晰，单缸断火后响声不变。

（3）异响出现时常伴随有个别缸不工作现象，声响消失后汽缸工作恢复正常。

2）故障原因

（1）气门座圈与轴承孔配合松旷。

（2）气门座圈材料的热膨胀系数过小。

（3）气门座圈与缸体过盈过小。

3）故障诊断与排除

（1）拆下气门室盖，在气门处听诊，当声响出现时，如果伴有个别缸不工作现象，且声响消失后汽缸又恢复正常，则可确诊为此缸的气门座圈松脱，与轴承孔碰撞产生异响。

（2）利用汽缸压力表逐渐测量压力，压力过低的缸为响缸。

4. 凸轮轴响

1）故障现象

（1）发动机中速时从缸体凸轮轴一侧或缸盖处发出锤重的声响，高速时声响混沌不清。

（2）异响出现时凸轮轴轴承附近有振动，单缸断火后声响不变。

2）故障原因

（1）凸轮轴轴承松旷或与轴颈配合间隙过小。

（2）凸轮轴轴承合金烧蚀剥落或过度磨损。

（3）凸轮轴轴向间隙过小。

（4）凸轮轴弯曲。

（5）凸轮轴磨损，凸轮一旦出现磨损，其磨损速度会很快。

3）故障诊断与排除

（1）异响出现时，常伴有机油压力明显降低的现象，进行单缸断火试验时声响无变化。

（2）缓慢变换节气门，若怠速和中速时声响清晰，明显高速时声响由杂乱变得减弱，则为凸轮轴轴向间隙过大或轴承滑转。

（3）使发动机在声响最强的转速下运转，对下置或中置式凸轮轴，在缸体凸轮轴一侧用听诊器或螺钉旋具抵触在各凸轮轴轴承部位听诊，对上置或凸轮轴可拆下气门室盖直接在各凸轮轴轴承部位听诊，若某轴承外声响较强并伴有振动，则可确诊为该轴承发响。

（4）如果凸轮轴的一个凸轮轴磨损，当发动机在 2 000 ~ 3 000 r/min 工作时可以听到较重的“嗒嗒”声，当有几个凸轮轴及挺柱刮伤时，在怠速时会有连续的沉闷的“咔嗒”声，在怠速平稳、加速却不良的情况下排气凸轮磨损有时会导致发动机回火。

5. 正时齿轮响

1）故障现象

（1）当发动机怠速运转或转速变化时，在正时齿轮盖处发出乱而轻微的“嘎啦”声，转速提高后声响可能消失，急加速时声响尾随出现，有时在正时齿轮室盖处有振动现象。

（2）声响有时受温度影响，高温时声响明显，单缸断火后声响无变化。

2）故障原因

（1）正时齿轮磨损或转配不当，导致啮合间隙过大或过小。

（2）曲轴和凸轮轴中心线不平行，导致啮合不良。

（3）正时齿轮润滑不良。

（4）正时齿轮松动破裂或折断。

3）故障诊断与排除

（1）发动机怠速运转时发出有节奏的“嘎啦嘎啦”声，中速时明显比高速时杂乱，用听诊器或螺钉旋具触及正时齿轮盖部听诊，若声响更明显则可确诊为正时齿轮啮合间隙过大。

（2）改变发动机转速则声响随之变化，且声响类似于“呼呼”声，或在怠速运转时发出有节奏的“嘎嘎”声响，转速提高时声响加大则多为正时齿轮啮合不良。

（3）将发动机转速逐渐提高到某一较高转速，突然发出强烈而杂乱的声响，急减速时同样会发出一声“嘎”的声响（正时齿轮盖有振动感），然后消失，则多为凸轮轴正时齿轮松动。

（4）若新车或更换正时齿轮后出现连续不断的“呜呜”声，转速越高响声越明显则为正时齿轮啮合间隙过小。

（5）正时链条链轮响，如果正时链条损坏，正时链轮及张紧轮磨损严重或正时链轮（或正时齿轮）松动，在发动机前端正时齿轮室盖处会发出“喀啦”的声响，情况严重时链条还会将正时齿轮室盖磨破，并产生漏油现象，凸轮轴承严重磨损也会造成正时链条间隙过大。

三、燃烧异响

爆燃响是汽油发动机最典型的燃烧异响，发动机产生爆燃不正常燃烧时，会出现金属敲击（点火敲击）声，严重时响声较大并引起发动机的强烈振动，即爆燃，出现爆燃时汽缸内气体燃烧时的压力升高率很大，发出尖锐的冲击振音，并造成活塞与汽缸连杆与曲轴轴承等部位的强烈冲击，产生异响，点火敲击声与金属敲击声类似，如同弹子在金属罐里产生的尖锐清脆的拍击声。

爆燃是指在火花塞点燃后终燃混合气（未燃烧的混合气）在火焰前锋到达之前由于受到强烈的压缩和热辐射产生而导致爆炸性燃烧，形成爆炸冲击波猛烈冲击汽缸壁活塞顶部、燃烧室等部位并发出尖锐的敲击声，早燃是在火花塞正常点火之前由燃烧室内炽热沉积物（炽热点）引起的表面点火现象（早火）。早燃使汽缸内的压力升高率和最高燃烧压力急剧增大，触发爆燃，而爆燃又助长表面点火，二者互相促进，形成激爆并发出尖锐的高频率振音。

爆燃产生的原因是点火提前角过大，压缩比过高，汽油辛烷值过低，发动机温度过高，燃烧室积炭过多或有炽热点，混合气过稀，废气再循环（EGR）装置失效。

发动机加速时点火提前角过大往往产生爆燃，且点火过早还可能引起活塞烧顶，现代发动机上装有爆燃传感器，以便将点火正时控制在最佳范围内。

低中速爆燃的常见故障原因是在高压缩比发动机上使用了辛烷值过低的燃料，汽缸内温度过高、混合气过稀、加载减速发动机过热等也会引起爆燃。

EGR 装置失效也是引起爆燃的一个主要原因，在发动机高速空转（1 800 ~ 2 000 r/min）时仍出现爆燃可能就是 EGR 阀故障引起的。对于增压发动机，增压压力过高也会引起爆燃，燃烧室积炭易形成炽热点产生早燃，并使压缩比提高引起爆燃——积炭爆燃，在发动机冷态时非常明显。发动机爆燃一般在有负荷时出现，而“积炭爆燃”甚至在无负荷时也会出现。

知识三　发动机异响故障相关零部件的使用与保养

一、曲轴轴承的修配

1. 轴承的常见损伤

轴承损伤的主要形式有磨损、合金层疲劳剥落、刮伤和烧熔等。轴承的磨损在使用初期较明显，而后轴承表面出现暗灰色的冷压层，耐磨性提高，使磨损速度缓慢。使用后期由于轴承间隙增大，轴颈产生椭圆、锥形，使轴承磨损加剧。轴承径向间隙的使用极限：载货汽车为 0.20 mm，乘用车为 0.15 mm。

轴承合金的疲劳剥落，是由于轴承在长期的交变载荷、冲击载荷作用下使合金产生疲劳，继而出现微小裂纹，并沿纵向扩展所致。轴承刮伤是由于润滑油滤清不良，机械杂质进入轴颈与轴承间隙之间所致，严重时在合金表面刮出许多环状沟痕，也称拉毛。

轴承合金的烧熔主要是在严重缺乏润滑油和超负荷条件下运转，出现了干摩擦，使轴承温度急剧升高，合金膨胀，加之配合间隙过小，导致烧熔。当发动机大修时，必须更换轴承。

2. 轴承的选配

轴承的选配包括选择轴承尺寸、轴承弹性、轴承长度、定位凸点和轴承钢背表面质量等内容。

轴承尺寸的选择是根据主轴颈及连杆轴颈的缩小尺寸和轴承座孔的尺寸或修理尺寸来确定的。轴承的缩小尺寸与轴颈的修理尺寸是相适应的。轴瓦背面通常标有缩小的数值，供轴承选配时用。如轴颈未按修理尺寸修磨，则可选用近似修理尺寸的轴承，并进行咬合、镗削和铰刮。

可刮削轴承的预留量一般为 0.03 ~ 0.06 mm。刮削时应注意刀要锋利，避免用刀尖刮削；一次刮削面积要小；要刮重留轻、刮大留小、边刮边试配。经刮削后，轴承的径向间隙应符合原厂规定要求，轴承上接触印痕的面积不小于 75%。

二、配气相位的检查与调整

1. 配气相位的变化

汽车在使用过程中，会因多种原因造成配气相位失准而影响发动机的动力性和经济性。

（1）维修质量的影响。由于制造和装配误差产生的累积误差，在极限状态下可能使配气相位偏差达 ±3°，各缸的配气相位偏差达 ±2°，再加上凸轮轮廓误差、配气机构传动间隙等影响，使配气相位偏离标准值更大。

（2）使用中配气相位的变化。发动机经长时间使用，会使机件磨损、配合间隙增大，凸轮表面的不规则磨损等也是引起配气相位偏移的原因。

（3）动态变化引起配气相位偏移。特别是顶置气门式发动机的配气机构刚度较差，在工作过程中会产生弹性变形。据估测，其初始静态变形在0.05 mm左右，相当于配气相位角偏移5°。发动机转速越高或配气机构刚度越差，其动态配气相位与静态配气相位的偏差越大。

（4）使用条件的影响。由于各地试验条件的差异，原厂规定的配气相位与实际工作要求不相适应，不同的工况和不同的使用条件，对配气相位的要求也不尽相同，各地区和部门也有必要因地制宜地对配气相位进行调整。

2. 配气相位的检查

各种车型的维修手册上都提供了发动机的配气相位角度，但是要直接测量进、排气门的开启和关闭角度却很困难。通常都是通过测量进、排气门的开启升程来间接获得进排气门的开闭角度。两者之间的相互关系是可以通过一系列复杂的计算得到的。但实际工作中，往往采用对新的发动机在排气上止点时进、排气门叠开的升程作为标准，将标准发动机的测量结果与之比较，来判断配气相位是否提前或滞后。进、排气门叠开时升程的测量方法如下：

（1）将发动机各气门间隙按要求调整好。

（2）转动发动机的曲轴，使第一缸活塞处于排气上止点位置，在第一缸火花塞处安装一个百分表，如图1－5所示。在排气行程接近上止点时，慢慢转动发动机至百分表被压缩到最大处，即为活塞上止点。

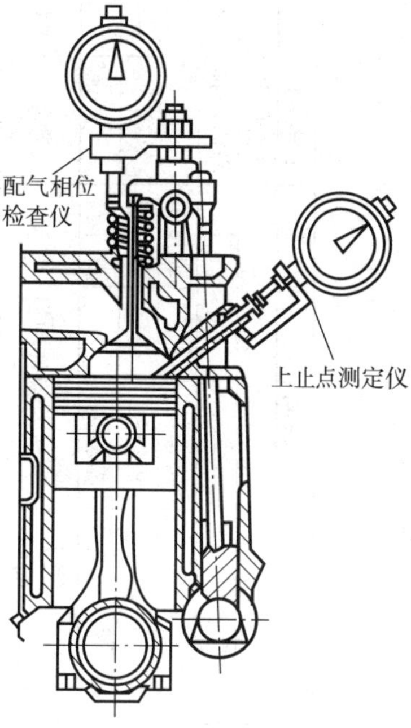

图1－5　配气相位测量

3. 配气相位的调整

配气相位的传统调整方法有凸轮轴偏位键法、凸轮轴正时齿轮轴向移动法和气门间隙法。调整时，应根据具体情况选用合适的方法。如各缸进气门的微开量比排气门都大，表明进、排气门的配气相位均提前，应将其适当推迟；反之，应将其适当提前。此时可采用凸轮轴偏位键法或正时齿轮轴向移动法。若各缸进气门微开量与排气门微开量相比，有大有小，且不符合规定值时，表明各缸迟早不一，通常是由于凸轮磨损严重所致，应修磨或更换凸轮轴。如个别气门配气相位偏早或偏迟不大时，可通过调整该气门间隙的方法予以解决。

现代汽车发动机维修时，如发现配气相位变化较大，通常是更换已磨损的零件来恢复配气相位。

（1）在该缸排气门弹簧座上安装百分表，注意百分表触头应与气门平行，并将表置于“0”位。

（2）慢慢地顺时针转动曲轴至排气门完全关闭。检查百分表指针，顺时针读数即为该排气门在排气上止点时尚未关闭的降程。

（3）逆时针转动曲轴至该缸进气门全闭位置，在其弹簧座上安装一个百分表，注意百分表触头应与气门平行，并置于“0”位。

（4）慢慢地顺时针转动曲轴至排气上止点，检查百分表逆时针读数，即为进气门在排气上止点的升程。

（5）将该缸进、排气门的升程、降程与标准值进行比较，如果进气门升程太大、排气门降程太小，则配气相位提前；反之，则配气相位滞后。

1. 任务资讯

车主姓名		地址		电话		出厂时间		公里①数	
车牌号		型号/年份		发动机牌号				燃油量	
入场时间		约定交车时间		修正交车时间				维修级别	
故障陈述						接车员		调度员	备注
						班组长		结算员	
						检验员		交车员	

维修项目	工时	工价	维修班组	开工时间	完工时间	换件项目	数量	单位	单价	金额

客户签字：

班组长：______

检验员：______

接车员：______

服务专员：______

约定联络时间：

工时费用总计：______

材料费用总计：______

估价人：______

付款方式

转账支票□ 现金□ 其他□

接车前的检查

□车匙 □备胎 □轮盖 □行驶证 □随车工具 □故障灯

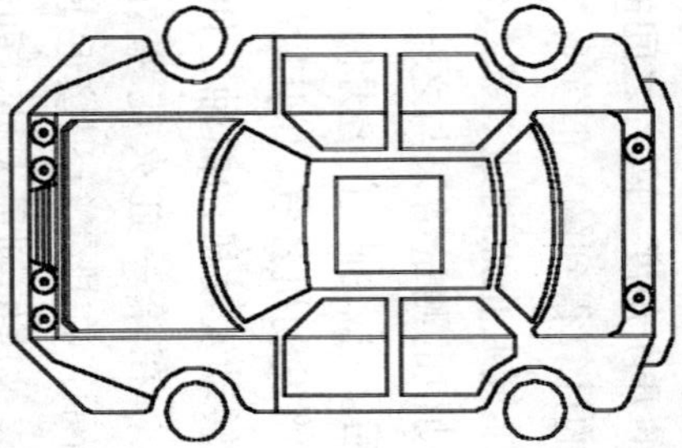

× 划痕 ⊙ 凹陷 √ 破损

检查人：

说明

1. 车内贵重物品由客户自行带走，否则如有遗失，本厂恕不负责；

2. 车主同意上述维修项目并授权本厂对无法修复零件予以更换；

3. 客户自带配件与客户要求更换副厂件的，本厂恕不负责质量保修

① 1公里=1千米。

2. 制定诊断方案（描述故障产生的可能原因及对应检查方法）

序号	可能的原因	检查方法
将诊断方案画成因果关系分析图		
班组长意见		

3. 实施诊断方案（描述对应检查项目、测量数据和判定结果）

序号	检查项目	检查结果	正常状态	结果判定

4. 实施维修（描述最终确认的故障部位和修复方法）

故障部位（零部件）	故障原因	修复方法

5. 维修结算

学字 001　No. 00001

客户名称		客户代码	
地址		车牌号码	
电话		车型	
付款方式		车辆出厂编号	

序号	作业项目	作业内容	使用零件	金额

<table>
<tr><td colspan="2">业务主管指示：　　____年__月__日</td><td colspan="2">交车员签名：　　____年____月____日</td></tr>
<tr><td rowspan="4">确认客户已交费

结算员签名：</td><td rowspan="4">本公司对上述维修项目保用至__月__日或______公里</td><td>项目</td><td>金额</td></tr>
<tr><td>维修、检测</td><td></td></tr>
<tr><td>配件</td><td></td></tr>
<tr><td>其他</td><td></td></tr>
<tr><td colspan="2">服务电话：</td><td>总计</td><td></td></tr>
</table>

评价反馈

专业		姓名		班级		学号	
考核项目		评分标准	教师评判			分数	得分
态度（师评）	团队合作	是否和谐	是 □		否 □	5 分	
	拓展发言	是否精彩	是 □		否 □	5 分	
	小组讨论	是否积极	是 □		否 □	5 分	
	设备安全	有无损害	无 □		有 □	5 分	
	人身安全	有无损伤	无 □		有 □	5 分	
	生产纪律	是否守纪	是 □		否 □	5 分	
	现场清理	是否做到	是 □		否 □	5 分	
交车	维修结算（组评）	维修结算单内容填写	充分□	一般□	没填写□	5 分	
	实施维修（组评）	实施维修结果是否完整、正确	完整□	一般□	不正确□	5 分	
实际操作	任务方案（师评）	发动机异响的故障诊断方案是否正确易行	正确易行 □	基本正确 □	不正确 □	10 分	
	工具使用（师评）	所选工具是否正确无误	完全正确 □	基本正确 □	不正确 □	10 分	
	维修过程（自评）	能否掌握发动机异响的故障诊断方法	能 □	基本能 □	不能 □	10 分	
		能够独立完成故障排除	能 □	基本能 □	不能 □	10 分	
	完成维修任务情况（师评）	发动机异响的故障诊断与排除	完全排除 □	基本排除 □	没有排除 □	15 分	
学生体会：						合计	
教师签字： 年 月 日							

知识拓展

故障案例一：机油压力过高

【故障描述】

一辆捷达王轿车行驶里程为 100 000 km，车辆大修后，起动发动机并运转时发出异响，怠速时发出“嗒嗒”的声响，发动机温度升高时响声更明显，且常伴有发动机抖动现象，在发动机熄火之际，响声更加严重。

【检查过程】

如果发动机在大修后，发动机运转时汽缸内有异响，大多为装配、换件中出现问题。在发动机运转时，用分缸断火法确定故障部位，检查结果为1缸有异响。从汽缸盖加油口处听诊，异响明显，则应该立即分解发动机进行检查。分解发动机，抽出1缸活塞连杆组，发现1缸活塞裙部已有纵向拉痕，汽缸壁内也有拉痕，显然该发动机发生了拉缸故障。测量活塞圆柱度是否符合要求，经检测，圆度为+0.15 mm（标准值为+0.10 mm），不符合要求，因此判断发动机拉缸故障是活塞质量不合格造成的。选配合格的活塞，拉伤的缸壁用细砂纸研磨或用手电钻附上蘸油的细砂布研磨，之后装复发动机试车，发动机异响消失，故障得以排除。

产生这起故障的原因是驾驶员在市场上购买并更换了不合格的活塞，此类活塞冷态时各尺寸可能符合要求，但因制造工艺不良，热稳定性差。

【维修方案】

经排查分析，该故障的原因是大修时选用的活塞质量不合格，造成发动机拉缸，从而产生异响。

故障案例二：本田雅阁 F20A3 发动机异响

【故障描述】

一辆本田雅阁（装备 F20A3 发动机）在一次长途出车中，发动机出现严重高温而无法行驶。在其附近的修理厂进行了大修，修后行车有异响并轻微抖动。修理厂接车后检查时发现，发动机冷起动正常、加速良好、怠速有轻微抖动；废气排放在正常范围内。进行路试，车速到 70 km/h 以上时有“嘎、嘎”异响，声响很轻，但在车内听得很清晰，且发动机有轻微抖动。停车试发动机时故障不明显。

【检查过程】

发动机刚大修过，且以前无此异响，基本可以断定故障是在严重高温维修后出现的。造成此响声的原因大致有以下几种可能：汽油辛烷值低；点火不正时；平衡轴正时没有按要求装配；各零件的几何尺寸、间隙有不当和偏差。

首先，从汽油着手。由于油箱内燃油已不多，故添加 93 号燃油，然后检查点火正时，并对火花塞进行检查，然后试车，异响未除，抖动依然存在。其次，查看平衡轴是否正时。拆下平衡轴，驱动轮外壳，转动曲轴使1缸活塞处于上止点（TDC）位置，检查平衡轴正时发现，后平衡轴正时不对。用专用工具调校后试车，已没有了抖动，但异响依然存在。再次，通过解体发动机来检测故障根源。将发动机从车上拆下，解体发动机。将活塞、连杆、曲轴、平衡轴及其他零件进行检测，同时也对缸盖的翘曲度进行了测量，为0.07 mm，未检查出错误和不当之处。最后，按照要求严格地进行了发动机装配，以排除前一次大修时的装配失误，将发动机抬上试车，异响声还是一点没变。既然各零件数据都符合要求，那为什么还有异响呢？经过分析，此车由于严重高温后造成此故障，而在此以前没有异响，看来声响与高温有关。而此车发动机又是铝合金制造，易产生高温形变。只因本修理厂条件限制，无法对机体进行科学的检测，唯一的办法只有更换机体。

【维修方案】

经与车主商议后，更换原车机体，试车，发动机加速有力，怠速运转平稳。进行路试时，在各种车速下也没有异响，故障得以排除。

学习情境二

机油油压报警器报警的故障诊断与排除

工学目标

↓ 能通过与客户交流、查阅相关维修技术资料等方式获取车辆故障信息。

↓ 能根据故障现象制订正确的维修计划。

↓ 能根据维修计划，选择正确的检测和诊断设备对机油油压报警器报警故障进行诊断和分析。

↓ 能使用万用表、故障诊断仪、示波器及发动机综合分析仪等常用检测和诊断设备对引起机油油压报警器报警故障的各个系统进行检测。

↓ 掌握机油油压报警器报警故障的诊断流程及诊断思路，能独立进行基本诊断、故障码诊断、症状诊断的操作。

↓ 能正确记录、分析各种检测结果，并做出故障判断。

↓ 根据环保要求，正确处理对环境和人体有害的辅料、废气液体和损坏零部件。

↓ 能根据故障现象进行诊断和分析，制定正确的诊断流程，并选择正确的检测和诊断设备。

↓ 掌握造成该故障相关零部件的使用与保养方法。

情境描述

2010 年 2 月 24 日，居住在上海的王先生驾驶一辆 CA7204AT4 轿车来到售后服务站，王先生描述该车在市区内行驶了 5 000 km，保养了 1 次，底盘号为 JLTD0000000000002，车牌号为吉 A0002。该车在下班回家的路上突然出现仪表上机油压力报警灯闪烁，于是停下车来，打开机器盖，待车辆凉下来以后，拔下机油尺进行查看，发现机油刚好在规定的刻度线内，于是开到 4S 店进行维修。根据车主描述的现象，请查阅相关资料对此故障进行诊断并排除，修理完毕后如实填写故障案例报告单。

相关知识

知识一　机油油压报警器报警故障的概述

造成机油油压报警器报警的故障有很多，初步可以判断为是润滑系统出现了问题，可以分别从机械部分和电路部分进行分析和诊断。造成机油油压报警器报警的常见故障有机油黏度过稀、机油黏度过高、机油压力传感器故障、机油油道堵塞、机油滤清器堵塞、机油泵损坏、仪表盘损坏等，可以根据车主描述，进行诊断和排除。对于这个故障，可以按照由简单到复杂的诊断思路进行分析，避免走弯路。

知识二　排除机油油压报警器报警故障的相关知识

一、润滑系统的功用

（1）润滑。在发动机工作时连续不断地将数量足够、压力和温度适当的洁净机油输送到运动副的摩擦表面，并在摩擦表面之间形成油膜，实现液体摩擦，从而减小摩擦阻力、降低功率消耗、减轻机件磨损。

（2）冷却和清洁。机油流经摩擦表面时，可以带走摩擦表面的热量以及零件磨损留下的磨屑，所以发动机润滑系统还兼起冷却和清洁的作用。

（3）密封。机油涂布在汽缸与活塞和活塞环之间，还起到增加活塞环的密封作用。防止金属零件表面被氧化锈蚀。

（4）减振、降噪。运动零件之间的机油膜一定程度上起到了减振、降噪作用。个别情况下，还起到传力和控制作用，如液力挺柱等。

二、润滑方式

由于发动机运动副的工作条件不尽相同，因此，对负荷及相对运动速度不同的运动副采用不同的润滑方式。

（1）压力润滑。这是将机油以一定压力供入摩擦表面的润滑方式。这种方式主要用于主轴承、连杆轴承及凸轮轴承等负荷较大、相对运动速度较高的摩擦表面的润滑。

（2）飞溅润滑。这是利用发动机工作时运动零件溅泼起来的油滴或油雾润滑摩擦表面的润滑方式。该方式主要用来润滑负荷较轻的汽缸壁面和配气机构的凸轮、挺柱、气门杆以及摇臂等零件的工作表面。

（3）润滑脂润滑。即通过润滑脂油嘴定期加注润滑脂来润滑零件的工作表面，如水泵及发电机轴承等。

三、润滑系统的组成及油路

汽车发动机润滑系统的组成如图 2－1 所示，为了保证发动机得到正常的润滑，该系统主要包括以下部件：

（1）油底壳。用于储存机油，通过螺栓固定在汽缸体底面上。为确保密封，在油底壳与汽缸体底面之间需加装密封垫。

（2）机油泵。机油泵将机油从油底壳中抽出加压后，源源不断地输送到各零件表面进行润滑，维持机油在润滑系统中的循环。机油泵大多装于曲轴箱内，由曲轴或凸轮轴驱动。

（3）机油滤清器。用来滤清机油中的金属磨屑、机械杂质、水分及机油本身氧化生成的胶质等杂物，防止进入主油道而造成油路堵塞。机油滤清器按过滤能力分为集滤器、机油粗滤器和机油细滤器 3 种，设于润滑系统的不同部位。

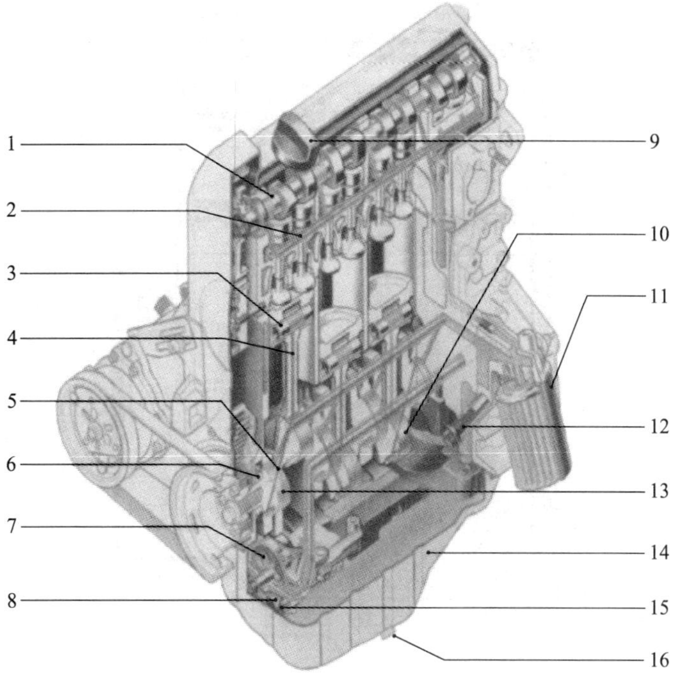

图 2－1　汽车发动机润滑系统的组成

1—凸轮轴轴颈；2—汽缸盖主油道；3—活塞销；4—连杆油道；5—曲轴油道；6—曲轴链轮；7—机油泵；8—机油泵链轮；9—加机油口盖；10—曲轴销轴颈；11—机油滤清器；12—机油压力调节阀；13—曲轴主轴颈；14—油底壳；15—机油泵传动链条；16—油底壳放油螺栓

（4）限压阀及旁通阀。限压阀用来限制油路中最高油压；旁通阀用来避免因机油粗滤器堵塞而造成主油道供油中断。

（5）机油压力表、温度表和机油标尺。用来使驾驶员随时掌握润滑系统工作状况。

此外，发动机润滑系统还包括油管、油道等组成的机油引导、输送、分配装置。某些热负荷较大的发动机，如柴油发动机，还设有机油散热器，用来加强机油冷却，使机油温度保持在正常工作范围内。

不同发动机机油路有所不同，但基本原则相同。对于工作负荷较大的曲轴主轴颈、连杆轴颈、凸轮轴颈等均采用压力润滑，其余部分则采用飞溅润滑或润滑脂润滑。图 2－2 所示为捷达都市先锋轿车发动机润滑系统油路。

当发动机工作时，机油从油底壳经集滤器被机油泵送入机油滤清器。全部机油经滤清器滤清之后进入发动机主油道，再经汽缸体上的纵向油道，分别润滑 5 个主轴承。然后，机油经曲轴上的斜油道，从主轴承流向连杆轴承润滑连杆轴颈。同时主油道还和凸轮轴轴承机油道及液压挺柱油道相通，用于润滑凸轮轴轴承和向液压挺柱供油。

安装在机油滤清器支架上的两个油压开关（0.03 MPa 油压开关和 0.18 MPa 油压开关）是用来监控机油压力的。当发动机起动之后，机油压力较低，低压报警开关触点闭合，机油报警灯亮。当机油压力超过 0.03 MPa 时，低压报警开关触点断开，机油报警灯熄灭。当发动机转速超过 2 150 r/min 时，机油压力若低于 0.18 MPa，这时高压报警开关触点闭合，机油报警灯闪亮，同时蜂鸣器鸣响报警。在油路中装有两个限压阀，一个装在机油泵上，另一

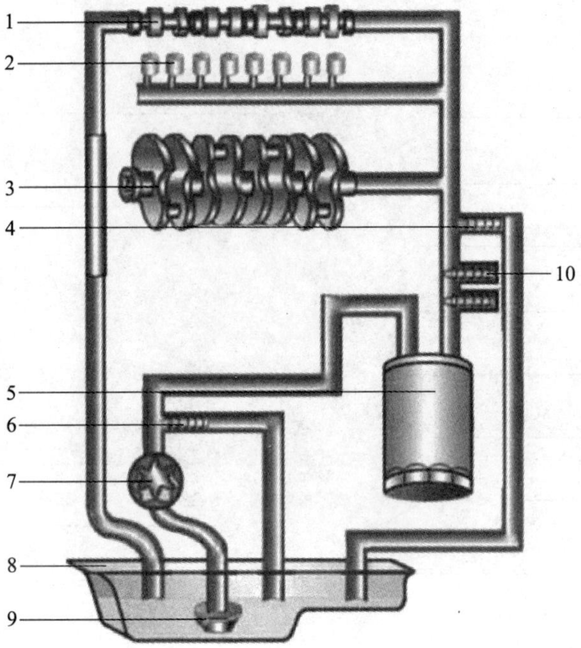

图 2-2　发动机润滑系统油路

1—配气凸轮轴；2—液压挺柱；3—曲轴；4，6—限压阀；5—机油滤清器；
7—机油泵；8—油底壳；9—集滤器；10—油压开关

个装在机油滤清器支架上，当发动机处于冷态或机油黏度较大时，部分机油因油压高或机油流量过大，经限压阀流回油底壳，可避免机油压力过高而造成危险。在机油滤清器内有一个旁通阀，当滤清器堵塞时，旁通阀打开，未被滤清的机油仍能输送到各摩擦副。在机油滤清器支架上还安装有一个回油关闭阀，当发动机停止运转时，能阻止主油道内的机油流回油底壳。

四、润滑系统的零部件结构与维修

（一）机油泵

1. 机油泵的结构

机油泵用于将机油从油底壳中吸出，并以一定的压力压向各润滑部位。机油泵按其结构不同可分为齿轮式和转子式两种。它们的结构如图 2-3 及图 2-4 所示。

齿轮式机油泵的结构主要由机油泵驱动轴、主动齿轮、从动齿轮、机油泵体、泵盖、卸压安全阀等组成（见图 2-3）。

转子式机油泵主要由内转子、外转子、机油泵体及机油泵盖等零件组成（见图 2-4）。内转子 5 用半圆键固定在主动轴上。主动轴通过轴套、卡环安装在机油泵体 6 和机油泵盖 3 上。外转子 4 装在泵体内并与内转子啮合。机油泵体和机油泵盖通过螺栓固定在一起，两者之间装有调整垫片，可以调整内、外转子与泵体端面的间隙。在主动轴前端用半圆键连接传动链轮 7，由发动机曲轴前端链轮驱动。

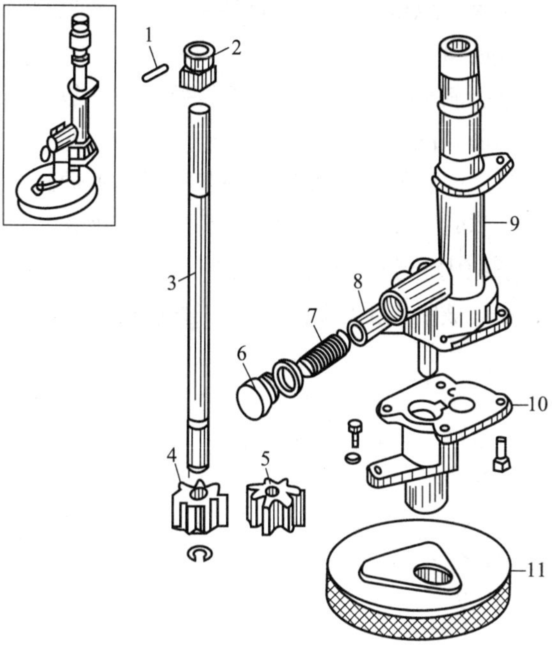

图 2－3　齿轮式机油泵

1—销；2—机油泵驱动齿轮；3—机油泵驱动齿轮轮轴；4—主动齿轮；5—从动齿轮；6—安全阀螺塞；7—弹簧；8—安全阀；9—机油泵体；10—机油泵盖；11—机油集滤器

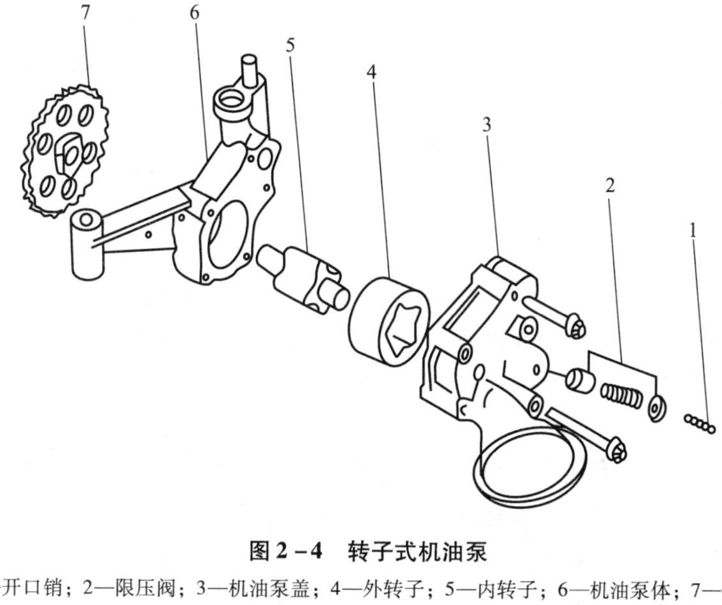

图 2－4　转子式机油泵

1—开口销；2—限压阀；3—机油泵盖；4—外转子；5—内转子；6—机油泵体；7—链轮

齿轮式机油泵的工作原理如图 2－5 所示。当齿轮按图示方向旋转时，轮齿逐渐脱离啮合而使进油腔 1 的容积增大，腔内产生一定的真空，机油从油底壳经进油口被吸入进油腔，随后又被轮齿带到出油腔。轮齿逐渐进入啮合而使出油腔 2 的容积减小，使机油压力升高，机油经出油口被压入发动机机体上的油道。在发动机工作时，机油泵齿轮不停地旋转，机油便连续不断地流入油道，被送到各润滑部位。

安装在机油泵上的限压阀可以限制机油泵的泵油压力，如果油压达到规定值，限压阀开启，多余的机油返回机油泵进口。

齿轮式机油泵结构简单、制造方便、工作可靠、效率高，故应用广泛。

转子式机油泵的工作原理如图 2 -6 所示。内转子有 4 个凸齿，外转子有 5 个凹齿，内转子和外转子中心有偏心距，内转子带动外转子一起沿同一方向转动。这样内、外转子同向不同步地旋转。当机油泵工作时，主动轴带动内转子旋转，内转子则带动外转子朝同一方向转动。内、外转子将外转子的内腔分成 4 个工作腔。当某一工作腔转过进油口时，容积增大，油压减小，机油经进油口被吸入工作腔。当该工作腔转过出油口时，容积减小，油压升高，机油经出油口被压出。

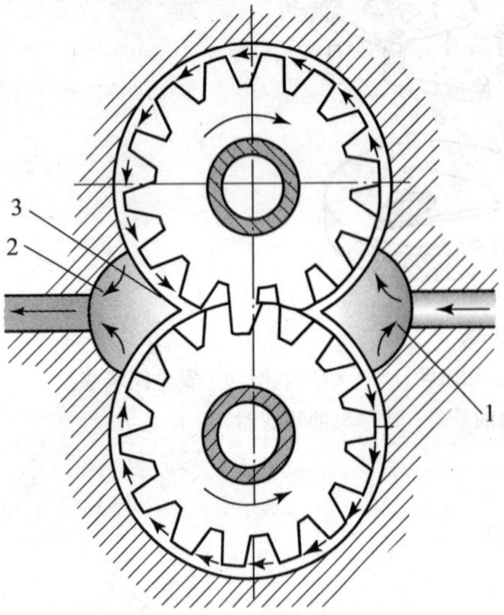

图 2 -5　齿轮式机油泵的工作原理

1—进油腔；2—出油腔；3—主从动齿轮

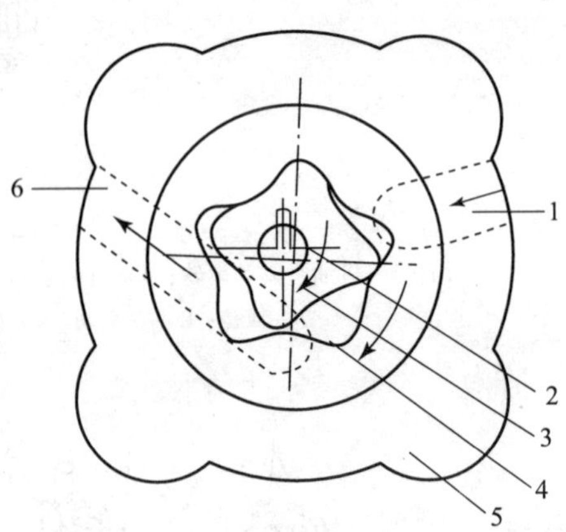

图 2 -6　转子式机油泵的工作原理

1—进油口；2—主动轴；3—内转子；4—外转子；5—机油泵壳体；6—出油口

转子式机油泵结构紧凑，供油量大，供油均匀，噪声小，吸油真空度较高。因此，当机油泵安装在曲轴箱以外或安装位置较高时，采用转子式机油泵比较合适。但是内、外转子啮合表面的滑动阻力比齿轮泵大，因此，功率消耗较大。

2. 机油泵的检修

机油泵的主要损伤形式是零件的磨损所造成的泄漏，使泵油压力和泵油量减少。机油泵的端面间隙、齿顶间隙、齿轮啮合间隙以及轴与轴承之间间隙的增大，各处密封性和限压阀的调整都将影响泵油压力和泵油量。由于机油泵工作时，润滑条件好，零件磨损速度慢，使用寿命长，因此可根据机油泵的工作性能确定是否需拆检和修理。

齿轮式机油泵的检修内容如下：

（1）检查齿轮啮合间隙时，将机油泵盖拆下，用窄塞尺在互成 120°的 3 个位置处测量机油泵主、从动齿轮的啮合间隙。新机油泵啮合间隙为 0. 05 mm，磨损极限为 0. 20 mm，超过规定值时应更换。

（2）检查传动齿轮与机油泵盖接合面间的间隙，主、从动齿轮与机油泵盖接合面间的间隙，正常间隙为0.05 mm，磨损极限间隙值为0.15 mm。

（3）检查机油泵轴。检查机油泵轴的弯曲变形，其直线度在全长上超过0.03 mm时，应进行校压或更换；泵轴的磨损超过0.05 mm时，应更换；泵轴上安装传动齿轮的键槽或半圆键应良好，如有损坏或松旷，应更换。

（4）检查主动齿轮轴与机油泵壳体的配合间隙。主动齿轮轴与机油泵壳体的配合间隙应为0.03～0.075 mm，磨损极限值为0.20 mm；否则可修复轴孔或更换。

（5）检查限压阀弹簧有无损坏、弹力是否减弱，必要时更换；检查限压阀油道有无堵塞，柱塞运动是否有卡滞现象，必要时更换限压阀。

转子式机油泵的检修项目：

（1）用直尺和塞尺检查内转子端面间隙，标准值为0.03～0.09 mm，超过0.15 mm时应更换新件。

（2）用塞尺检查外转子与泵体之间的间隙，标准值为0.11～0.16 mm，超过0.20 mm时应更换新件。

（3）用塞尺检查内、外转子啮合间隙，标准值为0.04～0.12 mm，超过0.18 mm时，应更换新件。

（4）检查限压阀是否有刮伤，限压阀柱塞在孔内有无卡滞或松旷，弹簧弹力是否减弱，必要时更换。

机油泵装复后应进行试验，确认性能良好后再装车。机油泵试验可在试验台上进行，也可用经验法试验。

在试验台上试验时，可测量泵油量（L/min）和泵油压力，应符合标准。如桑塔纳2000型轿车发动机机油泵的转速在1 000 r/min时，进口压力为0.013 MPa，输出压力为0.5 MPa，最小流量为8.3 L/min。若无试验台时，可采用经验检查法：用手转动机油泵传动齿轮轴，应转动自如、无卡滞现象；将机油泵和集滤器装复后，一同放入清洁的机油池中，用螺丝刀按顺时针方向转动机油泵轴，应有机油从出油孔中排出，如用拇指堵住出油孔，继续转动机油泵轴时，应感到有压力。机油泵泵油压力可通过增减限压阀螺塞下面的调整垫片或增减限压阀弹簧座处的垫片来调整。

（二）机油滤清器

机油滤清器的功用是滤除机油中的金属磨屑、机械杂质和机油氧化物。如果这些杂质随同机油进入润滑系统，将加剧发动机零件的磨损，还可能堵塞油管或油道。

为了保证滤清效果，一般使用多级滤清器，方式有以下两种：

轿车上普遍采用集滤器加全流式机油滤清器的滤清方式，机油滤清器串联于机油泵和主油道之间，全部机油都经过它滤清，如图2－7所示。

货车特别是重型货车上一般采用集滤器加粗、细双级滤清器的滤清方式，其中机油粗滤器与主油道串联，而分流式机油细滤器则与主油道并联，经过粗滤器的机油进入主油道，而流过细滤器的机油直接返回油底壳，如图2－8所示。

1）集滤器

集滤器用来过滤机油中颗粒较大的杂质，它安装在机油泵进油管上，多采用滤网式。汽车发动机使用的集滤器目前分为浮式集滤器和固定式集滤器两种。

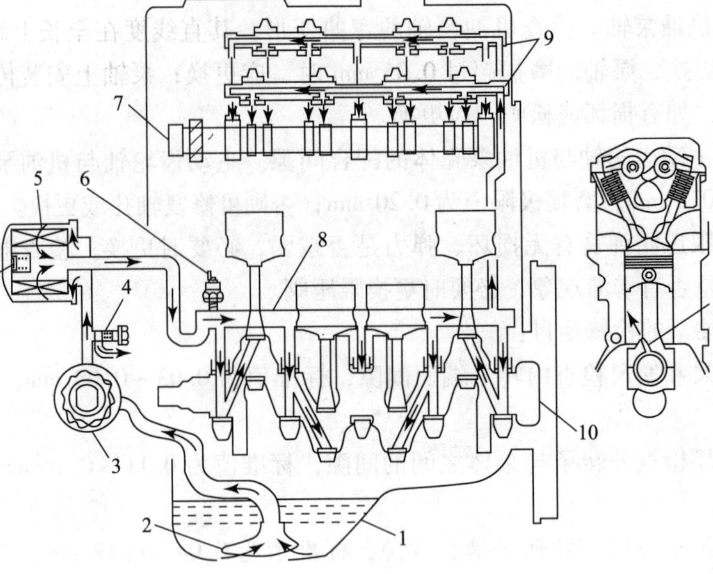

图 2-7　全流过滤式润滑油路

1—油底壳；2—机油集滤器；3—机油泵；4—限压阀；5—机油滤清器；6—油压传感器；
7—凸轮轴；8—主油道；9—摇臂轴；10—曲轴；11—连杆大头喷油孔；12—旁通阀

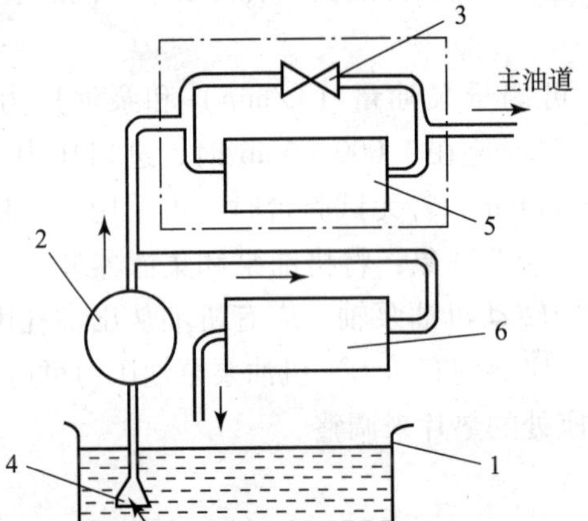

图 2-8　分流式润滑油路

1—油底壳；2—机油泵；3—旁通阀；4—集滤器；5—机油粗滤器；6—分流式机油滤清器

浮式集滤器工作时漂浮于机油油面上，以保证油泵总是吸入最上层较清洁的机油，但油面上的泡沫易被吸入，造成机油压力降低，润滑可靠性差。

固定式集滤器装在油底壳下部，吸入的机油清洁度略逊于浮式集滤器，但可防止泡沫吸入，润滑可靠，结构简单，使用广泛，如奥迪轿车、桑塔纳轿车等发动机都采用了固定式集滤器。

2）机油粗滤器

机油粗滤器串联安装于机油泵出油口与主油道之间，用来过滤机油中粒度较大（直径在 0.05 ~0.1 mm 以上）的杂质。粗滤器与细滤器都安装于缸体外面，以方便维修。

纸质滤清器质量轻、体积小、结构简单、滤清效果好、过滤阻力小、成本低、保养方便，目前在国内外应用广泛。

3）机油细滤器

机油细滤器属于分流式滤清器，可以滤除直径为0.01 mm以上的细小机械杂质及胶质。因为这种滤清器对机油的流动阻力较大，所以与主油道并联，只有10%～15%的机油通过。

机油细滤器有过滤式和离心式两种类型。目前离心式机油细滤器应用较广泛。这种细滤器滤清能力高，通过能力好，且不受沉淀物影响，不需更换滤芯，只需定期清洗即可，但对胶质滤清效果较差。

五、润滑剂

汽车发动机润滑系统所用的润滑剂有润滑油（机油）和润滑脂（黄油）两种。

1. 机油的使用性能

汽车发动机机油在润滑系统内循环流动，循环次数可达100次/h。机油的工作条件十分恶劣，在循环过程中，机油与高温的汽缸金属壁面及空气频频接触，不断氧化变质。窜入曲轴箱内的燃油蒸气、废气以及金属磨屑和积炭等，使机油受到严重污染。另外，机油的工作温度变化范围很大：在发动机起动时为环境温度；在发动机正常运转时，曲轴箱中机油的平均温度可达95 ℃或更高。同时，机油还与180 ℃～300 ℃的高温零件接触，受到强烈的加热。因此，作为汽车发动机的机油，必须具备优良的使用性能。目前，汽车发动机广泛使用的机油，是以从石油中提炼出来的机油为基础油，再加入各种添加剂混合而成。汽车发动机用机油应具有以下使用性能。

（1）适当的黏度。机油黏度对发动机工作有很大影响。黏度过小，在高温、高压下，不易形成足够厚度的油膜；黏度过大，冷起动阻力增加，起动困难，机油不能及时送到摩擦表面，导致起动磨损严重。

机油的黏度随温度而变化。温度升高，黏度减小；温度降低，黏度增大。为了使机油在较宽的温度范围内都有适当的黏度，必须在基础油中加入增稠剂。添加增稠剂之后，可以使机油在高温时保持足够的黏度，而在低温时黏度增加不大。

（2）优异的氧化安全性。氧化安全性是指机油抵抗氧化作用不使其性质发生永久变化的能力。当机油在使用和储存过程中与空气中的氧气接触而发生氧化作用时，机油的颜色变暗，黏度增加，酸性增大，并产生胶状沉积物。氧化变质的机油将腐蚀发动机零件，甚至破坏发动机的正常工作。

（3）良好的防腐性。机油在使用过程中不可避免地被氧化而生成各种有机酸。酸性物质对金属零件有腐蚀作用，会造成轴承表面出现斑点、麻坑或使合金层剥落。为提高机油的防腐性，可在机油中加入防腐添加剂。

（4）较低的起泡性。由于机油在润滑系统中快速循环和飞溅，必然会产生泡沫。如果泡沫太多或泡沫不能迅速消除，将造成供油不足、磨损加剧。在机油中添加泡沫抑制剂，可以控制泡沫的生成。

（5）高度的极压性。在摩擦表面之间的油膜厚度小于0.3～0.4 μm的润滑状态，称为边界润滑。习惯上把高温、高压下的边界润滑称为极压润滑。现代汽车发动机的轴承及配气机构等零件的润滑，即为极压润滑。机油在极压条件下的抗摩性叫作极压性，为了提高机油的极压性，避免在极压润滑的条件下机油被挤出摩擦表面，必须在机油中加入极压添加剂。极压添加剂与金属表面起化学反应，形成强韧的油膜，借以提供对零件的极压保护。

（6）强烈的清净分散性。机油的清净分散性是指机油分散、疏松和移走附着在零件表面上的积炭和污垢的能力。为使机油具有清净分散性，必须加入清净分散添加剂。

2. 机油的分类

目前国际上广泛采用美国 SAE 黏度分类法和 API 用途分类法，并已被国际标准化组织（ISO）确认。

我国的机油分类法参照 ISO 分类方法。《内燃机油分类标准》（GB/T 7631.3—1995）规定，按机油的性能和使用场合分为以下几种。

汽油机油：SC、SD、SE、SF、SG、SH 6 个级别。

柴油机油：CC、CD、CD－Ⅱ、CE、CF－4 5 个级别。

二冲程汽油机油：ERA、ERB、ERC、ERD 4 个级别。

级号越后，使用性能越好，适用于新机型或强化程度高的发动机。

每一种使用级别又有若干种单一黏度等级和多黏度等级的机油牌号。如 CC 级机油有 3 个单一黏度等级和 6 个多黏度等级的机油牌号。它们分别是 30 号、40 号和 50 号及 5W/30、5W/40、10W/30、10W/40、15W/40、20W/40。

单一黏度等级的机油黏温性较差，只适应某一温度范围使用。多黏度等级的机油黏温性好，适应温度范围宽。

3. 机油的选择

（1）汽油机选择汽油机机油，柴油机选择柴油机机油，二冲程汽油机选择相应机油，这是因为不同发动机工作原理、工作条件不同所致。

（2）根据发动机的强化程度选用合适的润滑油使用等级。

柴油机的强化程度用系数 K 表示，按下式计算：

$$K = P_{me} C_m Z$$

式中，P_{me} 为汽缸内气体平均有效压力（MPa）；C_m 为活塞平均速度（m/s）；Z 为冲程系数（四冲程 $Z=0.5$，二冲程 $Z=1$）。

当 $K \leqslant 50$ 时，选用 CC 级润滑油；当 $K>50$ 时，应选用 CD 级润滑油。

（3）根据气温选用适当黏度等级的润滑油。具体机型应按使用说明书进行机油选用与保养。

4. 润滑脂

润滑脂是将稠化剂掺入液体润滑剂中所制成的一种稳定的固体或半固体产品，其中可以加入旨在改善润滑脂某种特性的添加剂。

润滑脂在常温下可附着于垂直表面而不流淌，并能在敞开或密封不良的摩擦部位工作，具有其他润滑剂所不能代替的特点。因此，在汽车的许多部位都使用润滑脂润滑。

目前，汽车用的润滑脂品种有钙基润滑脂、钠基润滑脂、钙钠基润滑脂、复合钙基润滑脂、通用锂基润滑脂及石墨钙基润滑脂等。进口汽车和国产新车推荐使用通用锂基润滑脂，这种润滑脂具有良好的高低温适应性，可在 －30 ℃～120 ℃的宽广温度范围内使用；具有良好的抗水性和防锈性能，可用于潮湿和与水接触的摩擦部位；具有良好的安定性和润滑性，在高速运转的机械部位使用时，不变质、不流失，保证润滑。

六、电路故障引起的机油压力报警灯报警

下面介绍带机油压力表车辆的润滑系统电路检查，以桑塔纳 3000 轿车为例。带机油压力表车辆的润滑系统电路如图 2－9 所示。它由点火开关、油压表、传感器等组成。其原理如图 2－9 所示。这种电路发生故障可能有两种现象：一种是闭合点火开关不起动发动机时，机油压力表指针即向高油压方向转动；另一种是起动发动机后机油压力表仍指零不动。

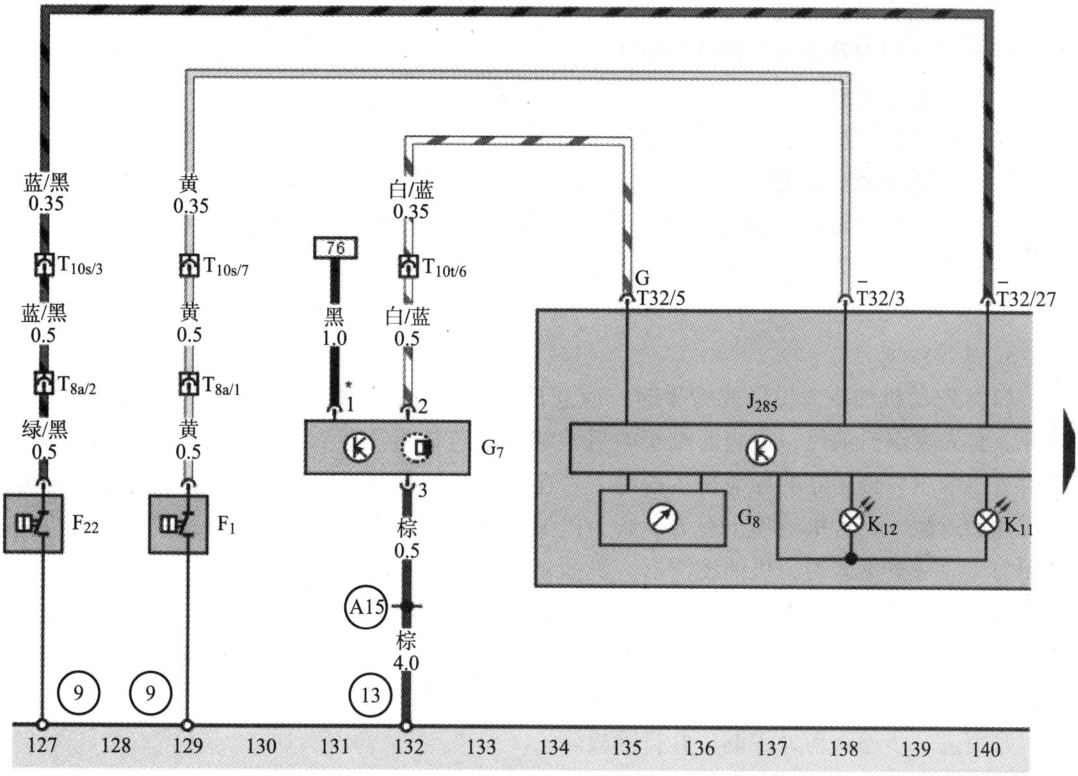

图 2－9　桑塔纳 3000 轿车机油压力报警灯电路

F_1—油压开关；F_{22}—油压开关；K_{11}—油压低压报警灯；K_{12}—油压高压报警灯；J_{285}—组合仪表控制单元；

Ⓐ15—接地线（线束内）；⑨—自身接地（接地点在大灯后方，右侧纵梁上）

（1）闭合点火开关后机油压力表即指向高油压，说明机油压力表无故障，故障发生在机油压力表传感器本身或与之相连接的电路。

（2）拆下传感器接线柱上的导线。若机油压力表指针回零，说明传感器与搭铁短路或内部触点烧结，应更换传感器。

七、常见故障分析

发动机润滑系统的常见故障有机油压力过低、机油压力过高、机油消耗量过大等。

（一）机油压力过低

机油压力过低，将使润滑效果降低，磨损增加，甚至危及机件的正常运转而使之烧坏。

1. 故障现象

（1）发动机起动后，机油压力表读数迅速降低，机油报警灯闪亮。

（2）发动机在正常温度和转速下，机油压力表读数始终低于规定值。

2. 故障原因

（1）机油量没有达到规定容量。

（2）机油黏度变小。

（3）汽油或冷却液进入油底壳。

（4）限压阀弹簧弹力过低或调整不当。

（5）机油滤清器堵塞。

（6）机油泵磨损严重，使其供油压力过低。

（7）油道堵塞、泄漏。

（8）发动机曲轴轴承或连杆轴承配合间隙过大，或凸轮轴轴承间隙过大。

（9）机油压力表、机油压力传感器及机油压力报警器工作不正常。

（10）发动机过热。

3. 故障诊断

（1）发动机油压力过低或为零时，应立即停车熄火；否则会很快发生烧瓦抱轴等机械故障。首先拔出机油尺，检查曲轴箱内机油油面。若油量不足，应及时添加。若机油不缺，应检查机油压力传感器的导线是否松脱。若连接良好，在发动机运转时，拧松机油压力传感器或主油道螺塞，若机油喷出有力，则为机油压力表或其传感器、连接线路故障。若机油喷出无力，应检查集滤器、机油滤清器、机油泵等是否堵塞；若旁通阀无法打开，则应检查各出油管、油道及油堵是否漏油。

（2）检查机油黏度是否变小，用拇指和食指沾少许机油，两指拉开，两指间应拉有 2 ~ 3 mm 的油丝；否则即为机油过稀。检查机油中是否含有汽油或水分，若混杂有汽油或水分，则需进一步检查何处渗漏，并排除故障。

（3）通过水温表，观察发动机是否过热，若过热，查明原因并排除故障。

（4）若以上检查均正常，则应检查曲轴轴承、连杆轴承或凸轮轴轴承的间隙是否过大，间隙增大会直接影响机油压力。

（二）机油压力过高

机油压力过高，容易冲坏机油滤清器盖，也会冲坏机油压力传感器。

1. 故障现象

（1）发动机在正常温度和转速下，机油压力表读数高于规定值。

（2）发动机在运转中，机油压力表读数突然增高。

2. 故障原因

（1）机油黏度过大。

（2）限压阀调整不当或被胶质粘住卡死在关闭位置。

（3）汽缸体主油道堵塞。

（4）机油滤清器滤芯堵塞且旁通阀开启困难。

（5）机油压力表失准或机油传感器失效。

（6）新装配的发动机曲轴轴承或连杆轴承间隙过小。

3. 故障诊断

发现机油压力过高时，应熄火排除故障；否则容易冲破机油滤清器盖或机油传感器。

（1）抽出机油尺，检查机油黏度是否过大；若过大则应更换合适的机油。

（2）卸下机油滤清器，检查滤芯是否堵塞，或旁通阀弹簧弹力过强而不能顶开，引起机油压力过高。

（3）检查限压阀是否调整不当（弹簧过硬）。

（4）对于新装发动机，应检查主轴承、连杆轴承及凸轮轴轴承间隙是否过小。

（5）若机油压力突然增高，而未见其他异常现象，应检查机油压力传感器及导线是否有搭铁故障。

（6）接通点火开关，机油表即有压力指示，则应检查机油压力表及传感器是否良好。

（三）机油消耗过多

每次检查时都发现机油减少，平均消耗量超过 0.1 ~0.5 mL/100 km。

1. 故障现象

（1）发动机或空气压缩机有漏油处。

（2）排气管排蓝烟，机油加注口冒脉动蓝烟。

（3）每天检查机油量，均会有明显减少。

2. 故障原因

（1）活塞与缸壁配合间隙过大。

（2）活塞环严重磨损使泵油现象加重。

（3）活塞环装反。

（4）活塞环抱死，或其开口转到同一处。

（5）活塞环磨损严重，或其弹力不足。

（6）气门导管磨损严重且气门油封损坏。

（7）曲轴箱通风不良。

（8）发动机曲轴后端漏油。

（9）发动机正时齿轮室盖处漏油。

（10）油底壳裂纹。

3. 故障诊断

（1）检查外部有无泄漏，特别是油底壳、曲轴前后端及凸轮轴后端油堵是否漏油。

（2）若发动机汽缸盖罩、气门室盖、油底壳衬垫和发动机前后油封等多处有机油渗漏现象的，应检查曲轴箱通风装置。清理曲轴箱通风管道，尤其是 PCV 阀处的积炭和结胶。因为曲轴箱通风不畅，会引起曲轴箱内压力升高，出现机油渗漏现象。

（3）若排气管明显冒蓝烟则为烧机油造成的。

当踏下加速踏板发动机高速运转时，若排气管大量排蓝烟，同时机油加注口也冒出大量烟雾，说明活塞、活塞环与缸壁磨损过甚；活塞环端隙、边隙或背隙过大；活塞环开口转到同一处或活塞环装反，使机油窜入燃烧室。应拆检活塞连杆组。

当发动机大负荷运转时，若排气管大量排蓝烟，机油加注口无烟雾冒出，这是飞溅到气门杆上的机油，沿气门杆与导管间的间隙被吸入燃烧室的结果。

若发动机在较短时期冒烟，而油底壳内机油未见减少，这是湿式空气滤清器油面过高被吸入汽缸所致。因此应检查曲轴箱的通风情况。

（4）对于采用气压制动的汽车，若从储气筒的放油螺塞处放出较多的机油，则是因为空气压缩机的活塞、活塞环与汽缸壁磨损过甚。

（四）机油变质

1. 故障现象

（1）取样检查机油，颜色发黑，用手捻搓，失去黏性感并有杂质感。

（2）机油呈乳浊状并有泡沫。

2. 故障原因

（1）机油使用时间过长，在高温和氧化作用下形成氧化物和氧化聚合物，使机油逐渐老化变质。

（2）活塞环漏气。

（3）曲轴箱通风不良。机油中混杂有废气，促使机油变质。

（4）发动机缸体有裂纹，冷却液漏入油底壳。

（5）汽油泵膜片破裂，汽油进入油底壳。

（6）含有 SO_2 和 H_2O 的废气下窜入油底壳中，使机油呈酸性。

（7）机油过脏，含有杂质。

3. 故障诊断

（1）用机油尺取数滴机油观察，分辨机油的污染情况。若机油显示雾状，油色混浊和乳化，说明机油已被水严重污染；若机油呈灰色，闻有燃油气味，则表示机油已被燃油稀释；若用手指捻搓机油时有细粒感，则表示含杂质较多。也可取数滴机油滴于中性滤纸上，检查其扩散后的油迹，若中心黑色杂质较黑，粒子较粗，则说明机油含杂质较多，已变质。

（2）若机油油面上升，且机油含有汽油味，进而应检查汽油泵膜片是否破裂，曲轴箱通风是否良好、活塞的漏气量是否过大。

（3）若机油呈乳化状态，应检查缸壁是否有裂纹渗漏处。

（4）检查机油滤清器是否失效以及油道是否堵塞。

知识三　机油报警灯报警故障相关部件的使用与保养

一、机油消耗量的检测

机油消耗量的检测，可按一定的行驶里程定期进行。测定前，发动机预热至正常工作温度，待机油的温度稳定后，停机测定机油消耗量。而且，每一次测定的条件应相同。

对于机油消耗量的检测，目前实际使用的是油标尺测定法和质量测定法两种。

1. 油标尺测定法

测试前，汽车置于水平地面上，预热后停机，将机油加至规定的油底壳液面高度，然后在油尺上清楚地划上刻线，以记住这一油面位置。其后汽车投入实际运用，使机油消耗至油尺下限或行驶一定里程时，停止运行，仍置汽车于原地点，按原测试条件，向油底壳内加入已知量（质量或体积）的机油，使油面仍升至油尺上的刻线，所加油量为机油消耗量。

这种测定方法比较简单，但由于油底壳内机油截面积太大，机油标尺上较小的高度误差就会导致测量误差较大。

2. 质量测定法

预热发动机至正常温度，按测试条件打开油底壳的放油螺塞，放出油底壳内的机油，至机油由流变成滴时，拧上油底壳的放油螺塞，记下放油时间，然后将已知质量的机油加入油底壳至规定的液面，使汽车投入实际运行。汽车行驶若干里程后，当需要测试机油消耗量时，只要按同样的测试条件和放油时间，放出油底壳内的在用机油，并称量出其质量就可以了。放入和放出的质量之差即为机油消耗量。这种方法费力、费时，但测量精度比油标尺测定法高。机油消耗过多的主要原因有两方面：一是漏油；二是烧机油。如机油消耗量明显增加，外部检视也无渗漏，说明是由于汽缸活塞配合副间隙太大、活塞环密封性能降低等原因造成汽缸烧机油严重。如有必要，可结合发动机行驶里程、排气烟色和火花塞油污情况等进行确诊。

二、润滑系统压力的检测

润滑系统压力是发动机润滑系统技术状况的重要指标。检测时可采用指示灯法和油压表测量法进行。

（1）指示灯法。机油压力的大小，一般可直接通过汽车仪表板上的机油压力信号指示灯显示或机油压力表而测得，虽然精度不太高，但能满足使用中的一般检测要求。常用的检测方法是，当闭合点火开关时，机油压力表指针指示为“0”，如装有油压指示灯时则灯亮。发动机起动后，油压指示灯在数秒内熄灭，机油压力表则显示某一较高的数值，并随发动机热机逐渐指示正常。

（2）油压表测量法。采用油压表测量时，可在发动机主油道油堵螺钉或安装机油压力传感器的螺钉孔处接一油压表。起动发动机，测量发动机怠速和规定转速时的机油压力是否符合要求。

三、使用中机油的质量鉴别

1. 搓捻鉴别

取出油底壳中的少许机油，放在手指上搓捻。搓捻时，如有黏稠感觉，并有拉丝现象，说明机油未变质，仍可继续使用；否则应更换。

2. 油尺鉴别

抽出机油标尺对着光亮处观察刻度线是否清晰，当透过油尺上的机油看不清刻线时，则说明机油过脏，需立即更换。

3. 倾倒鉴别

取油底壳中的少量机油注入一容器内，然后从容器中慢慢倒出，观察油流的光泽和黏度。若油流能保持细长且均匀，说明机油内没有胶质及杂质，还可使用一段时间；否则应更换。

4. 油滴检查

1）机油品质的检测

目前，检测机油品质使用最为广泛的是采用油滴斑点试验法，该方法主要是分析机油的污染性质和程度。

在白纸上滴一滴油底壳中的机油，若油滴中心黑点很大，呈黑褐色且均匀无颗粒，周围黄色浸润很小，说明机油变质，应更换。若油滴中心黑点小且颜色较浅，周围的黄色浸润痕迹较大，表明机油还可以使用。测试原理：用油尺取一滴发动机内的机油滴在专用滤纸上，油内的污染物便随油向滤纸四周扩散。滤纸上便形成颜色深浅不同的晕环，一般有 3 个或 3 个以上，如图 2－10 所示。中心有黑色的圆核，外围有一条色度很深的圆带，这就是中心沉淀区。油内粗颗粒的杂质都集中在该区。所以，中心沉淀区的色度能表示出油的污染程度。如果发动机磨损异常，这里便可偶然发现金属屑粒。

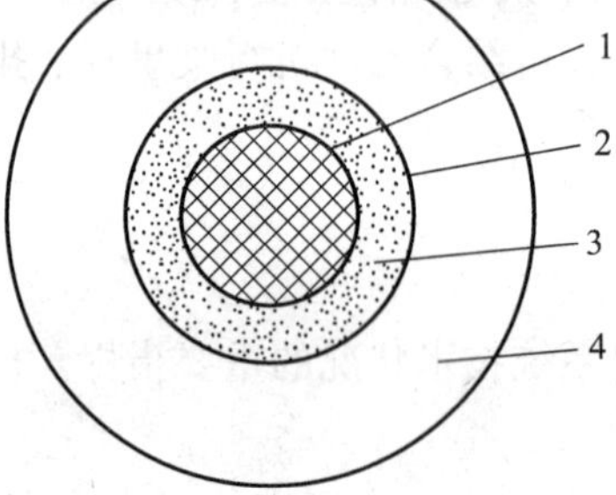

图 2－10　滤纸油斑示意图

1—中心沉淀区；2—圆带；3—扩散区；4—油环

中心沉淀区以外是油内细小、分散的悬浮物向外扩散的痕迹，越向外颜色越浅。向外扩散的宽度代表着机油残余清净分散性的好坏。如果扩散的环很宽，甚至中心沉淀区和扩散区无明显界限，说明油的清净性还好，油内的清净分散剂性能亦佳；反之，滤纸中只有中心沉淀区而无扩散区，则表明油的清净分散剂已消耗殆尽。把油样加热到 200 ℃保持 5 min，再滴一个油斑与未加热的油斑进行比较，更能说明油的清净分散剂性能。不含添加剂的机油即使污染很轻，也没有扩散区。如果油内有 2% 以上的水分，油滴扩散将受到阻碍，从中可以看出油中水的含量。

最外层是机油及油内可溶性氧化物的扩散环，颜色从淡黄到深褐，表示出油的氧化程度。

以上检查均应在发动机停机后机油还未沉淀时进行；否则有可能得不到正确结论。因为机油沉淀后，浮在上面的往往是好的机油，这样检查的只是表面现象，而变质机油或杂质存留在油底壳的底部，从而可能造成误检。

2）机油的更换

（1）拆下发动机机油加注盖口。

（2）拆下放油螺塞，把旧机油放入容器内。

（3）清洗或使用新的密封垫，按规定力矩拧紧放油螺塞。

（4）按规定选用机油并从加注口加入规定油量。汽油喷射式发动机选用 SG 或更高级机油。

（5）在机油加注口盖上密封垫，装上加注口盖。

（6）起动发动机，检查有无漏油。

（7）再检查机油量，视情况加注。

3）机油滤清器的更换

正常行驶的汽车，滤清器应每行驶 10 000 km 时更换。恶劣条件下可酌情缩短更换里程。更换方法如下。

（1）趁热放出发动机机油。

（2）用专用工具拆卸机油滤清器，如图 2－11 所示，更换时，注意清洗滤清器安装表面。

（3）安装新滤清器时，应在密封圈上涂上干净的机油，如图 2－12 所示。若不涂机油，安装时密封圈与接合面发生干摩擦，密封圈易翘曲和损坏，造成密封不良而漏油。

（4）用手轻轻拧紧机油滤清器，直到感觉有阻力为止，再用专用工具重新拧紧机油滤清器 3/4 圈，如图 2－13 所示。

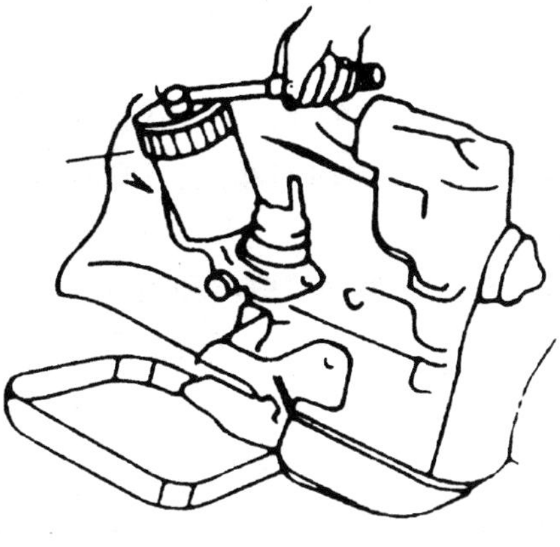

图 2－11　机油滤清器的拆装

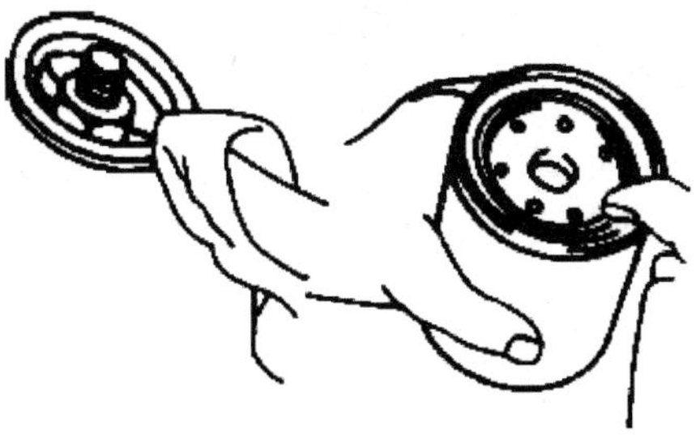

图 2－12　新滤清器上涂抹机油

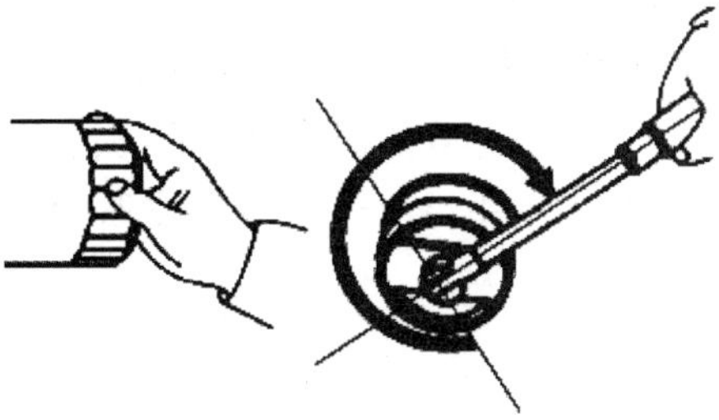

图 2－13　安装滤清器

四、润滑油的使用

1. 油品存储

（1）不可直立放于露天环境，以防止水分及杂物的入侵污染。

（2）室内储存可立放，桶面朝上，方便抽取。

（3）拧紧封口盖，保持油桶密封。

（4）保持桶身面清洁，标识清晰。

（5）保持地面清洁，便于漏油时及时发现。

（6）做好入库登记，先到先用。

（7）频繁抽取的油品，放置在油桶架上用开关控制流放。

（8）新油与废油分开放置，装过废油的容器不可装新油，以防污染。

2. 油品安全

（1）油品应独立存放，周围不得放置可燃品。

（2）严禁烟火，不得携带火种进入油库。

（3）配备不少于两个灭火器。

（4）擦拭机械后的油布或清除的油污不得堆积，以免助燃。

（5）易燃的特种油品或化学溶剂分离储存并放置易燃品标志。

3. 使用注意事项

（1）向润滑专家咨询，采用适当规格的润滑剂，尽量减少用油种类。

（2）每种机械以简单图样示出需要加油的部位、油品名称、加油周期等，并由专人负责，避免用错油品。

（3）每次加油前须清洁擦拭油抽、油壶等容器和工具。

（4）每种油用专用的容器，应在容器上注明盛载油品的名称，以防污染。

（5）换油前须将机械用溶剂冲洗干净，切不可用水溶性清洗剂。

（6）每次添加或更换润滑油后，做好机械保养记录。

（7）发现油品异常或已到换油周期时，应抽样交由专业公司化验鉴定。

4. 环保和健康

（1）严禁将废油直接排入水沟、倒入土壤，以防污染环境。

（2）废油废液专桶收集，再交由政府许可的回收商回收，切不可乱倒。

（3）皮肤过敏者或划擦伤者，应避免直接接触润滑油。

（4）切勿穿着油迹渗透的衣物，不可将被油污染的碎布置入袋中。

（5）不可用污浊布碎抹去皮肤上的油迹，以防布碎中藏有金属碎屑擦伤皮肤，引发感染。

1. 任务资讯

车主姓名		地址		电话		出厂时间		公里数			
车牌号		型号/年份		发动机牌号				燃油量			
入场时间		约定交车时间		修正交车时间				维修级别			
故障陈述						接车员		调度员		备注	
						班组长		结算员			
						检验员		交车员			

维修项目	工时	工价	维修班组	开工时间	完工时间	换件项目	数量	单位	单价	金额

客户签字：	约定联络时间：	接车前的检查	□车匙 □备胎 □轮盖 □行驶证 □随车工具 □故障灯		说明
班组长：______ ______ 检验员：______ ______ 接车员：______ ______ 服务专员：______	工时费用总计：______ 材料费用总计：______ 估价人：______ 付款方式 转账支票□ 现金□ 其他□		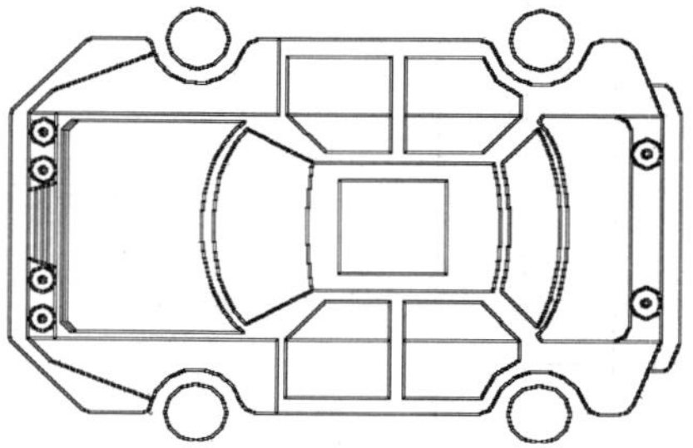 × 划痕 ⊙ 凹陷 √ 破损	检查人：	1. 车内贵重物品由客户自行带走；否则如有遗失，本厂恕不负责； 2. 车主同意上述维修项目并授权本厂对无法修复零件予以更换； 3. 客户自带配件与客户要求更换副厂件的，本厂恕不负责质量保修

2. 制定诊断方案（描述故障产生的可能原因及对应检查方法）

序号	可能的原因	检查方法
将诊断方案画成因果关系分析图		
班组长意见		

3. 实施诊断方案（描述对应检查项目、测量数据和判定结果）

序号	检查项目	检查结果	正常状态	结果判定

4. 实施维修（描述最终确认的故障部位和修复方法）

故障部位（零部件）	故障原因	修复方法

5. 维修结算

学字 002　No. 00002

<table>
<tr><td>客户名称</td><td colspan="2"></td><td>客户代码</td><td colspan="2"></td></tr>
<tr><td>地址</td><td colspan="2"></td><td>车牌号码</td><td colspan="2"></td></tr>
<tr><td>电话</td><td colspan="2"></td><td>车型</td><td colspan="2"></td></tr>
<tr><td>付款方式</td><td colspan="2"></td><td>车辆出厂编号</td><td colspan="2"></td></tr>
<tr><td>序号</td><td>作业项目</td><td>作业内容</td><td colspan="2">使用零件</td><td>金额</td></tr>
<tr><td></td><td></td><td></td><td colspan="2"></td><td></td></tr>
<tr><td colspan="3">业务主管指示：　　____年__月__日</td><td colspan="3">交车员签名：　　____年__月__日</td></tr>
<tr><td colspan="2" rowspan="4">确认客户已交费

结算员签名：</td><td rowspan="4">本公司对上述维修项目保用至__月__日或__公里</td><td colspan="2">项目</td><td>金额</td></tr>
<tr><td colspan="2">维修、检测</td><td></td></tr>
<tr><td colspan="2">配件</td><td></td></tr>
<tr><td colspan="2">其他</td><td></td></tr>
<tr><td colspan="3">服务电话：</td><td colspan="2">总计</td><td></td></tr>
</table>

评价反馈

专业		姓名		班级		学号	
考核项目		评分标准	教师评判			分数	得分
态度（师评）	团队合作	是否和谐	是 □	否 □		5 分	
	拓展发言	是否精彩	是 □	否 □		5 分	
	小组讨论	是否积极	是 □	否 □		5 分	
	设备安全	有无损害	无 □	有 □		5 分	
	人身安全	有无损伤	无 □	有 □		5 分	
	生产纪律	是否守纪	是 □	否 □		5 分	
	现场清理	是否做到	是 □	否 □		5 分	
交车	维修结算（组评）	维修结算单内容填写	充分□	一般□	没填写□	5 分	
	实施维修（组评）	实施维修结果是否完整、正确	完整□	一般□	不正确□	5 分	
实际操作	任务方案（师评）	机油油压报警灯报警的诊断方案是否正确易行	正确易行 □	基本正确 □	不正确 □	10 分	
	工具使用（师评）	所选工具是否正确无误	完全正确 □	基本正确 □	不正确 □	10 分	
	维修过程（自评）	能否掌握机油油压报警灯报警故障的诊断方法	能 □	基本能 □	不能 □	10 分	
		能够独立完成故障排除	能 □	基本能 □	不能 □	10 分	
	完成维修任务情况（师评）	机油油压报警器报警的故障诊断与排除	完全排除 □	基本排除 □	没有排除 □	15 分	
学生体会：						合计	
教师签字： 年 月 日							

知识拓展

故障案例一：机油压力过高

【故障描述】

一台捷达柴油发动机，修理后油压表指针处于最高位置，连续冲坏了两个机油滤芯，于是断定是油压过高所致。询问得知修理过程中并没有做油压调整，但是，为什么会出现油压过高的现象呢？

【检查过程】

拆下限压阀螺钉，取出限压弹簧，但无法取下柱塞阀体，怀疑是由于柱塞发卡所致。起动发动机，更换滤芯，振动阀体，运转 15 min 后，限压阀才有机油渗漏出来，这才将柱塞阀体取了出来。

【故障分析】

修理工在进行发动机大修过程中清洗主油道时，用高压水枪冲洗，冲洗完在未擦干的情况下就装上了限压阀，阀体遇水形成铁锈层，导致限压阀体锈死在里面不能活动，过高的机油压力就是这样形成的。

【维修方案】

更换新的限压阀后，油压正常，重新调整油压后，故障彻底排除。

故障案例二：不着车

【故障描述】

一辆丰田佳美电子控制燃油喷射发动机，采用多点燃油喷射系统，装配 A142E 自动变速器。该车在冬天多雪天气，停放在车库 1 周。当使用车辆时，不能起动，于是将汽车拖至修理厂维修。更换了火花塞、高压线等，可最终都没有排除故障。

【检查过程】

首先对故障车进行了一些基本的外观检查和测试。将点火开关置于起动挡，使起动机运转，此时起动机运转有力，但是不能着车。对于不着车的车辆维修起来特别简单。而对于能着车的，无非是电路、油路、气路和机械等几部分原因，然后针对以上几种原因进行检查排除。

（1）点火系统的检查。将分缸线拔下对缸体起动试车，此时发现有强烈的蓝色火花，经检查各缸高压线都能有强烈的火花产生。拆下火花塞，发现各缸火花塞都有被汽油浸泡过的迹象，这说明有淹缸现象。

（2）燃油系统的检查。首先对燃油系统进行泄压，连接油压表测量燃油系统的压力时，压力正常。当把点火开关置“ON”位置时，观察油压表的读数逐渐下降。这说明燃油系统有泄漏的地方。然后利用大力钳子将回油管路夹死，此时油压继续下降，这说明油压调节器工作正常。又将供油管路燃油滤清器的前方夹死，油压表的读数继续下降，这说明燃油泵本身没有泄漏，从燃油泵到滤清器的管路一切正常。经检查油管接头均没有泄漏的地方。由此说明只有喷油器泄漏才能造成燃油系统泄压。将喷油器拆下，利用喷油器清洗机观察该车喷油器的喷油情况。有两个喷油器的密封不好，有滴油现象。经过超声波清洗和清洗剂清洗后，观察喷油器不再泄漏，将喷油器装复，此时观察燃油压力不再下降，并且检查燃油的质量也没有问题。经一系列的检修后，保证燃油系统工作正常。将火花塞利用气焊将其表面的汽油烧掉，装复试车，起动发动机仍然不能着火，经检查，造成不着车的主要原因还是淹缸。然后开始检查气路和机械部分。

（3）进、排气系统和机械部分的检查。经检查，空气滤清器、进气管路均没有堵塞和泄漏现象。排气系统中的三元催化转换器的工作也正常。而对于机械配气正时错误的可能性不大，为保险起见，重新检查配气正时，也正常。测量汽缸压力为 1 100 kPa，由此说明此系统工作也正常。重新更换一组新的火花塞，起动试车，发动机有着火的迹象。但仍然不能正常起动。经检查又有淹缸现象。

【故障分析】

为什么总淹缸呢？让我们分析一下造成淹缸的原因：①点火能量不够；②汽缸压力低；③混合气过浓；④配气正时错误；⑤ECU 故障。根据上述检查分析，可以将第①、②和④点排除。而对于混合气浓和 ECU 故障来说，各维修同仁都知道 ECU 轻易不会损坏，所以针对混合气浓又进行了系统的分析检查。根据前述的检查维修工作，排除了影响混合气浓的种种原因，而只有对电控系统是否有错误的输入没有做出具体的检修。此时利用发动机室内的故障诊断接头，读取发动机电控系统的故障码，经分析电控系统没有故障。使用金德 K81 观察各输入传感器的数据流，因为此车一直没有着车，所以只能观察发动机静态时的数据流，但还是不能查出症结所在。造成不着车的最主要原因还是淹缸。可根据我们所判断的、检查的也没有什么不对的地方啊！难道是 ECU 坏了？此时恰好在修理厂有一台与故障车相同型号的汽车。将其 ECU 互换，故障依旧。回头想想，检查的项目基本正常。

为什么总淹缸呢？问题到底出在哪里呢？检查油、电都没有异常，可当检查汽缸压力的时候出现了新的问题，因此再一次测量汽缸压力。连接汽缸压力表，将节气门全开，将点火开关转至起动挡。当第一个压缩行程过后，观察汽缸压力表的读数为 8 500 kPa，此次的缸压与第一次测量的压力值有些差异。泄掉缸压表的压力，然后又一次起动，此时发现汽缸压力为1 000 kPa。泄压后进行第三个压缩行程，此时汽缸压力表的读数为 1 100 kPa。等待了一会儿以后继续试验，仍然是此现象。缸压从 800 kPa 到 1 100 kPa 的数值上升。逐个汽缸测试，均是此现象。这是不正常的，这说明汽缸压力不足，而造成汽缸压力不足的原因有很多种。能够造成这种现象的一般原因是：气门泄漏、活塞环磨损、机油质量不佳、汽缸垫漏气、配气正时故障等原因。我们仍然依照从外到内、从简单到复杂的诊断方法进行故障排除。首先检查机油，将机油尺拔下，发现机油非常稀且较多，已经超过了机油尺的上限标记，机油能顺着机油尺往下滴，这说明机油既多又特别稀，闻一下机油尺上的机油，有一股极浓的汽油味，由此可确定故障点找到了。

【维修方案】

将机油放出，更换机油滤清器，拆下各缸的火花塞，然后将压缩空气从火花塞处吹入，使缸内的燃油通过活塞环全部进入曲轴箱。重新加注新的机油，安装火花塞，断开喷油器线束，起动汽车，使活塞和缸壁之间建立油膜，保持缸内的密封性。然后连接喷油器线束，起动，发动机顺利着车。由此说明此车故障排除。

【维修备注】

可为什么汽油会进入曲轴箱呢？只有一个途径——活塞环。首先让我们了解一下该车的润滑系统。为了保证发动机正常工作，必须对相对运动的零件表面加以润滑。也就是在摩擦表面间覆盖一层薄而匀的润滑油膜。以减少摩擦阻力，降低功率消耗，减轻机件磨损，延长发动机的使用寿命。润滑系统的基本作用就是将清洁的、有压力的和温度适宜的机油不断地提供到各零件表面，以起到减小零件磨损和润滑作用。此外，输送到摩擦面间循环流动且具有一定压力和黏度的机油，还可以起到带走零件摩擦表面间的金属小颗粒、尘沙、积炭等作用；吸收摩擦面热量的冷却作用：填充零件间隙与空隙，减少气体泄漏，帮助活塞加强密封减缓零件间冲击振动，降低工作噪声和减小零件表面受化学侵蚀等作用。

可为什么会经常淹缸呢？当汽车停滞过久以后，活塞环上的机油由于自身重力都回流到了曲轴箱内。而当驾驶员在春节假期过后取车时，刚开始起动由于缸内没有缸压，可喷油器已经喷油，再加上个别喷油器泄漏，此时即使火花塞点火，由于活塞环的密封性不好，活塞的吸力不够，汽缸压力不足，也不能着车。当经过几次压缩以后，汽缸压力正常了，而此时的火花塞由于混合气过浓被汽油“淹死”，故不能着车。由于反复的起动，使过多的燃油通过活塞环进入了曲轴箱，破坏了机油的质量，使油底壳内的机油被稀释，破坏了活塞环与缸壁之间的油膜，造成活塞环的密封不好，汽缸压力低，发动机不能着火而淹缸。当更换了新的火花塞以后，汽缸内的汽油没有吹净，再次起动时，造成再次淹缸。因此发动机仍然不会着火。

维修总结：对当代高档电喷车的维修，修理起来比较烦琐，有的故障原因错综复杂。在维修过程中，对检查的每一个步骤、每一个部件都要特别细心。只要思路清晰，不放过每一个盲点，即可找到故障点。维修思路很重要，要不断地学习新技术、新方法。

学习情境三

散热器“开锅”的故障诊断与排除

工学目标

↓ 能通过与客户交流、查阅相关维修技术资料等方式获取车辆故障信息。

↓ 能根据故障现象制订正确的维修计划。

↓ 能根据维修计划，选择正确的检测和诊断设备对散热器“开锅”故障进行诊断和分析。

↓ 能使用万用表、故障诊断仪、示波器及发动机综合分析仪常用检测和诊断设备对引起散热器“开锅”故障的各个系统进行检测。

↓ 掌握散热器“开锅”故障诊断的流程及思路，能独立进行基本诊断、故障码诊断、症状诊断的操作。

↓ 能正确记录、分析各种检测结果，并做出故障判断。

↓ 根据环保要求，正确处理对环境和人体有害的辅料、废气液体和损坏零部件。

↓ 能根据故障现象进行诊断和分析，制定正确的诊断流程，并选择正确的检测和诊断设备。

↓ 掌握造成该故障相关零部件的使用与保养方法。

情境描述

2010 年 2 月 7 日，居住在吉林的李先生驾驶一辆捷达轿车来到售后服务站，李先生描述该车在市区内行驶了 10 000 km，保养了两次，发动机号为 JLTD0000000000003，车牌号为吉 A0003。该车在行驶的过程中散热器突然“开锅”，于是停车熄火找专业修理人员进行维修。根据车主描述的现象，请查阅相关资料对此故障进行诊断并排除，修理完毕后如实填写故障案例报告单。

相关知识

知识一　散热器“开锅”故障概述

造成水箱开锅的原因很多，也很复杂，当发现水温过高时应立即停车，并采用正确方法应急；否则过高的水温会加速发动机内部零件之间的磨损，对发动机造成极大的损伤。但这毕竟属于亡羊补牢的办法，对于驾驶员来说，除了多掌握一些汽车常识外，还应在日常驾驶中勤观察仪表，做到早发现早处理，防患于未然才是更重要的。冷却系统在工作一定时间后，内部必然会形成各种污垢。污垢种类因使用条件和保养等因素不同也有许多差异。对于大部分车辆，平时使用水，仅在冬季低温情况下使用防冻液，这种情况下易出现以水锈和垢质为主的污物；对于长期使用防冻液的车辆，会出现以垢质和凝胶为主的污物。

污物的其他成分包括：①退化形成的酸质，如失效的防腐蚀剂、氧化的乙烯或丙烯乙二醇等；②重金属；③硬水杂质；④物理杂质，如外来材料（灰尘、砂粒等）和沉淀的添加剂等；⑤电解物。

发动机冷却系统的主要故障有 3 种：发动机水温过高甚至“开锅”、发动机水温过低、冷却系统泄漏。

当发生水箱开锅故障后首先要分析是在低速行驶“开锅”还是在高速行驶“开锅”，因为这两种情况下对于这个故障的处理结果是不一样的。当发生低速水箱“开锅”时，也就是“开锅”前发动机是处于低速运行的状态时，应立即靠边停车，把发动机熄火，并将发动机仓盖打开以利于其散热，然后给服务站打电话等待救援。如果“开锅”之前发动机是高速运转的，应该立即将车靠边停好。与低速“开锅”不同的是这时不要把发动机灭火，而应怠速着车让发动机运转一段时间。因为之前发动机处于高速运转状态，发动机产生大量的热量还没有散发出来，这些余热还需要残留的冷却水将其散发出来。

如果跑完高速后就立即停车熄火，此时发动机内部温度仍然很高，突然熄火后水泵停止工作，散热器中的冷却水无法循环，致使在停车后水温还会继续升高一段时间。当然这种情况是正常的，只要散热系统没有问题，水温会迅速回到正常值，这也说明高速运转后的发动机会产生大量余热，如果“开锅”以后迅速熄火，这些余热会产生非常高的温度，使部件变形毁损。而之所以要怠速运行一段时间，是因为散热器中的冷却水是靠水泵带动，而水泵又与发动机的曲轴同轴运转，当发动机停止运转时曲轴也停止转动，此时水泵也就不工作了，散热器中的冷却水就无法循环，发动机内的温度会迅速飙升。这种情况下，应该让车在路边怠速运转一会儿再熄火，同时也将发动机仓盖打开等待救援。

如果是在郊区或野外，距维修厂遥远，或者维修厂不愿意派拖车过来的时候，则需要自己采用一些应急的办法。但这种方法也要根据不同情况导致的“开锅”采用不同的措施。如果是属于亏水、电子扇故障或者散热器过脏导致的“开锅”，此时大循环是打开的，可以将水淋在散热器上，给散热器降温。需要注意的是将水淋在发动机水箱散热器上，而不是浇在发动机上，因为此时发动机表面温度非常高，如果用凉水突然浇在上面，会使发动机表面因局部冷却导致相关部件变形，同时在发动机上有许多传感器，用水浇会使电器元件进水短路。

知识二　排除散热器“开锅”故障的相关知识

一、冷却系统的功用

冷却系统的功用是根据发动机负荷的大小和水温的高低来改变水的循环流动路线，调节冷却系统冷却强度，保证发动机在适宜的温度下工作，减少燃料消耗和机件的磨损。发动机工作时汽缸内燃烧气体的温度可高达 1 900 ℃ ~2 500 ℃，如果不对发动机采取必要的冷却措施，将不能保证其正常工作。发动机冷却系统的功用就是使工作中的发动机得到适度的冷却，从而保持发动机在最适宜的温度范围内工作。采用冷却液冷却系统的发动机其冷却液工作温度一般为 80 ℃ ~105 ℃，桑塔纳2000GSi 轿车 AJR 发动机冷却液温度为93 ℃ ~105 ℃。

要保证发动机在最适宜的温度下工作不出现过热过冷现象，就必须能根据使用条件的变化自动调节发动机的冷却强度。当外界气温高、发动机在低速大负荷情况下工作时要求冷却强度要强；否则发动机易于过热。而当外界气温低、发动机负荷又不大时，其冷却强度应弱些，不然发动机就会过冷。过热过冷均不利于发动机工作。冷却强度的调整方法：一是改变流经散热器的空气流量和流速；二是改变冷却液的流量和循环路线，可利用节温器来控制发动机冷却液的大小循环路线。

二、冷却系统的分类

按照冷却介质的不同，发动机的冷却系统有冷却液冷却系统和风冷却系统两种。现代汽车发动机普遍使用冷却液冷却系统。

（1）冷却液冷却系统是通过冷却液在发动机水套中循环流动而吸收多余的热量，再将热量散入到大气中从而达到冷却目的的一系列装置。冷却液冷却系统因冷却强度大、易调节、便于冬季起动，在汽车发动机中应用较广泛。

为了控制冷却液温度，冷却系统中设有冷却强度调节装置，如百叶窗、节温器和风扇离合器等。

（2）风冷却系统是将发动机中高温零件的热量，通过装在汽缸体和汽缸盖表面的散热片直接散入到大气而进行冷却的一系列装置。风冷却系统因冷却效果差、噪声大、功率大等缺点只用于部分小排量发动机。

三、冷却系统的组成

目前汽车发动机上主要采用强制循环式冷却液冷却系统，如图 3－1 所示。其组成主要

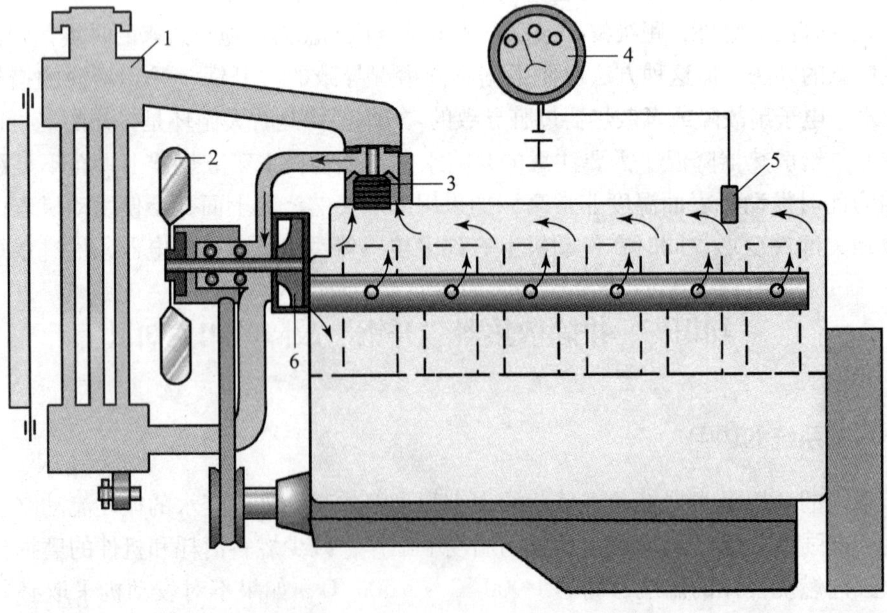

图 3－1　强制循环式冷却液冷却系统

1—散热器；2—风扇；3—节温器；4—冷却液温度表；5—水温传感器；6—水泵

有风扇（有的装风扇离合器）、水泵、水套（在汽缸盖或汽缸体上制出的夹层空间）、散热器、百叶窗、节温器、冷却液温度表和传感器等。

（一）水泵

水泵的作用是对冷却液加压，强制冷却液在冷却系统中循环流动。

1. 离心式水泵的组成

离心式水泵由壳体、叶轮、泵盖板、水泵轴、支撑轴承和水封等组成，如图 3－2 所示。

2. 离心式水泵的工作原理

目前使用的水泵大部分是离心式水泵，其工作原理如图 3－2 所示。由于离心式水泵具有尺寸小、出水量大、结构简单，并当水泵损坏后不妨碍水在冷却系统内的自然循环等特点被广泛应用。

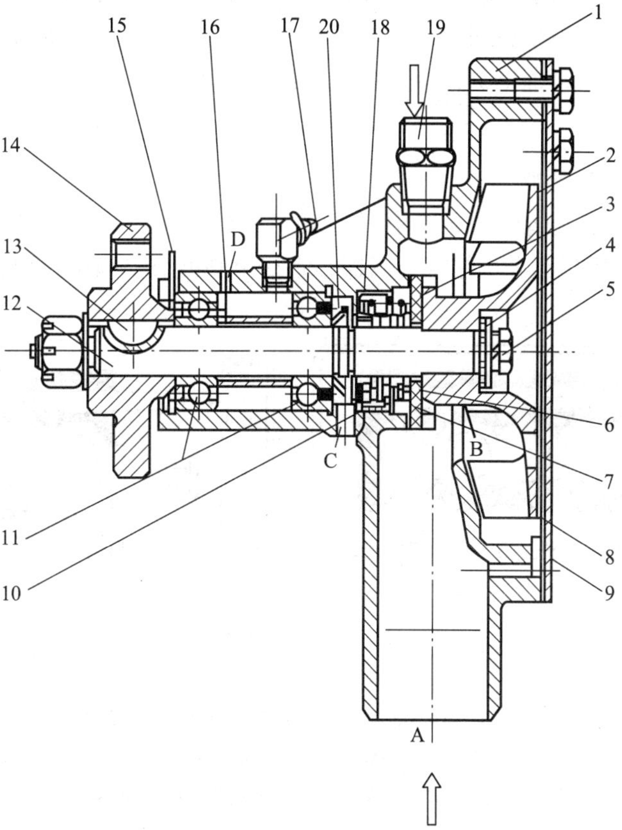

图 3－2　发动机离心式水泵

1—水泵壳体；2—叶轮；3—夹布胶木；4—密封圈；5—螺钉；6—水封皮碗；7—弹簧；8—衬垫；9—水泵盖；10—水封座圈；11—球轴承；12—水泵轴；13—半圆键；14—凸缘盘；15—轴承卡环；16—隔离套筒；17—黄油嘴；18—水封环；19—管接头；20—抛水圈；A—进水口；B—水泵内腔；C—泄水孔；D—通气孔

（1）压冷却液。当叶轮旋转时，水泵中的冷却液被叶轮带动一起旋转，由于离心力的作用，冷却液被甩向叶轮边缘，在锥形壳体内将动能转变为压能，经外壳上与叶轮成切线方向的出水管被压送到发动机水套内。

(2) 吸冷却液。与压冷却液同时，在叶轮中心处造成一定的真空，而将水从进水管吸入。如此连续作用，使冷却液在液路中不断循环。

3. 水泵总成的检修

(1) 若水泵的壳体破裂渗漏、轴承孔磨损，一般应更换新件。若水泵壳体平面翘曲变形不大，可在平板上修磨处理；若变形过大，一般应予以更新。

(2) 若水泵叶轮破裂、穴蚀，应换用新件。

(3) 若水封座圈外径磨损，水封老化、变形，密封垫失效，水封弹簧弹力减弱或腐蚀时，应更换水封总成。

(4) 检查水泵轴与轴承内径的配合间隙应不大于 0.03 mm，若超过规定应换用新件。水泵轴弯曲超过 0.05 mm 时，应冷压校直。

(5) 检查水泵叶轮与端面间隙，一般为 1.0~1.5 mm；否则，用垫片调整。

(6) 检查水泵叶轮与泵壳间隙，一般为 0.8~2.2 mm；否则，应更换叶轮。

(7) 若带轮毂与水泵轴松旷，可镶套修复或更换。

(二) 节温器

1. 节温器的功用和类型

节温器安装在冷却液循环的通路中（一般安装在汽缸盖的出水口或散热器出水口，见图 3-3)，汽车发动机广泛采用蜡式节温器，它有单阀型与双阀型两种。

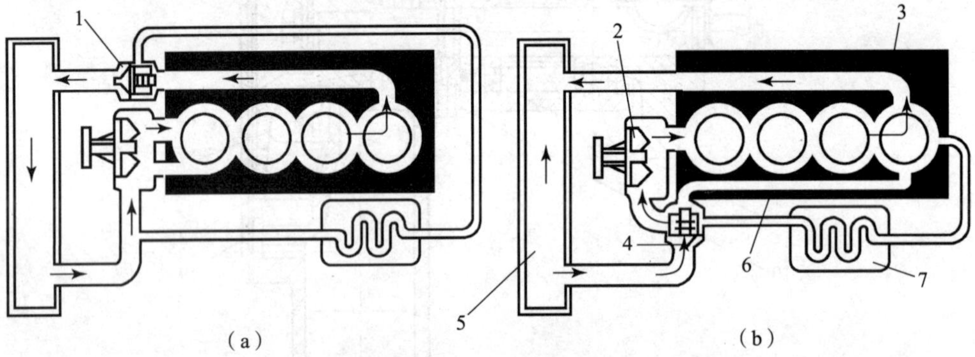

图 3-3　节温器在冷却液循环通路中的安装位置

(a) 串联式；(b) 底部旁通式

1，4—节温器；2—水泵；3—汽缸体；5—散热器；6—旁通水路；7—加热器

2. 蜡式节温器的结构（以桑塔纳 2000 型轿车 AFE 型发动机为例）

蜡式节温器由上支架、下支架、主阀门、旁通阀、感应体、中心杆、橡胶管和弹簧等组成。蜡式节温器的结构如图 3-4 所示，它是一种双阀节温器。

节温器的上支架和下支架与阀座铆成一体。中心杆上端固定在上支架的中心，其下部插入橡胶管的中心孔内，中心杆下端呈锥形。橡胶管与感应体外壳之间的空腔里装有石蜡。为了提高导热性，石蜡中常掺有铜粉和铝粉。感应体外壳上下部有联动的主阀门和旁通阀门。主阀门上有通气孔，它的作用是在加冷却液时使水套内的空气经小孔排出，保证能加满冷却液。

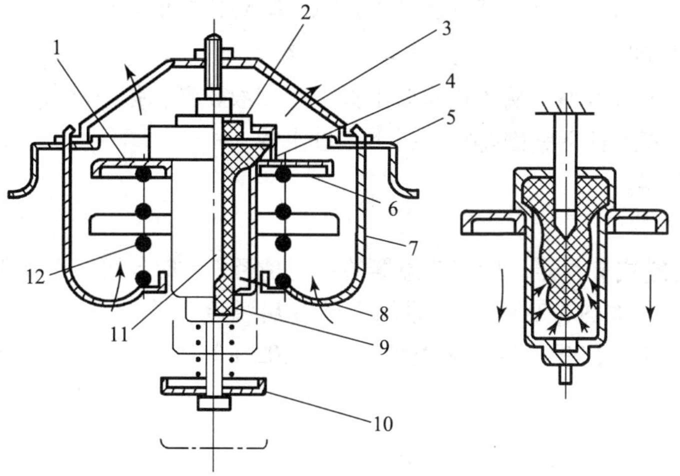

图 3－4　桑塔纳 2000 型轿车 AFE 发动机蜡式节温器

1—主阀门；2—盖和密封垫；3—上支架；4—橡胶管；5—阀座；6—通气孔；7—下支架；
8—石蜡；9—感应体；10—旁通阀；11—中心杆；12—弹簧

3. 蜡式节温器的工作原理

（1）当冷却液温度低于 85 ℃时，主阀门完全关闭，旁通阀完全开启，由汽缸盖出来的冷却液经旁通管直接进入水泵，称为小循环，如图 3－5 所示。由于冷却液只是在水泵和水套之间流动，不经过散热器里，流量小，所以冷却强度弱。

（2）当冷却液温度在 85 ℃～102 ℃时，大小循环同时进行。当发动机水温达 85 ℃左右时。石蜡逐渐变成液态，体积随之增大，迫使橡胶管收缩，从而对中心杆下部锥面产生向上的推力。由于中心杆的上端固定，故中心杆对橡胶管及感应体产生反推力，克服弹簧张力使主阀门逐渐打开，旁通阀开度逐渐减小。

（3）当发动机内冷却液温度升高到 102 ℃时，主阀门完全开启，旁通阀完全关闭，冷却液全部流经散热器，称为大循环，如图 3－6 所示。此时冷却液流动路线长，流量大，冷却强度强。

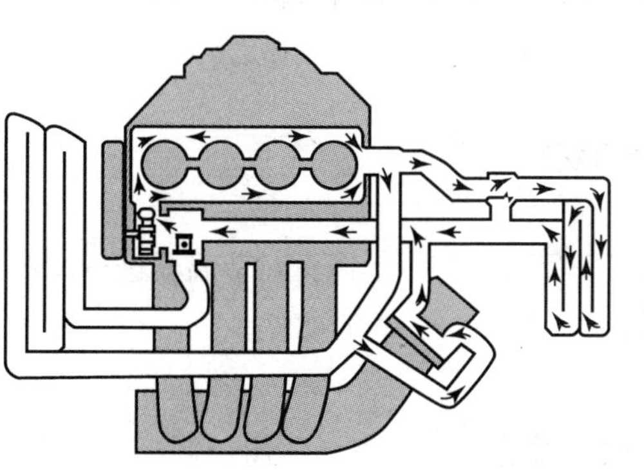

图 3－5　冷却液的小循环

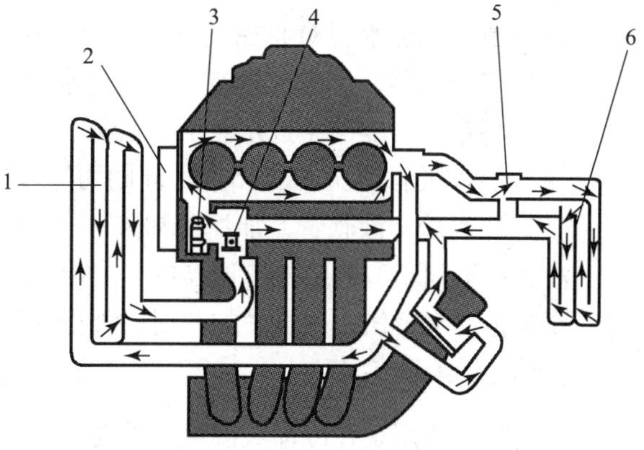

图 3－6　冷却液的大循环

1—散热器；2—冷却风扇；3—水泵；
4—节温器；5—热水阀；6—空调加热器

4. 节温器的拆装与检修（以桑塔纳2000型轿车AFE型发动机为例）

1）节温器的拆卸

（1）拆下主进水管卡箍，从主进水管上拔下冷却液软管，排放冷却液。

（2）从主进水管上拧下紧固螺栓，拆下主进水管。

（3）取出节温器。

2）节温器的检修

一般节温器为蜡式节温器，检查节温器的功能是否正常时，可将节温器和温度计放入盛有热水的容器中逐渐加热，观察节温器阀门的开启温度和升程。当冷却液温度为（85 ±2）℃时，节温器应开始打开；冷却液温度达到（102 ±3）℃时，节温器阀门升程应不小于7 mm，如图3 –7 所示。

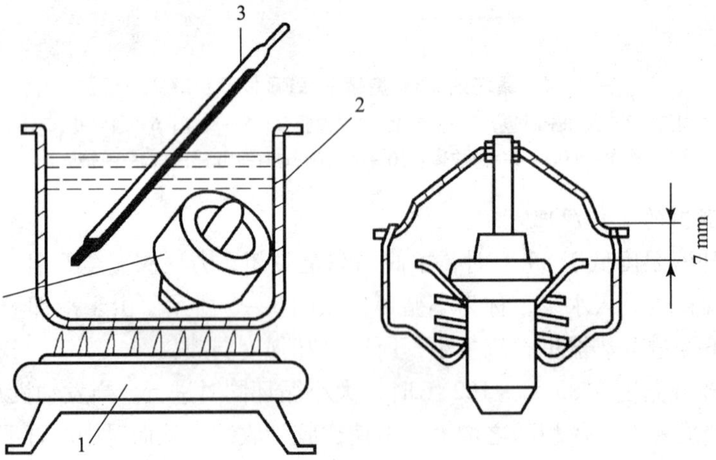

图3 –7　检测节温器

1—酒精炉（或电路）；2—烧杯；3—温度计；4—节温器

节温器如果破裂、腐蚀、阀门关闭不严，应更换新件；阀门升程低于规定值时，要更换节温器。

5. 节温器的安装

（1）清洁主进水管O形密封圈的密封表面，将新的O形密封圈用冷却液浸润。

（2）将节温器、O形密封圈放入主进水管，顺时针方向拧1/4圈。

（3）将带节温器的主进水管装入缸体。

（4）旋入紧固螺栓，以15 N · m的力矩拧紧紧固螺栓。

（5）装复冷却液软管，加注冷却液。

注意：不同车型的蜡式节温器的开启时刻及阀门升程可能有所不同；对节温器进行加热时，要防止热水烫伤；用电炉加热时，要防止触电。

（三）百叶窗

百叶窗的作用是在冷却液温度较低时改变吹过散热器的空气流量，从而控制冷却强度。百叶窗安装在散热器前面，它是由许多片活动挡板组成。挡板垂直或水平安装，由驾驶员通过装在驾驶室内的手柄操纵调节挡板的开度。在严寒的冬季，冷却液温度过低时由于节温器的作用使冷却液只进行小循环，散热器中的冷却液有冻结的危险，此时关闭百叶窗可使冷却液温度回升。

（四）风扇

1. 功用

提高流经散热器的空气流速和流量，以增强散热器的散热能力，并冷却发动机附件。

2. 安装位置

风扇多为轴流式，装在发动机与散热器之间，与水泵同轴驱动。一般电动风扇安装在散热器的后面。

3. 结构形式

冷却风扇的类型如图 3 – 8 所示，目前汽车液冷发动机上常用螺旋桨式风扇。风扇叶片材料有钢板、塑料或铝合金。为了减轻振动噪声，叶片间夹角不等，叶片数为 4 ~6 片，如图 3 – 8 所示。风扇的扇风量主要与风扇的直径、转速、叶片形状、叶片安装角及叶片数目有关。

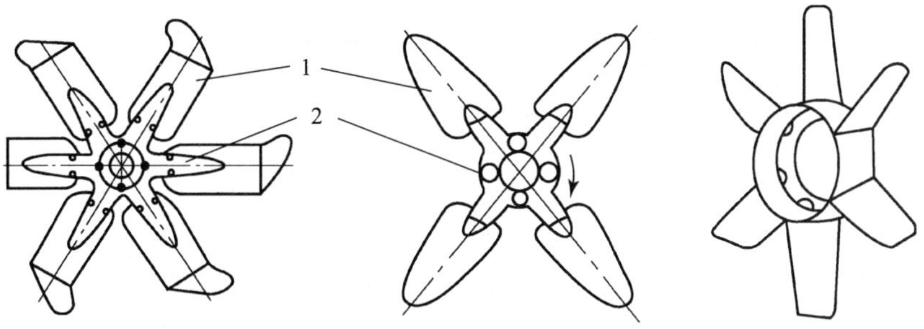

图 3 – 8　发动机风扇的类型

（a）叶尖前弯的风扇；（b）尖窄根宽的风扇；（c）尼龙压铸整体风扇

1—叶片；2—连接板

4. 冷却风扇转速的控制

转速可以控制的冷却风扇有两种：电动冷却风扇和硅油冷却风扇离合器，目前在轿车上大多采用电动冷却风扇。

1）电动冷却风扇系统

电动冷却风扇系统一般由电动冷却风扇温度感应器、风扇、电动机、风扇和电动机控制开关组成，轿车多采用电动冷却风扇系统。电动机由装在散热器上的热敏开关控制，并且有高、低速两个挡位，低速挡在沸点内使用，高速挡在沸点外使用，需要冷却时自动起作用。这样在一般行驶条件下，电动冷却风扇几乎不转，功率消耗减少，油耗降低。而在低速大负荷时又能得到充分的冷却。

2）桑塔纳轿车 AFE 发动机电动风扇的检修

（1）冷却系统和空调冷凝器共用的风扇是直流永磁电动冷却风扇，它由装在散热器上的温度控制开关或空调继电器控制。

（2）电动冷却风扇的电源不受点火控制，是由冷却液温度作用的热敏开关控制的。风扇 1 挡，转速为 1 600 r/min，工作温度为 93 ℃ ~98 ℃，关闭温度为 88 ℃ ~93 ℃；风扇 2 档（快速），转速为 2 400 r/min，工作温度为 105 ℃，关闭温度为 93 ℃ ~98 ℃。因此发动机熄火后，散热器中冷却液的温度高于 88 ℃ ~93 ℃，电动冷却风扇运转是正常的。如果低于88 ℃时，风扇仍在运转则是不正常的；温度高于98 ℃时，风扇仍不能运转也是不正常的。

（3）电动冷却风扇不运转时，应检查熔丝。

（4）若熔丝完好，则应检查温控开关，将温控开关短接，若此时风扇转动，说明开关损坏。

（5）若风扇仍不转动，找到电动冷却风扇继电器，可用一条电线将继电器插座上触点的两个插孔短接，同时查看电动冷却风扇有无运转，如果没有运转，可能是风扇电动机损坏。

（6）拆下风扇电动机的导线插头，用两条导线连接蓄电池和万用表电流挡，直接给风扇电动机通电，如果电流为零，风扇电动机不转，说明风扇电动机线圈断路；如果电流过大，也说明风扇电动机线圈短路。测量方法如图3－9所示。

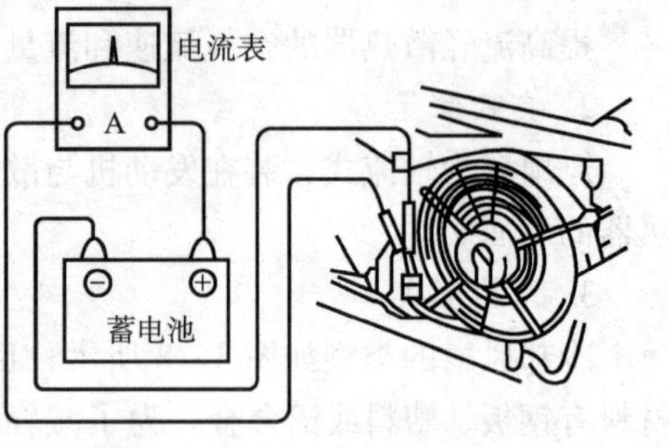

图3－9　冷却风扇的检修

（7）拔下风扇电动机的导线插头，直接用万用表电阻挡的两表笔测量风扇电动机线圈的电阻值，如果电阻值为零，说明风扇电动机线圈短路；如果电阻值为无穷大，说明风扇电动机线圈断路。

（8）当空调工作时，电动冷却风扇维持正常运转，因此当散热风扇因故障停止转动时，应立即停止使用空调。

（9）固定电动冷却风扇停转温度。当发动机降低负荷，冷却液温度下降时，电动冷却风扇将从高挡降至低挡转动，直至停止转动。当发动机冷却或温度降低至一定温度时，低挡风扇将停止转动，桑塔纳轿车风扇停转温度为88 ℃～93 ℃。

检查时如果符合上述要求，表明电动冷却风扇的工作情况正常；否则，应拆下修理或更换。

（五）热敏铁氧体式温度传感器

热敏铁氧体式温度传感器是利用热敏铁氧体材料的物理性能制成的传感器。

1. 传感器的结构特点

热敏铁氧体式温度传感器的结构原理如图3－10所示，传感器主要由热敏铁氧体、永久磁铁、弹簧开关组成。

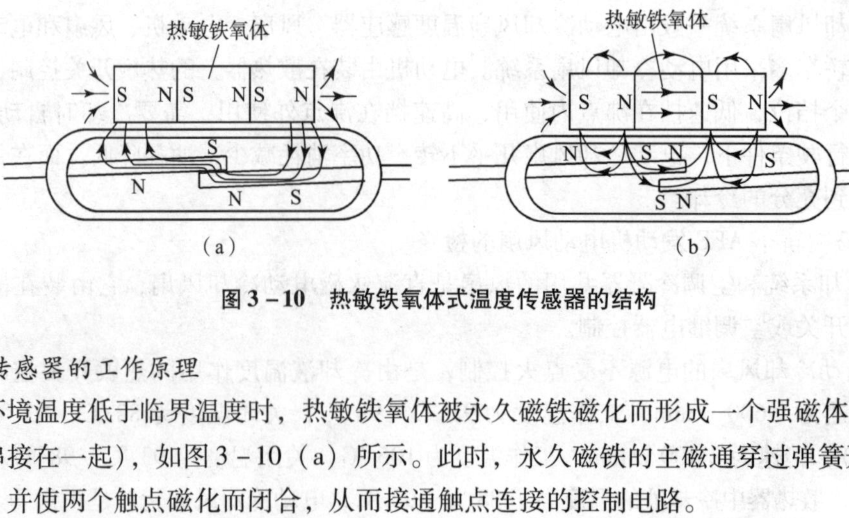

图3－10　热敏铁氧体式温度传感器的结构

2. 传感器的工作原理

当环境温度低于临界温度时，热敏铁氧体被永久磁铁磁化而形成一个强磁体（相当于3个磁铁串接在一起），如图3－10（a）所示。此时，永久磁铁的主磁通穿过弹簧开关的两个触点臂，并使两个触点磁化而闭合，从而接通触点连接的控制电路。

由此可见，利用热敏铁氧体元件，可以制作成各种形式的温控开关，用以满足温敏控制装置或自动控制系统电路自动接通与切断的要求。例如，利用热敏铁氧体式温控开关控制发动机散热器风扇电机时，可将温控开关安装在散热器冷却水循环通道上进行控制。

3. 热敏开关的检修

热敏开关也可用万用表检查，如图 3－11 所示。将热敏开关拆下并放入水中，然后逐渐加热并用万用表电阻挡测量热敏开关接线端与外壳间的电阻。当水温达到93 ℃～98 ℃时，万用表指针指示热敏开关导通；当水温下降至 88 ℃～93 ℃时，万用表指示热敏开关断开（电阻为无穷大）；否则，表明热敏开关损坏，应更换新件。

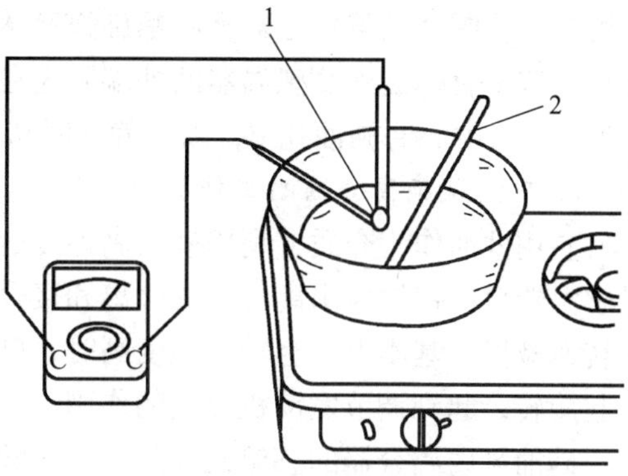

图 3－11　热敏开关的检测

1—散热器热敏开关；2—温度计

（六）硅油风扇离合器

1. 硅油风扇离合器的结构组成

硅油风扇离合器主要由前盖、壳体、主动盘、从动盘、阀片、主动轴、双金属螺旋弹簧感温器、阀片轴、轴承、风扇等组成，如图 3－12 所示。前盖、壳体和从动盘用螺钉组成一体，通过轴承装在主动轴上，风扇装在壳体上。以前盘与前盖之间的空腔为储油腔，其内装有硅油（油面低于轴中心线）。从动盘与壳体之间的空腔为工作腔，主动盘与主动轴固定连

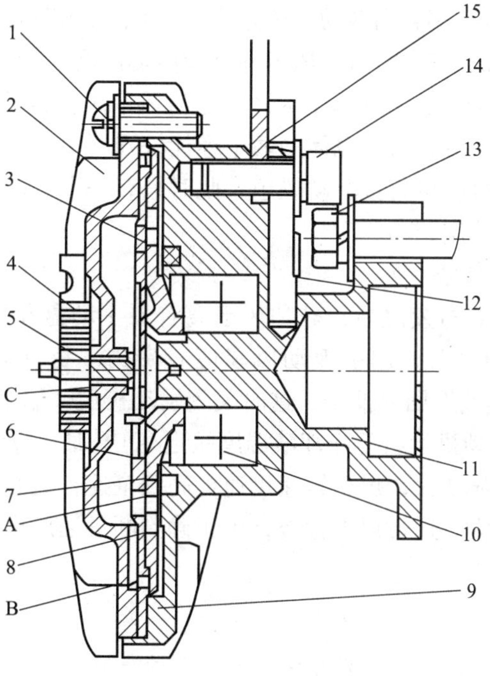

图 3－12　硅油风扇离合器

1—螺钉；2—前盖；3—密封毛毡圈；4—双金属感温片；5—阀片轴；6—阀片；7—主动板；8—从动板；9—壳体；10—轴承；11—主动轴；12—锁止板；13—螺栓；14—内六角螺钉；15—风扇；A—进油孔；B—回油孔；C—漏油孔

接，主动轴与水泵轴连接。从动盘上有进油孔 A，平时由阀片关闭，若偏转阀片，则进油孔即可打开。阀片的偏转由双金属螺旋弹簧感温器控制，从动盘上有凸台，限制阀片的最大偏转角。双金属螺旋弹簧感温器的外端固定在前盖上，内端卡在阀片轴的槽内。从动盘外缘有回油孔 B，中心有漏油孔 C，以防静态时从阀片轴周围泄漏。

2. 硅油风扇离合器的工作原理

它用硅油作为介质，利用硅油高黏度的特性传递转矩，利用通过散热器的空气温度，通过感温器自动控制风扇离合器的分离和接合。温度低时，硅油不流动，风扇离合器分离，风扇转速减慢，基本上是空转。温度高时，硅油的温度使风扇离合器接合，于是风扇和水泵轴一起旋转，起到调节发动机温度的作用。

硅油风扇离合器的感温元件是双金属螺旋弹簧感温器。其工作过程是：当流经散热器的空气温度升高时，双金属螺旋弹簧感温器受热变形，迫使阀片轴转动，打开从动盘上进油孔，从动盘与前盖之间储存的硅油便流入主动盘与从动盘之间的工作腔，离合器接合，风扇转速升高。空气温度越高进油孔开度越大，风扇转速就越快。当流经散热器的空气温度下降时，双金属螺旋弹簧感温器恢复原状，阀片关闭进油孔，在离心力的作用下，硅油经回油孔从工作腔返回储油腔，离合器分离，风扇转速变得很低。

根据冷却液温度的高低，硅油风扇离合器具有三级变速功能。发动机起动或小负荷时，冷却液和通过散热器的气流温度不高，离合器处于分离状态。这时主动轴与水泵轴一起转动，风扇随离合器壳体在主动轴上空转打滑，转速一般低于 800 r/min。

当发动机冷却系统出液温度达到 86 ℃左右时，风扇离合器前端的温度为 60 ℃ ~65 ℃，硅油从储油腔进入工作腔，又经主动板上的出油孔流入壳体沟槽的间隙内。靠硅油的黏性将主、从动部分粘在一起，带动风扇离合器转动，这时硅油在工作室和储油室之间进行闭式循环。

当发动机冷却液温度低于 76 ℃时，风扇离合器前端温度为 45 ℃左右，此时工作腔的硅油继续从回油孔 B 甩入储油腔，直至甩空为止。这时风扇离合器又回到分离状态。

当硅油风扇离合器失效时，可将壳体的两个螺栓松开（见图 3 – 12 上的件 14），把锁止块插到主动轴内再拧紧螺钉，可直接驱动风扇。此时只有一个板销传动，这只是一个临时性的应急措施，故不能长期使用。

3. 硅油风扇离合器的检修

（1）冷态检查。车辆在过夜之后，硅油风扇离合器主动盘和从动盘间的残留硅油由于黏度很高，在未起动发动机时，用手扳动风扇应较费力。将发动机起动，使其运转 1 ~ 2 min，以便使工作腔内硅油返回储油室，这时关闭发动机后，用手扳动风扇应是较轻松的。

（2）热态检查。在发动机运行至冷却液温度接近 90 ℃时，仔细倾听发动机风扇的响声变化，如几分钟后噪声明显增大，风扇转速迅速提高到全速，此时使发动机停止工作，用手扳动风扇感觉较费力为正常。通过以上检查，可正确判断进油风扇的好坏。

（七）散热器

1. 功用

将冷却液从受热零件吸收的热量传给空气，散到大气中去，以降低冷却液的温度，保持发动机的正常温度。

2. 结构

散热器主要由上储液室、下储液室、散热器芯（包括冷却管和散热带）和散热器盖等组成，如图 3－13 所示。

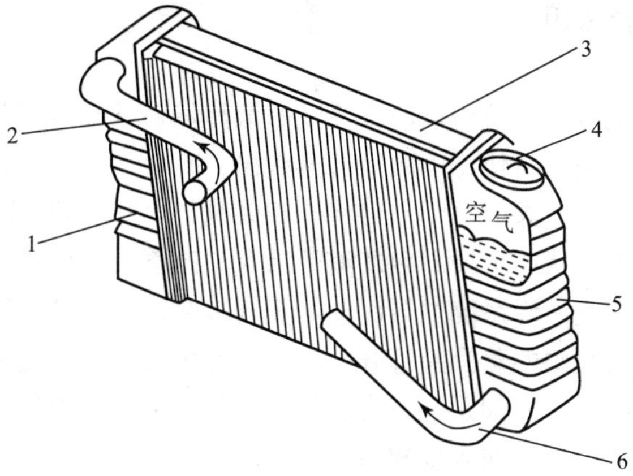

图 3－13　散热器

1—上储液室；2—进液管；3—散热器芯；4—散热器盖；5—下储液室；6—出液管

1）上储液室和下储波室

上储液室顶部有加液口，平时用散热器盖盖住，并装有进液软管，与发动机上出液管相连。下储液室有出液管，用软管与水泵进液口相连。一般在下储液室中还装有放液阀。由发动机出液管流出的温度较高的热冷却液进入上储液室，经散热器冷却管散热冷却后流入下储液室，由散热器出液管流出后被吸入水泵。

2）散热器芯

散热器芯的结构形式主要有管片式和管带式两种。图 3－14 所示为管片式散热器芯，它由许多扁圆形的冷却管和散热片组成。冷却管焊接在上、下储液室之间，作为冷却液的通道。空气吹过管的外表面，从而保证发动机的正常温度。

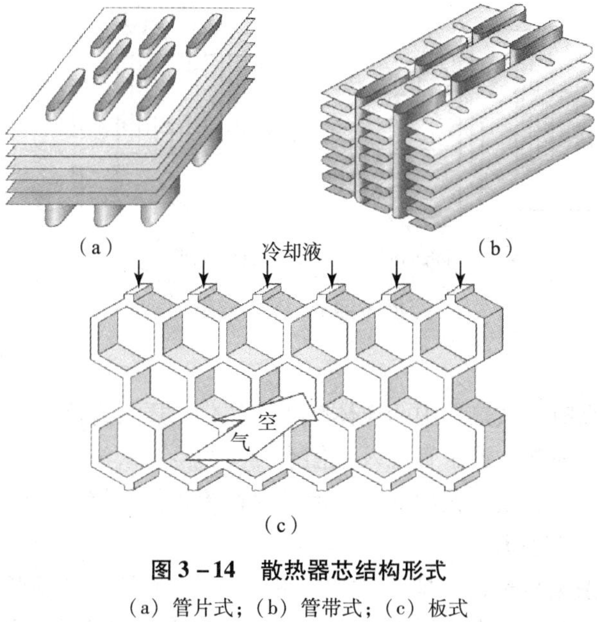

图 3－14　散热器芯结构形式

（a）管片式；（b）管带式；（c）板式

图 3－14（c）所示为管带式散热器芯，波纹状散热带与冷却管相间排列。这种散热器

芯与管片式相比，散热能力较高、制造工艺简单、质量较小、成本低，但结构刚度不如管片式好，在轿车上得到广泛采用。

3）散热器盖

汽车上广泛采用闭式液冷系统，该液冷系统的散热器盖具有空气蒸汽阀的作用。

首先，它要将液冷系统密封住，以防冷却液溅出；其次，散热器盖具有空气蒸汽阀的功用。发动机处于正常温度时，阀门关闭，可将冷却系统与大气隔开，防止水蒸气溢出，使系统内压力稍高于大气压力，从而可增高冷却液的沸点，改善了冷却效能，保证发动机在较长时间及较高负荷下工作。当液冷系统过热而使水蒸气多时，冷却系统压力过高，可能导致散热器芯胀破，此时散热器盖中的蒸汽阀打开，多余的水蒸气经溢流管进入膨胀水箱。当液冷系统过冷而使水蒸气凝结时，冷却系统压力过低，可能导致散热器芯压瘪而破裂，此时散热器盖中的空气阀打开，冷空气补充入冷却系统。

当散热器内部压力达到 126～137 kPa 时，蒸汽阀开启而使水蒸气从通气孔排出。当冷却液温度下降，冷却系统内部的压力低于 87～99 kPa 时，空气阀打开，空气从通气孔进入冷却系统。

（八）补偿水桶

1. 功用

补偿水桶使散热器内的冷却液起到自动补偿作用，减少冷却液的溢失，对穴蚀没有明显的改善。

2. 结构

补偿水桶设置于散热器一侧，它通过橡胶水管与散热器盖上的蒸汽阀出口相连，如图 3－15 所示。

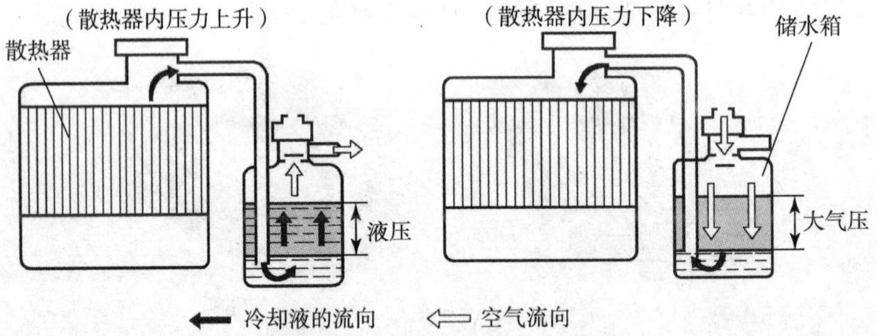

图 3－15　补偿水桶

3. 工作原理

当冷却液温度升高时，散热器中的液体膨胀、汽化，压力升高，致使散热器盖的蒸汽阀打开，散热器中的蒸汽或液体沿水管流入补偿水桶。当冷却液温度降低时，散热器内压力下降，散热器内产生真空，补偿水桶内的冷却液及时回流入散热器。

4. 膨胀水箱上的刻线标记

补偿水桶上有两条刻线标记，即“GAO”和“DI”。在冷却液温度为 50 ℃时，补偿水桶内的液面高度不得低于“DI”刻线处；室温时，补偿水桶内的液面高度不应超过“GAO”刻线处。

（九）膨胀水箱

1. 功用

膨胀水箱把冷却系统变成永久性封闭系统，对散热器内的冷却液起到自动补偿作用，减少冷却液的损失；避免空气不断进入引起的机件氧化腐蚀，减少穴蚀；使冷却系统中的液、气分离，保持系统内压力的稳定，提高了水泵的泵液量。

2. 结构

膨胀水箱用透明塑料制成，位置稍高于散热器。膨胀水箱上端通过水套出气管和散热器出气管分别和缸盖水套及散热器上储液室相通。膨胀水箱下端通过补充冷却液管和旁通管与水泵的进冷却液侧相通。

3. 工作原理

由于膨胀水箱位置稍高于散热器，膨胀水箱液面上方有一定的空间。发动机工作时，在散热器和水套内产生的蒸汽通过出气管进入膨胀水箱后冷凝成流体，及时做到了液气分离。冷凝后的冷却液通过补充冷却液管进入水泵。

4. 膨胀水箱上的刻线标记

膨胀水箱上有两条刻线，冷却液应加到上刻线（如桑塔纳 2000GSi 型轿车 AJR 发动机标注有 MAX 字样）。当液面降到下刻线（如桑塔纳 2000GSi 型轿车 AJR 发动机标注有 LOW 字样）时，应及时补充。

5. 膨胀水箱的作用原理

一般冷却系统冷却液的流动是靠水泵的压力来实现的。如图 3－16 所示，水泵吸冷却液的一侧压力低，易产生蒸汽泡，使水泵的出液量显著下降，并引起水泵叶轮和水套的穴蚀，在其表面产生麻点或凹坑，缩短了叶轮和水套的使用寿命。加装膨胀水箱后，由于膨胀水箱和水泵进水口之间存在补充冷却液管，使水泵避免了气泡的产生。散热器中的蒸汽泡和水套中的蒸汽泡通过导管进入膨胀水箱，从而使液、气彻底分离。由于膨胀水箱温度较低，进入的气体得到冷凝，一部分变成液体，重新进入水泵。而积存在膨胀水箱液面上的气体起缓冲作用，使冷却系统内压力保持稳定状态。

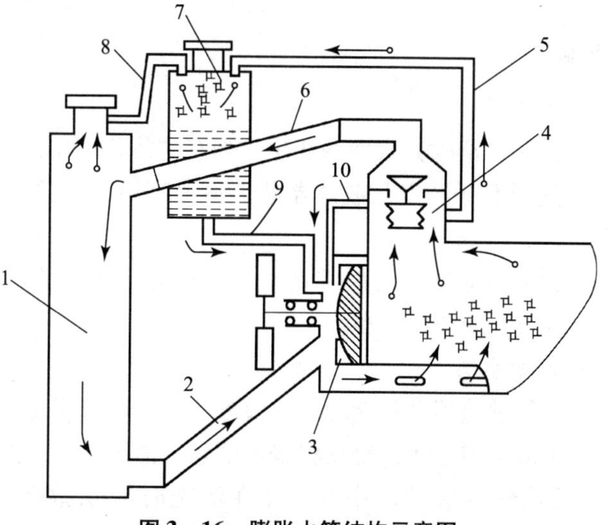

图 3－16　膨胀水箱结构示意图

1—散热器；2—水泵进水管；3—水泵；4—节温器；5—水套出水管；6—水套出液管；7—膨胀水箱；8—散热器出气管；9—补充冷却液管；10—旁通管

四、冷却系统的检测

（一）散热器盖或膨胀水箱盖开启压力的检测

（1）旋下散热器盖或膨胀水箱盖，注意发动机过热时不可旋下盖子，以防冷却液喷出烫伤人。应在冷却后进行，要垫着抹布慢慢旋下。

（2）将盖检验器装到散热器盖上，如图 3－17 所示。用手动泵对散热器盖施加压力。检查密封性能和排气阀的开启压力，泵试验压力达到 120～150 kPa 时，限压阀必须打开。对桑塔纳轿车 AFE 发动机，当压力上升到 147 kPa 时，蒸汽阀必须打开，否则应更换散热器盖。

（二）冷却系统渗漏的检测

（1）将检验器装在散热器上，如图 3－18 所示。用手动泵施加压力，泵试验压力达到 100 kPa 时，检查压力是否下降，如果压力下降，即表明冷却系统有渗漏故障。找出渗漏处，然后排除故障。

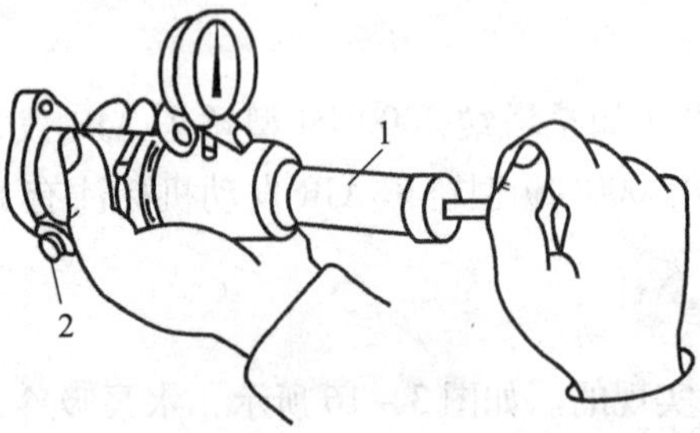

图 3－17　散热器盖或膨胀水箱盖开启压力的检测

1—测漏仪；2—膨胀水箱盖

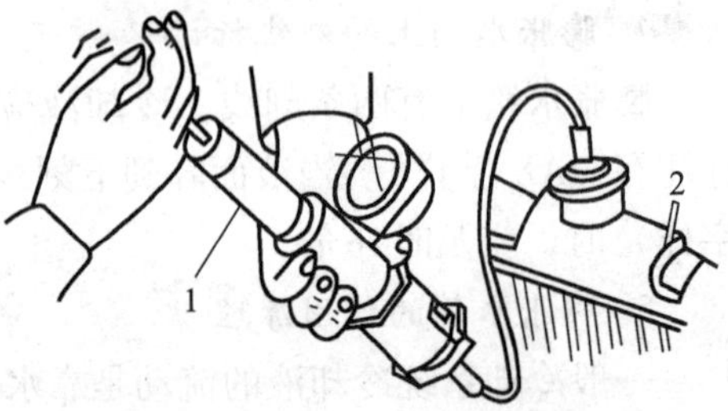

图 3－18　冷却系统渗漏的检测

1—测漏仪；2—散热器

（2）检查进、出液软管有无老化以及接头卡箍处有无渗漏等故障现象。发现软管老化时应予以更换。发现软管接头卡箍处有渗漏现象时，应拧紧卡箍或更换卡箍。

（3）检查散热器、水泵等是否漏水。如未发现外部漏水则应检查取暖器、机体、汽缸盖等是否漏水。

（三）散热器的检修

1. 清洗散热器外部与外观

（1）用水冲洗散热器芯，清除其表面的灰尘，如有油污，应用汽油洗净。

（2）从外部查看散热器上下液室及散热器芯，不得有渗漏现象，散热器框架不得有断裂和脱焊现象。

（3）散热器芯上如果嵌有杂物，可用细钢丝进行清理。如果散热片有倒伏现象应予扶正，散热器如有扭斜、变形，应压校平整。

2. 清除散热器内部沉积水垢

清除散热器水垢是恢复散热器散热能力的有效方法。一般采用化学法利用酸或碱类物质与水垢进行化学反应，生成可溶于水的物质将水垢清除。清洗时，最好采用循环法，就是先用酸性溶液洗涤，再用碱性溶液冲洗中和，并在清洗时给除垢剂一定的压力（一般为 10 kPa），在汽缸体水套或散热器内一般经 3～5 min 循环后即可清洗完毕。

3. 散热器渗漏检查

将散热器进、出液孔堵塞，在散热器内注入压力为50～100 kPa的压缩空气，并将其浸没在清水池中。检查有无气泡冒出，如有气泡冒出，说明该处漏气，做好标记以便维修。或者首先将散热器内注满水，盖上散热器盖，按图3－18所示将检验器装在散热器上，用检验器手动泵使压力达到130 kPa，检查压力是否下降。如果压力下降，应找出渗漏部位做好标记，以便维修。注意：进行散热器的渗漏检查时，主要是用普通水而不是冷却液。

4. 膨胀水箱渗漏检查

膨胀水箱应无渗漏，箱盖密封良好，通气孔畅通；否则，就会破坏冷却液的回流，必须立即修复或更换。

五、冷却系统的常见故障

（一）冷却液充足但发动机过热

1. 现象

发动机的冷却液充足但在行驶中冷却液温度超过90 ℃；或运行中冷却液在90 ℃以上，如一停车冷却液立刻沸腾。

2. 原因

主要原因有两个方面：首先是冷却系统的散热能力下降；其次是发动机产生的热量增加。

冷却系统本身的原因有以下几个。

（1）百叶窗开度不足。

（2）风扇皮带太松或因油污而打滑。

（3）散热器出水管老化吸瘪或内壁脱层堵塞。

（4）冷却风扇装反或风扇规格不对。

（5）电动风扇不转或硅油风扇离合器损坏，使风扇不转或转速过低。

（6）节温器失效使冷却液大循环受阻。

（7）水套水垢沉积过多，或分水管堵塞使分水不畅。

（8）散热器内芯管堵塞，或散热片倾倒过多。

（9）水泵损坏。

（10）缸垫烧穿或缸盖出现裂缝，使高温气体进入冷却系统。

其他系统的原因有以下几个。

（1）点火时间过迟。

（2）混合气过浓或过稀。

（3）燃烧室积炭过多。

（4）发动机机油量不足或机油散热器工作不良。

（5）汽车使用条件的影响（如道路、气候、风向和负荷等）。

3. 故障诊断与排除方法

（1）先检查百叶窗是否开度不足。若开度足够，再检查风扇的转动情况及风扇皮带是否打滑。如风扇不转或转速太低，可调整风扇皮带松紧度或检查硅油风扇离合器，或检查风扇电机及温控开关的好坏，若损坏则应更换新件。

（2）若风扇转动正常，再用手分别感觉散热器和发动机的温度。若散热器温度低而发动机温度高，说明冷却液循环不良。应检查散热器出水胶管是否被吸瘪或胶管内壁有脱层堵塞，若胶管被吸瘪，应更换新管。

（3）如散热器出水良好，则再拆松散热器进水包，起动发动机试验冷却液时应有水排出；否则说明水泵或节温器有故障。或进一步拆下节温器试验散热器的进水管，若仍不排水，则说明水泵有故障；若拆下节温器后散热器的进水管变得排水有力，则故障就在节温器，应换用新件。

（4）检查散热器各部温度是否均匀。如果冷热不均，说明散热器内部芯管有堵塞或散热片倾倒过多。

（5）检查发动机各部温度是否均匀。如发动机的后端温度高于前端，则说明分水管电路部分已损坏或堵塞，应换用新件。

（6）当以上检查正常，在冷却液温度过高的同时，发动机动力明显下降，并从散热器的加水口处涌出高温气体或从排气管处排出水蒸气，则应检查汽缸垫是否烧坏。

（7）对于长期未清洗水垢的发动机，若出现过热无法排除时，应考虑水套内是否积垢太多，可采用化学溶剂法清洗水垢。

（8）还应检查是否由其他系统的原因引起过热。

（9）若发动机及冷却液温度正常，冷却液位也正常而水温表指示水温过高，或水温过高报警灯点亮，则为水温过高报警灯电路或元件故障。

（二）冷却液不足引起发动机过热

1. 现象

发动机冷却系统容纳不足规定的冷却液量，或在运行中冷却液消耗异常，使发动机过热。

2. 原因

（1）冷却水套或散热器积垢过多或堵塞。

（2）散热器漏水。

（3）散热器盖的进、排气阀失效。

（4）水泵水封不良或叶轮密封垫磨损过甚而漏水。

（5）冷却系统其他部位漏水。

（6）汽缸垫水道孔与汽缸相通。

（7）个别进气通道破裂漏水。

（8）气门室内壁破裂漏水。

3. 故障诊断与排除方法

（1）在发动机运转时首先检查冷却系统外部是否漏水，可通过紧固方式排除漏水部位。

（2）水泵泄水孔漏水常被误认为散热器出水管漏水，可用一干燥洁净木条伸到水泵的泄水孔处，若见木条上有水，则说明水泵漏水。

（3）若外部不漏水，则应考虑为冷却系统内部漏水；若发动机运转时排气管排出大量的水蒸气，或拔出机油尺发现机油中有冷却液，则为水套破裂或汽缸垫水道孔破损，致使冷却液漏入曲轴箱、汽缸内或进、排气道内。

六、冷却系统电控系统的常见故障

电控方面主要指冷却风扇电子控制系统。可能产生故障的原因主要有：冷却液温度传感器有故障，如损坏、电阻值过小等，检测时可参考图 3 – 19；冷却液温度控制器有故障；ECU 有故障，如无输出信号。

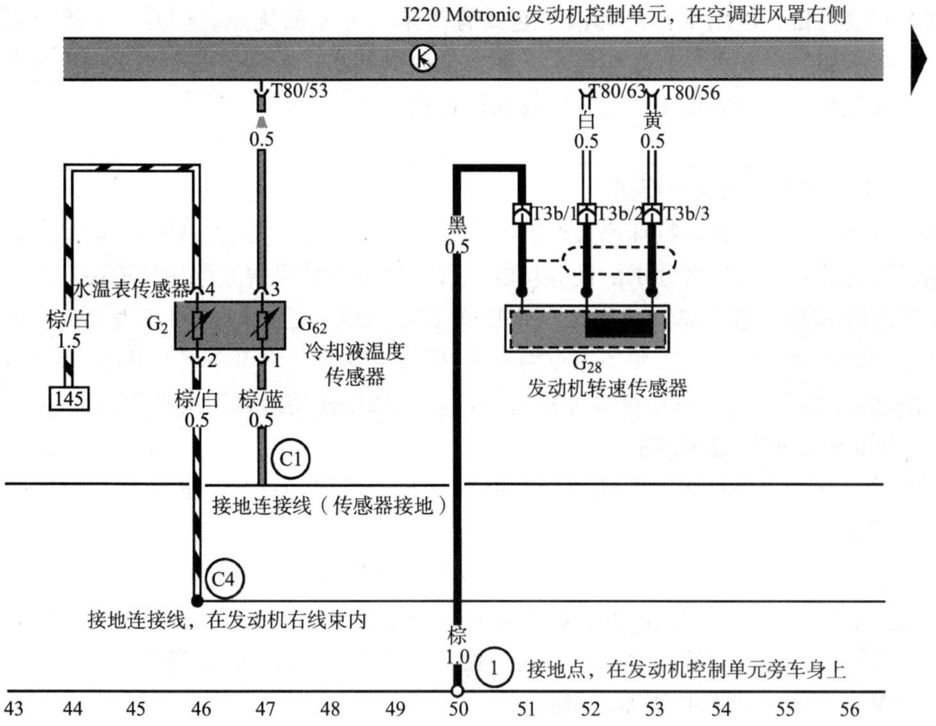

图 3 – 19　冷却液温度传感器电路

冷却风扇共有两种，一种是温控开关控制的；另一种是 ECU 电子控制的。

（1）对温控开关控制的风扇来说，检查温控开关时，可拔下温控开关的插头，用一小段电线，将插头内 3 个线卡每两个两个地短接，无论短接到哪个线卡时，冷却风扇转动，即为温控开关失效。

（2）若温控开关完好、熔丝未断、高低速线路均良好，就应检查风扇电动机。可将插头拔下，用万用表电阻挡测量，若电阻值很小，一般是断路故障。也可将电动机直接连上火线，搭铁，观察动作是否正常，有无异响，若有问题应拆解检查。

（3）检修电子控制系统时，可先读取故障码，然后根据故障码所指示的内容进行检查。其中两个主要部件是冷却液温度传感器和 ECU。

（4）检修时，可在发动机运转和不运转状态下，用万用表测量有关部件的电阻或电压值，将测得的数据与标准值进行比较，就可以方便地判明有问题的部位。

电控发动机冷却风扇控制结构随着车型不同也有所区别。因此，在排除故障时一定要根据它的结构特点确定检查的项目。

知识三　散热器“开锅”故障相关部件的使用与保养

一、冷却液

冷却液是发动机冷却系统中最重要的工作介质，汽车常用的冷却液主要有加有防冻剂的防冻冷却液，而水冷却液已不常用了。

1. 水冷却液

水冷却液是指直接用水作冷却液，它具有简单、方便的优点，但是，水沸点低，易蒸发，需经常添加。冷却水最好选用软水，即食盐分少的水；否则，易在水套内形成水垢，从而降低汽缸盖和汽缸体的传热性能，使发动机过热。

2. 防冻冷却液

1）防冻冷却液的功能及要求

防冻冷却液是一种含有特殊添加剂的冷却液，具有防冻、防锈、防蚀、防氧化、防止形成水垢、提高沸点、提高水分子活性等功能。现代轿车发动机普遍采用防冻冷却液。防冻冷却液主要由冷冻剂（乙二醇）与水按一定比例混合而成。乙二醇的沸点为 197.4 ℃，冰点随纯度增加而下降，63% 乙二醇的冰点为 -60 ℃，较冷地区用 50% 乙二醇和 50% 水的冷却液；一般地区用 40% 乙二醇和 60% 水的冷却液。应根据使用地区温度按比例配制。

2）冷却液及清洗剂的使用

（1）冷却液的更换期限。普通的冷却液应每 6 个月更换一次。长效专用的冷却液一般两年更换一次。

（2）液面高度。更换冷却液时，正确的冷却液面高度对冷却系统的工作是至关重要的。当发动机处于冷态时，冷却液液面在膨胀箱内应位于 MAX 与 MIN 标记之间。膨胀箱内装有自动液位报警传感器，当液面过低时，仪表板上的冷却液温度/液面警告灯会连续闪烁。当液面低于 MIN 线时，应及时添加冷却液。

（3）水箱清洗剂的使用。发动机冷却系统管路经长时间使用，管路内壁会产生水垢，以致管路阻塞、不流畅，使发动机温度升高，冷却效果降低。采用水箱清洗剂能快速清洗任何机械水箱冷却系统，将水箱内积聚的污垢、污底沉淀物等进行分解，并清除水箱内部酸性物质，提高散热效能，延长水箱的使用寿命。水箱清洗剂的用量：发动机排量为 5 L 以下的使用 1 瓶；水箱严重污垢生锈者可酌情增加分量使用。

二、冷却系统的维护与调整（以桑塔纳轿车为例）

车辆行驶 7 000 km（或 6 个月）进行首次维护或每行驶 15 000 km（或 12 个月）进行常规维护时，均应检查并调整 V 带的松紧度；检查发动机散热器及各管道有无漏水现象，散热器有无异物堵塞；检查膨胀箱的液面高度是否符合要求，并进行必要的补充。常规维护时，还应检查冷却液的防冻能力，并对防冻液的成分进行必要的调整。冷却系统的一般检查如下。

（1）起动发动机前，要检查冷却系统是否加足冷却液。

（2）运转发动机，在发动机冷车、热车、急速、中速和高速等状态下，以目视的方法进行检查。检查冷却系统各零件有无泄漏和损坏。要特别注意检查散热器盖、缸体上的水堵、车厢内的加热器芯处有无漏水。

（3）拔出发动机的机油尺检查机油中有无冷却液，以确定冷却系统有无内部泄漏。

（4）检查冷却液。

①检查冷却液膨胀水箱。冷却液液面高度应位于 MAX 与 MIN 标记之间，冷却液不足时应加注到位。

②检查冷却液质量。在散热器盖、加水孔处，应无过量锈斑和水垢沉积物。如冷却液过

脏，应清洗冷却系统并更换冷却液。按使用周期及时更换冷却液。

（5）检查电动冷却风扇是否工作正常。发动机到达正常工作温度后，电动冷却风扇应运转；否则是有故障，应及时排除。

（6）检查散热器是否工作正常。检查散热器的散热片是否有倾倒过多的现象，如有，需扶正。检查散热器的水垢是否过多，如是，需清除。

（7）按期润滑水泵轴承。

（8）检查调整 V 带松紧度。对于 V 带的张紧度，用拇指按下水泵与发电机之间的 V 带，用 100 N 力可按压 10 ~ 15 mm，不符合要求时应松开发电机张紧臂紧定螺栓、发电机固定螺栓及 V 带张紧螺母的紧定螺钉，转动 V 带张紧螺母进行调整。符合要求后将各螺栓重新拧紧。

（9）冷却系统的冬季维护。冬季时，汽车长期不用，放置时间长，应将冷却液放尽或加凝点较低的冷却液，以免结冰使汽缸、汽缸盖冻裂。

（10）发动机“开锅”时的处理方法。不要立即打开水箱盖，以免烫伤。为防止活塞咬死变形，应使发动机怠速运转，待发动机温度正常时再加冷却液，同时查明发动机“开锅”的原因并排除。

三、冷却液的添加与排放

1. 添加冷却液的操作方法

冷却系统存在漏水现象时，应对松动部位进行重新紧固，必要时应更换相应机件。散热器表面有异物堵塞时，应及时清除干净。冷却系统的液面应位于膨胀箱液面 MAX（最高）与 MIN（最低）标记之间，低于“MIN”标记时，应及时添加冷却液。其具体操作方法如下。

（1）将暖风开关拨至“开”位置。

（2）打开膨胀箱盖，向内添加冷却液，直至液面达到“MAX”标记处。

（3）拧紧膨胀箱盖，起动发动机，使冷却液温度逐渐升高，温度升高到风扇开始转动时关闭发动机。

（4）再次检查液面高度，如有下降时，再将其添加至与膨胀箱上的“MAX”标记平齐。

2. 更换冷却液的操作方法

若发现冷却液的防冻能力明显下降，应更换冷却液。其操作步骤如下。

（1）将暖气开关拨至“开”位置，使暖风阀全开。

（2）打开膨胀箱盖。

（3）松开水泵进液口软管的夹箍，放出全部冷却液并予以收集。

（4）接好水泵进液口软管。

（5）将合适成分的冷却液自膨胀箱口加注到冷却系统中，以下操作工艺与添加冷却液相同，最终使液面达到“MAX”标记处。

四、冷却系统的清洗

检查散热器的水垢，若过多、发动机过热，可使用水箱清洗剂清洗。操作工艺如下。

（1）将水箱清洗剂直接倒入水箱中。

（2）起动发动机运转 10 min，并适当提高转速。

（3）将水箱中的清洗剂放掉，并加入清水运行 10 min 后再放掉。

（4）加入新的防冻液或冷却液。

1. 任务资讯

车主姓名		地址		电话		出厂时间		公里数	
车牌号		型号/年份		发动机牌号				燃油量	
入场时间		约定交车时间		修正交车时间				维修级别	
故障陈述						接车员		调度员	备注
						班组长		结算员	
						检验员		交车员	

维修项目	工时	工价	维修班组	开工时间	完工时间	换件项目	数量	单位	单价	金额

客户签字：

约定联络时间：

班组长：________

检验员：________

接车员：________

服务专员：________

工时费用总计：________

材料费用总计：________

估价人：________

付款方式

转账支票□ 现金□ 其他□

接车前的检查

□车匙 □备胎 □轮盖 □行驶证 □随车工具 □故障灯

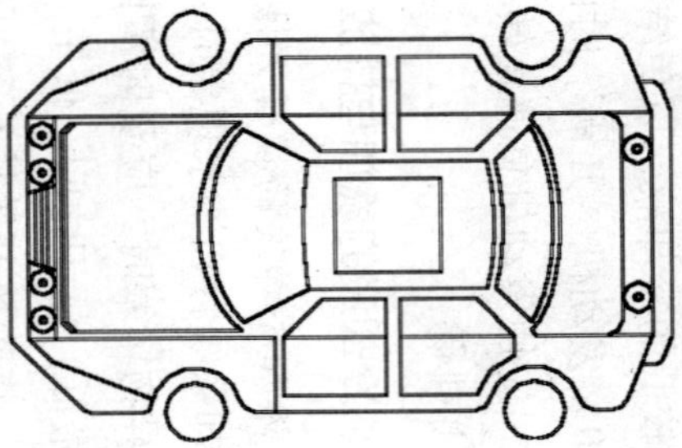

× 划痕 ⊙ 凹陷 √ 破损

检查人：

说明

1. 车内贵重物品由客户自行带走；否则如有遗失，本厂恕不负责；

2. 车主同意上述维修项目并授权本厂对无法修复零件予以更换；

3. 客户自带配件与客户要求更换副厂件的，本厂恕不负责质量保修

2. 制定诊断方案（描述故障产生的可能原因及对应检查方法）

序号	可能的原因	检查方法
将诊断方案画成因果关系分析图		
班组长意见		

3. 实施诊断方案（描述对应检查项目、测量数据和判定结果）

序号	检查项目	检查结果	正常状态	结果判定

4. 实施维修（描述最终确认的故障部位和修复方法）

故障部位（零部件）	故障原因	修复方法

5. 维修结算

学字 003　No. 00003

客户名称			客户代码	
地址			车牌号码	
电话			车型	
付款方式			车辆出厂编号	
序号	作业项目	作业内容	使用零件	金额
业务主管指示：		____年__月__日	交车员签名：	____年__月__日
确认客户已交费 结算员签名：	本公司对上述维修项目保用至__月__日或__公里		项目	金额
			维修、检测	
			配件	
			其他	
服务电话：			总计	

评价反馈

专业		姓名		班级		学号	
考核项目		评分标准	教师评判			分数	得分
态度（师评）	团队合作	是否和谐	是 □	否 □		5 分	
	拓展发言	是否精彩	是 □	否 □		5 分	
	小组讨论	是否积极	是 □	否 □		5 分	
	设备安全	有无损害	无 □	有 □		5 分	
	人身安全	有无损伤	无 □	有 □		5 分	
	生产纪律	是否守纪	是 □	否 □		5 分	
	现场清理	是否做到	是 □	否 □		5 分	
交车	维修结算（组评）	维修结算单内容填写	充分□	一般□	没填写□	5 分	
	实施维修（组评）	实施维修结果是否完整、正确	完整□	一般□	不正确□	5 分	
实际操作	任务方案（师评）	散热器“开锅”的故障诊断方案是否正确易行	正确易行 □	基本正确 □	不正确 □	10 分	
	工具使用（师评）	所选工具是否正确无误	完全正确 □	基本正确 □	不正确 □	10 分	
	维修过程（自评）	能否掌握散热器“开锅”的故障诊断方法	能 □	基本能 □	不能 □	10 分	
		能够独立完成故障排除	能 □	基本能 □	不能 □	10 分	
	完成维修任务情况（师评）	散热器“开锅”的故障诊断与排除	完全排除 □	基本排除 □	没有排除 □	15 分	
学生体会：						合计	
教师签字： 年 月 日							

知识拓展

故障案例一：间歇性水温高

【故障描述】

一辆 2003 款别克君威 2.5 轿车，已行驶 10 000 km，进入夏天以来出现了间歇性水温过高的故障。但车辆开到修理厂检查时，水温又恢复正常。清洗了一下水箱外表后，让车主再试试。又过了一段时间，车主说故障出现得更加频繁了，只要是热天，行驶一会儿就会出现水温表指示接近红区，有时车辆行驶在闹市区，水温高也无法停车，只好将空调开到热风来散热，使水温表不至于达到红区，所以这次强烈要求一定要把故障找到。

【检查过程】

读取发动机数据流，获知水温已达到 140 ℃，检查两个散热器风扇，发现左侧风扇转得比右侧慢，有时不转，不转时用手推一下左侧风扇的叶片又能转起来。关闭发动机，一人在车外断开风扇线束电插头，用万用表电压挡测量线束侧插头电压；一人在车内接通点火(但不起动发动机)，用发动机综合分析仪驱动风扇以高速挡旋转，测得两个风扇的供电电压均为 12 V。由以上测量结果认为，线路供电正常，可能是冷却风扇有故障。从配件库领一对新的风扇（左、右是一体），更换后试车，发现右侧风扇还是不转，这时想到万用表是在没有负载时测量有 12 V 电压，但它有可能是“虚电”。于是找两个功率相同的带座和线的转向灯泡，连接在两个风扇的插头上，连接部位与电压测量时相同，再次用发动机综合分析仪驱动风扇高速旋转，发现左侧灯泡比右侧暗且亮度不稳定，这说明还是线路系统有问题。

【故障分析】

先试换继电器，结果无效。在修理过程中发现，用手拉动继电器盒附近的线束时，灯泡的亮度有变化，于是拆下继电器盒及后面的线束插头，仔细检查发现继电器盒侧和线束侧的 C11 插针都有严重烧蚀。C11 插针烧蚀后，在风扇低速时没有任何影响；在风扇高速旋转时，左侧风扇的搭铁回路接触不良，造成左侧风扇时转时不转而引起水温间歇性过高的故障。更换继电器盒与线束后试车，再也没有出现过水温过高的故障了。

【维修方案】

后来，又遇到多辆老款别克出现风扇时转时不转的故障。有的与本例相同，是继电器盒背面的线束插头烧坏；有的是风扇处的线束插头烧蚀。可见，这一故障具有典型性，希望大家注意。

【因果分析图】

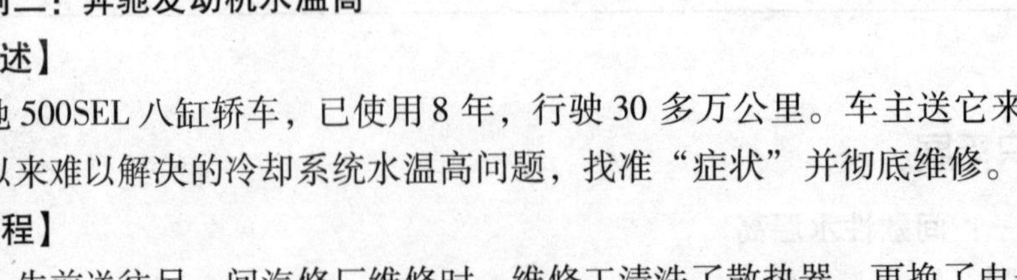

故障案例二：奔驰发动机水温高

【故障描述】

一台奔驰 500SEL 八缸轿车，已使用 8 年，行驶 30 多万公里。车主送它来特约维修站，要求对长期以来难以解决的冷却系统水温高问题，找准“症状”并彻底维修。

【检查过程】

车主说，先前送往另一间汽修厂维修时，维修工清洗了散热器，更换了电子扇、节温器和水温传感器，结果是中低速行驶时水温有轻微发热，但高速行驶起来水温逐渐升高，水温故障灯也亮起来，水温超标直至出现“开锅”状况。之后又将车送到一间汽修中心，那里的技术维修员检测后判断为发动机内冷却水道有“污塞”，要把整台发动机相关水道的机件拆卸下来检查、清理、维修。车主认为在未准确判断出真实的故障前，大肆拆解发动机难以接受，便把它送到特约维修站要求找准“症状”彻底维修。

于是特约维修站的维修人员承接了奔驰冷却系统水温高的维修任务。首先长时间热车，并在低、中、高速的试车状况下，用肉眼观察、手感按摸，而后用听诊器检测发现，整个冷却系统除水温高引起故障灯长亮外，散热器、电子扇、节温器、水温传感器、水泵和水温表等主要机件的工作外表、工作声响、工作时序均正常，无任何可疑迹象。但水温却不断上升，直至水温故障灯亮，达到水沸状况。

维修人员经过讨论制定出从简到繁的维修程序。首先对整个冷却系统的主要机件有序地进行逐一拆检分析，未找到故障根源。然后拆检发动机缸盖，检查缸盖和中缸的水道。维修人员把这一切维修方案向车主说明，车主表示理解。这样便把散热器拆下来检验，发现没有水垢污塞，于是再把电子扇、节温器和水温传感器拆下来检测，其功能和功效正常，是合格配件。然后拆下水泵，当即发现水泵内叶片长期已被各种冷却液的酸碱性腐蚀殆尽，变成几条弯曲而锈迹斑斑的小铁条。维修人员对此分析认为，这是多年来混用各种冷却液造成的结果，并从这里确认出水温高的直接原因：发动机工作时带动水泵正常运转，而水泵内失去抽动冷却液的叶片，未能抽动冷却液有效循环，使发动机工作时产生的巨大热量不能及时通过冷却液带到散热器内先散热后再循环回发动机体内，从而造成水温高的故障。

【维修方案】

维修人员换上了新水泵，装回散热器、电子扇、节温器和水温传感器，再长时间热车并在低、中、高速条件下试车检查并测量，水温恢复稳定、正常，整个冷却系统都在散热和恒温的有效状况中工作。

学习情境四

起动系统无起动征兆的故障诊断与排除

工学目标

↓ 能通过与客户交流、查阅相关维修技术资料等方式获取车辆故障信息。

↓ 能根据故障现象制订正确的维修计划。

↓ 能根据维修计划，选择正确的检测和诊断设备对起动系统无起动征兆故障进行诊断和分析。

↓ 能使用万用表、故障诊断仪、示波器及发动机综合分析仪常用检测和诊断设备对引起起动系统无起动征兆故障的各个系统进行检测。

↓ 掌握起动系统无起动征兆故障诊断的诊断流程及诊断思路，能独立进行基本诊断、故障码诊断、症状诊断的操作。

↓ 能正确记录、分析各种检测结果并做出故障判断。

↓ 根据环保要求，正确处理对环境和人体有害的辅料、废气液体和损坏零部件。

↓ 能根据故障现象进行诊断和分析，制定正确的诊断流程，并选择正确的检测和诊断设备。

↓ 掌握造成该故障相关零部件的使用与保养方法。

情境描述

2010 年 2 月 7 日，居住在吉林的李先生驾驶一辆捷达轿车来到售后服务站，李先生描述该车在市区内行驶了 10 000 km，保养了两次，发动机号为 JLTD0000000000004，车牌号为吉 A0004。该车在早晨上班起动车辆时，起动机没有任何反应，发动机无起动征兆，于是找专业修理人员进行维修。根据车主描述的现象，请查阅相关资料对此故障进行诊断并排除，修理完毕后如实填写故障案例报告单。

相关知识

知识一　起动系统无起动征兆故障的概述

起动系统无起动征兆，主要是指接通起动机开关后，起动机不转动或没有任何响声。这是起动机常见故障之一。正常情况下，将点火开关转至起动位置，起动继电器会发出触点吸合的声音，起动机电磁开关有拉动的声音，驱动齿轮也有啮合的声音，其声音大小、强度都有自己的特点。若应有的声音没有出现，不应有的声音出现了，或响声的强弱发生了变化，都称起动系有故障。起动机常见的故障有起动机异响、起动机不转动、起动机转动无力、起动机空转等。表现出的现象：起动机自由转动正常，但起动发动机时起动机转速低、无力；接通起动机开关后，起动机空转但发动机不转；起动发动机时，起动机不能带动发动机运转，并且有撞击声等。这些故障的产生都是与起动系统以及起动机本身结构有关。在排除以上故障时，首先应该掌握起动机的构造、主要部件的作用及工作原理；掌握起动机的整机检测及解体后主要部件的检测方法；了解起动机的控制过程和工作过程；能够正确分析起动系统的系统电路图，说明起动机的控制电路、起动主电路。其次应该能够正确分析起动机不工作的原因，能准确判断故障在哪个部位，并排除故障。

知识二　排除起动系统无起动征兆故障的相关知识

一、起动机

（一）起动机概述

1. 发动机的起动方式

发动机是靠外力起动的，通常把汽车发动机曲轴在外力作用下，从开始转动到怠速运转的全过程，称为发动机的起动。

发动机常用的起动方式有人力起动、辅助汽油机起动和电力起动。电力起动方式具有操纵轻便，起动迅速、安全、可靠，可重复起动等优点，所以为现代汽车广泛采用。一般将这种电力起动机简称为起动机。起动机俗称“马达”，motor 的译音。它是通过电磁感应带动起动机转子旋转，转子上的小齿轮带动发动机飞轮旋转，从而带动曲轴转动而着车。起动机摒弃了笨重而危险的手摇曲柄，使汽车驾驶变得更加安全、轻松、方便，起动机的问世至今仍被公认为20世纪最具影响力的汽车革新。起动机的作用就是将电能转变为机械能，带动发动机曲轴旋转，使发动机起动。发动机起动之后，起动机便立即停止工作。起动机安装在汽车发动机飞轮壳前端的座孔上。

2. 起动系统的组成

起动系统是由蓄电池、起动机、起动继电器、点火开关等组成，如图 4－1 所示。起动机是起动系统的主要组成部分，由串励式直流电动机、传动机构和电磁开关三部分组成。

1）串励式直流电动机

串励式直流电动机的作用是产生电磁转矩。

2）传动机构

传动机构的作用是在起动发动机时使起动机小齿轮与飞轮齿圈啮合，将起动机的转矩传递给发动机曲轴；在发动机起动后又能使起动机小齿轮自动空转或与飞轮齿圈脱离啮合。

3）电磁开关（也称为控制装置）

电磁开关的作用是用来接通和切断串励式直流电动机与蓄电池之间的电路，控制起动机小齿轮与发动机飞轮齿圈的啮合与分离。对于汽油发动机，有些起动机的电磁开关还具有在起动发动机时短路点火线圈附加电阻的作用。

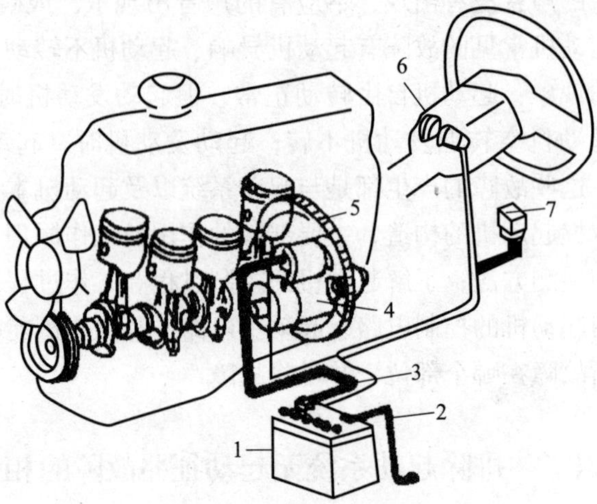

图 4-1　起动系统的组成

1—蓄电池；2—搭铁电缆；3—起动机电缆；4—起动机；5—飞轮；6—点火开关；7—起动继电器

3. 起动机的分类

1）电磁控制强啮合式起动机（常规起动机）

磁极一般采用电磁铁，传动机构中一般只是由简单的驱动齿轮、单向离合器和拨叉等组成，无特殊结构和装置。

2）永磁起动机

电动机的磁极用永磁材料制成，取消了磁场线圈，可以使结构简化、体积小、质量轻。

3）减速起动机

减速起动机采用高速、小型、低力矩电动机，在传动机构中设有减速装置。质量和体积比普通起动机可减小 30% ~35%，但结构和工艺比较复杂。

4. 起动机的型号

根据中华人民共和国行业标准《汽车电气设备产品型号编制方法》（QC/T 73—1993）规定，起动机的型号如下：

1　2　3　4　5

1——产品代号，起动机的产品代号：QD 表示起动机；QDJ 表示减速式起动机；QDY 表示永磁式起动机（包括永磁减速式起动机）。

2——电压等级代号，电压等级代号：1 表示 12 V；2 表示 24 V。

3——功率等级代号，功率等级代号的含义见表 4-1。

4——设计序号。

5——变型代号。

例如，QD124 表示额定电压为 12 V、功率为 1 ~2 kW、第四次设计的起动机。

表 4-1　起动机功率等级

功率等级代号	1	2	3	4	5	6	7	8	9
功率/kW	—	1 ~2	2 ~3	3 ~4	4 ~5	5 ~6	6 ~7	7 ~8	>8

（二）串励式直流电动机

1. 工作原理

直流电动机是将电能转化为机械能的装置，是以通电导体在磁场中受磁场力作用这一原理为基础制成的，其工作原理如图 4－2 所示。

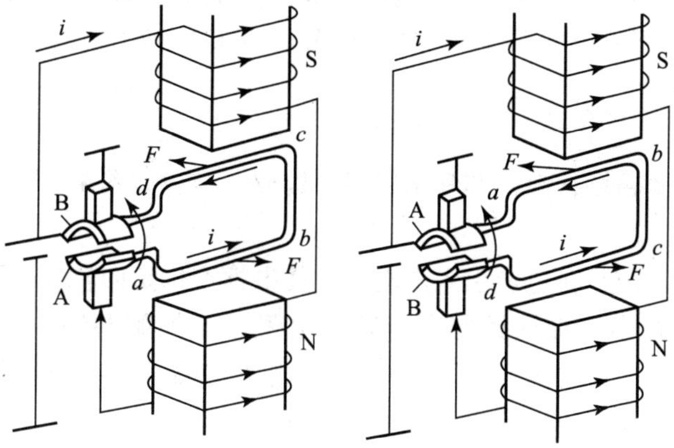

（a）　　　　（b）

图 4－2　直流电动机的工作原理

当电路接通时，如图 4－2（a）所示，线圈 *abcd* 的电流方向是：蓄电池正极→励磁绕组→电刷→换向器片 A→线圈（*a*→*d*）→换向器片 B→电刷→搭铁，根据左手定则可知，线圈中的有效边加于 *cd* 所受磁场力 ***F*** 的方向如图中所示，此时线圈产生的转矩方向为逆时针；当线圈转过半周后，如图 4－2（b）所示，线圈 *abcd* 中的电流方向发生改变，电流方向是：蓄电池正极→励磁绕组→电刷→换向器片 B→线圈（*d*→*a*）→换向器片 A→电刷→搭铁，此时线圈中的电流方向虽改变为 *d*→*a*，但线圈中的有效边加于 *cd* 所受的磁场力 ***F*** 的方向同时改变，故线圈产生的转矩方向不变，仍为逆时针方向。

2. 构造

直流电动机的构造如图 4－3 所示，主要由电枢、磁极、端盖、机壳、电刷及电刷架等部件组成。

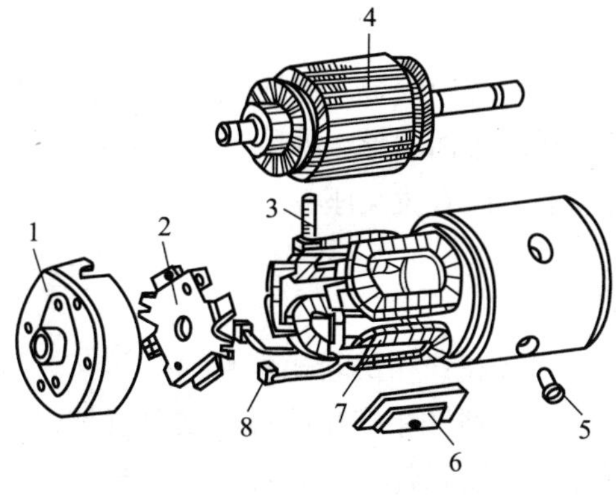

图 4－3　直流电动机的构造

1—端盖；2—电刷架；3—接线柱；4—电枢；5—磁极固定螺钉；6—磁极铁芯；7—励磁绕组；8—电刷

1）电枢

电枢由电枢轴、电枢绕组、换向器、铁芯等组成，其作用是产生电磁转矩。电枢绕组都是用较粗的矩形裸铜线绕制而成，在铜线与铁芯之间、铜线与铜线之间用绝缘纸隔开。电枢绕组的两端均匀地焊在换向器片上。

换向器的作用是将电源提供的直流电转化成电枢绕组所需要的交流电，以保证电枢绕组所产生的转矩方向不变。换向器由铜片和云母片相间叠压而成，铜片之间用云母片绝缘。

2）磁极

磁极的作用是产生磁场，由铁芯和励磁绕组构成。磁极如图4－4所示。

3）电刷与电刷架

电刷与电刷架的作用是将电流引入电动机，使电枢产生定向转矩。电刷一般是用铜和石墨粉压制而成，呈红棕色，加入铜有利于减小电阻及增加耐磨性。电刷一般含铜80%～90%、石墨10%～20%。刷架多制成框架，正极刷架与端盖绝缘地固装，负极刷架直接搭铁。刷架上装有弹力较大的盘形弹簧，如图4－5所示。

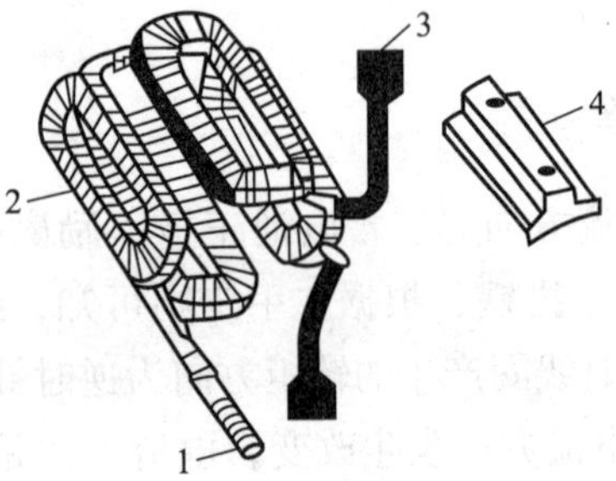

图4－4　磁极

1—接线柱；2—励磁绕组；
3—电刷；4—铁芯

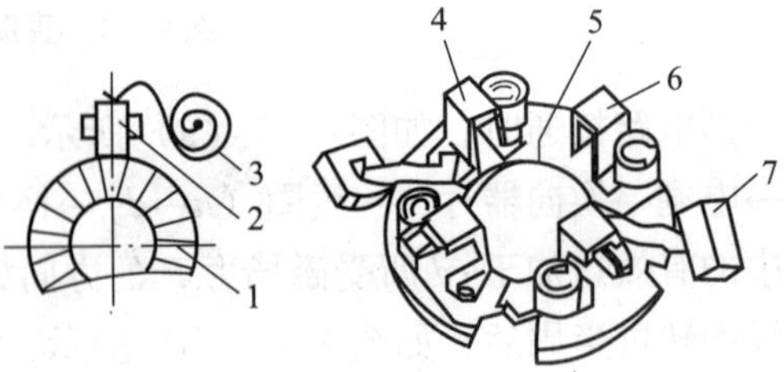

图4－5　电刷与电刷架

1—换向器；2—电刷；3—盘形弹簧；4—搭铁电刷架；
5—绝缘垫；6—绝缘电刷架；7—搭铁电刷

4）机壳

机壳的一端有4个检查窗口，中部只有一个电流输入接线柱，并在内部与励磁绕组的一端相连接。

5）端盖

有前、后两个端盖，前端盖一般用铜板压制而成，后端盖由灰铸铁浇制成缺口杯状。它的中心压装着青铜石墨轴承或铁基含油轴承，外围有2或4个组装螺孔。

电刷装在前端盖内。后端盖上面有拨叉座，盖口有突缘和安装螺孔，还有装中间轴承板的螺钉孔。

3. 直流电动机工作时的特点

（1）电动机中电流越大，电动机产生的转矩就越大。

（2）电动机的转速越高，电枢线圈中产生的反电动势就越大，电流也随之下降。

起动机在初始起动期间和起动期间各项指标的比较见表4－2。

表 4-2　初始起动期间与正常起动期间各项指标的比较

项目＼阶段	初始起动期间	正常起动期间
电动机速度	较低	较高
电动机电流	较大	较小
电动机产生的转矩	较大	较小
电枢中的反向电动势	较小	较大

（3）串励式电动机输出力矩较大时，电枢电流也大，电动机转速随电流的增加而急剧下降；反之，输出力矩较小时，电动机转速又随电枢电流的减小而很快上升。

（4）串励式电动机具有轻载转速高、重载转速低的特性，这对保证起动安全可靠是非常有利的，这也是汽车上采用串励式电动机的一个重要原因。

（5）电动机完全制动时，转速和输出功率为零，力矩达到最大值。空载时，电流最小，转速最大，输出功率也为零。当电枢电流接近制动电流一半时，电动机输出功率最大。

（三）传动机构

传动机构的作用是把直流电动机产生的转矩传递给飞轮齿圈，再通过飞轮齿圈把转矩传递给发动机的曲轴，使发动机起动；起动后，飞轮齿圈与驱动齿轮自动打滑脱离。传动机构一般由驱动齿轮、单向离合器、拨叉、啮合弹簧等组成。

汽车发动机对起动机传动机构的要求如下。

（1）起动机的驱动齿轮与发动机的飞轮齿圈啮合时要平稳，不能发生冲击现象。

（2）由于起动机的驱动齿轮与发动机的飞轮齿圈速比很大（一般大于15），因此发动机起动后，驱动齿轮应能自动打滑或脱离啮合，以免发动机带动起动机电枢高速旋转，造成电枢绕组“飞散”的事故。

（3）因为起动机是由点火开关控制的，所以当发动机工作时，要防止点火开关误操作，使起动机的驱动齿轮再次与发动机的飞轮齿圈啮合，导致起动机与发动机的飞轮齿圈损坏。

图 4-6 所示为传动机构的工作示意图。

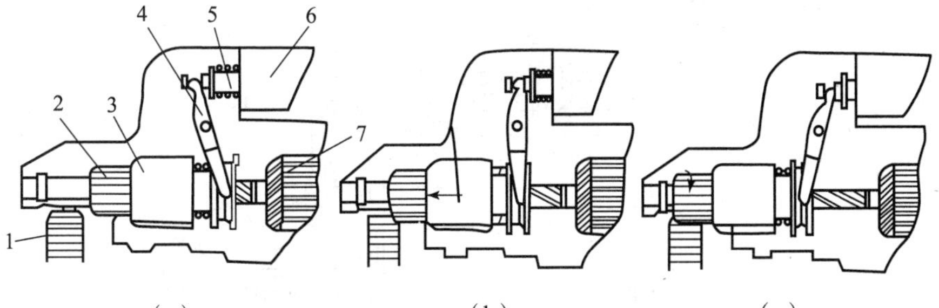

图 4-6　传动机构的工作示意图

（a）起动机静止状态；（b）驱动齿轮与飞轮齿圈正在啮合；（c）完全啮合

1—飞轮；2—驱动齿轮；3—单向离合器；4—拨叉；5—活动铁芯；6—电磁开关；7—电枢

图4－6（a）所示为起动机不工作时所处的位置；图4－6（b）所示为在电磁开关的作用下，驱动齿轮与飞轮齿圈正在啮合，此时起动机的主电路还没有接通；图4－6（c）所示为驱动齿轮与发动机飞轮齿圈完全啮合，主电路接通，电枢轴开始带动发动机曲轴旋转。发动机起动后，驱动齿轮与飞轮齿圈仍处于啮合状态，单向离合器打滑，驱动齿轮在飞轮的带动下空转。起动结束后，驱动齿轮在电磁开关的作用下，与发动机飞轮齿圈脱离啮合。

起动机传动机构中的关键部件是单向离合器。其作用是在起动时将电枢产生的电磁转矩传递给发动机飞轮；而当发动机起动后，单向离合器立刻打滑，防止发动机飞轮带动电枢高速旋转，造成电枢绕组“飞散”的事故。

目前常用的单向离合器包括以下几种。

1. 滚柱式单向离合器

滚柱式单向离合器是目前国内外汽车起动机中使用最多的一种，解放牌汽车、东风牌汽车、北京130、北京212等汽车的起动机均采用此种离合器。

2. 摩擦片式单向离合器

这种离合器多用于大功率起动机上，早期国产JN150型汽车曾用过此种结构，苏联别拉斯（BEJIA3）汽车也装用此种离合器。

3. 弹簧式离合器

国产黄河JN150型汽车上的起动机用弹簧式离合器，此外，日本五十铃TXD50型汽车的起动机也用此种离合器。

（四）控制装置

汽车起动机的控制装置包括电磁开关、起动继电器和点火起动开关等部件，其中电磁开关与起动机制作在一起。对起动机控制装置的要求是操纵要方便，同时要便于重复起动；要能够确保起动机驱动小齿轮与发动机飞轮齿环先啮合，后接通起动机主电路以免打齿；当切断控制电路后，驱动小齿轮与飞轮齿环能顺利地脱离啮合。电磁式控制装置一般称为起动机的电磁开关，与电磁式拨叉装在一起，利用挡铁控制。

下面参照图4－7来说明电磁开关的结构和控制过程。

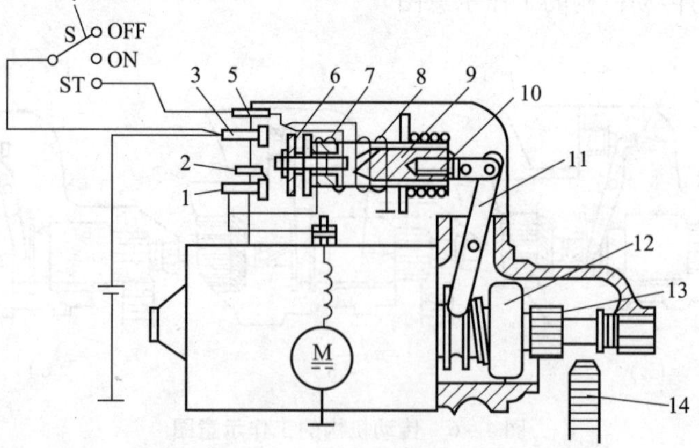

图4－7 电磁开关的结构与工作原理

1，3—主接线柱；2—点火线圈附加电阻端接线柱；4—点火开关；5—起动接线柱；6—接触盘；7—吸拉线圈；8—保持线圈；9—活动铁芯；10—调节螺钉；11—拨叉；12—单向离合器；13—驱动齿轮；14—飞轮

1. 电磁开关

1）电磁开关的结构特点

电磁开关主要由电磁铁机构和电动机开关两部分组成。电磁铁机构由固定铁芯、活动铁芯、吸引线圈和保持线圈等组成。固定铁芯固定不动，活动铁芯可以在铜套里做轴向移动。活动铁芯前端固定有推杆，推杆前端安装有开关触盘，活动铁芯后段用调节螺钉和连接销与拨叉连接。铜套外面安装有复位弹簧，其作用是使活动铁芯等可移动部件复位。电磁开关接线端子的排列位置如图 4 －7 所示。

2）电磁开关的工作原理

当吸引线圈和保持线圈通电产生的磁通方向相同时，其电磁吸力相互叠加，可以吸引活动铁芯向前移动，直到推杆前端的触盘将电动开关触点接通至电动机主电路接通为止。

当吸引线圈和保持线圈通电产生的磁通方向相反时，其电磁吸力相互抵消，在复位弹簧的作用下，活动铁芯等可移动部件自动复位，触盘与触点断开，电动机主电路断开。

3）电磁开关的控制电路

（1）起动时，将点火开关 S 置于 ST 挡，电磁开关通电，其电路如下：

蓄电池正极 → 主接线柱 3 → 点火开关 S → 起动接线柱 5 ↗ 保持线圈 8 → 搭铁。
↘ 吸拉线圈 7 → 主接线柱 1 → 串励式直流电动机 → 搭铁

此时，吸拉线圈 7 与保持线圈 8 的电流绕向相同，磁场方向相同，活动铁芯 9 在两个线圈磁场力的共同作用下克服回位弹簧的作用向左移动，通过拨叉 11 使驱动齿轮 13 与发动机飞轮 14 啮合。当驱动齿轮 13 与飞轮 14 啮合后，接触盘 6 将主接线柱 1、主接线柱 3 内侧触点接通，于是起动机的主电路接通（电流为 200 ~ 600 A），电路如下：

蓄电池正极→主接线柱 3→接触盘 6→主接线柱 1→励磁绕组→电刷→电枢绕组→电刷→搭铁。

这时直流电动机产生电磁转矩，通过单向离合器带动曲轴旋转，起动发动机。

（2）发动机起动后，单向离合器打滑。

（3）松开点火开关 S，点火开关 S 从 ST 挡回到 ON 挡，这时从点火开关 S 到起动接线柱 5 之间已没有电流，吸拉线圈 7 与保持线圈 8 的电路变为：

蓄电池正极→主接线柱 3→接触盘 6→主接线柱 1→吸拉线圈 7→保持线圈 8→搭铁。

此时，由于吸拉线圈 7 与保持线圈 8 的电流绕向相反，磁场方向相反，磁吸力相互抵消，因此，活动铁芯 9 在回位弹簧的作用下迅速右移，使主电路断开，驱动齿轮 13 与飞轮 14 脱离啮合，起动机停止工作。

在接触盘 6 接通主电路之前，由于电流经吸拉线圈 7 到励磁绕组与电枢绕组，所以电区产生了一个较小的电磁转矩，使驱动齿轮 13 在缓慢旋转状态下与飞轮 14 平稳啮合。主电路接通后，吸拉线圈 7 被短路，活动铁芯 9 的位置由保持线圈产生的电磁吸力来保持。

主电路接通的同时，接触盘 6 将接线柱 2 接通，使点火线圈的附加电阻短接，提高点火电压。现在附加电阻已经很少采用，所以这个接线柱或不接线，或已经取消。

2. 起动继电器

在汽车电路中，应用大量的继电器来控制电路的导通与截止，它的主要作用是用小电流控制大电流，即用流经开关的小电流通过继电器的触点控制用电设备的大电流，这样可保护开关触点不被烧蚀，提高点火开关的使用寿命。如图 4 - 8 所示，继电器由电磁铁机构和触点总成组成。线圈分别与壳体上的点火开关端子和搭铁端子“E”连接，固定触点与起动机端子“S”连接，活动触点经触点臂和支架与电池端子“B”相连。起动继电器触点为常开触点，当线圈通电时，继电器铁芯便产生电磁力，使其触点闭合，从而将继电器控制的吸引线圈和保持线圈电路接通。带有起动继电器的起动系统的控制电路如图 4 - 9 所示。

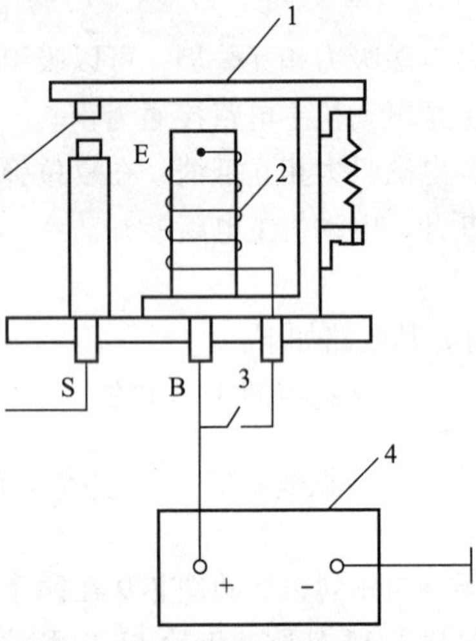

图 4 - 8　继电器

1—触点臂；2—线圈；3—点火开关；4—蓄电池；5—动触点

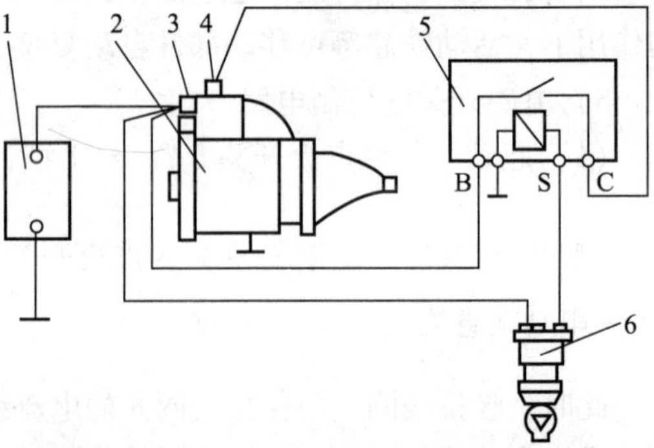

图 4 - 9　带有起动继电器的起动系统的控制电路

1—蓄电池；2—起动机；3—主接线柱；4—起动接线柱；5—起动继电器；6—点火开关

二、起动机部件的检修

1. *励磁绕组的检修*

（1）短路故障的检查如图 4 - 10 所示。将蓄电池的电压加在励磁绕组的两端，注意控制电流，同时用一铁片或螺钉旋具在 4 个磁极上分别感受磁吸力的大小，如果某一磁极的磁吸力明显低于其他磁极，则表明该磁极上的励磁绕组短路。

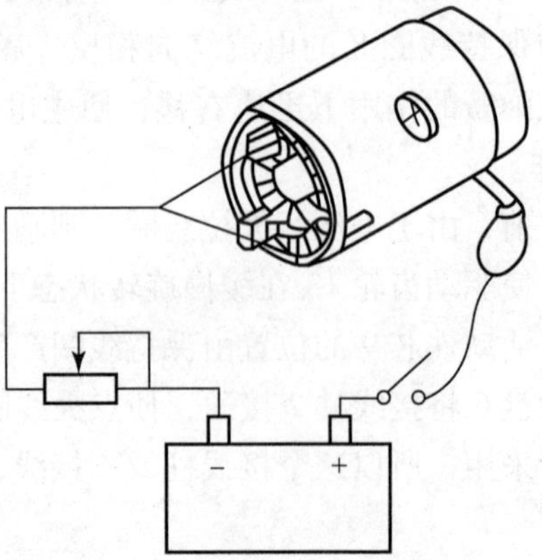

图 4 - 10　励磁绕组短路故障的检查

（2）搭铁故障的检查，如图4－11所示。用万用表检查电刷与起动机外壳之间的导通情况。若导通，说明励磁绕组有搭铁故障。

（3）断路故障的检查，如图4－12所示。用万用表检查测量励磁绕组两端的导通情况。若不导通，说明励磁绕组有断路故障。

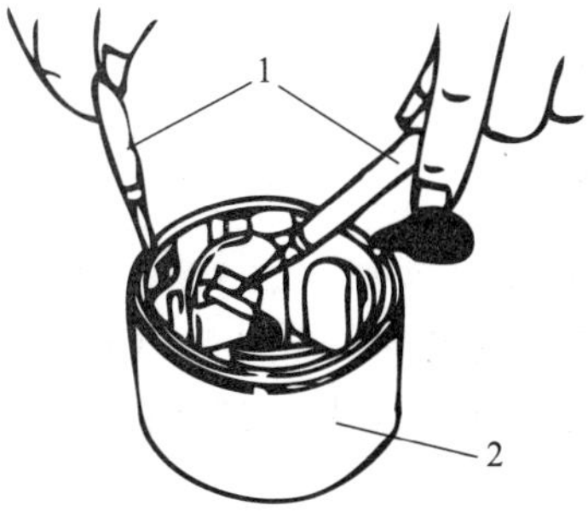

图4－11　励磁绕组搭铁故障的检查

1—万用表棒；2—起动机外壳

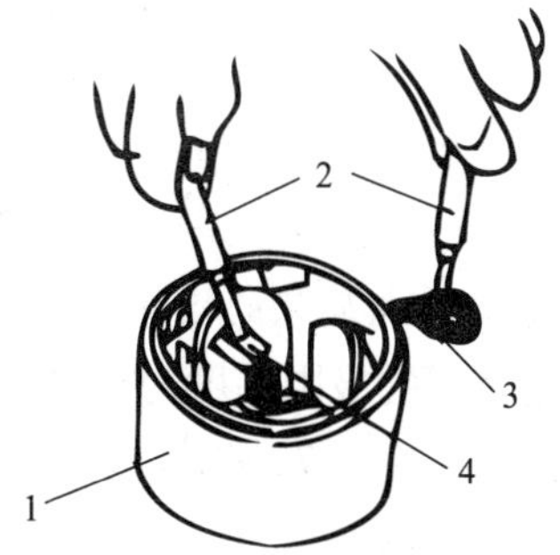

图4－12　励磁绕组断路故障的检查

1—外壳；2—万用表表笔；3—引线；4—电刷

以上每种故障现象发生，都需更换励磁绕组，或更换起动机总成。

2. 电枢的检修

（1）搭铁故障的检查，如图4－13所示。可用万用表检测换向器与电枢轴之间的导通情况。若导通，说明有搭铁故障，应更换电枢。

（2）断路故障的检查，如图4－14所示。可用万用表电阻$R\times 1\Omega$挡，将两个表笔分别接触换向器相邻的铜片，测量相邻换向器两片之间是否相通，如万用表指针指示“0”，说明电枢绕组无断路故障，若万用表指针在某处不摆动，即电阻值为无穷大，说明此处有断路故障，应更换电枢。

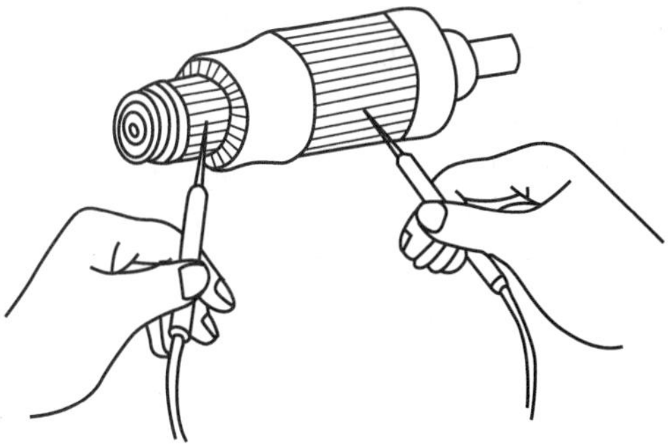

图4－13　电枢绕组搭铁的检查

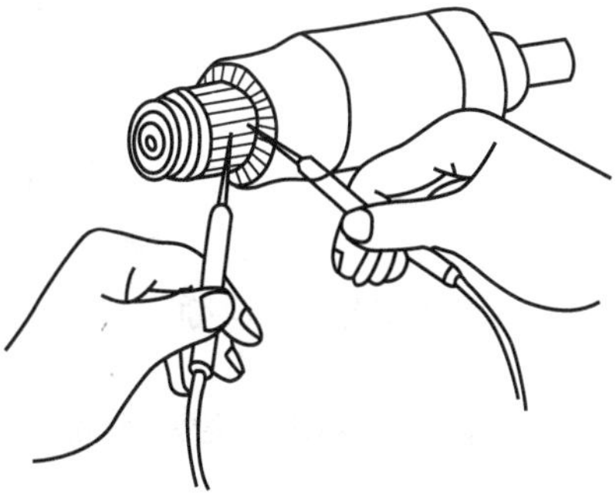

图4－14　电枢绕组断路的检查

（3）换向器。当换向器表面有轻微烧蚀时，用细砂纸打磨即可，严重烧蚀（径向圆跳动大于0.05 mm）时，可在车床上精加工，但铜片厚度不得小于2 mm。修整后，云母片的高度与原标准一致，国产车的铜片与云母片等高，进口车的铜片比云母片高0.2 mm以上。

（4）电枢轴。电枢轴的常见故障是弯曲变形，检查方法如图4－15所示。用百分表测量电枢轴的弯曲程度，径向圆跳动不大于0.15 mm；否则应校正。

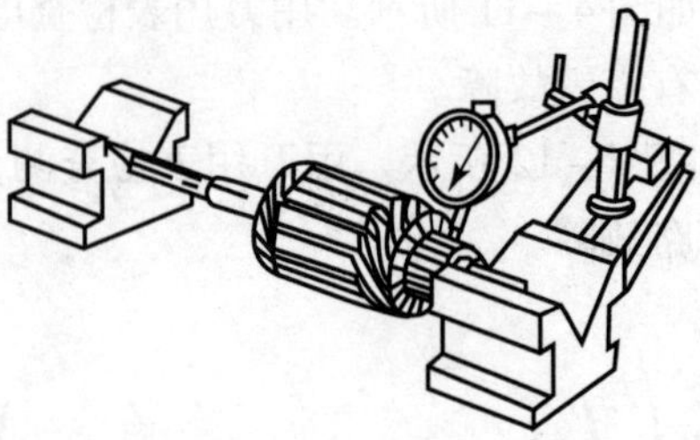

图 4－15　电枢轴的弯曲检查

3. 电刷与电刷架的检修

电刷使用的极限高度为标准高度的 2/3，小于极限值时应更换，如图 4－16 所示。电刷的接触面不应小于 75%。电刷弹簧的弹力可用弹簧秤测量，弹力应大于 12 N；否则应更换，如图 4－17 所示。

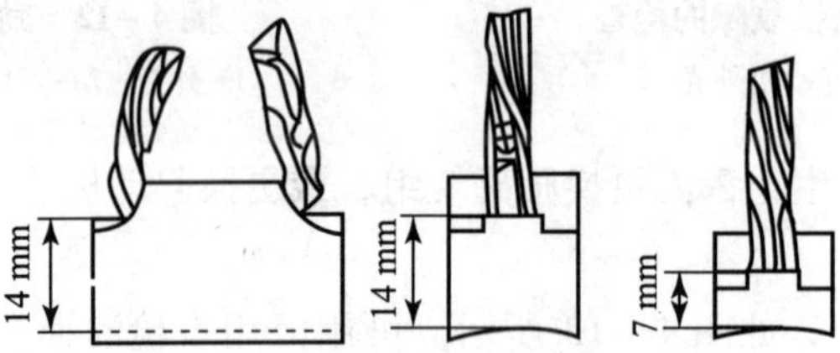

图 4－16　电刷高度的测量

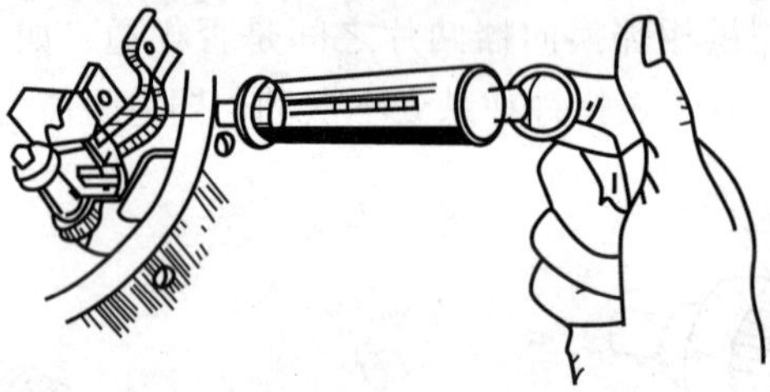

图 4－17　电刷弹簧张力的测量

三、起动机的故障诊断

（一）起动机不转的故障诊断与排除

1. 故障现象

接通起动开关，起动机不转。

2. 故障原因

（1）蓄电池电容量不足，或各导线连接松动、接线柱因脏污接触不良。

（2）起动电磁开关线圈断路或接触盘接触不良。

（3）起动继电器触点烧蚀、继电器磁力线圈断路或烧坏。

（4）起动机内部电枢轴弯曲或轴承过紧，整流器脏污或烧蚀，电刷磨损过短，绝缘电刷架搭铁而造成短路，弹簧过软不能接触，电枢线圈或磁场线圈短路、断路或搭铁。

（5）换向器不圆，表面有深磨痕、沟纹等造成导电不良。

（6）起动防盗系统故障。

（7）电路短路、断路或接线不正确。

3. 故障诊断

对于有起动防盗系统的汽车，将点火开关转到“ON”位置，观察防盗系统指示灯是否异常。若有异常应先排除防盗系统的故障，然后再逐一进行诊断。

（1）判断故障是发生在蓄电池还是在起动机上。其方法为：先按电喇叭，开前照灯，如果电喇叭声响不正常，灯光暗淡，说明蓄电池线路故障或蓄电池存电量不足，须先排除这类故障；如果电喇叭响，灯光正常，接通起动开关后发动机仍不能起动，则表明故障就在起动开关到起动机内部线路上，或者在起动机内部。

（2）应注意有无搭铁处。当接通点火开关时，电流表指示正常，而接通起动开关时，电流表迅速由指示“0”位移动至“－”的最大值，应立即断开开关，由此可判断起动机连接线路或继电器有搭铁故障。

（3）用一根导线，在继电器按钮引来的火线上试火。若有火花，起动机不能运转，则为起动机内部机械故障；若无火花，应检查点火开关、起动继电器连接导线是否断路、短路或接头松动而使继电器不能结合。

（4）用一根导线将起动机和蓄电池引来的火线直接相连。若起动机转动，说明电磁开关有故障，应检查继电器触点是否烧蚀、接触不良、线圈断路或烧坏以及活动铁芯卡死等。

（二）起动机运转无力的故障诊断与排除

1. 故障现象

起动机转动缓慢无力，带动发动机困难，或接通起动开关，起动机只有“咔哒”声，并不转动。

2. 故障原因

起动机起动无力一般是由于电路中存在潜在的故障引起的，这些潜在的故障引起额外的压降，使起动电流减小。起动机起动无力的原因如下。

（1）蓄电池电量不足或过度放电。

（2）蓄电池与起动机之间的连接头松动或桩头太脏，导致接触不良。

（3）起动机轴承过紧或松旷，电枢轴弯曲有时碰擦磁极，换向器和电刷间脏污或电刷磨损严重、弹簧过软，电枢和磁场线圈短路、断路或接触不良。

（4）起动开关触点烧蚀或电磁开关线圈短路。

（5）电枢移动式起动机串联辅助线圈断路或短路。

（6）单向离合器故障。

（7）发动机温度过高或过低，引起转动阻力过大。

3. 故障诊断

（1）诊断程序基本与起动机不转的相同。因为这两种故障的产生因素基本一样，只是程度不同。

（2）接通起动开关时，起动开关处只是“咔哒”一声，说明无力转动的故障可能发生在电磁控制式和电枢移动式起动机。

①对于电磁控制式起动机，接通电磁开关，有“咔哒”声，但起动机不转动，说明电磁开关线圈短路或接触不良，产生的磁力太小，不足以进一步压缩回位弹簧，致使主回路接触盘接触不良。

②如电磁开关线圈正常，可能是在起动时起动机小齿轮刚好顶在飞轮端面不能啮入，这时若将发动机曲轴接转一个角度，往往又可使小齿轮啮入飞轮齿间而显示工作正常。若在这种情况下还不能使小齿轮啮入发动，表明回位弹簧过硬。

③对于电枢移动式起动机，接通电磁开关时，动触点的上触点先闭合，辅助线圈接通，电枢缓慢旋转并移动，圆盘顶起扣爪块，使动触点的下触点也闭合将主回路接通，起动机有力地转动。若扣爪块与圆盘接触的凸肩有磨损，不能顶起扣爪块释放限止板，动触点的下触点不能闭合，主回路不通，故起动机只能缓慢无力地转动。另外，如果辅助线圈断路或短路，起动机起动时不能缓慢旋转，往往产生起动机小齿轮顶住发动机飞轮轮齿端面而不易啮入的情况。

（3）对于起动机起动无力故障也可通过测量起动电路压降的方法确定故障的部位，一般轿车的规律是：在起动时，每根起动电缆线的压降不大于0.2 V，每个连接点的压降不大于0.1 V，电磁开关内接触盘的压降不大于0.3 V，起动机的工作电压不小于9 V，蓄电池的端电压不小于9.6 V，蓄电池负极桩到发动机缸体之间的电压不大于0.4 V，如图4－18所示。

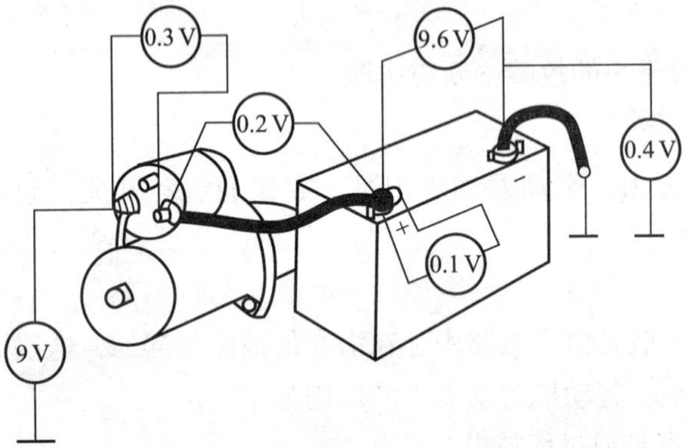

图4－18　起动机工作时起动电路的压降测试

在检测过程中，如果已确定蓄电池的技术状态完好，电缆线与极桩的连接完好，那么当蓄电池的端电压小于9.6 V时，就可初步确定起动无力的故障部位在起动机；然后再测量电磁开关两个主接线柱的压降，若大于0.3 V时，说明故障部位在电磁开关；若起动机的工作电压大于9 V时，说明故障部位在电动机。

（三）起动机空转的故障诊断与排除

1. 故障现象

接通起动开关，起动机只是空转，小齿轮不能啮入飞轮齿圈带动发动机转动。

2. 故障原因

（1）机械强制式起动机的拨叉脱槽或电磁开关推杆与拨叉失调，不能推动驱动小齿轮，或其行程调整不当，不能进入啮合。

（2）电磁控制式起动机的电磁开关铁芯行程太短。

（3）电枢移动式起动机辅助线圈短路或断路，不能将电枢带到工作位置。

（4）起动机单向啮合器打滑。

（5）飞轮齿圈严重磨损、打坏或齿圈松动。

3. 故障诊断

起动机空转实际上有两种情况：一种是起动机驱动小齿轮不能与飞轮齿圈啮合的空转，故障主要在起动机的操纵和控制部分；另一种是起动机驱动小齿轮已和飞轮齿圈啮合，由于单向啮合器打滑而空转，故障主要在起动机单向啮合器。

（1）若驱动小齿轮不能与飞轮齿圈啮合，则应进行以下检查和诊断：

①对于机械强制式起动机，应先检查拨叉行程是否调整适当。若调整不当，在未驱使驱动小齿轮与飞轮齿圈啮合时，主接触盘已与触点接通而导致起动机空转。如调整适当，则可能是拨叉脱出嵌槽。

②对于电磁控制式起动机，则应检查主回路接触盘的行程是否过小。如过小会使主回路提早接通，造成电枢提前高速旋转。

③对于电枢移动式起动机，主要是扣爪块上阻挡限止板的凸肩磨损，不能阻挡限止板的移动，致使活动触点的下触点提早闭合，并使电枢高速旋转。当活动触点与固定触点上下两触点间隙调整不当，即下触点间隙太小也同样会引起电枢提早高速旋转。

（2）若单向啮合器打滑空转，则应分解起动机进行检修或更换。

（四）起动机异响的故障诊断与排除

1. 故障现象

起动起动机时，起动机运转时有撞击声，且不能带动发动机运转。

2. 故障原因

（1）起动开关或电磁开关行程调整不当。

（2）电枢移动式固定触点和活动触点间隙调整不当。

（3）起动机驱动小齿轮或飞轮轮齿磨损过大或打滑。

（4）起动机固定螺栓松动、脱落、折断或离合器壳松动。

（5）电磁开关保持线圈断路，导致活动铁芯无法保持在吸合位置，引起驱动齿轮轮齿撞击。

3. 故障诊断

此现象表明起动机驱动小齿轮啮入困难。首先摇转曲轴一个角度，再接通起动开关试验。

（1）如撞击声消失且能啮入起动发动机，说明飞轮齿圈的齿轮啮合面部分损伤，飞轮齿圈损伤轻微的可将飞轮齿圈翻转过来，重新使用，飞轮齿圈损伤严重的应更换飞轮齿圈。

（2）如曲轴转到任何角度都不能消除撞击声，驱动小齿轮始终不能啮入，则表明起动机拨叉行程或电磁开关行程过短，导致驱动小齿轮尚未啮入即高速旋转。

（3）当接通起动开关时，起动机壳体明显抖动，说明起动机固定螺栓或离合器壳固定螺钉松动，应立即紧固；否则可能造成起动机驱动端盖折断。

（4）此外，根据撞击声响特征也可大致判明原因。一般行程调整不当或带有空转的撞击声是连续的，而起动机固定螺栓或离合器壳松动或飞轮齿损坏引起的撞击声是断续的，且有时可以啮入起动。另外，声音轻、尖且连续的是单向离合器打滑，应更换单向离合器；声音沉重、间断的是飞轮齿圈损坏。

知识三　起动机的使用及维护

一、起动机的使用注意事项

起动发动机时，蓄电池要给起动机提供很大的电流，汽油机需 200 ~ 600 A，柴油机需 1 000 A 以上，起动机又是按短时间内输出大功率而设计制造的，为确保它能迅速、可靠、安全地起动发动机，并尽量延长使用寿命，在使用中必须注意以下事项。

（1）经常保持蓄电池处于充足电的状态，保持蓄电池、起动机、起动开关等连接牢固，接触良好。

（2）发动机起动时，每次接通起动机的时间不得超过 5 s，连续再次起动时应停歇 10 ~ 15 s，连续 3 次以上起动应在检查起动系统（如蓄电池的容量、极柱的连接、油电路等，否则蓄电池的容量将严重下降，起动发动机变得更加困难）是否有故障的情况下，停歇 5 min 以上再起动。

（3）起动时，应挂入空挡或踩下离合器，自动变速器的汽车应将变速杆置于 P 位或 N 位，起动同时踩下离合器踏板，严禁挂挡起动。

（4）发动机起动后，应立即松开点火开关，使驱动齿轮及时退出，以减少单向离合器的磨损。严禁在发动机旋转时使用起动机。

（5）冬季和低温地区在进行冷机起动时，应先将发动机进行预热后再用起动机起动。

（6）发动机起动后，如果起动机不能停转，应立即关闭电源总开关或拆开蓄电池搭铁线。

二、起动系统维护要点

按汽车维护制度的规定，应定期对起动机进行维护，维护作业要点如下。

（1）日常维护中应保持起动机各部的清洁、干燥、连接牢固以及接线柱及导线绝缘良好。

（2）二级维护。

①汽车每行驶 3 000 km 时，应检查与清洁换向器，擦去换向器表面的炭粉和脏污。

②汽车每行驶 5 000 ~ 6 000 km 时，应检查测试电刷的磨损程度以及电刷弹簧的压力，均应在规定范围之内。电刷高度不得小于 7 ~ 10 mm；否则应换新。用弹簧秤测量电刷架弹簧张力，应符合标准值，张力过弱的应更换。

③润滑起动机的轴承。

④每年对起动机进行一次解体性保养。

1. 任务资讯

车主姓名		地址		电话		出厂时间		公里数	
车牌号		型号/年份		发动机牌号				燃油量	
入场时间		约定交车时间		修正交车时间				维修级别	

故障陈述	接车员		调度员		备注
	班组长		结算员		
	检验员		交车员		

维修项目	工时	工价	维修班组	开工时间	完工时间	换件项目	数量	单位	单价	金额

客户签字：　　　　约定联络时间：

班组长：________

检验员：________

接车员：________

服务专员：________

工时费用总计：________

材料费用总计：________

估价人：________

付款方式

转账支票□　现金□　其他□

接车前的检查

□车匙　□备胎　□轮盖　□行驶证　□随车工具　□故障灯

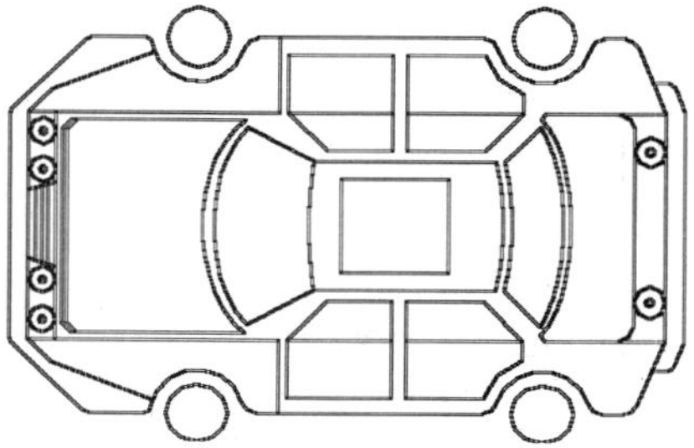

× 划痕　⊙ 凹陷　√ 破损

检查人：

说明

1. 车内贵重物品由客户自行带走；否则如有遗失，本厂恕不负责；

2. 车主同意上述维修项目并授权本厂对无法修复零件予以更换；

3. 客户自带配件与客户要求更换副厂件的，本厂恕不负责质量保修

2. 制定诊断方案（描述故障产生的可能原因及对应检查方法）

序号	可能的原因	检查方法
将诊断方案画成因果关系分析图		
班组长意见		

3. 实施诊断方案（描述对应检查项目、测量数据和判定结果）

序号	检查项目	检查结果	正常状态	结果判定

4. 实施维修（描述最终确认的故障部位和修复方法）

故障部位（零部件）	故障原因	修复方法

5. 维修结算

学字 004　No. 00004

客户名称			客户代码	
地址			车牌号码	
电话			车型	
付款方式			车辆出厂编号	
序号	作业项目	作业内容	使用零件	金额
业务主管指示：____年__月__日		交车员签名：____年__月__日		
确认客户已交费 结算员签名：	本公司对上述维修项目保用至__月__日或__公里		项目	金额
			维修、检测	
			配件	
			其他	
服务电话：			总计	

评价反馈

专业		姓名		班级		学号	
考核项目		评分标准	教师评判			分数	得分
态度（师评）	团队合作	是否和谐	是 □	否 □		5 分	
	拓展发言	是否精彩	是 □	否 □		5 分	
	小组讨论	是否积极	是 □	否 □		5 分	
	设备安全	有无损害	无 □	有 □		5 分	
	人身安全	有无损伤	无 □	有 □		5 分	
	生产纪律	是否守纪	是 □	否 □		5 分	
	现场清理	是否做到	是 □	否 □		5 分	
交车	维修结算（组评）	维修结算单内容填写	充分□	一般□	没填写□	5 分	
	实施维修（组评）	实施维修结果是否完整、正确	完整□	一般□	不正确□	5 分	
实际操作	任务方案（师评）	起动系统无起动征兆故障的诊断方案是否正确易行	正确易行 □	基本正确 □	不正确 □	10 分	
	工具使用（师评）	所选工具是否正确无误	完全正确 □	基本正确 □	不正确 □	10 分	
	维修过程（自评）	能否掌握起动系统无起动征兆故障的诊断方法	能 □	基本能 □	不能 □	10 分	
		能够独立完成故障排除	能 □	基本能 □	不能 □	10 分	
	完成维修任务情况（师评）	起动系统无起动征兆的故障诊断与排除	完全排除 □	基本排除 □	没有排除 □	15 分	
学生体会：						合计	
教师签字： 年 月 日							

知识拓展

故障案例一：桑塔纳起动机空转故障

【故障描述】

一辆行驶了 180 000 km 的桑塔纳轿车，起动时起动机空转，并伴随“咔咔”的响声，而发动机不转。听声音似乎是驱动齿轮空转时磨碰飞轮环发出的。若反复转动点火开关，偶尔听不到“咔咔”声，则此次能成功起动。

【检查过程】

根据故障现象推测，起动机元器件如单向离合器打滑、炭刷磨短、铜套磨损、驱动齿轮断裂以及飞轮齿环断齿等故障，均可能使起动机处于时好时坏的工作状态。要想查清起动机故障，需将其拆下解体逐个排查。

起动机被解体后，先后检查单向离合器、炭刷、铜套、驱动齿轮及飞轮齿环。除了换向器被磨得铮亮外，其他均正常。用卡尺测量铜套，发现原本是圆柱形的铜套，如今已磨成了圆锥形，大头锥径为 $\phi14.06$ mm，小头锥径为 $\phi13.58$ mm，铜套内孔也被磨成了圆锥形，大头锥径为 $\phi12.58$ mm，小头锥径为 $\phi11.86$ mm。但铜套内孔锥形和铜套外圆锥形大小头颠倒，即铜套内孔锥形上小下大，而铜套外圆上大下小。因此，铜套外圆小头磨损最严重，壁厚仅剩 0.5 mm，大头壁厚 1.1 mm。在驱动齿轮与飞轮齿环刚刚接触的瞬间，驱动齿轮受到吸引线圈的作用，一直试图进入飞轮齿环与之啮合。由于铜套被磨成圆锥形，导致中枢轴在转动时轴心线轨迹呈枣核状，驱动齿轮验证已与飞轮齿环啮合，因此，起动时伴随“咔咔”响声。

【维修方案】

更换新铜套后，试车一次成功。

故障案例二：宝马车起动机不工作

【故障描述】

一辆宝马 528 乘用车，将点火开关转到点火挡位时发现挡位指示灯不亮，将点火开关转至起动位时，起动机无反应。

【检查过程】

将点火开关转到“ON”位时发现挡位指示灯不亮，将点火开关转至起动位时，起动机无反应。针对上述两条关键线索逐一排查。首先检查起动机是否有故障，于是将乘用车举升起来，将点火开关打到“ON”位，然后用一根导线将电源直接接到起动机，起动机能运转并且发动机能着火。看来发动机控制系统和起动机正常。其次，检查挡位指示灯不指示的故障。用举升机将该车举起，拔下挡位开关线束侧连接器，其上共有 5 条导线，由于无该车的电路图，根据静态挡位的正常指示为“P”“R”“N”“D”这 4 个信号，估计这 5 条线中较粗的一条是电源线，然后接上开关线束侧连接器。为安全起见，先用串有试灯的导线试着给这条较粗的绿色导线供电，此时无挡位显示，接下来直接用一导线“触碰”式供电，此时挡位指示灯闪亮。这说明此绿色导线确是电源线，接下来直接将其接到电源上。4 ~5 s 后，在机油位置传感器的连接器处冒出一股白烟，于是立即拆下外接导线。怀疑机油位置传感器和挡位开关共用一条电源线路（共用一个熔丝）。但可以肯定机油位置传感器有故障，必须予以更换。接下来将乘客侧的杂物箱打开，检查其中的熔丝盒，发现第 15 号熔丝已烧断。将机油位置传感器线束侧连接器拔下，更换熔丝后试车，起动机工作正常，挡位指示灯工作也正常。

原来，该车无法起动的罪魁祸首是机油位置传感器，因其内部短路而将第 15 号熔丝烧断，而这个熔丝又控制挡位开关的电源线。因防盗电控单元识别不到空挡信号，发动机也就无法起动了。

【维修方案】

更换机油位置传感器和熔丝，该故障排除。

学习情境五

怠速不稳的故障诊断与排除

工学目标

↓ 能通过与客户交流、查阅相关维修技术资料等方式获取车辆故障信息。

↓ 能根据故障现象制订正确的维修计划。

↓ 能根据维修计划，选择正确的检测和诊断设备对怠速不稳的故障进行诊断和分析。

↓ 能使用万用表、故障诊断仪、示波器及发动机综合分析仪常用检测和诊断设备对引起怠速不稳的故障的各个系统进行检测。

↓ 掌握怠速不稳的故障诊断的流程及思路，能独立进行基本诊断、故障码诊断、症状诊断的操作。

↓ 能正确记录、分析各种检测结果并做出故障判断。

↓ 根据环保要求，正确处理对环境和人体有害的辅料、废气液体和损坏零部件。

↓ 能根据故障现象进行诊断和分析，制定正确的诊断流程，并选择正确的检测和诊断设备。

↓ 掌握造成该故障的相关零部件的使用与保养方法。

情境描述

2010 年 2 月 5 日，居住在北京的王先生驾驶一辆捷达轿车来到售后服务站，王先生描述该车在市区内行驶了 5 000 km，保养了一次，发动机号为 JLTD0000000000005，车牌号为吉 A0005。该车怠速不稳，于是开车到 4S 店进行维修。根据车主描述的现象，请查阅相关资料对此故障进行诊断并排除，修理完毕后如实填写故障案例报告单。

相关知识

知识一　怠速不稳故障的概述

发动机在怠速工况下工作时，对外无输出功率。但发动机怠速的高低不但对油耗有严重的影响，在交通流密度大的道路上行车，怠速油耗约占总油耗的 30%，对发动机的排放污染、暖机时间和使用寿命等都有一定程度的影响。因此使发动机在各种工况下能自动调节其怠速具有十分重要的意义。

怠速是指发动机在无负荷情况下最低的稳定运转转速，又叫发动机怠速。发动机起动后，冷却水没有达到正常温度之前，应自动提高发动机的怠速，以免发动机运转发抖、不稳或熄火，同时缩短暖机时间。在发动机怠速工况下使用空调时，由于发动机负荷加大，需要自动提高发动机的怠速，以免发动机抖动、熄火。对动力转向伺服机构来说，在发动机怠速工况下转向行驶时，需要自动提高发动机怠速，以免发动机抖动、熄火，同时使转向轻便、可靠。在驾驶员快速抬起加速踏板、发动机转速急剧下降时，需要不同程度地自动提高发动机怠速，以免急抬加速踏板时发动机抖动、熄火，同时减少排放污染。发动机怠速不良主要有怠速不正确，怠速太低、太高，怠速运转不柔和及怠速不稳等现象。电喷发动机构造原理与化油器式发动机有很大区别，怠速不良的故障原因多而复杂，增加了故障诊断和排除的难度。

知识二　排除怠速不稳故障的相关知识

燃油供给系统故障造成怠速不稳故障的相关知识

一、燃油供给系统的作用是供给发动机燃烧过程所需的燃油

燃油供给系统主要由燃油泵、燃油滤清器、油压脉动阻尼器、油压调节器、喷油器等组成，如图 5－1 所示。燃油泵将燃油从燃油箱中吸出后，经过燃油滤清器滤除杂质和水分后，再经过脉动阻尼器使其油压脉动减小。燃油压力调节器控制燃油分配管的油压（通常为 250～300 kPa）后，送至各缸喷油器或冷起动喷油器。喷油器则根据 ECU 发出的指令，将计量后的燃油喷入各进气歧管或稳压箱中与流入发动机内的空气进行混合，形成可燃混合气。

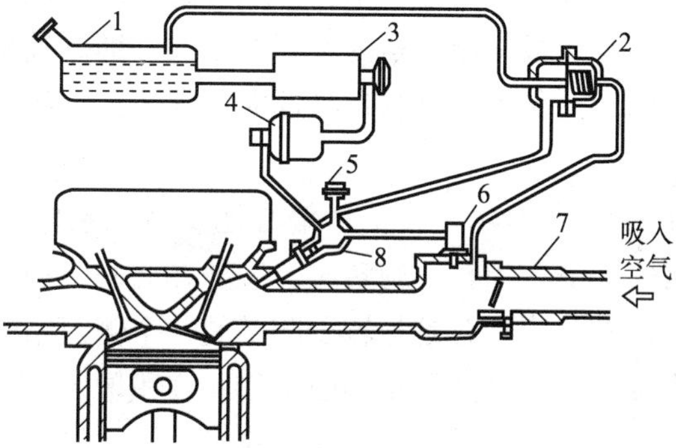

图 5－1　燃油供给系统

1—燃油箱；2—燃油压力调节器；3—燃油泵；4—燃油滤清器；5—油压脉动阻尼器；6—冷起动喷油器；7—进气管；8—喷油器

发动机在正常工况下的喷油量由安装在进气门前的各喷油器（MPI）或位于节气门体位置的喷油器（SPI）的通电时间来决定。为了改善发动机的冷起动性能，在进气总管处安装一个冷起动喷油器，冷起动喷油器的喷油时间由热敏定时开关或者 ECU 控制。燃油供给系统的零件如图 5－2 所示。

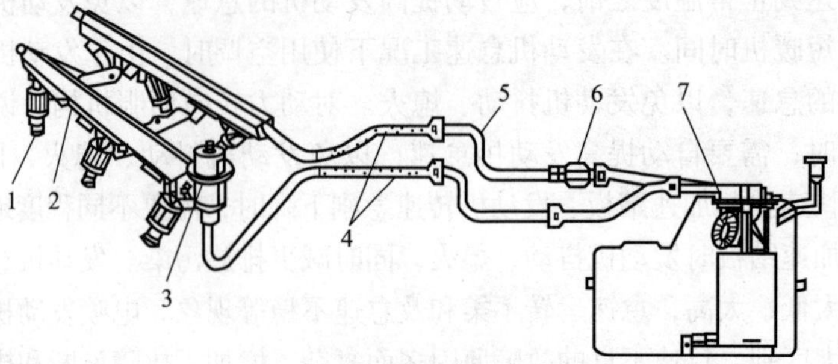

图 5-2　燃油供给系统零件

1—喷油器；2—燃油分配管；3—燃油压力调节器；4—软管；5—进气管；6—燃油滤清器；7—燃油泵

（一）燃油箱

燃油箱是用来储存燃油的，其容积视车辆大小和发动机排量而定，对一般汽车而言，装满一箱油，应至少行驶 320 km。有些汽车还有后备燃油供应装置，并装有油量不足警告灯。燃油箱的形状随车型不同各异，这主要是为了适应在车上的布置安装。

传统的汽油箱采用薄钢板冲压焊接制成，现代轿车油箱多数采用耐油硬塑料制成。轿车一般在油箱盖上设置有重力阀、通风阀。重力阀的作用是依靠其自重，在正常情况下允许空气进入油箱以消除负压，当车辆倾斜 45°或翻车时，此阀自动将通风口关闭，防止汽油漏出发生火灾。

（二）电动燃油泵

1. 电动燃油泵的结构原理

电动燃油泵的作用是把燃油从油箱内吸出，供给各缸喷油器及冷起动喷油器所需要的燃油。在电子控制燃油喷射系统中最常用的是内置式燃油泵，即燃油泵安装在燃油箱内。内置式燃油泵不易发生气阻和漏油现象，对泵的自吸性能要求较低，故应用广泛。内置式燃油泵主要有滚柱式和叶片式两种。

滚柱式电动燃油泵如图 5-3 所示。转子 9 偏心地安装在泵体 7 内，滚柱 8 装在转子的凹槽中。在永磁电动机的驱动下，当转子旋转时，滚柱在离心力的作用下紧压在泵体的内表面上，同时在惯性力的作用下，滚柱总是与转子凹槽的一个侧面贴紧，从而形成若干个封闭的工作腔。在汽油泵工作过程中，进油孔一侧的工作腔容积增大，成为低压吸油腔，汽油经

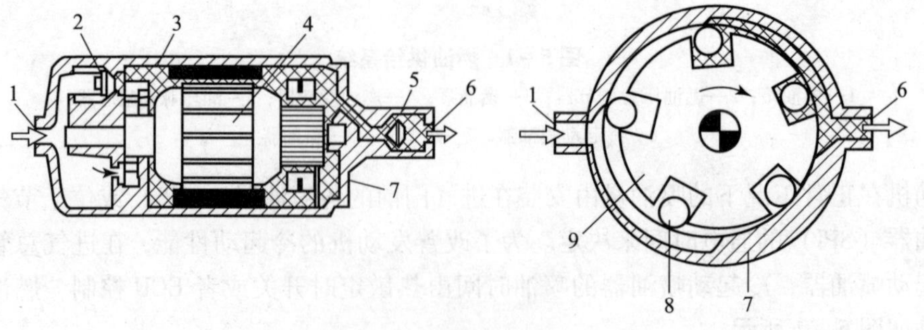

图 5-3　滚柱式电动燃油泵

1—进油口；2—限压阀；3—滚柱泵；4—电动机；5—单向止回阀；6—出油口；7—泵体；8—滚柱；9—转子

进油口被吸入工作腔内。在出油口 6 一侧的工作腔容积减小，成为高压压油腔，高压汽油从压油腔经出油口流出。油泵转子每转一圈，其排出的燃油就要产生与滚柱数目相同的压力脉动，故在出口处装有油压缓冲器，以减小出口处的油压脉动和运转噪声。

其中单向止回阀主要用于防止燃油倒流，并可保持管路残余压力，以便发动机下次容易起动，并可防止由于温度较高时，油路产生气阻现象，影响发动机热起动性能。若油泵输出压力超过 400 kPa 时，安全阀会自动打开，高压燃油可回至油泵的进油室，并在油泵和电动机内循环，以避免由于油路堵塞而引起管路油压过高造成管路破裂或燃油泵损坏等现象。

滚柱式电动燃油泵运转时噪声大，油压脉动也大，而且泵体内表面和转子容易磨损。

近年来，越来越多的发动机采用了叶片式电动燃油泵，其结构如图 5－4 所示。叶轮 3 是一个圆形平板，在平板的圆周上加工有小槽，形成泵油叶片。当叶轮旋转时，圆周上小槽内的汽油随同叶轮一同高速旋转。由于离心力的作用，使出口处压力增高，而在进口处产生真空，从而使汽油在进口处被吸入，在出口处被排出，这样周而复始地完成燃油的输送。叶片式电动燃油泵运转噪声小，油压脉动小，泵油压力高，叶片磨损小，使用寿命长。

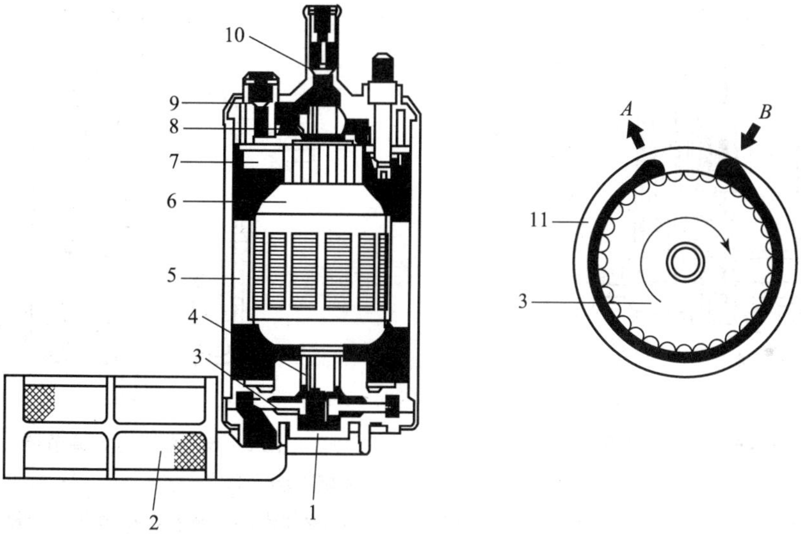

图 5－4　叶片式电动燃油泵

1—橡胶缓冲垫；2—滤网；3—叶轮及叶片；4，8—轴承；5—永久磁铁；6—电枢；7—炭刷；9—限压阀；10—单向止回阀；11—泵体

2. 燃油泵的拆装与检验

多数轿车的电动燃油泵，在打开汽车后备厢盖或翻开后坐垫后，即可从油箱上直接拆下。但也有些轿车，必须将油箱从车上拆下，才能拆卸燃油泵。

注意：拆卸燃油泵时，应先释放燃油系统压力，并关闭用电设备。

拆下燃油泵后，测量燃油泵两端子之间的电阻，其值应为 2～3 Ω。用蓄电池直接给燃油泵供电，应能听到燃油泵高速运转的声音。

注意：通电时间不宜超过 10 s；否则燃油泵电动机易损坏。

（三）燃油滤清器

燃油滤清器的作用是清除汽油中的杂质，防止燃油系统堵塞，减少机件的磨损，确保发动机稳定工作，提高可靠性。

燃油滤清器的结构如图5-5所示，与普通的滤清器一样，采用过滤形式，壳体内有一个纸滤芯，滤芯的微孔平均直径为10 μm，可滤去0.01 mm的杂质。

燃油滤清器的滤芯应根据车辆行驶里程、使用的燃油质量情况及时更换，确保发动机稳定行驶，提高可靠性。

（四）燃油分配管

燃油分配管的功用是将燃油均匀地、等压地分配给各个喷油器，同时，还有储油蓄压作用。

燃油分配管（见图5-6）的截面一般都比较大，其容积油量相对于发动机的喷油量来讲，要多很多，这样可防止燃油压力波动，保证各缸喷油器的喷油量尽可能相等。燃油分配管总成用螺栓安装在进气歧管下部的固定座上，其上安装有喷油器，可向喷油器分配燃油。

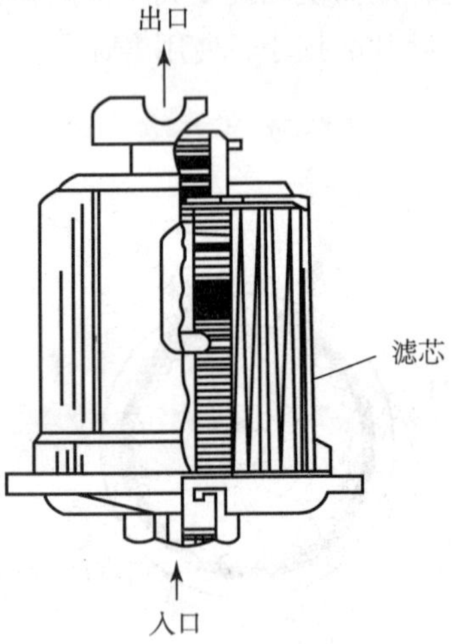

图5-5 燃油滤清器

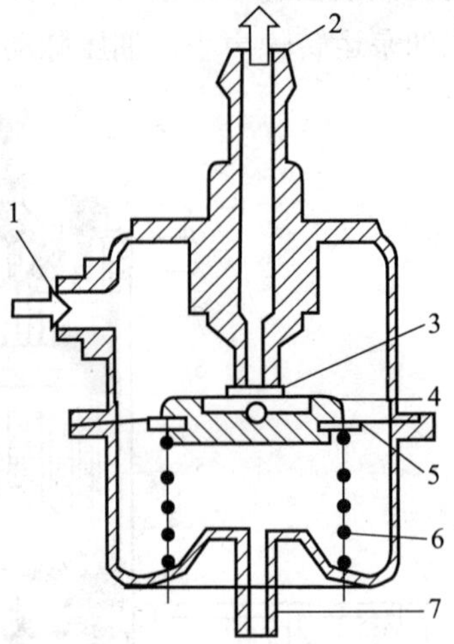

图5-6 燃油压力调节器

1—接燃油分配管；2—接回油管；3—回油管；4—回油阀支撑板；5—膜片；6—弹簧；7—进气歧管

燃油由燃油泵泵出，经脉动阻尼器流入燃油分配管。燃油压力调节器保持正常的系统压力，多余的燃油从燃油压力调节器回油口返回燃油箱。

（五）燃油压力调节器

燃油压力调节器的作用是根据进气歧管内绝对压力的变化来调节系统油压（燃油分配管油压），保持喷油器的喷油绝对压力恒定，使喷油器的燃油喷射量只取决于喷油器的开启时间。一般系统油压在250~300 kPa之间。

燃油压力调节器的结构如图5-6所示，金属壳内有一膜片，膜片将内腔分为弹簧室和燃油室两部分。弹簧室内有一个带预紧力的螺旋弹簧，它作用在膜片上，使膜片上的回油阀关闭回油管。另外，还通过一根真空管与进气歧管相连。当系统油压超过规定值时，汽油压力克服弹簧压力，将膜片向下压，打开阀门，与回油通道接通，系统压力降低，回到规定值。

如果进气歧管真空度变大，为了维持燃油分配管内部与进气歧管内部的压力差恒定，就必须降低系统油压。把进气歧管真空度引入弹簧室，能够减小膜片下方螺旋弹簧的作用力，进而减小打开阀门的压力，使系统油压下降到规定值；反之亦然。

当电动汽油泵停止工作时，在膜片和螺旋弹簧力的作用下使阀关闭，保持油路中的残余压力。

燃油压力调节器不能维修，工作不良时应进行更换。

（六）电磁喷油器

电磁喷油器是发动机电控汽油喷射系统的一个重要执行元件，它接收 ECU 送来的喷油脉冲信号，准确地计量燃油喷射量，并将燃油呈雾状喷射到进气总管或进气歧管内。

电控汽油喷射系统中的喷油器按用途分为单点式喷油器和多点式喷油器；按燃油的送入位置可分为顶部供油式和底部供油式；按喷油口形式可分为轴针式和孔型两种，孔型又可分为球阀式和片阀式等；按电磁线圈阻值可分为高阻式（12 ~ 17 Ω）和低阻式（2 ~ 3 Ω）；按喷油器的驱动电路形式可分为电流驱动式和电压驱动式。

1. 电磁喷油器的结构原理

目前电控汽油喷射系统多采用轴针式多点喷油器，其结构如图 5 –7 所示，主要由轴针 7、针阀 6、衔铁 5、回位弹簧 4 及电磁线圈 3 等组成，针阀与衔铁连接为一体，衔铁上端装有弹簧，弹簧的预紧力使针阀紧靠在阀座上。喷油器的一端为进油口，与燃油分配管连接；另一端为喷油口，装入进气歧管中，两端分别用 O 形密封圈密封。

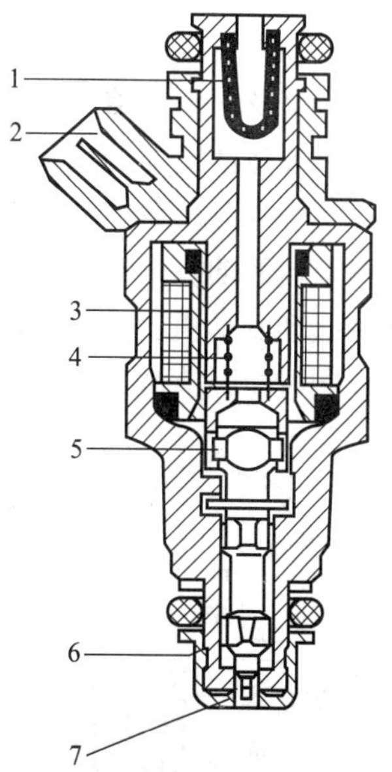

图 5 –7　电磁喷油器结构

1—燃油滤网；2—电插座；3—电磁线圈；4—回位弹簧；5—衔铁；6—针阀；7—轴针

喷油器内有一电磁线圈，经线束与 ECU 相连。当电磁线圈通电时，电磁吸力使针阀克服回位弹簧的弹力，针阀与轴针上移，阀门打开，燃油便从喷孔喷出。由于燃油压力较高，因此喷出的燃油得到良好雾化。当电磁线圈断电时，电磁吸力消失，针阀与轴针在回位弹簧作用下回位，阀门关闭，喷油停止。

2. 电磁喷油器的检查

1）喷油器工作状况的判断

在发动机工作时，用手触试或用听诊器检查喷油器针阀开启时的振动或声音，如果感觉不到振动或听不到声音，说明喷油器或其电路有故障。也可用 LED 测试灯串接在喷油器两端子之间，短时起动发动机，LED 测试灯应闪亮；否则说明喷油器或其电路有故障。

2）喷油器电阻检查

拆开喷油器线束插接器，用万用表测量喷油器两端子之间的电阻。低阻式喷油器应为 2 ~3 Ω，高阻式喷油器应为 12 ~17 Ω，如果其阻值不符合要求，应更换喷油器。

3）喷油器滴漏检查

喷油器是否滴漏可通过专用设备进行检查；也可将喷油器从车上拆下，用专用导线将诊断座上的燃油泵测试端子跨接到 12 V 电源上，然后打开点火开关，或用蓄电池直接给燃油泵供电。燃油泵工作后，观察喷油器有无滴漏现象。1 min 内喷油器滴漏不应超过 1 滴；否则应更换喷油器。

4）喷油器的喷油量检查

喷油器的喷油量可在专用设备上进行检查；也可按滴漏检查做好准备工作，在燃油泵工作后，用蓄电池直接给喷油器供电，并用量杯检查喷油器的喷油量。每个喷油器应重复检查 2 ~ 3 次，各缸喷油器的喷油量及均匀度应符合规定标准；否则应清洗或更换喷油器。

检查喷油量时，应同时检查喷雾质量，喷雾应均匀，不得呈线状，各缸应相同。

注意：低阻式喷油器不可直接与蓄电池相连，必须串联一个 8 ~ 10 Ω 的附加电阻。

3. 喷油器的清洗

喷油器堵塞后，将导致混合气变稀，喷雾质量变差，发动机性能变坏，因此必须定期进行检查和清洗。喷油器的清洗大致可分为车下清洗和车上清洗，相应地，可使用离车式清洗器和就车式清洗器。

图 5 - 8 和图 5 - 9 所示分别为离车式清洗器和就车式清洗器。使用离车式清洗器时，必须将喷油器从车上拆下方可进行清洗。而就车式清洗器的最大优点是无须拆下喷油器即可随车进行清洗。清洗器内装有除炭剂和一个电动燃油泵，电动泵所用电源为 220 V 交流电。清洗时只要将清洗器的连接管与燃油分配管上的油压检测口连接即可（如果没有油压检测口，可拆下燃油分配管前端的燃油软管，将清洗器的连接管与燃油分配管连接），同时将燃油压力调节器回油管与清洗器相连，并且断开汽油泵驱动电路，然后接通清洗器电动燃油泵的电路并起动发动机，使发动机使用除炭剂在 2 000 r/min 的转速下运转 10 min，停止发动机运转，同时断开清洗器电动燃油泵电路，清洗过程结束。

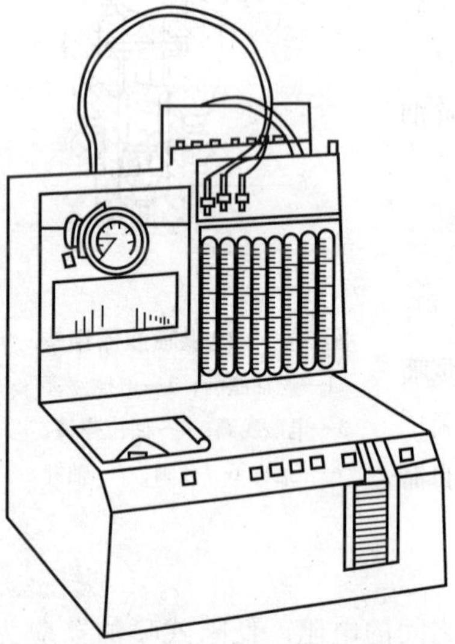

图 5 - 8　喷油器清洗及流量测定系统

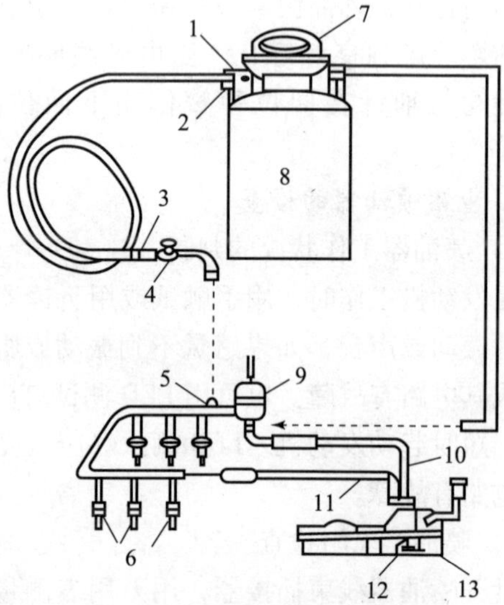

图 5 - 9　喷油器就车清洗器

1—油压表；2—检测阀；3—滤油器；4—阀；5—油压检测口；6—喷油器；7—除炭剂电动泵；8—喷油器清洗器；9—油压调节器；10—回油管；11—供油管；12—燃油泵；13—油箱

（七）燃油供给系统的检查

通过测试燃油供给系统压力，可诊断燃油供给系统是否有故障，并可根据测试结果确定故障性质及故障部位。为便于再次起动，电控燃油喷射式发动机在熄火时，燃油供给系统内仍保持有较高的残余压力。在拆卸燃油系统内任何元件时，都必须首先释放燃油系统压力，以免压力油喷出，造成人身伤害或火灾。在拆开燃油供给系统维修之后，为避免首次起动发动机时，因系统内无压力而导致起动时间过长，应预置燃油供给系统残余压力。

1. 燃油供给系统压力释放

（1）起动发动机维持怠速运转。

（2）在发动机运转时，拔下燃油泵继电器或燃油泵熔丝或燃油泵插接器。

提示：对于喷油器受燃油泵继电器控制的燃油喷射系统，不可拔下燃油泵继电器。

（3）再次起动发动机 2 ~3 次，即可彻底释放压力。

（4）关闭点火开关，接上燃油泵继电器或燃油泵熔丝或燃油泵插接器。

2. 燃油供给系统压力测试

测试时需使用专用油压表和管接头，测试方法如下。

（1）检查油箱内燃油应足够。

（2）检查蓄电池电压应为 12 V 左右，拆下蓄电池搭铁线。

（3）将专用油压表连接到燃油供给系统中。对于有专用油压检测口的发动机，将油压表直接插在油压检测口上即可（见图 5 –9）。

（4）擦净溅起的汽油，重新接好蓄电池搭铁线，起动发动机并维持怠速运转。

（5）拆下燃油压力调节器的真空软管，并用手堵住发动机进气管一侧的管口，检查油压表指示压力是否符合标准。一般多点燃油喷射系统压力应为 0.25 ~0.35 MPa，单点燃油喷射系统压力应为 0.07 ~0.10 MPa。

若燃油系统压力过低，可夹住回油软管，再检查油压表指示压力。若压力恢复正常，说明燃油压力调节器有故障，应更换；若压力仍低，应检查燃油供给系统是否有渗漏以及燃油泵滤网、燃油滤清器和油管是否堵塞；若无泄漏或堵塞，应更换电动燃油泵。

若油压表指示压力过高，应检查回油管路是否堵塞；若回油管路正常，说明燃油压力调节器有故障，应更换。

（6）待发动机运转至正常工作温度后，重新接上燃油压力调节器上的真空软管，油压表指示压力应略有下降（约 0.05 MPa）；否则应检查真空管路是否堵塞或漏气。若真空管路正常，说明燃油压力调节器有故障，应更换。

（7）使发动机熄火，燃油泵停止工作，等待 10 min 后，观察油压表指示压力（即燃油供给系统残余压力）。多点燃油喷射系统应不低于 0.20 MPa；单点燃油喷射系统应不低于 0.05 MPa。若压力过低，应检查燃油系统是否有泄漏，若无泄漏，说明燃油泵出油阀、燃油压力调节器回油阀或喷油器密封不良。

（8）检查完毕，释放燃油供给系统压力，拆下油压表，装复燃油系统。

3. 燃油供给系统压力预置

在每次将点火开关转到“ON”挡时，燃油泵都会工作 2 ~3 s。因此燃油系统压力预置可通过反复打开和关闭点火开关数次来完成，也可按下述方法操作。

（1）在保证燃油供给系统所有元件和有关接头安装良好的情况下，用专用导线将诊断座上的燃油泵测试端子接到 12 V 电源上，如日本丰田车系直接将诊断座上的 + B 端子与 FP 端子跨接即可。

（2）将点火开关接到“ON”位置，使电动燃油泵工作约 10 s。

（3）关闭点火开关，拆下诊断座上的专用导线。

（八）常见故障的诊断维修

1. 发动机故障

（1）若出现起动困难现象，应该首先检查起动加浓阀、起动加浓喷嘴、引线插头部件是否出现异常。若通电时可听到“嗒”的响声，基本排除起动加浓阀故障；否则为卡死。若起动加浓喷嘴正常工作，但仍然不能起动，应继续检查电动输油泵、气流传感器两个部件是否出现问题，如果两者都正常，则很可能是油泵供油量不足或压力不够，如两者经检查均正常，则应检查节流阀开关及点火线路等部件，很多因素都可以造成起动困难，要有耐心地根据上述程序逐步检查。

（2）发动机失速故障也是很常见的故障，对于该故障，应该首先检查辅助空气装置的工作状态。冷车时，阀门孔应与辅助气道相通，热车时，阀门孔则应在弹簧作用下关闭。若此装置无问题，需要依次检查电控单元中的输入输出插件、起动加浓阀、温度传感器是否工作正常。

（3）对于发动机怠速粗暴或喘振现象，要依次查看各喷油阀的电路连接、每个喷油阀的吸铁线圈、喷油阀等部件的工作状态，并仔细处理太靠近高压线的控制信号线，还要检查并密封各进气软胶管接头和真空软管有无破损与漏气处。

2. 油泵故障

点火开关接通后，油泵不能转动或不泵油，对于这一故障，应按以下方法进行检查和排除：为了检查电动油泵是否良好，在接通点火开关后发动机尚未运行时，按下油泵驱动电路中的油泵检查开关，如油泵本身和它的驱动电路没有故障，油泵应能转动和泵油。如果油泵不转，应首先检查油泵的电源插头是否松动，连接导线有无断开之处，这是最常见的故障根源，排除也比较容易。进一步可检查驱动电路，其中易发生故障的是点火开关、熔断丝、主继电器、电源断开继电器等部件以及连接它们的插头和导线。继电器的触点烧蚀、电磁线圈烧断都会影响驱动回路，使油泵不能转动。若触点烧蚀不严重，可以通过打磨进行修复；否则应更换部件。最后检查油泵本身，可使用数字万用表测量油泵电机的电枢，正常情况下它的阻值为 12 ~ 15 Ω，如果测量结果略大一些，可能是由于插头、连线等部位接触不良，或电刷磨损所致。若测量值为无穷大，则必然是电枢线圈已被烧断。由于油泵是整体封装的形式，无法拆开修理，因此应予更换。经上述检查后，在各部分均正常的情况下，仍有可能出现发动机运行时油泵不转的情况，这是由于空气流量计中的油泵开关有故障所致，开关接触不良、连线断路等都会造成故障。通过检查油泵开关连线，可以比较容易地发现故障。

3. 燃油嘴故障

出现燃油喷嘴不喷油时，首先检查接线盒插座的接触情况。若在该处有故障，摇动和按下插头将会出现断续喷油的现象。压紧插头，故障即可消除。进一步可使用万用表检测喷嘴的电磁线圈，检查驱动电路中的熔断丝和继电器。喷嘴电磁线圈的电阻可以是2～3 Ω，或者为12～15 Ω。若电阻值过大，表明电磁线圈电路有问题，或者已经处于断路的状态。如果确实是电磁线圈烧断，则应更换喷嘴。对于继电器，主要检查其触点和线圈是否有问题。如果电子控制单元出现故障，将没有喷油持续时间信号输出到电磁线圈。若有示波器或频率计等仪器，可以检查到ECU是否有信号输出。当然，如果ECU发生故障，EFI的自诊断系统会及时报警，并以故障代码显示故障所在，可以较方便地找到故障并进行排除。

怠速控制系统故障造成怠速不稳故障相关知识

一、怠速控制系统知识

发动机怠速工况是指发动机对外无功率输出的稳定运转工况。此时，发动机的节气门开度最小，汽车处于空挡，发动机只带动附件维持最低稳定转速。怠速是发动机工作过程中经常出现的工况，运转的时间约占汽车行驶的30%，其转速的高低直接影响燃油消耗和排放性能，怠速转速过高，会增加燃油消耗量；怠速转速过低，则有害物的排放增加。因此，在保证发动机排放要求且运转稳定的前提下，应尽量使发动机的怠速转速保持最低，以降低怠速时的燃油消耗量。

怠速控制还应考虑使用条件的变化，如冷车运转、电器负荷、空调装置以及动力转向等都会引起怠速转速变化，使发动机运转不稳甚至熄火。所以怠速控制就是怠速转速的控制，即根据发动机工作温度和负载，由ECU自动控制怠速工况下的空气供给量，维持发动机以稳定怠速运转。在电控汽油喷射系统中，怠速控制是重要的控制功能之一。

二、怠速控制系统的组成

1. 怠速控制系统的组成

如图5－10所示，怠速控制系统由各种传感器与信号控制开关、电子控制器（ECU）、怠速控制阀和旁通空气道等组成。也有采用节气门直接控制怠速的方式，无须设置旁通空气道，如桑塔纳2000GSi轿车AJR发动机。

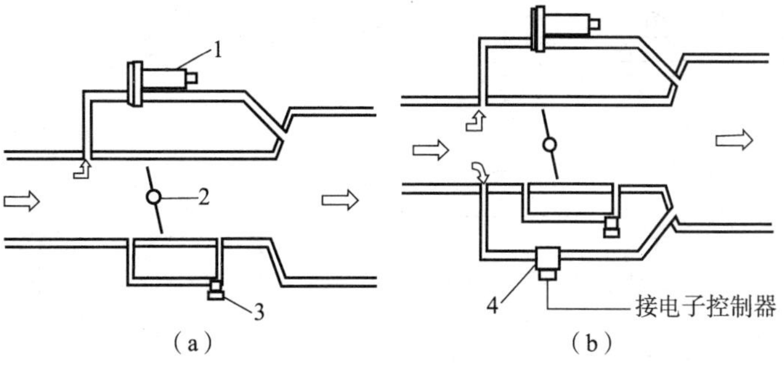

图5－10　发动机怠速的控制

（a）辅助空气阀控制怠速；（b）辅助空气阀与怠速控制阀控制怠速

1—辅助空气阀；2—节气门；3—怠速调节螺钉；4—怠速控制阀

车速传感器提供车速信号，节气门位置传感器提供怠速触点开闭信号，这两个信号用来判定发动机是否处于怠速状态。发动机怠速时，节气门关闭，节气门位置传感器的怠速触点IDL闭合，传感器怠速触点IDL的输出端子输出的信号为低电平信号。因此，当IDL端子输出低电平信号时，如果车速为零，就说明发动机处于怠速状态；如车速不为零，则说明发动机处于减速状态。冷却液温度信号用于修正怠速转速。在ECU内部，存储有不同冷却液温度对应的最佳怠速转速，如图5-11所示。在冷车起动后的暖机过程中，ECU根据发动机温度信号，通过控制怠速控制阀的开度来控制相应的快怠速转速，并随发动机温度升高逐渐降低怠速转速。当冷却液温度达到正常工作温度时，怠速转速恢复正常怠速转速。空调开关、动力转向开关、空挡起动开关信号和电源电压信号等向ECU提供发动机负荷变化的状态信息。在ECU内部，存储有不同负荷状况下对应的最佳怠速转速。

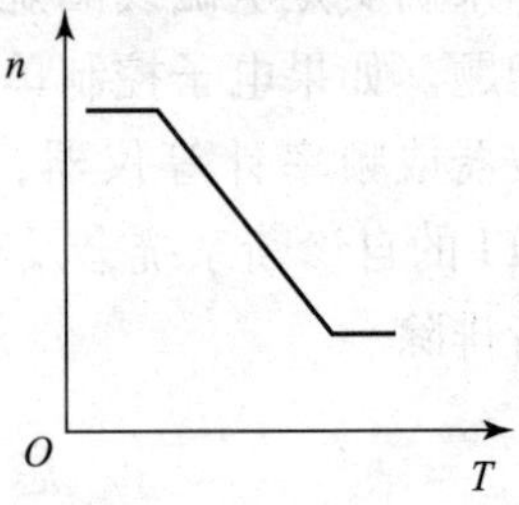

图5-11　不同温度下的怠速转速

2. 怠速控制的实质

怠速控制内容主要是发动机负荷变化控制和电器负荷变化控制。怠速控制的实质是控制怠速时的充气量（进气量）。当发动机怠速负荷增大时，ECU控制怠速控制阀使进气量增大，从而使怠速转速提高，防止发动机运转不稳或熄火；当发动机怠速负荷减小时，ECU控制怠速控制阀使进气量减少，从而使怠速转速降低，以免怠速转速过高。怠速时的喷油量则由ECU根据预先设定的怠速空燃比和实际充气量计算确定。

3. 怠速控制过程

怠速转速控制过程如图5-12所示。ECU首先根据怠速触点IDL信号和车速信号，判断发动机是否处于怠速状态。当判定为怠速工况时，再根据发动机冷却液温度传感器信号、空调开关以及动力转向开关等信号，从存储器存储的怠速转速数据中查询相应的目标转速，然后当发动机负荷增大，目标转速高于实际转速（$n_0 > n$）时，ECU将控制怠速控制阀增大旁通进气量来提高怠速转速；反之，当发动机负荷减小，目标转速低于实际转速时，ECU将控制怠速控制阀减小旁通进气量来调节怠速转速。例如，当接通空调（发动机负荷增大）时，ECU使怠速控制阀的阀门开大，增大旁通进气量。当旁通进气量增大时，因怠速空燃

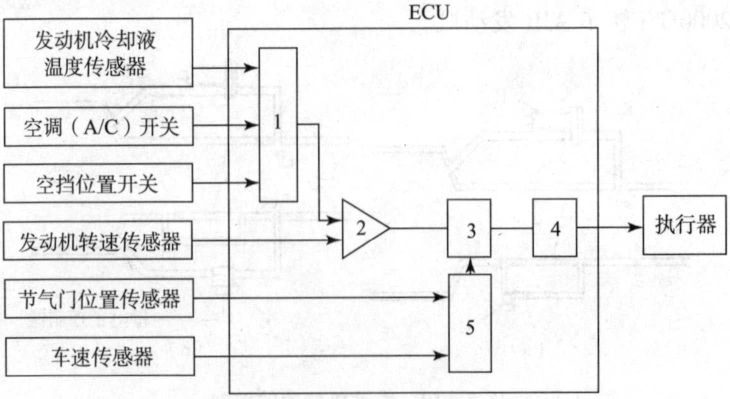

图5-12　怠速转速控制过程

1—目标转速；2—比较电路；3—控制量计算；4—驱动电路；5—怠速状态判断

比已由试验确定为一定值（一般为12:1），所以ECU将控制喷油器增大喷油量，发动机转速随之提高。同理，当断开空调（发动机负荷减小），需要降低发动机转速时，ECU将使怠速控制阀的阀门关小，减小旁通进气量进行调节。

（1）起动初始位置的设定。为了改善发动机再起动时的起动性能，在发动机点火开关关闭后，ECU将控制怠速控制阀全部打开，以便为下次起动做好准备。为了保证怠速控制阀在发动机下次再起动时处于全开位置，在点火开关关闭后，必须继续给ECU和怠速控制阀供电。此时主继电器由ECU的M－REL端子供电，使主继电器继续保持接通状态，直到怠速控制阀起动初始位置（全开）设定后继电器才断电。

（2）起动控制。发动机起动时，由于怠速控制阀预先设定在全开位置，在起动期间流经怠速控制阀的旁通空气量最大，有利于发动机起动。发动机起动后，若怠速控制阀仍保持在全开位置，发动机转速将升得过高。故在起动期间或起动后，当发动机转速达到规定值时（此值由冷却液温度确定），ECU开始控制怠速控制阀，将阀门关小到由冷却液温度所确定的阀门开度位置。

（3）暖机控制。暖机控制（快怠速）为发动机暖机过程中步进电动机式怠速控制阀的控制特性。在暖机过程中，怠速控制阀从起动后根据冷却液温度所确定的位置开始逐渐关闭阀门，当冷却液温度达到70 ℃时，暖机控制（快怠速）结束。目标转速值根据发动机工况而定，如空挡起动开关是否接通、空调开关是否接通等。

（4）反馈控制。当发动机处于怠速工况运转时，如果发动机的实际转速与ECU存储器中所存放的目标转速差超过规定值（如20 r/min）时，则ECU即控制怠速控制阀增减旁通空气量，使发动机实际转速与目标转速差小于设定值。目标转速与发动机怠速工况时的负荷有关，对应空挡起动开关是否接通、是否使用空调、用电器增加等不同情况，都有确定的目标转速。

（5）发动机转速变化的预控制。发动机处于怠速工况时，空调开关、空挡起动开关等接通或断开时，都会引起发动机怠速负荷变化，产生较大的怠速转速波动。为了减小负荷变化对怠速转速的影响，ECU在收到以上开关量信号（发动机负荷变化）时，不等发动机转速变化，就控制怠速控制阀预先把阀门开大或关小一个固定的距离。

（6）电器负载增大时的怠速控制。当汽车上使用的电器增多时，将引起电源系统供电电压降低，同时发动机的负荷也要增大。为保证ECU的B＋端有正常的供电电压，需要相应地增加进气量，提高发动机的怠速转速。

三、怠速控制系统的常见故障

（一）怠速不稳、易熄火

1. 故障现象

发动机起动正常，但不论冷车还是热车，怠速均不稳定，怠速转速过低，易熄火。

2. 故障原因

（1）进气系统或真空系统漏气。

（2）空气滤清器堵塞。

（3）怠速控制阀或附加空气阀工作不良。

（4）空气流量计有故障。

（5）EGR 阀卡住常开，不能关闭。

（6）怠速调整不当。

（7）油路压力太低。

（8）喷油器雾化不良、漏油或堵塞。

（9）火花塞不良。

（10）高压线漏电或断路。

（11）点火正时失准。

（12）汽缸压缩压力过低。

3. 故障诊断与排除

（1）先进行故障自诊断，检查有无故障码出现。如有，则按所显示的故障码查找故障原因。要特别注意会影响怠速工作的传感器、执行器（如冷却液温度传感器、节气门位置传感器、怠速控制阀等）有无故障。

（2）检查进气系统各管接头、各真空软管、废气再循环系统和燃油蒸汽回收系统有无漏气。

（3）检查怠速控制阀的工作是否正常。对于脉冲电磁阀式怠速控制阀，可在发动机运转过程中拔下怠速控制阀接线插头。如果发动机转速无变化，说明怠速控制阀或控制电路有故障，应检修电路或更换怠速控制阀。

（4）怠速时逐个拔下各缸高压线，检查发动机转速的下降量是否相等。如果在拔下某缸高压线时，发动机转速基本不变，说明该缸工作不良或不工作，应检查该缸火花塞或喷油器有无故障，喷油器控制电路有无短路。

（5）检查高压火花。如火花太弱，则应检查点火系统。

（6）拆检各缸火花塞，检查电极有无磨损过甚或积炭，火花塞电极间隙是否正常。

（7）检查各缸高压线，如高压线外表有漏电或击穿的痕迹，或用万用表测量高压线，其电阻大于 25 kΩ，说明高压线损坏，应更换。

（8）检查燃油压力。怠速时燃油压力应为 250 kPa 左右。如燃油压力太低，则应检查油压调节器、电动燃油泵、燃油滤清器。

（9）按规定的程序，调整发动机怠速。

（10）检查空气流量计。

（11）仔细听各缸喷油器在怠速时的工作声音。如果各缸喷油器工作声音不均匀，说明各缸喷油器喷油不均匀，应拆检、清洗或更换喷油器。

（12）检查汽缸压缩压力，如压力低于 0.8 MPa，则应拆检发动机。

（13）检查、调整气门间隙。

如上述检查均正常，可拆检、清洗各缸喷油器。如发现某个喷油器雾化不良或漏油，经清洗后仍不能恢复正常，则应更换该喷油器。最后检查发动机电脑。

（二）冷车怠速不稳、易熄火

1. 故障现像

发动机冷车运转时怠速不稳或过低，易熄火，热车后怠速恢复正常。

2. 故障原因

（1）附加空气阀故障。

（2）怠速控制阀故障。

（3）冷却液温度传感器故障。

（4）喷油器雾化不良或堵塞。

3. 故障诊断与排除

（1）进行故障自诊断，检查有无故障码。如有，则按显示的故障码查找故障原因。

（2）检查附加空气阀。拆下附加空气阀，检查在冷车状态下附加空气阀的阀门是否开启。如有异常，则应更换。

（3）检查怠速控制阀。熄火后拔下怠速控制阀线束插头，待发动机起动后再插上。如果发动机转速没有变化，说明怠速控制阀不工作，应检查控制电路或拆检怠速控制阀。

（4）测量冷却液温度传感器。

（5）拆检、清洗各缸喷油器，检查清洗后的喷油器工作情况，如有雾化不良、漏油或喷油量不符合标准的，应更换。

（三）热车怠速不稳或熄火

1. 故障现象

发动机冷车时怠速正常，热车后怠速不稳，怠速转速过低或熄火。

2. 故障原因

（1）怠速转速调整过低。

（2）冷却液温度传感器有故障。

（3）怠速控制阀有故障。

（4）火花塞或高压线不良。

（5）电脑搭铁不良。

（6）氧传感器有故障或失效。

3. 故障诊断与排除

（1）故障自诊断。如有故障码，则按所显示的故障码查找故障原因。

（2）按正确的程序，检查发动机的初始怠速转速。若转速过低，则应按规定程序调整。

（3）检查冷却液温度传感器。

（4）检查怠速控制阀有无工作。

（5）检查各缸火花塞情况，视情况更换火花塞或调整火花塞间隙。

（6）测量各缸高压线电阻，若阻值大于25 kΩ，或高压线外表有漏电或击穿的痕迹，则应更换高压线。

（7）检查电脑搭铁线及发动机机体是否搭接良好。可在打开点火开关后，测量电脑搭铁线（或故障诊断座内搭铁线、发动机机体）和电瓶负极之间的电压。若该电压大于1 V，说明电脑搭铁线或发动机搭铁不良。可检查搭铁线的接地端有无松动或锈蚀，也可重新引一条搭铁线。

（四）热车怠速过高

1. 故障现象

发动机冷车时能正常快怠速运转，但热车后仍保持快怠速，导致怠速转速过高。

2. 故障原因

（1）节气门卡滞或关闭不严。

（2）怠速调整不当。

（3）附加空气阀故障。

（4）怠速控制阀卡滞或控制电路故障。

（5）冷却液温度传感器故障。

（6）空调开关、动力转向器压力开关有故障。

（7）曲轴箱强制通风阀故障。

（8）进气系统中有漏气。

（9）发电机充电电压过低。

3. 故障诊断与排除

怠速转速过高是由怠速时进气量过多或发动机控制信号错误引起的。造成怠速转速过高的原因有进气温度传感器、冷却液温度传感器、节气门位置传感器、空气流量计/进气压力传感器故障，开关信号故障，怠速控制阀故障，节气门体故障，喷油器故障，真空漏气，发动机控制单元故障或匹配设定不当等。排除发动机怠速异常过高的故障时，应执行以下步骤。

（1）检查怠速时节气门是否全关闭，节气门拉索有无卡滞。用手将节气门摇臂朝关闭的方向扳动，如果发动机怠速能下降至正常转速，说明节气门卡滞关闭不严。若节气门拉索卡滞，应更换拉索；若节气门轴卡滞，应拆卸并清洗节气门体。

（2）按该发动机的规定程序，重新调整怠速，对发动机电脑重新设定。对发动机电脑进行重新设定，即清除发动机电脑中的故障记忆，让其重新学习怠速。对于大多数电控发动机，当发动机达到正常温度，怠速阀全关时，基本怠速转速设为（500 ± 50）r/min。如调整、设定无效，则应做进一步的检查。

（3）检查进气系统管接头、真空软管等处有无漏气。

（4）进行故障自诊断。如有故障码，则按所显示的故障码查找故障原因。若有条件可进一步读取动态数据流，主要观察发动机的负荷信号、怠速控制阀开度或控制步数、发动机进气系统压力信号、冷却液温度信号、各开关信号等。

（5）检查冷却液温度传感器。若拔掉冷却液温度传感器线束插头后，发动机怠速转速恢复正常，则说明冷却液温度传感器有故障，其向电脑输入过低的冷却液信号。值得注意的是，在拔掉冷却液温度传感器插头后，发动机故障警告灯会亮起，此时电脑的失效保护功能起作用，自动将冷却液温度设定为 80 ℃。在重新插上冷却液温度传感器线束插头后，电脑仍然留下冷却液温度传感器的故障码。对此，可接上电脑检测仪将故障码清除，或在发动机熄火后拆下发动机电脑熔丝，持续约 30 s，以消除电脑中的故障码。

（6）用钳子将包上软布的曲轴箱强制通风阀软管夹紧。如果发动机转速随之下降，则说明曲轴箱强制通风阀在怠速时漏气，使发动机进气量过大，影响怠速，应更换曲轴箱强制通风阀。

（7）检查附加空气阀。用钳子将包上软布的附加空气阀进气软管夹紧。如果发动机怠速转速能随之下降至正常转速，则说明附加空气阀在热车后不能关闭，应检查附加空气阀电源线路是否正常。如正常，则应更换附加空气阀。

（8）检查怠速控制阀。在发动机熄火后拔下怠速控制阀线束插头，待起动后再插上。如果发动机随之变化，说明怠速控制阀工作正常；否则，应检查控制线路或更换怠速控制阀。

（9）在打开空调开关后或转动转向盘时，如果发动机转速没有进一步升高，说明怠速自动控制系统有故障，应检查空调开关、动力转向压力开关及怠速自动控制线路。

（10）如果电瓶电压长时间过低，发动机怠速转速也会偏高，所以应测量发电机充电电压，若低于12 V，应检修充电系统。

（五）怠速上下波动

1. 故障现象

怠速时发动机转速不断地上下波动。

2. 故障原因

（1）怠速开关调整不当，在怠速时开关不闭合。

（2）喷油器雾化不良或堵塞。

（3）空气流量计有故障。

（4）怠速控制阀或怠速控制电路有故障。

（5）冷却液温度传感器信号不正确。

（6）氧传感器失效或反馈控制电路有故障。

3. 故障诊断与排除

（1）进行故障自诊断。要特别注意有无怠速开关、冷却液温度传感器、空气流量计、氧传感器、怠速控制阀的故障码。如有故障码，应检查相应的传感器及控制电路。

（2）怠速时逐个拔下各缸高压线或喷油器线束插头，检查发动机各缸工作是否均匀。如果拔下某缸高压线或喷油器线束插头时，发动机转速下降不明显，说明该缸工作不良，应拆检该缸火花塞和喷油器。

（3）检测节气门位置传感器，若节气门位置传感器内的怠速开关在节气门全关时不能闭合，应重新调整或更换节气门位置传感器。

（4）用汽车电脑检测仪，通过测量冷却液温度传感器的输出信号，来判别冷却液温度传感器是否有故障。若冷却液温度传感器传给发动机电脑的冷却液温度数值和实际冷却液温度不符，说明冷却液温度传感器有故障，应更换。

（5）用电脑检测仪或万用表、示波器检查空气流量计，如有异常应更换。

（6）在发动机怠速运转过程中，拔下怠速阀线束插头。如果怠速上下波动现象消失，但随之怠速不稳现象加剧，说明怠速控制阀工作正常，喷油系统有故障。如果怠速波动现象不变，则说明怠速控制阀工作不良或不工作。对此，应检查怠速控制阀线束插头处有无脉冲电信号，若无电信号，则说明怠速控制阀卡住，应拆检怠速控制阀或更换怠速控制阀。

造成怠速上下波动、喘车的故障原因基本与怠速抖动不稳的故障原因相同，但怠速控制阀故障、真空漏气、点火正时不正确和废气再循环阀在怠速时不能关闭是发动机怠速喘车的主要原因。

（六）使用空调或转向时怠速不稳、熄火

1. 故障现象

在发动机怠速运转时使用空调，或汽车转向时怠速过低、不稳，甚至熄火，关闭空调或汽车直行时怠速运转正常。

2. 故障原因

（1）发动机初始怠速调整过低，使怠速自动控制无法正常进行。

（2）怠速控制阀不工作或工作不良，在使用空调或汽车转向时，由于空调压缩机或动力转向液压泵开始工作，增大了发动机负荷，导致怠速过低、运转不稳或熄火。

（3）空调开关或转向压力开关及其控制线路故障，使电脑得不到使用空调器和汽车转向的信号，没有进行怠速自动控制，导致怠速过低。

3. 故障诊断与排除

怠速转速与发动机温度、负荷有关，冷车时怠速高，热车时怠速低。怠速时接通空调开关，进行转向（动力转向开关接通），变速杆从 P 位置或 N 位置挂入 D 位置，怠速必须提速。如果怠速太低或上述开关接通时怠速下降，造成怠速不稳甚至熄火，则说明怠速控制系统有故障。

（1）进行故障自诊断。有些车型的电脑能检测出怠速控制阀的工作状态。当怠速控制阀工作不正常（如线路短路或断路）时，电脑会显示出一个故障码。也可以通过电脑解码器来检测怠速控制阀的工作状态，在汽车运转过程中可通过电脑检测仪的数据分析功能检查怠速控制阀和空调开关或动力转向压力开关的工作情况。如检测仪显示有电脑指令而怠速控制阀没有相应的反应，则说明怠速控制阀或控制线路有故障。在打开空调开关或转动转向盘时，检测仪所显示的空调开关或动力转向压力开关应由关闭（OFF）状态变为开启（ON）状态；如无此变化，说明电脑或空调开关、动力转向液压开关有故障。

（2）按规定的程序重新检查、调整发动机的初始怠速。

（3）检查怠速控制阀工作是否正常。对于脉冲电磁阀式怠速控制阀，可在冷车运转中拔下怠速控制阀线束插头，若发动机转速没有变化，则说明怠速控制阀不工作。对于步进电动机式怠速控制阀，应在发动机熄火后拔下线束插头，待发动机起动后再插上。若此时发动机转速无变化，则说明怠速控制阀不工作，应进一步检查线束插头处有无脉冲电压。如无脉冲电压，应检查控制线路；如有脉冲电压，则说明怠速控制阀有故障，应更换。

（4）检查空调开关、转向压力开关有无故障，它们与电脑的连接线路有无断路或短路。

知识三　怠速不稳故障相关部件的使用与保养

一、汽油喷射系统的保养与维护

（一）燃油系统的清洁及燃油泵的更换

更换燃油泵后，让其在整个使用寿命内能够正常工作的关键是保持燃油系统的清洁。

在日常的维修工作中，刚更换不久的燃油泵却发生故障的情况并不是没有听说过。许多实际的维修案例表明，导致燃油泵过早发生故障的主要原因是由于燃油系统中出现了像尘

土、铁锈或水垢之类的燃油污染物。要使新的燃油泵能够正常工作足够长的时间，就必须彻底清洁汽车燃油系统所有部件，是那种从头到尾的清洁。

首先，清除油箱顶部所有积聚的道路灰尘和污垢，特别要注意清除掉油箱加油口盖（见图5－13）顶部区域的尘土。可以利用低压压缩空气来进行上述清理工作。

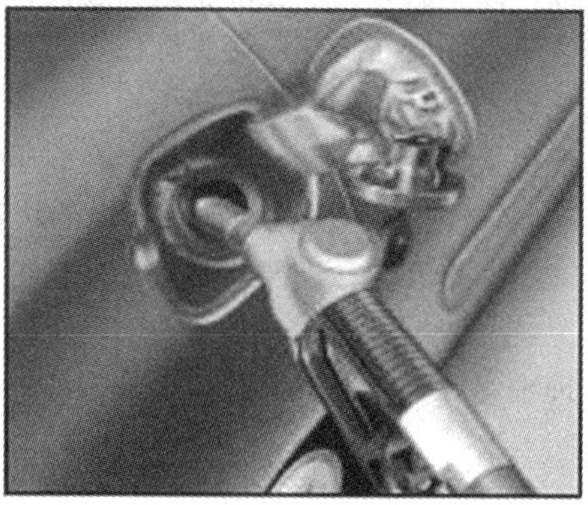

图5－13　油箱加油口

拆下连接燃油泵总成与油箱的燃油软管之后，用盖盖住进油管以避免将灰尘吹入油箱。在清理油箱加油口时，也要清理油箱的加油管。

拆下燃油泵/输油单元（见图5－14）之后，则检查燃油过滤网是否有锈污、灰尘堵塞或水污泥。有些燃油的酒精含量高达10%，而这些酒精会吸附能够积聚在油箱中的水。仔细检查油箱的内部，因为那里是新燃油泵要安装的地方。如果在油箱里发现了上面提到的任何污染物，那么在安装新燃油泵之前必须将其从油箱中清理干净，然后再冲洗并干燥油箱。如果油箱的内部生了锈，就必须把锈清理掉，并密封好油箱的内表面。

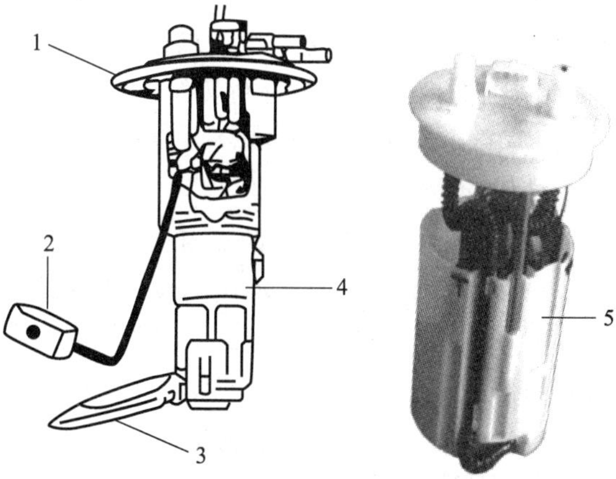

图5－14　燃油泵

1—燃油泵总成；2—燃油量传感器；3—燃油泵滤网；4，5—燃油泵

如果以上清理与维修油箱的工作费用太高，那么就需将污染或生锈的油箱更换掉。

如果燃油泵是燃油泵/输油单元组合体的一部分，那么就要在清洁的工作台上用新的燃油泵更换旧的燃油泵。对于工作台来说，没有细毛的车间毛巾是一个理想的防尘覆盖物。电动燃油泵制作得非常精密，所以它们对污染物很敏感，即便是很小的污染物也很容易损坏它们。同时，要确保你的手干净，并在拆卸燃油泵期间没有在手上沾上任何污染物。

任何时候拆下锁环后，都必须更换油箱密封垫。将油箱重新安装在汽车上时，要防止油箱的加油管口、进油口和出油口碰到脏东西。在准备重新连接管路或软管之前，要用车间毛巾塞住暴露于空气中的油箱开口，用胶布将各个接头缠住。当重新安装油箱时，车上的灰尘和碎屑等会被敲打下来，请注意不要让它们污染了新更换的燃油泵。

在安装燃油泵期间，需要更换任何燃油软管时，不要在高压燃油喷射系统里使用标准的低压燃油软管，而要使用标有 SAE R－7 或更高级的高压燃油软管。

如果燃油泵电路设置了油压安全开关，还要检查该开关是否正常，如果开关有问题，就将其更换掉。

最后一项工作是在将清理维修好的汽车交回客户之前，请再检查一下燃油系统是否存在泄漏的现象。

（二）燃油油路的清洗

1. 对燃油系统和进气系统进行免拆清洗

免拆清洗属于养护范畴，随着我国汽车维修市场逐步与国际接轨，养护代替修理的理念深入人心，而从国外引进的或自行开发的免拆清洗的设备或技术已大批进入了汽车维修市场，使得广大汽车维修企业进行免拆清洗有了实行的可能和必要。

免拆清洗主要是清洗进气门头—颈部形成的较大块、多孔的积炭，此外还清洗燃油滤清器（见图 5－15）或喷油器中和进气歧管壁处的胶质沉积物以及活塞、活塞环槽及排气门处的积炭。其中，进气门处的积炭和喷油器中的胶质沉积对发动机性能影响最大，会使发动机冷车起动困难、加速不良、怠速不稳。但在发动机结构日益复杂和精确的今天，如果进行传统的拆卸维修，很容易在拆装上出现毛病，使用免拆清洗，可以迅速、可靠、无损地改善或恢复发动机的工作性能。

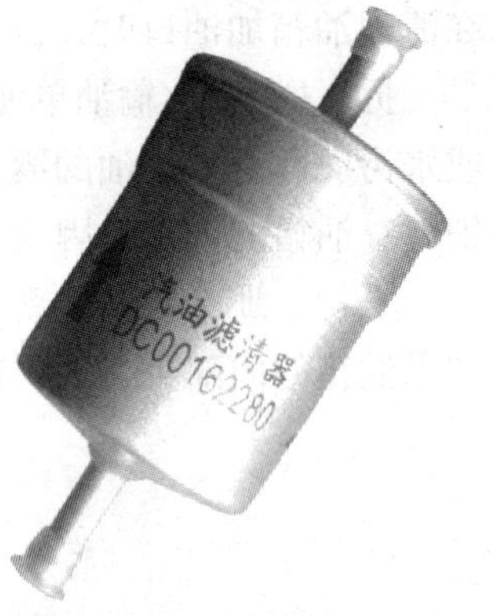

图 5－15　燃油滤清器

2. 在进气门头—颈部形成较大块、多孔积炭的原因

由于喷油器正对着进气门头—颈部喷射，汽油中的胶质物和其他不挥发物易在此沉积，而进气门头—颈部高达 300 ℃左右的高温环境又促进了沉积和积炭的多孔化，而多孔状的积炭又容易吸附汽油而形成更多的积炭。当汽油品质不佳或不含电喷发动机汽油清净剂时，这种多孔积炭形成更快；当发动机长时间在中、小负荷工作时，也会促进多孔积炭的形成。

3. 进气门头—颈部积炭的危害

（1）由于积炭减小了进气通道，从而导致高速和加速时汽缸进气量减少，降低了发动机充气系数，造成发动机功率下降、汽车加速不良。

（2）降低了发动机工况转换的灵敏度。例如，冷机起动困难，就往往是由于喷油器所喷出的燃油被进气门上多孔积炭吸收，造成实际进入汽缸的混合气过稀，而使发动机难以起动。只有在喷油器多次喷油而使进气门上多孔积炭吸附的汽油饱和，混合气达到了冷起动要求的浓度时，发动机方可起动。而当发动机从加速回到怠速时，由于进气门上多孔焦状物所吸附的汽油蒸气又会不断释放和吸收，会造成怠速短暂地不稳。

（3）当进气门头—颈部上的积炭落入进气门座的接触通道上时，会造成汽缸压力不足而难以起动。

（4）当进气门杆上也附着有积炭时，有时会使气门杆与导管间发卡，造成气门不能及时关闭，导致活塞撞击进气门、发动机异响，从而导致进气门和活塞的损坏。

4. 喷油器中胶质沉淀物的危害

喷油器中胶质沉淀物会使喷油孔实际通过面积减少，电脑为保证合适的混合比，只有延长喷射时间，这就使 λ 调节（燃油修正）值变大。凡是未加速时 λ 调节值（加浓值）过大的，在加速时加浓效果就会变差，导致加速不良。

5. 对发动机燃油和进气系统进行免拆清洗的周期

有些发动机燃油系统和进气系统进行免拆清洗后效果很好，有些却效果不明显。很显然，清洗后若故障依旧，操作性、动力性依然不好，那么车主是不愿付此项费用或今后不再来此清洗及修车的；相反，清洗后，若故障消失、动力性明显增强后，则会使车主着迷、上瘾，定期要求来清洗。

确定发动机燃油系统和进气系统是否要进行免拆清洗的主要根据如下（这对于初次清洗或修理厂要求清洗的车辆尤为重要）。

（1）冷车起动困难、加速不良，从其他转速回到怠速时常有短时不稳。

（2）氧传感器电压在0.10～0.95 V之间，且变化较慢（好的发动机常在0.3～0.7 V之间变化），燃油修正值变化很慢。

（3）常用中、低负荷（市区行驶）的车，已行驶2万～4万km，当然用了劣质汽油的车可能几千公里就需清洗了。

（4）突然因汽缸压力低而导致不起动或起动困难，且怀疑是由于积炭落在进气门与气门座圈之间。

以上各项中，（2）中的指标最重要，也最直观，用故障诊断仪可以从测量数据块（保持帧）中迅速读出。

6. 从氧传感器电压变化和燃油修正值上可确定燃油系统和进气系统需要清洗的原因

（1）进气门处无积炭或积炭较少的发动机，喷射到进气门处的雾状燃油能同步进入燃烧室。发动机电脑对 λ（空燃比）的调节，总是绕着 $\lambda = 1.00$（相当于空燃比为14.7:1）来进行的。例如，每调一步为加浓0.03（喷射时间增加）和减稀0.03，如果一步就可调节完成，氧传感器电压就在0.3～0.7 V之间变动，而且变化频率较快。如果要调三步、四步后才能由 $\lambda > 1$ 变为 $\lambda < 1$，那么氧传感器电压就在0.10～0.95 V之间变动，而且变化频率较慢。这是因为进气门处积炭较多时，由于积炭有吸附加浓的燃油或释放出过多燃油的特性，λ 调节就变慢了，要分三四步才能完成。也就是说，由于喷油器喷出的汽油失喷到了积炭上，积炭吸附后再释放出，需要时间，也就导致加速不良和冷起动困难。

（2）如果喷油器针阀出油口处有积炭，造成部分堵塞，导致实际喷油量减少，那么发动机电脑就会延长喷射时间，从测量数据块中读到的是 λ 调节值增加，如19%。虽然这一调节值为正（增加喷油时间），但混合气的空燃比例等于14.7:1，即 $\lambda = 1.00$。发动机电脑在出厂标定时：加速时为开环控制，提供空燃比为 12.0∶1 的浓混合气，相当于 λ 为 0.81。如果在均速运转时，λ 调节值已达 19%，那么在加速时，喷油时间就延长得较少，实际进入汽缸的混合气仍是空燃比等于 14.7∶1（即 $\lambda=1.00$）的标准混合气，而不是加浓的混合气，所以加速就不良。

7. 免拆清洗的方式

目前市场上免拆清洗装置及清洗液种类很多，但都有一定的同质化，几种名牌清洗液效果都较好，而且对氧传感器等机件都无损坏。就清洗方式而言，一般有以下 3 种：

（1）燃油喷射/进气系统清洗剂——代替燃油泵和燃油箱供清洗液来运转发动机。

（2）燃油清净添加剂——作燃油清净剂加入燃油箱中。

（3）节气门/进气门清洗剂——在发动机运转时，由真空软管吸入进气歧管中。

（三）燃油滤清器、油箱盖的养护

1. 燃油滤清器的养护

对于不同的车辆，其燃油滤清器的更换周期是不同的，这主要取决于燃油滤清器的类型。如果是外置型燃油滤清器，一般建议每行驶 30 000 ~ 60 000 英里（1 英里 = 1.61 km）更换一次燃油滤清器；如果燃油滤清器是置于油箱内部的，那么一般可将其看作终生免维护零件。

在更换燃油滤清器（见图 5 - 15），或者对燃油系统进行养护时，是绝对不能抽烟的，当然也不能允许周围的任何人抽烟。如果在养护操作过程中需要使用照明灯，则一定要确保所使用的照明灯是符合职业安全标准的。

同时，还应该注意，更换燃油滤清器必须在发动机冷机的状态下进行，因为发动机热机时从排气管排出的高温废气也能够把燃油点燃。在更换燃油滤清器之前，应该按照汽车制造商指定的操作规程释放燃油系统中的压力。释放燃油压力通常采用的办法是：拆开燃油泵熔丝或者燃油泵继电器，并转动发动机，这样就可以释放大部分燃油压力。

在对外置型燃油滤清器进行养护时，应该检查与燃油滤清器相连接的油管和油路（见图 5 - 16），看看这些油管和油路的外表面是否出现了因路面上的沉淀物、铁锈、润滑机油和划痕等而产生的损伤。如果有必要，则更换任何一个损坏的部件。现在许多新型的燃油滤清器，本身附带有两条橡胶软管，橡胶软管从燃油滤清器的两侧引出，正是通过橡胶软管使

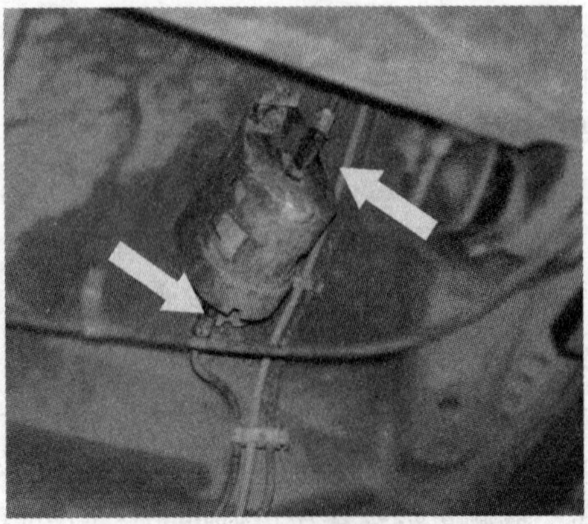

图 5 - 16　与燃油滤清器相连的油管和油路

燃油滤清器和汽车上的油路连在一起。如果新买的燃油滤清器附带有这种橡胶软管，则更换燃油滤清器时就应该舍弃原来的橡胶软管，而使用新的橡胶软管。因为橡胶管是不断老化的，旧橡胶软管可能会发生泄漏。

更换燃油滤清器的正确方法：首先放松油路和燃油滤清器结合处的夹紧装置，然后将燃油滤清器从油路中拆下来，紧接着用塞子塞住油路，这样就可以防止燃油溢出。大部分安装在油路中的燃油滤清器都标有两个箭头：一个是燃油流入箭头；另一个是燃油流出箭头，用箭头来表明燃油经过燃油滤清器时的流向（见图 5－17）。所以当安装燃油滤清器时，一定要使箭头的方向指向发动机，即油液是流向发动机的。

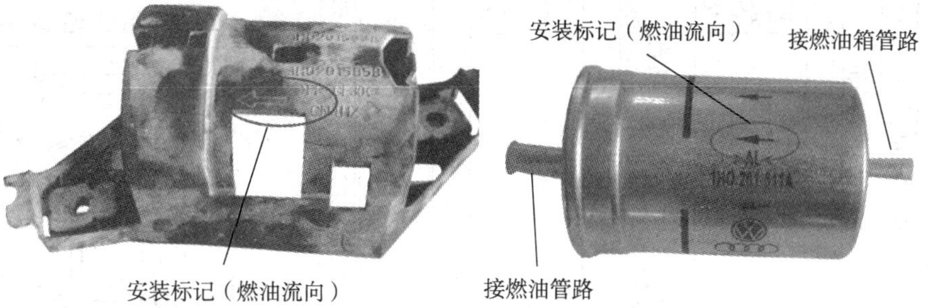

图 5－17　燃油滤清器安装标记

另外还应注意，在油路中所使用的夹紧装置，是专门设计的，在橡胶软管和燃油滤清器结合处把这两个部件紧紧地夹住，以达到密封的效果。与普通的夹紧装置相比，这种夹紧装置不会切入橡胶软管，因此也不会对橡胶软管造成伤害，同时这种夹紧装置还能承受很高的油压。相比之下，普通的蜗杆式夹紧装置更容易损坏橡胶软管造成燃油泄漏。最后，还应确保橡胶软管夹紧装置安装在正确的位置和按照指定的规格夹紧结合处。

2. 油箱盖的养护

油箱盖是汽车上燃油蒸气排放系统中非常重要的组成部分。在 1996 年以及此后出现的与 OBD Ⅱ（第二代随车自诊断系统）兼容的汽车上，如果油箱盖存在缺陷、松动或油箱盖丢失，都会引起车载故障指示灯（MIL）闪亮报警，同时还会在汽车电子控制模块中储存燃油蒸气排放系统的初始诊断故障代码（DTC）。

汽车燃油系统中出现的大部分问题都是由于燃油滤清器和油路结合不当或者油箱盖出现缺陷引起的。有时当拧紧油箱盖时，会明显地感到很费力，这可能是由于螺纹错扣引起的，在过去的一段时间里，这种故障现象在燃油系统养护操作中曾经重复地出现过。在很多情况下，油箱盖还会发出像棘轮机构发出的“咔嗒、咔嗒”声，这种声音说明油箱盖安装得很紧并且正在起着密封的作用。当然，如果把油箱盖拧松时，“嗖嗖”的排气声就会消失了。对于油箱盖出现的问题，只要对油箱盖上的螺纹进行仔细检查，就会发现问题的症结所在。更换油箱盖是解决各种故障问题的最好办法。

大多数汽车制造商都建议车辆每行驶 30 000 英里就要检查一次油箱盖。检查油箱盖时，还要特别地检查一下燃油注入口颈部两处的螺纹是否有损伤或螺纹错扣，并确保密封垫片或者密封圈处于正确的位置。

1. 任务资讯

车主姓名		地址		电话		出厂时间		公里数	
车牌号		型号/年份		发动机牌号				燃油量	
入场时间		约定交车时间		修正交车时间				维修级别	
故障陈述						接车员		调度员		备注
						班组长		结算员		
						检验员		交车员		

维修项目	工时	工价	维修班组	开工时间	完工时间	换件项目	数量	单位	单价	金额

客户签字：

约定联络时间：

班组长：

检验员：

接车员：

服务专员：

工时费用总计：

材料费用总计：

估价人：

付款方式

转账支票□ 现金□ 其他□

接车前的检查

□车匙 □备胎 □轮盖 □行驶证 □随车工具 □故障灯

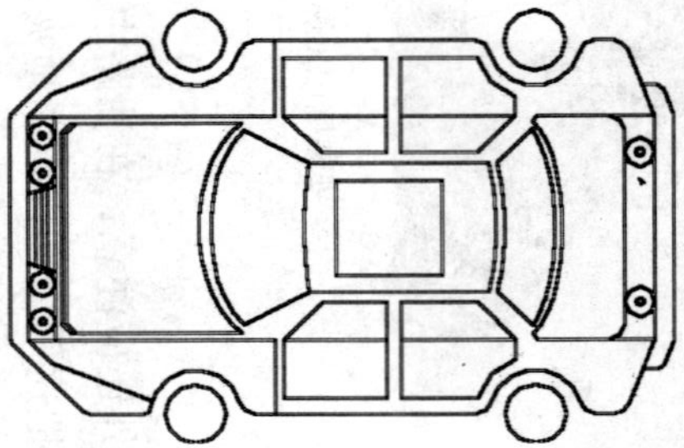

× 划痕 ⊙ 凹陷 √ 破损

检查人：

说明

1. 车内贵重物品由客户自行带走；否则如有遗失，本厂恕不负责；

2. 车主同意上述维修项目并授权本厂对无法修复零件予以更换；

3. 客户自带配件与客户要求更换副厂件的，本厂恕不负责质量保修

2. 制定诊断方案（描述故障产生的可能原因及对应检查方法）

序号	可能的原因	检查方法
将诊断方案画成因果关系分析图		
班组长意见		

3. 实施诊断方案（描述对应检查项目、测量数据和判定结果）

序号	检查项目	检查结果	正常状态	结果判定

4. 实施维修（描述最终确认的故障部位和修复方法）

故障部位（零部件）	故障原因	修复方法

5. 维修结算

学字 005　No. 00005

客户名称		客户代码		
地址		车牌号码		
电话		车型		
付款方式		车辆出厂编号		
序号	作业项目	作业内容	使用零件	金额
业务主管指示：　　___年__月__日		交车员签名：　　___年__月__日		
确认客户已交费 结算员签名：	本公司对上述维修项目保用至__月__日或__公里		项目	金额
			维修、检测	
			配件	
			其他	
服务电话：			总计	

评价反馈

专业		姓名		班级		学号	
考核项目		评分标准	教师评判			分数	得分
态度（师评）	团队合作	是否和谐	是 □		否 □	5分	
	拓展发言	是否精彩	是 □		否 □	5分	
	小组讨论	是否积极	是 □		否 □	5分	
	设备安全	有无损害	无 □		有 □	5分	
	人身安全	有无损伤	无 □		有 □	5分	
	生产纪律	是否守纪	是 □		否 □	5分	
	现场清理	是否做到	是 □		否 □	5分	
交车	维修结算（组评）	维修结算单内容填写	充分□	一般□	没填写□	5分	
	实施维修（组评）	实施维修结果是否完整、正确	完整□	一般□	不正确□	5分	
实际操作	任务方案（师评）	怠速不稳故障的诊断方案是否正确易行	正确易行 □	基本正确 □	不正确 □	10分	
	工具使用（师评）	所选工具是否正确无误	完全正确 □	基本正确 □	不正确 □	10分	
	维修过程（自评）	能否掌握怠速不稳故障的诊断方法	能 □	基本能 □	不能 □	10分	
		能够独立完成故障排除	能 □	基本能 □	不能 □	10分	
	完成维修任务情况（师评）	怠速不稳故障诊断与排除	完全排除 □	基本排除 □	没有排除 □	15分	
学生体会：						合计	
教师签字： 年　月　日							

知识拓展

故障案例一：爱丽舍怠速发抖、油耗过高

【故障描述】

一辆装备8V TU5JP/K发动机的爱丽舍，发动机怠速时抖动明显且油耗过高，送到4S店来维修。

【检查过程】

首先用 PROXIA 检查电喷系统，读取故障为："P－混合比适应（附加），检测类型：超过下限；环境：转速 800 r/min，水温 73 ℃。"

参数测量（怠速时）：发动机转速 800 r/min，空气温度 52 ℃，水温 96 ℃；蓄电池电压：在 12.5～13.1 V 变化；节气门开度：11.3°；喷油时间：3.0 ms；进气压力：499 mbar（1 mbar＝100 Pa）；氧传感器 0.1 V 不变。

从上面读取的故障中"检测类型：超过下限"分析应为混合气过浓，但从氧传感器 0.1 V 不变，喷油时间和进气压力远高于正常等情况来看，进气系统似乎有漏气现象，造成混合气过稀，电喷电脑自适应加浓。然后仔细检查几个可能的漏气点：节气门体与进气歧管结合处、喷油嘴与进气歧管结合处、进气压力传感器与进气歧管连接的真空管路。此时，又重新读了一下怠速时的参数，发现蓄电池电压似乎不正常，经常变化，且电压偏低。于是检查了正负极电缆上的电压，与蓄电池正负极电压没有大的偏差，均为 13.1 V，检测发电机＋B 输出端电压也为 13.1 V，发动机转速上升到 2 000 r/min 时，充电电压上升到 13.8 V，发动机转速再上升，电压维持不变。这时可以肯定正负极电缆没有问题，但充电电压正常值应在 14 V 以上，因此需检查蓄电池和发电机。询问车主得知蓄电池使用时间已经较长，于是更换一个新蓄电池后，发现充电电压为 14.2 V，PROXIA 上蓄电池电压变为 13.7 V，喷油时间 2.4 ms，进气压力 370 mbar，发动机恢复正常。

【维修方案】

更换蓄电池，试车一星期，故障未出现。

故障案例二：一汽捷达怠速不稳

【故障描述】

一辆捷达轿车，配置 ATK 发动机，行驶里程超过 20 万 km。该车怠速耸车，转速忽高忽低，遇红灯时常会熄火。更奇怪的是开空调不提速，怠速转速也不受影响（按理说，如果开空调不提速，应该出现怠速转速降低甚至熄火的现象）。

【检查过程】

接车后，用修车王 SY380 电脑诊断仪调出故障码，显示"系统正常"，没有故障码。看来只能用常规方法检查。测试燃油油压为 280 kPa，拔掉油压调节器真空管，油压上升到 310 kPa，正常。用万用表测量点火高压线电阻，有两个缸分缸高压线竟达到 6 kΩ，超出正常值 2 kΩ。然后将高压线全部换新，因发现点火线圈外壳有裂痕也将其换掉。该车很长时间没有保养过，根据车主要求，干脆连火花塞及氧传感器全都换新的。接下来打开点火开关（ON），起动发动机，奇怪的是连打多次马达，车竟然不能起动。因理不出头绪，工作一度中断，检修陷入迷惘中。

经过冷静地分析，点火线圈有高压火，喷油器工作正常喷油。这种情况不能起动可能有两种原因：一是混合气过稀；二是混合气偏浓。检查进气管路没有破损，拔掉 4 个缸喷油器的电源控制插头，打马达，车起动了，但是 3 s 后烧完进气道内剩余燃油后又一次熄火。又插上喷油器电源触头，车起动了，但怠速时还是耸车，忽高忽低要熄火的样子。这时想到可能是混合气偏浓，导致开空调时不提速，怠速也不下降。

捷达车空调工作的原理是：打开空调开关，通过空调继电器的线路分为两路，一路到高低压组合开关及其他元件，另一路至发动机控制单元 ECU 的 10 脚，作为空调请求信号，控制单元 ECU 接到空调请求信号后控制 ECU8 脚到 J147 空调切断继电器。J147 空调全负荷切断继电器有双向作用：一是控制空调处于全负荷时切断空调机；二是空调机开始工作时，控制发动机怠速提升。

拆开后发现它不是一个普通的线圈继电器，而是一个电子线路，因此能起双向作用。而捷达轿车的怠速机构没有设旁通道，怠速的大小由 ECU 控制器根据发动机工况、负荷和所需功能控制，控制节气门电机转动步数而达到节气门开度的大小，得到怠速转速。

弄清原理后再用修车王 SY380 诊断仪调出数据流分析观察，当空调开关置于 ON 时，发动机负荷进气流量由 2.5 g/s 上升至 3.5 g/s，喷油脉宽由 2 ms 上升到 3.2 ms。证明 ECU 控制已接到空调请求信号而增加进气流量、喷油脉宽，但执行机构不动作，证明 ECU 控制器本身存在故障。

【维修方案】

为了证实上述推断，拔下节气门传感器插头，按该车所提供资料检查数据。打开点火开关；用万用表检查，4—7 脚间应不低于 4.5 V 电压，实测为 4.8 V。3—4 脚间不低于 9 V 电压，实测 6 V 电压，不正常。关闭点火开关：3—7 脚电阻在节气门全开时为无穷大，关闭时不能到 1.5 Ω，实测为 1 Ω，正常；怠速时 3—7 脚电阻为 3 ~ 200 Ω，实测为 80 Ω。

检测结束，换上一块新的 ECU 控制器。经过试车怠速平稳，冷车及开空调情况下都能提速，故障彻底排除。

故障案例三：热车怠速过高

【故障描述】

一辆丰田 E－AE100 型轿车，发动机型号为 5A－FE 型，起车以及加速时发动机喘息，而且偶尔排气温度报警灯还亮。

【检查过程】

首先试验行驶，确认故障症状。平稳操作加速踏板时没出现什么问题，但稍稍猛一点踩加速踏板，发动机转速忽然下降。更换了火花塞和高压电缆之后，检查自诊断系统的故障代码，自诊断系统输出的故障代码表示控制系统正常。检查换下来的火花塞，全部熏黑了。调查自诊断连接器 VF 端子电压，这个电压表示空燃比反馈控制正常，找不到能使火花塞熏黑的原因。

【故障分析】

但是在发动机无负荷运转期间，VF 端子电压瞬间达到 5 V，而且停住不动。VF 端子电压 5 V 这件事说明，氧传感器反馈回来的信号表示空燃比稀薄，应该进行燃料增量喷射。无负荷运转时空燃比稀薄诚然也能导致发动机喘息，但是与火花塞被熏黑这件事不合辙。从喘息这一现象出发考虑，应该是点火系统的问题，假设是空燃比问题，那么会产生回火现象，现没有回火现象，空燃比的检查也就省略了。

使用正时灯检查点火火花，故障症状发生时放电火花好像是中途被切断的样子。因此使用示波观察仪调出点火一次信号电压波形，信号电压波形如图 5－18 所示。

从图 5－18 可以看出，产生故障症状时，表示放电火花持续时间长短的点火火花线几乎看不见，立即可以证明有失火现象，失火导致发动机喘息确定无疑。因为失火产生后燃，排气温度报警灯亮也可以得到解释。

仔细观看点火一次信号电压波形，即使是没有产生熄火阶段，在点火结束后应该发生的

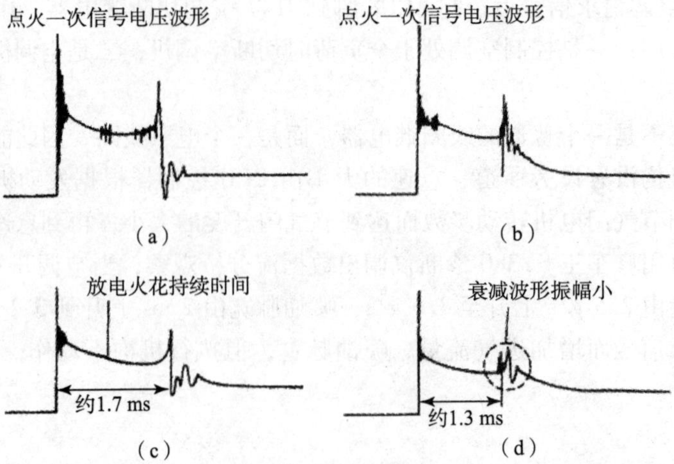

图 5－18　信号电压波形

（a）正常的点火一次信号电压；（b）故障车的点火一次信号电压；
（c）按（a）整理所得波形；（d）按（b）整理所得波形

衰减振荡振幅也比正常振幅小，而且拔下一根高压电缆，观察最大点火电压时，实测只有 20 kV。这种情况凭经验就可以知道，一定是点火线圈漏电或者局部短路。在确认了分电器盖和分电器转子没有问题之后，决定更换点火线圈，更换完点火线圈就可以平滑地行驶了。

氧传感器反馈的信号表示空燃比稀薄，燃料供给充分，在这种情况下失火，排气中氧气极为丰富，当然氧传感器产生空燃比稀薄信号。

【维修方案】

在解决了点火线圈问题之后，发动机无负荷运转时，排气管附近传出“嘶啦、嘶啦”的声音，考虑可能是隔热板夹带小石子。把车子举升起来检查，结果完全不是那么回事。但是推一推排气管，又产生先前那种声音，好像是催化转换器内部出了某种问题。

把三元催化转换器拆下来一看，内部已经烧熔了，大约有一半完全脱落。考虑可能是受发动机失火的影响。

学习情境六

冷起动困难的故障诊断与排除

工学目标

↓ 能通过与客户交流、查阅相关维修技术资料等方式获取车辆故障信息。

↓ 能根据故障现象制订正确的维修计划。

↓ 能根据维修计划，选择正确的检测和诊断设备对冷起动困难的故障进行诊断和分析。

↓ 能使用万用表、故障诊断仪、示波器及发动机综合分析仪常用检测和诊断设备对引起冷起动困难的故障的各个系统进行检测。

↓ 掌握冷起动困难的故障诊断的流程及思路，能独立进行基本诊断、故障码诊断、症状诊断的操作。

↓ 能正确记录、分析各种检测结果，并做出故障判断。

↓ 根据环保要求，正确处理对环境和人体有害的辅料、废气液体和损坏零部件。

↓ 能根据故障现象进行诊断和分析，制定正确的诊断流程，并选择正确的检测和诊断设备。

↓ 掌握造成该故障相关零部件的使用与保养方法。

情境描述

2010 年 12 月 12 日，居住在北京的王先生驾驶一辆捷达轿车来到售后服务站，王先生描述该车在市区内行驶了 10 000 km，保养了 3 次，发动机号为 JLTD0000000000006，车牌号为吉 A0006。该车在早晨经常出现冷起动困难、冷起动后怠速抖动、冷起动后加速不良的现象，于是开车到4S 店进行维修。根据车主描述的现象，请查阅相关资料对此故障进行诊断并排除，修理完毕后如实填写故障案例报告单。

相关知识

知识一　冷起动困难故障的概述

电喷轿车冷起动困难是指在冷起动时，要起动十多次才能着车，起动后发动机工作一切正常，无其他异常现象。但起动困难会大大缩短蓄电池和起动机的使用寿命。电子控制燃油喷射系统的发动机工作时，通过控制系统不断地检测各传感器输入的信号，按程序中设定的算法进行运算，计算出最佳喷油量、最佳初级电路导通时间，并转变成控制信号，控制喷油器、点火线圈等执行机构工作，以控制喷油量和点火提前角。从而使发动机在各种工况下都能获得最佳工作状态。从汽油发动机的工作原理可得，要使发动机能顺利着车，必须具备以下条件：①供给的混合气要符合工作状况所需的空燃比（浓度）；②工作时要有合适的汽缸压力和喷油压力；③点火时要有足够的电火花能量。

造成冷起动困难的主要原因有起动时蓄电池电压过低、喷油器故障、高压线故障、火花塞故障、燃油泵熔丝故障、燃油压力故障、汽缸压力故障等，如果这些方面都正常，那故障原因可能是混合气的浓度过稀所致。要检查空气滤清器、怠速电磁阀、节气门位置传感器、空气流量计、水温传感器等，这些部件故障都有可能导致混合气浓度过稀。

知识二　排除冷起动困难故障的相关知识

电源系统故障造成冷起动困难的相关知识

一、概述

蓄电池（俗称“电瓶”）是一种将化学能与电能互相转换的装置，是可逆的低压直流电源。蓄电池放电时，将其储存的化学能转换为电能；蓄电池充电时，将电能转换为化学能储存起来，直到化学能储存满时充电结束。

汽车上装有发电机与蓄电池两个直流电源，蓄电池与发电机并联，共同向全车用电设备供电。在发动机正常工作时，由发电机向全车用电设备供电，与此同时，蓄电池处于充电状态，由发电机给蓄电池充电。

蓄电池的作用如下。

（1）在发动机起动时，给起动机提供大电流，同时向点火系统、燃油喷射系统及发动机其他用电设备供电。

（2）在发电机不发电时，由蓄电池向用电设备供电。

（3）当取下汽车钥匙时，由蓄电池向时钟、发动机及车身的 ECU 存储器、电子音响系统及防盗报警系统等供电。

（4）当发电机超载时，蓄电池协助发电机供电。

（5）当发电机正常发电时，蓄电池可将发电机的电能转换为化学能储存起来（即充电）。

（6）蓄电池相当于一个大容量电容器，在发电机转速和负载变化较大时，能够保持汽车电源电压的相对稳定。同时，还可吸收电路中产生的瞬间过电压，保护汽车电子元件不被损坏。

汽车上所使用的蓄电池主要是为了满足起动机的需要，所以，通常称之为起动型蓄电池。起动型蓄电池在短时间（5 ~ 10 s）内可提供强大的起动电流（一般为 200 ~ 600 A，最大可达 800 ~ 1 000 A）。

二、蓄电池的构造

普通铅酸蓄电池主要由极板、隔板、电解液、壳体、联条、极柱（桩）等部分组成。

蓄电池由单体电池组成，12 V 蓄电池由 6 个单体电池串联而成，每个单体电池电压为 2. 1 V，如图 6 - 1 所示。

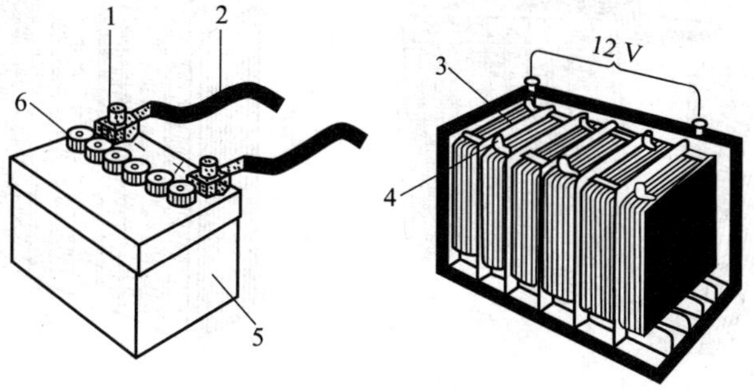

图 6 - 1　蓄电池的构造

1—极桩；2—起动电缆；3—单体电池；4—联条；5—外壳；6—加液孔盖

（1）正、负极板。极板分为正极板和负极板两种，均由栅架和填充在其上的活性物质构成，如图 6 - 2 所示。蓄电池充、放电过程中，电能和化学能的相互转换就是依靠极板上活性物质和电解液中硫酸的化学反应来实现的。

正极板上的活性物质是二氧化铅（PbO_2），呈深棕色。

负极板上的活性物质是海绵状纯铅（Pb），呈青灰色。

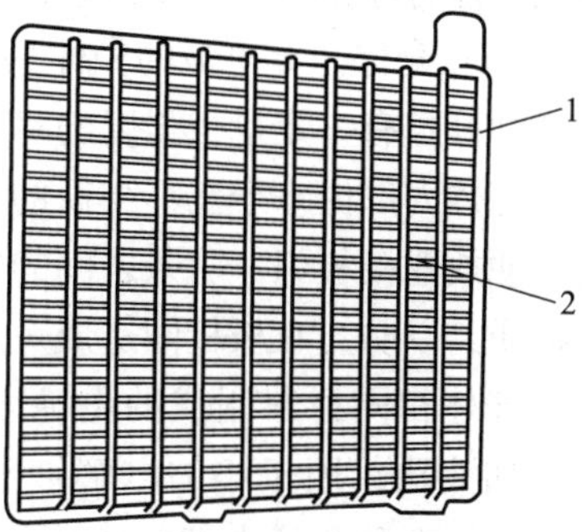

图 6 - 2　极板

1—栅架；2—活性物质

（2）栅架。作用是容纳活性物质并使极板成形，一般由铅锑合金浇铸而成。其中含锑 5% ~7%，加入锑是为了提高栅架的机械强度并改善浇铸性能，但加锑的副作用是引起蓄电池的自放电。

国产负极板的厚度为 1. 8 mm，正极板的厚度为 2. 2 mm（正极活性物质脱落和栅架腐蚀是决定蓄电池使用寿命的主要原因）。进口蓄电池普遍采用薄型极板，正、负极板的厚度均在 1. 1 ~1. 5 mm 之间。薄型极板在相同体积的情况下可以提高蓄电池的容量，改善蓄电池的起动性能。

为了增大蓄电池的容量，将多片正、负极板分别并联，组成正、负极板组，装在单体内，如图 6 - 3 所示。由于正极板的机械强度差，所以在每个单体中负极板组比正极板组多一片，这样每一片正极板都处于两片负极板之间，使其两侧放电均匀，防止正极板弯曲变形。

（3）隔板。为了减小蓄电池的内阻和尺寸，蓄电池内部正、负极板应尽可能地靠近，但为了避免彼此接触而短路，正、负极板之间要用隔板隔开。隔板材料应具有多孔性和渗透性的特点，且化学性能稳定，即具有良好的耐酸性和抗氧化性。

常用的隔板有木质隔板、微孔橡胶隔板、微孔塑料隔板、玻璃纤维隔板和纸板等。

（4）电解液。电解液由专用硫酸（密度为 1. 84 g/cm^3）和蒸馏水按一定比例配制而成，密度一般为 1. 24 ~1. 30 g/cm^3（电解液的温度为 25 ℃）。配制电解液必须使用耐酸的器皿，

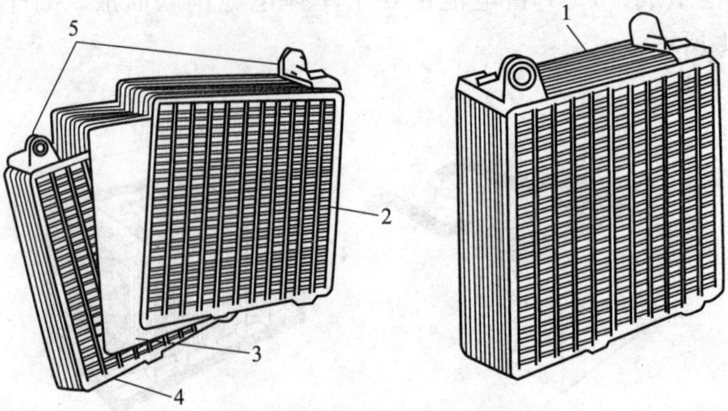

图 6-3　单体电池极板组

1—组装完的极板组；2—负极板；3—隔板；4—正极板；5—联条

切记只能将硫酸慢慢地倒入蒸馏水中，并不断搅拌。

（5）壳体。蓄电池的壳体是用来盛放电解液和极板组的。要求应由耐酸、耐热、耐振、绝缘性好且有一定机械强度的材料制成，一般采用橡胶或塑料制成。

壳体内部由 6 个互不相通的单体组成，底部有突起的肋条以便放置极板组。肋条之间的空间用来储存脱落下来的活性物质，以防止在极板间造成短路，极板装入壳体后，上部用与壳体相同材料制成的电池盖密封。每个单体的顶部有一个加液孔，用于添加电解液和蒸馏水，也用于检查电解液液面高度和测量电解液密度等，加液孔盖上设有通风孔，以便蓄电池化学反应中产生的气体（氢气和氧气等）能随时逸出。

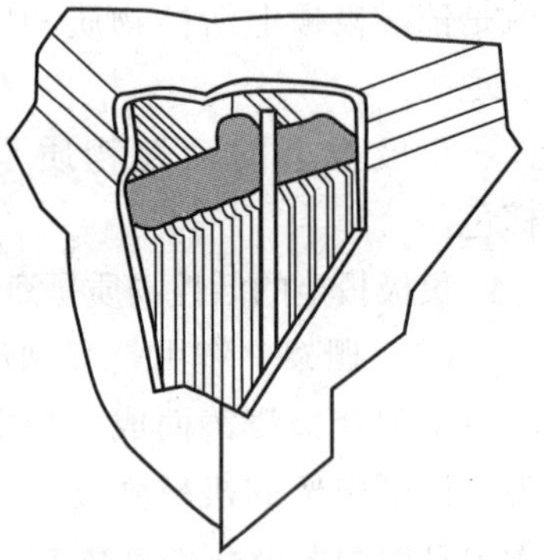

图 6-4　单体电池的串联方式

（6）联条。联条的作用是将单体电池串联起来，提高整个蓄电池的端电压。普通蓄电池联条的串联方式一般是外露式，而新型蓄电池联条的串联方式是穿壁式，如图 6-4 所示。

三、蓄电池的工作原理

1. 电动势的建立

当正负极板各一片浸入电解液时，通过活性物质与电解液反应的过程使负极板带负电，正极板带正电。当反应达到平衡时，溶解便停止，此时负极板具有负电位，约为 -0.1 V。正极板呈正电位。当达到平衡时，约为 +2.0 V。因此，当外电路未接通时，蓄电池的静止电动势约为 2.1 V。

2. 蓄电池的放电

当蓄电池接上负载后，在电动势的作用下，电流 I_f 从正极经过负载流往负极（即电子从负极到正极）。

3. 蓄电池的充电

充电时，应将蓄电池接直流电源（充电机）。当电源电压高于蓄电池电动势时，在电源电压作用下，电流从蓄电池正极流入，负极流出（外电路电子是从正极流向负极）。

四、蓄电池的检修方法

1. 极板硫化

蓄电池长期充电不足或放电后长时间未充电，极板上会逐渐生成一层白色大晶粒的 $PbSO_4$，这种现象称为硫酸铅硬化，简称硫化。这阻碍了电解液的渗透和扩散，使蓄电池的内阻增加，起动时不能给起动机提供足够大的起动电流，以致不能起动发动机。

蓄电池极板硫化后的现象：在充、放电时会有异常现象，如放电时蓄电池容量下降很快，用高率放电计检查时，单体蓄电池端电压急剧降低；充电时单体蓄电池端电压上升快，电解液温度迅速升高，但密度却提高很慢，且过早出现“沸腾”现象。

产生极板硫化的主要原因如下。

（1）蓄电池长期充电不足，或放电后没有及时充电。

（2）蓄电池内液面过低，使极板上部与空气接触而发生氧化（主要是负极板）。

（3）电解液密度过高、电解液不纯、环境温度温差较大等因素也能引起蓄电池极板硫化。平时要注意，为了避免极板硫化，蓄电池应经常处于充足电的状态，放完电的蓄电池应及时进行补充充电，电解液密度要选择恰当，液面高度应符合规定。

对于已经硫化的蓄电池极板，轻者可用去硫化充电法消除极板硫化；重者蓄电池应报废。

2. 自放电

充足电的蓄电池，放置不用时会逐渐失去电量，这种现象称为蓄电池的自放电。造成故障性自放电的原因有以下几个方面。

（1）电解液中有杂质，这些杂质在极板周围形成局部蓄电池而产生自放电。

（2）蓄电池内部短路引起的自放电。

（3）蓄电池盖表面不清洁，如有电解液等，会造成自放电，还会使极桩腐蚀。

因此，为了减少蓄电池的自放电，电解液的配制应符合要求，使用中还应经常保持蓄电池表面的清洁。

3. 极板活性物质大量脱落

极板活性物质脱落一般多发生在正极板上，其特征为充电时电解液中有褐色物质自底部上升，单体蓄电池端电压上升快，电解液过早出现“沸腾”现象，而电解液密度不能达到规定的最大值；放电时，蓄电池容量明显下降。极板活性物质大量脱落的原因有充电电流过大、过充电时间过长、低温长时间大电流放电等。另外，蓄电池受到剧烈振动时也会引起极板活性物质脱落。

4. 极板短路

极板短路的故障现象是：充电过程中，电解液温度迅速上升，单体蓄电池端电压与电解液密度上升缓慢；放电时，蓄电池容量明显下降。

极板短路的原因主要有：隔板损坏；活性物质在蓄电池底部沉积过多、极板弯曲及金属杂质落入正、负极板之间等。对于短路的蓄电池必须将其拆开，查明原因，排除故障。

五、蓄电池使用中技术状况的检查

1. 电解液液面高度的检查

电解液液面应高出极板 10～15 mm，液面高度可用玻璃管测量，如图 6－5 所示。目前使用的新型蓄电池都是采用塑料透明壳体，可以从蓄电池侧面观察液面高度，蓄电池容器侧面有液面高度指示线，电解液不足时应加注蒸馏水。注意：除非确知液面降低是由于电解液溅出所致；否则不允许加入硫酸溶液。

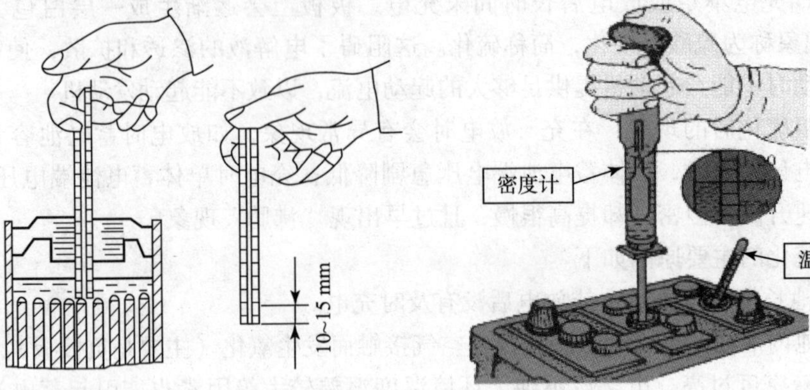

（a）　　　　　　　　　　（b）

图 6－5　电解液液面高度及密度的测量

（a）测量电解液的液面高度；（b）用密度计测量电解液密度

2. 放电程度的检查

放电程度可以通过测量电解液密度得到，如图 6－5 所示。根据实际经验，电解液密度每下降 0.01 g/cm³，相当于蓄电池放电 6%，所以根据所测得的电解液密度就可以粗略估算出蓄电池的放电程度。

3. 起动性能的测试

蓄电池的主要作用是给起动机提供大电流，所以蓄电池的主要性能也就是起动性能。

高率放电计是模拟接入起动机负荷，测量蓄电池在大电流（接近起动机起动电流）放电时的端电压，用以判断蓄电池的起动能力和放电程度，如图 6－6 所示。

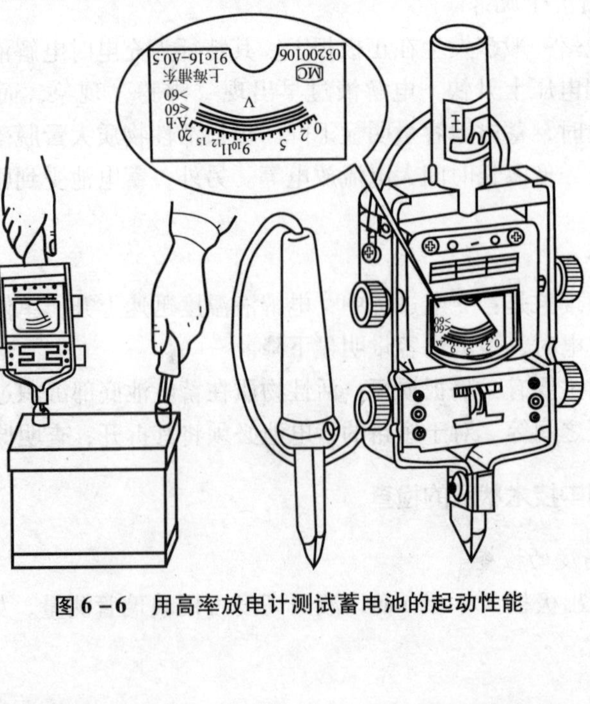

图 6－6　用高率放电计测试蓄电池的起动性能

测试时，用力将高率放电计触针压紧蓄电池正、负极，保持5 s，若蓄电池端电压能保持在9.6 V以上，说明该蓄电池性能良好，但容量不足；若稳定在10.6~11.6 V，说明蓄电池是充足电状态；若蓄电池端电压迅速下降，则说明蓄电池已损坏。

4. 蓄电池极桩连接状态的测试

为保证蓄电池在车上能给起动机提供大电流，除蓄电池本身的技术状况良好外，蓄电池极桩与电缆线的连接非常重要，极桩与电缆线的连接是否可靠可通过测量二者之间的压降来确定。如图6-7所示，将电压表正表棒接到蓄电池的正极桩上，负表棒接到正极桩电缆线的线夹上，接通起动机，使起动机带动发动机工作，这时电压表的读数不得大于0.5 V；否则说明极桩与线夹接触不良，将产生起动困难。当极桩与线夹接触不良时，若是极桩表面氧化，应清除氧化物；若是接触松动，应重新紧固线夹。对于负极桩与其电缆线线夹的压降测量，表棒接法与上述相反。

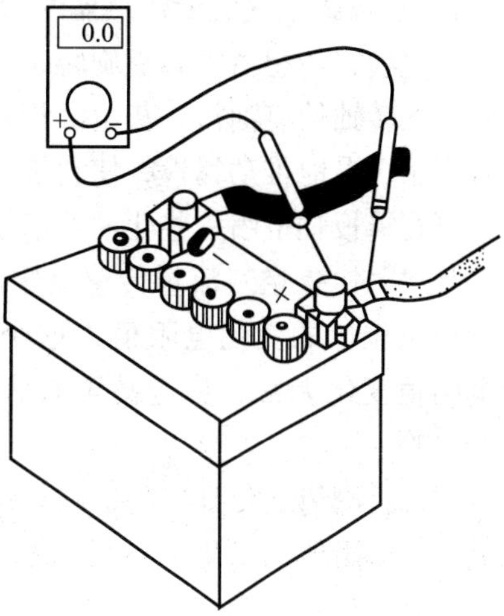

图6-7　蓄电池极桩与电缆线的线夹接触压降的测试

传感器故障造成冷起动困难的相关知识

一、空气流量传感器

1. 功用与分类

空气流量传感器（AFS）是发动机电子控制系统中非常重要的传感器之一，它可以检测进入车辆发动机的空气流量值，并把它转换成相应的电信号送给ECU。ECU根据进入发动机的空气流量值控制基本喷油量，从而确定应达到的基本空气燃油混合比（略小于14.7:1）。空气流量传感器一般分为两种：一种是翼板式空气流量传感器（VAF）；另一种是质量式空气流量传感器（MAF）。它们通常位于空气滤清器与节气门室之间的进气管中，输出电压信号。

2. 翼板式空气流量传感器

1）翼板式空气流量传感器的结构与工作原理

翼板式空气流量传感器如图6-8所示。翼板与阻尼板刚性连接，翼板的轴端接一个电位计。随着通过传感器的空气流量的变化，翼板旋转的相对角度也产生变化，电位计的电阻随之而变（转角越大，电位计的输出电压越大），从而送给ECU一个变化的电压信号。空气流量越大，翼板

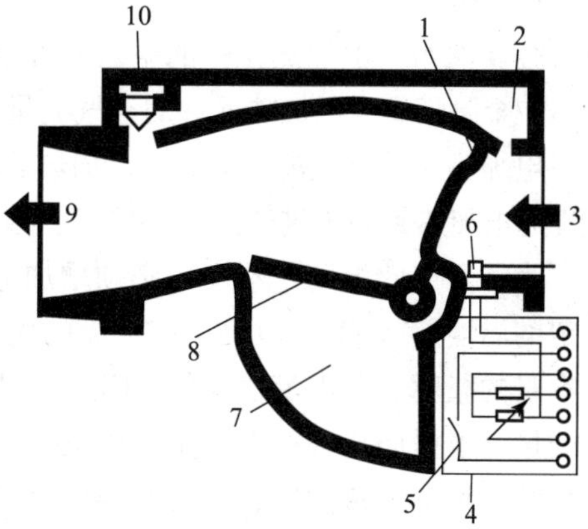

图6-8　翼板式空气流量传感器

1—翼板；2—旁通空气道；3—空气入口；4—电位计；5—电动燃油泵；6—进气温度；7—阻尼室；8—阻尼板；9—空气出口；10—怠速调整螺钉

旋转的角度越大，ECU 控制的喷油量也越大，反之变小，保持发动机规定的基本空燃比不变。

2）翼板式空气流量传感器的检修

首先检查传感器中翼板旋转是否灵活。翼板式空气流量传感器易受灰尘和油污的侵蚀，如果翼板转轴处有油污、灰尘沉积甚至纤维物缠绕，翼板旋转就会受阻或根本无法转动。检查时用手缓慢地推动翼板，使它旋转打开。如果翼板打开、关闭平滑，说明一切正常；若不是，可在翼板轴上喷一些化油器清洁剂，再转动翼板，直到它灵活、平滑转动为止。

其次，检查空气流量传感器中的电位计。卸下传感器电位计上的插头，用万用表欧姆挡测量电位计的变化电阻值，这个值应随翼板旋转角度的变化而平稳地变化。如果测量的电阻值变化无常、步进甚至有大的跳动变化，就表明电位计已损坏，整个传感器必须完全更换。

注意：测量电位计电阻值的万用表要用模拟式的，因为数字式万用表欧姆挡无法迅速跟上电位计电阻值的变化。

检查时还要注意空气流量传感器的翼板是否损坏或弯曲，因发动机进气歧管“回火”很容易造成上述故障。在某些车型上，空气流量传感器翼板上带有“回火”阀，它可以放泄“回火”爆炸的冲击，防止翼板损坏。如果这种防“回火”阀出现漏气，空气流量传感器测出的空气流量就偏低。翼板式空气流量传感器除了怠速（旁通）调整螺钉可作调整外，一般不能分解检修，如果强行分解将损坏做成一体的空气流量传感器。翼板式空气流量传感器价格较贵，因此要对传感器做上述全面检查，证明确实损坏后再进行更换。

3. 质量式空气流量传感器

1）质量式空气流量传感器的结构与工作原理

质量式空气流量传感器的作用与翼板式空气流量传感器一样，只是结构和测量空气流量的方法不同，它的最大特点是没有运动部件，工作更加可靠，并可以兼有进气温度传感器的功能。

质量式空气流量传感器使用电流加热法来测量进入发动机中的空气流量，电流加热的关键元件是金属铂，铂金属发热元件的响应速度很快，测量精度不受进气气流脉动的影响。采用铂金属丝作为电加热元件的空气流量传感器，称为热丝式空气流量传感器（见图 6－9）；采用铂金属膜作为电加热元件的空气流量传感器，称为热膜式空气流量传感器（见图 6－10）。

电加热元件首先被通电加热，加热的温度高于进气温度。热丝式空气流量传感器的电加热元件通电加热到高于进气温度 120 ℃。随着空气流通过传感器，电加热元件的温度将下降。

为了保持此温度差不变，必须增加电流，使电加热元件的温度上升并达到与进气温度间规定的温度差（120 ℃）。增加电流的大小成比例地反映了进入发动机空气流量的多少和进气本身的温度。此电流值送给 ECU，ECU 就能快速判断出这两个量的变化，以控制适当的喷油量。根据质量式空气流量传感器的工作原理，它内部可以省去进气温度传感器，但是实际系统中仍有该传感器，这样可使发动机的控制精确、迅速和可靠。

由于空气流量传感器中金属铂表面和空气的传热性能有关，金属铂表面的任何沉积物或脏污都将对输出信号产生有害影响。因此，传感器具有自动“清洁”功能。每当发动机熄火后 4 s，电路会输出产生高温的电流，金属铂温度迅速升至 1 000 ℃，并延时 1 s 左右，将附着于金属铂表面的污物烧净。

桑塔纳 2000GSi 型轿车发动机电控系统采用热膜式空气流量传感器，如图 6－11 所示。

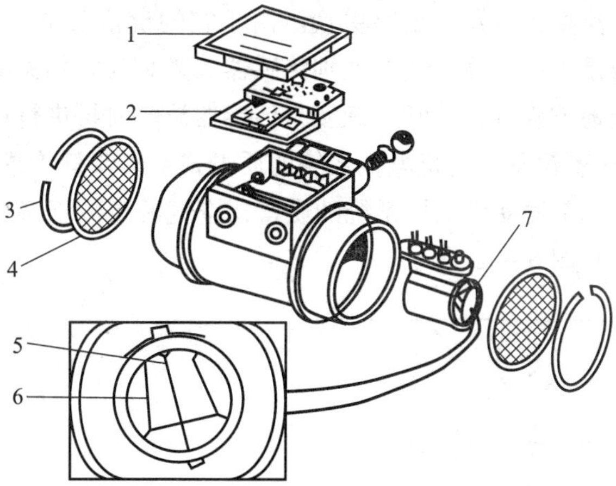

图 6-9　热丝式空气流量传感器

1—传感器密封盖；2—印制电路板；3—卡环；4—防护网；
5—温度补偿电阻；6—铂金属丝；7—取样管

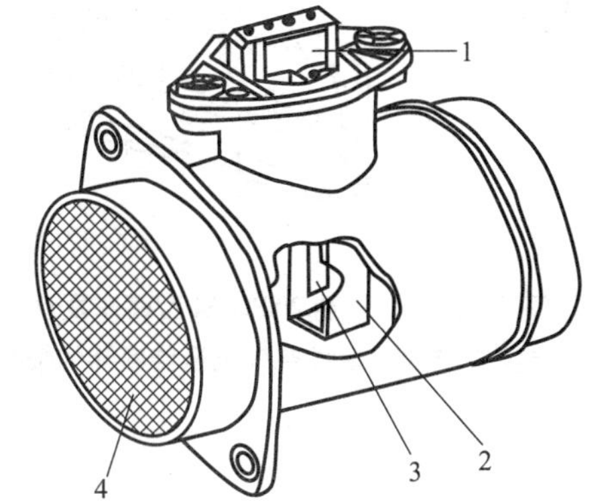

图 6-10　热膜式空气流量传感器的结构

1—接线插座；2—防护；3—铂金属膜；4—防护网

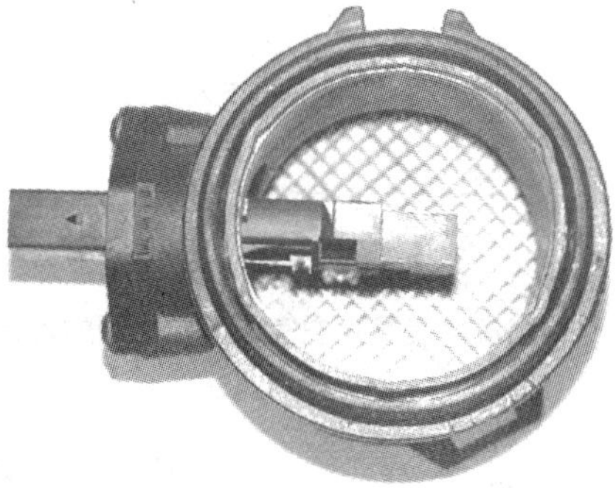

图 6-11　热膜式空气流量传感器

与热丝式流量传感器相比，铂金属膜的阻值较大，所以消耗电流较小，使用寿命较长。但是，由于其发热元件表面有一层绝缘保护薄膜，存在辐射传热，因此响应特性稍差。

2）质量式空气流量传感器的检修

检查质量式空气流量传感器的有效方法是测量它的输出电压。用一电压表接到传感器的电压输出端，这些端口可参考厂家给出的插头或插座说明手册。例如，BOSCH 公司生产的系列质量式空气流量传感器，当发动机怠速时测量的电压值为 0.6～0.8 V，而转速上升到 2 500 r/min 时，电压值升为 1.5～2.2 V。如果测量数据与上述数值相差太大，或随着节气门的打开、转速的增加，而电压值不能上升，就说明此传感器已坏，要用一个新传感器进行更换。

在质量式空气流量传感器上接有自清洁电路，它可以清除传感器上铂丝或铂膜的脏污，自清洁电路由继电器控制。如果发现传感器反应缓慢甚至不反应，就可以检查自清洁电路和继电器。

损坏的质量式空气流量传感器一定要更换。由于它的价格较贵，因此平时要注意检查，如读取故障码看传感器是否有故障。还要区别传感器故障和与它相关电路的故障。当确定相关电路没有故障，其他地方检查也正常，确实是传感器故障时再进行更换。

3）桑塔纳 2000GSi 型轿车发动机电控系统的质量式空气流量传感器的检修

桑塔纳 2000GSi 型轿车发动机电控系统的质量式空气流量传感器与 ECU 连接电路及其 5 脚插头分别如图 6－12 和图 6－13 所示。

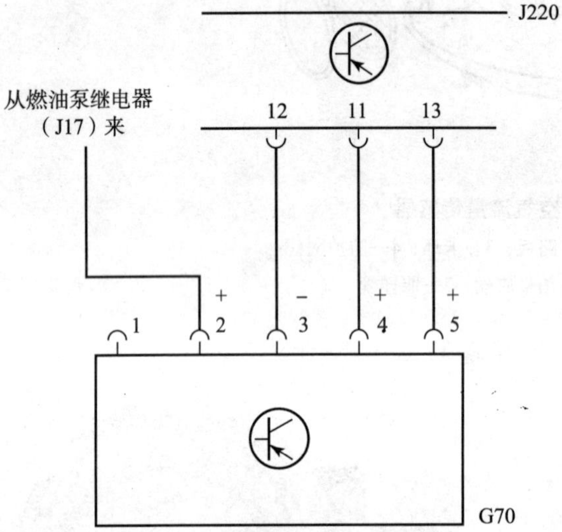

图 6－12　桑塔纳 2000GSi 型轿车发动机电控系统的质量式空气流量传感器的连接电路

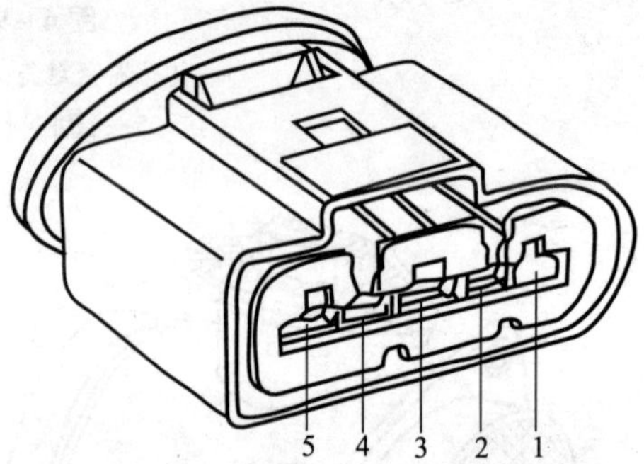

图 6－13　桑塔纳 2000GSi 型轿车发动机电控系统的质量式空气流量传感器的插头

（1）检查质量式空气流量传感器的电源。

关闭点火开关，拔下质量式空气流量传感器的 5 脚插头，原地起动车辆。测量插头第 2 脚与发动机接地间的电压，该电压不低于 11.5 V。

（2）检查连接线路。

关闭点火开关，拔下 ECU 上的 52 脚插头。检查空气流量传感器插头第 3 脚与 ECU 插头第 12 端子、传感器插头第 4 脚与 ECU 插头第 11 端子、传感器插头第 5 脚与 ECU 插头第 13 端子间的导线电阻，其值不得大于 0.5 Ω。导线与导线之间不得有短路或漏电；否则要更换线束。

（3）检查质量式空气流量传感器本身。

①观察质量式空气流量传感器，防护网有无堵塞或破裂。如有异常，应更换传感器。

②将蓄电池电压（或稳压电源 12V）接至传感器插座内的电源输入端，然后用电压表测量信号输出端的电压。用嘴或风扇将风吹入质量式空气流量传感器中，吹风时信号输出端的电压应平稳变化。若测量结果不符合要求，应更换传感器。

警告：检查质量式空气流量传感器时，不要将手指或工具伸入流量传感器进气通道内，以免损坏内部结构。

二、节气门位置传感器

1. 节气门位置传感器的功用及安装位置

节气门位置传感器（FPS）的功用是将节气门开度转变成电信号输入 ECU。节气门的开度代表发动机负荷的大小，ECU 根据节气门开度信号判断发动机的工况，如怠速工况、部分负荷工况、大负荷工况等，从而对发动机进行相应的控制。节气门位置传感器一般固定在节气门室的外部，个别的在节气门室内部。

2. 节气门位置传感器的工作原理

节气门位置传感器实质是一电位计，它的内部结构主要由可变电阻、滑动触点、怠速触点等组成，怠速触点与滑动触点随节气门轴一起转动，如图 6－14 所示。

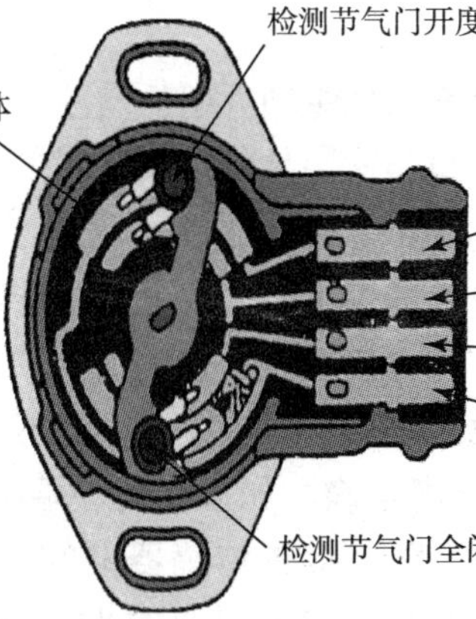

图 6－14　节气门位置传感器的内部结构

发动机怠速时，节气门关闭，怠速信号端与地端接通，怠速信号端输出低电平。当节气门开度增大，怠速触点顺时针旋转，怠速信号端与地端断开，怠速信号端输出高电平；同时滑动触点也顺时针旋转，电源端与信号端之间的电阻增加，信号端输出电压增加，参见图 6－15、图 6－16。信号端输出的电压增加反映了节气门位置的开度，即发动机的负荷。

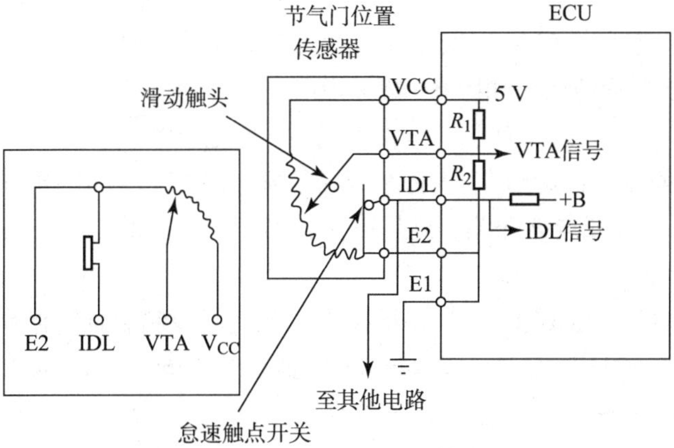

图 6－15　节气门位置传感器电路

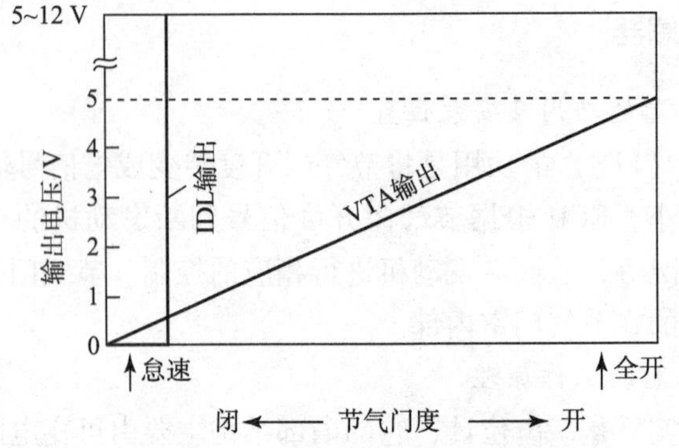

图 6－16　电压与电阻的变化曲线

3. 节气门位置传感器的检修

节气门位置传感器出现故障后，车辆会出现驱动方面的问题，无论是传感器本身损坏还是调整不当，最常见的故障特征是加速受阻，这一故障现象有利于人们对节气门位置传感器进行检查。

对节气门位置传感器来说主要是检查它的输出电压或电阻，检查时最好掌握车型的准确电路图。首先查看传感器上的电压是否存在，接通点火开关（ON），用电压表测量传感器各输出端、电源端、信号端和地端。测量电源端时电压应存在，且不受节气门打开、关闭的影响，即稳定不变（5 V）；否则信号输出会不正确。如果任何一端都测不出电压，就说明传感器的连接线、插头和插座存在断路或短路。检查传感器上的电源端电压正常后，可进一步检查信号端上的电压，一般这个电压应随节气门的逐步打开而平滑地由 0.4 V 升至 5 V。另一种检查方法是测量电阻。用万用表欧姆挡接信号端和电源端，关闭点火开关（OFF），在整个范围内慢慢地转动节气门，此时传感器的输出电阻应均匀地由小到大或由大到小变化。若检查结果不是上述情况，就说明节气门位置传感器损坏或失调，要进行更换或调整。注意，在更换传感器前所有传感器外部的可疑之处都要检查到，不要误认为传感器有故障而错误更换。

4. 桑塔纳 2000GSi 型轿车发动机电控系统的节气门位置传感器的检修

桑塔纳 2000GSi 型轿车发动机电控系统的节气门位置传感器（G69）、怠速节气门位置传感器（G88）和怠速开关（F60）安装在节气门控制装置（J338）内部，它们与 ECU 连接的电路和节气门控制装置的插头如图 6－17 和图 6－18 所示。

1）检查电源

节气门位置传感器和怠速节气门位置传感器需要 ECU 内部的电源供电，即 5 V，由 ECU 第 62 端子引出。打开点火开关，测量第 4 和第 7 脚之间的电压，其值不应小于 4.5 V。

2）检查连接线路

关闭点火开关并拔下 ECU 上的 28 端子插头。节气门控制装置的插头第 4 脚与 ECU 插头第 62 端子、插头第 8 脚与 ECU 插头第 74 端子、插头第 5 脚与 ECU 插头第 75 端子、插头第 3 脚与 ECU 插头第 69 端子，它们之间的导线电阻不得大于 0.5 Ω，插头第 7 脚与 ECU 插头第 67 端子、插头第 1 脚与 ECU 插头第 66 端子、插头第 2 脚与 ECU 第 59 端子，它们之间的导线电阻不得大于 1.0 Ω。导线与导线之间不得有短路和漏电；否则，应更换线束。

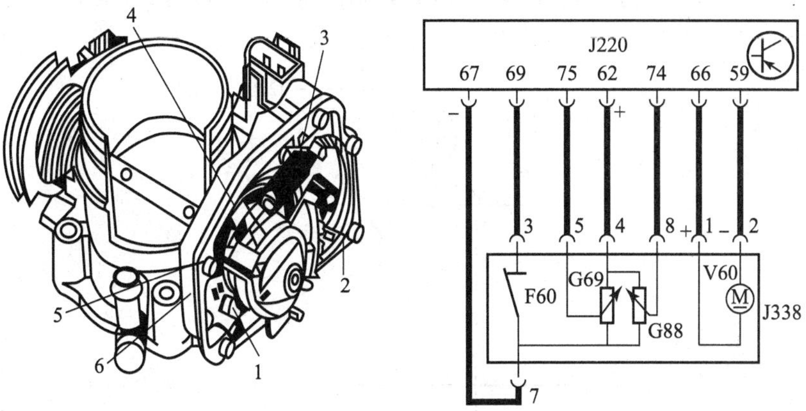

图 6－17　桑塔纳 2000GSi 型轿车发动机电控系统的节气门控制装置的结构和电路

1—节气门位置传感器；2—怠速控制电动机；3—弹簧；

4—怠速节气门位置传感器；5—怠速开关；6—整体式怠速调节装置

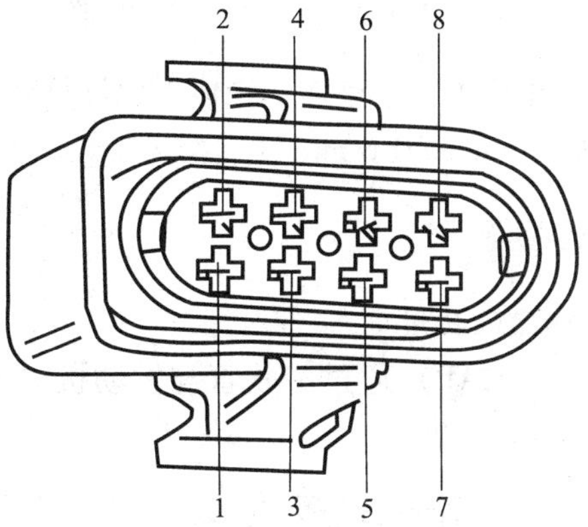

图 6－18　桑塔纳 2000GSi 型轿车发动机电控系统的节气门控制装置插头

3）检查节气门位置传感器本身

关闭点火开关，拔下节气门控制装置的插头，测量第 8 脚和第 7 脚的电阻，缓慢踩加速踏板，节气门从全闭到全开（节气门从 0°到 90°顺畅平稳转动），电阻值应平稳变化。或插上节气门控制装置的插头，打开点火开关，用电压表检测第 8 脚和第 7 脚间的电压，同样节气门从全闭到全开，电压应平滑变化，节气门位置传感器的电压最大值必须达到 4 V 以上，否则应更换节气门控制装置。

4）检查怠速开关和怠速位置传感器

在关闭点火开关的状态下，装好节气门控制装置的 8 脚插座，取下 ECU 的 28 脚插头，用万用表测量第 67 和第 69 端子的电阻。节气门关闭时电阻应大于 1.5 Ω，慢慢打开节气门，阻值突变为无穷大，这说明怠速开关良好。用万用表测量第 62 和第 75 端子的电阻，在节气门关闭的基础上微微打开节气门，电阻应平稳变化；否则，更换节气门控制装置。

5）检查怠速控制电动机

怠速控制电动机的电路如图 6－19 所示。关闭点火开关，拔下 ECU 上的 28 脚插头，用万用表测量节气门控制装置插座上的第 1 和 2 脚间的电阻（怠速控制电动机绕组的电阻），其值应在 3 ~200 Ω；否则，应更换节气门体。

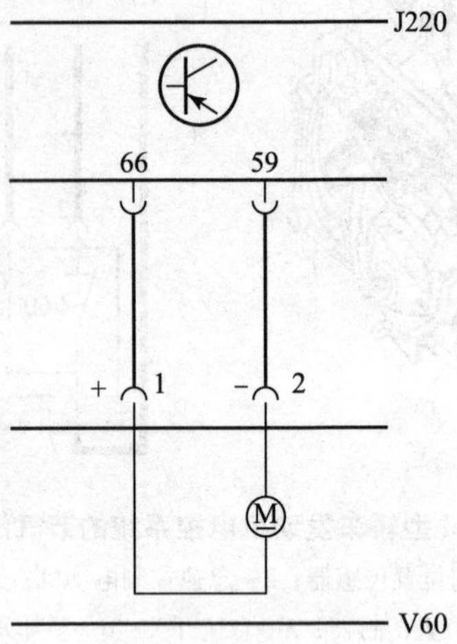

图 6 –19　怠速控制电动机的电路

警告：节气门控制装置制作成了一个整体，壳体不允许打开。发动机怠速由 ECU 控制，不能人为调整，标准值为 800 r/min ±30 r/min。

三、进气歧管绝对压力传感器

1. 进气歧管绝对压力传感器的功用

进气歧管绝对压力传感器（MAP）通过一软管与发动机进气歧管相连，用来检测发动机进气歧管中的绝对压力（见图 6 –20）。

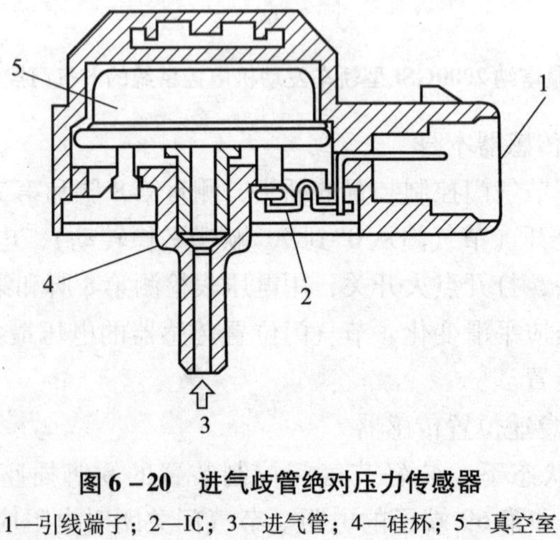

图 6 –20　进气歧管绝对压力传感器

1—引线端子；2—IC；3—进气管；4—硅杯；5—真空室

2. 进气歧管绝对压力传感器的工作原理

随着进气歧管中压力（真空度）的变化，传感器内部的硅片相应变形，它的电阻值就会改变，输出与绝对压力成比例的电压，该电压经过放大后送给 ECU。ECU 根据进气歧管绝对压力传感器传来的信号对喷油量进行确定。

3. 进气歧管绝对压力传感器的检修

如果进气歧管绝对压力传感器输入 ECU 的信号出现偏差，那么发动机的空气燃油混合比及点火时刻都要发生变化。这种偏差可能是传感器本身的故障，也可能是连接导线短路或断路，还可能是进气歧管或真空软管有泄漏造成的。一般进气歧管绝对压力传感器及相关部件出现故障后，动力性能和排放性能都会有以下不正常的征兆。

（1）由于点火时刻提前和可燃混合气较稀，发动机有爆震现象，并且易熄火。

（2）由于点火时刻推迟和可燃混合气较浓，发动机动力性能下降，冒黑烟，燃油经济性差。

（3）起动困难或根本不能起动。

（4）排放污染增加。

例如，通向进气歧管绝对压力传感器的真空软管有泄漏，传感器输出的压力信号就要比正常的高，即进气歧管中的真空度低，这样 ECU 认为发动机处于较高的工作负荷下，结果点火时刻不正常地推迟，可燃混合气过浓，出现上述第（2）种情况。

一旦发现有关进气歧管绝对压力传感器的故障码，首先要检查真空软管是否有泄漏，再查看连接传感器的插头、插座与导线是否损坏。如果真空软管缠绕就会引起真空阻塞，若开裂就会造成真空泄漏，这些都将阻碍传感器迅速、正确地反映进气歧管压力（真空度）的变化；插头、插座和线路损坏，传感器输入 ECU 的信号就会出现错误。经上述检查确认没有故障，或这些明显故障已经排除，但进气歧管绝对压力传感器信号还不正常，此时可怀疑传感器本身存在问题。

通常情况下，进气歧管绝对压力传感器的输出电压随进气歧管压力的下降（真空度上升）而减小，这种变化因厂家、车型及发动机类型的不同而异。检测进气歧管压力传感器时，将真空测量仪接到进气歧管绝对压力传感器上，数字电压表的正极接到传感器的信号输出端，负极接地端（该端一般连接黑线），施加真空进行检查。典型的进气歧管绝对压力传感器在绝对零点（大气）压力条件下，输出电压为 4.6 ~ 4.8 V，而真空度上升到 17 kPa 时传感器电压下降到 3.75 V，真空度再上升到 67 kPa 时，电压变为 1.1 V。如果测量结果不是这样的规律，或数据与典型的或说明书上的数据相差较远，就说明传感器已损坏，要进行更换。

知识三　冷起动困难故障相关部件的使用与保养

蓄电池的使用与维护

1. 蓄电池的维护

为了使蓄电池经常处于完好状态，延长其使用寿命，对使用中的蓄电池需进行下列维护工作。

（1）检查蓄电池在车上的安装是否牢靠，起动电缆线与极桩的连接是否紧固，检查电缆线的线夹与极桩是否有氧化物，若有则应及时清除。

（2）经常检查蓄电池盖表面是否清洁，应及时清除盖上的灰尘、电解液等脏物，保持加液孔盖上的气孔畅通。

（3）定期检查电解液的液面高度，液面一般应高出极板 10～15 mm。一般情况下，当液面低时，应补加蒸馏水。

（4）定期对蓄电池进行补充充电，以保证蓄电池始终保持充足电的状态。

（5）经常检查蓄电池的放电程度，超过规定时立即进行补充充电。

2. 蓄电池的使用

1）蓄电池的选择

选择蓄电池时，主要根据外形尺寸和额定容量。额定容量不能大也不能小，小了易导致起动困难，大了易导致蓄电池长期充电不足。

2）电解液的选择

现今蓄电池所使用的电解液一般都是购买配制好的标准电解液，无须维修站自己配制电解液。在给蓄电池加注电解液时，要选择电解液的密度，一般情况下应该选择密度偏低的电解液。寒冷地区选择电解液的前提应该是保证电解液不结冰，电解液密度与冰点的关系如表 6－1 所示。

表 6－1　电解液密度与冰点的关系

电解液密度/($g\cdot cm^{-3}$)	1.10	1.15	1.20	1.25	1.30	1.30
冰点/℃	－7	－14	－25	－50	－66	－70

3）冬季使用蓄电池的注意事项

冬季使用蓄电池时，应经常保持蓄电池处于充足电状态，因为放电后的蓄电池电解液密度会降低，增大了结冰的危险。

冬季给蓄电池补加蒸馏水时，只能在给蓄电池充电前进行，通过充电使水较快地和电解液混合，减少电解液结冰的危险。

由于冬季蓄电池容量降低，因此，要注意对蓄电池的保暖，或起动之前对发动机进行预热，以便使发动机容易起动。

4）新蓄电池的使用

一般情况下，新蓄电池在使用之前应参考说明书，以说明书为准。非干荷电蓄电池在使用之前应进行初充电；干荷电蓄电池在使用之前不需要初充电，加注电解液后 30 min 即可使用。

3. 蓄电池的储存

1）湿储存

适用于短期不使用的蓄电池。储存时将蓄电池充足电，液面调至正常高度，密封加液孔盖上的通气孔，然后将蓄电池放置室内。储存的时间不宜超过 6 个月，若容量下降 25% 时应立即充电。

2）干储存

适用于存放时间较长的蓄电池。储存时将蓄电池以 20 h 放电率完全放电，倒出电解液，用蒸馏水多次冲洗至水中无酸性，然后将水全部倒出，晾干后旋紧加液孔盖密封储存。

1. 任务资讯

车主姓名		地址		电话		出厂时间		公里数	
车牌号		型号/年份		发动机牌号				燃油量	
入场时间		约定交车时间		修正交车时间				维修级别	

故障陈述		接车员		调度员		备注
		班组长		结算员		
		检验员		交车员		

维修项目	工时	工价	维修班组	开工时间	完工时间	换件项目	数量	单位	单价	金额

客户签字：　　约定联络时间：

班组长：________
检验员：________
接车员：________
服务专员：________

工时费用总计：________
材料费用总计：________
估价人：________

付款方式

转账支票□　现金□　其他□

接车前的检查

□车匙　□备胎　□轮盖　□行驶证　□随车工具　□故障灯

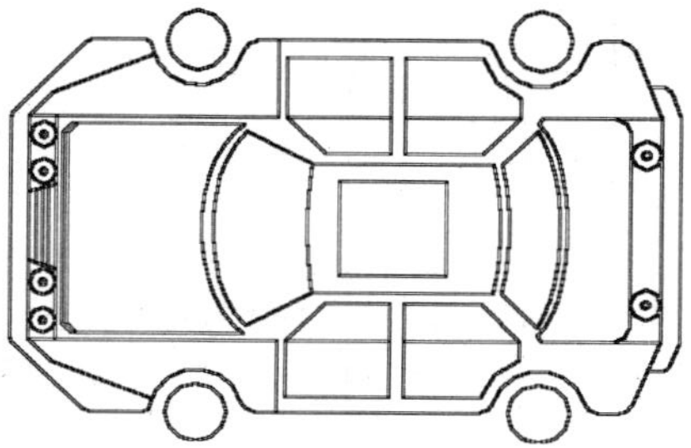

× 划痕　⊙ 凹陷　√ 破损

检查人：

说明

1. 车内贵重物品由客户自行带走；否则如有遗失，本厂恕不负责；
2. 车主同意上述维修项目并授权本厂对无法修复零件予以更换；
3. 客户自带配件与客户要求更换副厂件的，本厂恕不负责质量保修

2. 制定诊断方案（描述故障产生的可能原因及对应检查方法）

序号	可能的原因	检查方法
将诊断方案画成因果关系分析图		
班组长意见		

3. 实施诊断方案（描述对应检查项目、测量数据和判定结果）

序号	检查项目	检查结果	正常状态	结果判定

4. 实施维修（描述最终确认的故障部位和修复方法）

故障部位（零部件）	故障原因	修复方法

5. 维修结算

学字 006　No. 00006

<table>
<tr><td>客户名称</td><td colspan="2"></td><td>客户代码</td><td colspan="2"></td></tr>
<tr><td>地址</td><td colspan="2"></td><td>车牌号码</td><td colspan="2"></td></tr>
<tr><td>电话</td><td colspan="2"></td><td>车型</td><td colspan="2"></td></tr>
<tr><td>付款方式</td><td colspan="2"></td><td>车辆出厂编号</td><td colspan="2"></td></tr>
<tr><td>序号</td><td>作业项目</td><td>作业内容</td><td colspan="2">使用零件</td><td>金额</td></tr>
<tr><td></td><td></td><td></td><td colspan="2"></td><td></td></tr>
<tr><td colspan="3">业务主管指示：　　　　____年__月__日</td><td colspan="3">交车员签名：　　　　____年__月__日</td></tr>
<tr><td rowspan="4" colspan="2">确认客户已交费

结算员签名：</td><td rowspan="4" colspan="2">本公司对上述维修项目保用至__月__日或__公里</td><td>项目</td><td>金额</td></tr>
<tr><td>维修、检测</td><td></td></tr>
<tr><td>配件</td><td></td></tr>
<tr><td>其他</td><td></td></tr>
<tr><td colspan="4">服务电话：</td><td>总计</td><td></td></tr>
</table>

评价反馈

专业		姓名		班级		学号	
考核项目		评分标准	教师评判			分数	得分
态度（师评）	团队合作	是否和谐	是 □	否 □		5 分	
	拓展发言	是否精彩	是 □	否 □		5 分	
	小组讨论	是否积极	是 □	否 □		5 分	
	设备安全	有无损害	无 □	有 □		5 分	
	人身安全	有无损伤	无 □	有 □		5 分	
	生产纪律	是否守纪	是 □	否 □		5 分	
	现场清理	是否做到	是 □	否 □		5 分	
交车	维修结算（组评）	维修结算单内容填写	充分□	一般□	没填写□	5 分	
	实施维修（组评）	实施维修结果是否完整、正确	完整□	一般□	不正确□	5 分	
实际操作	任务方案（师评）	冷起动困难的故障诊断方案是否正确易行	正确易行 □	基本正确 □	不正确 □	10 分	
	工具使用（师评）	所选工具是否正确无误	完全正确 □	基本正确 □	不正确 □	10 分	
	维修过程（自评）	能否掌握冷起动困难的故障诊断方法	能 □	基本能 □	不能 □	10 分	
	完成维修任务情况（师评）	能够独立完成故障排除	能 □	基本能 □	不能 □	10 分	
		冷起动困难的故障诊断与排除	完全排除 □	基本排除 □	没有排除 □	15 分	
学生体会：						合计	
教师签字： 年　月　日							

知识拓展

故障案例一：一汽捷达冷起动困难

【故障描述】

捷达 Cix 行驶里程为 13 万 km。车主反映近来该车常出现冷车不易起动，每天早上需要起动多次才能着车，而在以前没有这种现象；热车时起动正常。出现该故障现象后，车主在郊县的几个修理厂进行过检修，更换了点火线圈、缸线、火花塞、发动机控制单元（电脑）、水温传感器，但故障依旧。

【检查过程】

对该车进行常规的经验分析，对油路和电路进行仔细的诊断分析。

首先，检测该车的燃油供给系统，检查其汽油压力，释放系统压力，连接汽油压力表，起动车辆，其压力为 2.5 kPa；拔掉汽油压力调节器上的真空管后其压力表显示油压值为 3.0 kPa，说明该车燃油系统工作正常。

其次，用 VAG1551（故障诊断仪）对该车节流阀体进行检查，发现节流阀体开度稍大（5°），然后对节流阀体进行清洗，重新匹配，但故障依然存在。

再次，对发动机电控系统进行检测，连接 VAG1551，没有故障码显示，其技术参数都正常。然后对点火线圈进行测量，其供电电压为 12 V，也正常。检查其电阻值、霍尔传感器、进气系统和冷却系统匀正常。

最后，把攻关的重点放在喷油控制电源上，经检测发现喷油器供电电压为 6 V，距其标准值电压 12 V 相差甚远。经过技术小组讨论最后确定该车冷起动困难的原因就是喷油器供电电压过低所致。但是是什么原因造成其电压下降呢？还得进一步往下查。

对控制电路进行详细的检查，发现线路没有短路、断路等现象。由于该车刚更换过点火线圈、发动机控制单元等元件，所以用排除法确定故障元件是点火开关。

【维修方案】

经过分析确定是点火开关内部触点因接触不良而使电阻增大，导致冷车状态下电压下降，起动电压过低，致使该车冷车不易起动。最后，更换点火开关，该车冷起动正常，故障排除。

故障案例二：宝马 530i 冷车起动困难

【故障描述】

一辆宝马 530i 轿车，底盘号为 E39，据车主描述，出现冷、热车时均不好起动的现象，其中冷车时现象尤为困难，一般都得起动 4 ~ 5 次。

【检查过程】

根据所掌握的知识可知，能够引起该故障的原因一般有以下几点：①进气系统中存在漏气点；②空气流量计故障；③燃油压力太低；④怠速控制阀及其线路有故障；⑤汽缸压缩压力太低；⑥点火正时不正确；⑦水温传感器及其线路有故障。

根据该车现象分析，本着先易后难，先简后繁，从基本开始下手，从油路、汽路、机械、电路等几个方面来考虑。

首先，在该车起动时，用化油器清洗剂往进气系统喷射，如果发现起动车状况会好一些，可由此判定问题可能出在油路系统中，可以排除原因⑤和⑥，在起动后检查发动机进气系统没有漏气之处，打方向或开空调，发动机转速都会提升，因此可以排除①和④，在原地加油门发动机动力十足，无任何异常感，估计空气流量计问题也不大。

其次，接上燃油压力表测试油压，果然不出所料，油压偏低，经检查发现在车下靠近汽油滤请器处有一根油管碰瘪了，此油管恰为进油管。经车主同意更换该管后，热车起动现象明显好转，但冷车现象依旧。

最后，检查水温传感器及其线路。拔下发动机进气侧汽缸壁上的水温传感器，该传感器为四线式，找到水温信号两个插头，用万用表欧姆挡测量其阻值，无论在冷车还是热车时其阻值都只有十几欧姆，看来问题出在这里。

【维修方案】

为了保险起见，找来一个滑动变阻器来代替水温传感器模拟水温信号。当把滑动变阻器滑到十几欧姆时，发动机就是不好打着。于是可以判定水温传感器有问题。更换之，故障排除。

学习情境七

转向沉重的故障诊断与排除

工学目标

↓ 能通过与客户交流、查阅相关维修技术资料等方式获取车辆故障信息。

↓ 能根据故障现象制订正确的维修计划。

↓ 能根据维修计划，选择正确的检测和诊断设备对转向沉重故障进行诊断和分析。

↓ 能使用万用表、故障诊断仪、示波器及发动机综合分析仪常用检测和诊断设备对引起转向沉重故障的各个系统进行检测。

↓ 掌握转向沉重故障诊断的流程及思路，能独立进行基本诊断、故障码诊断、症状诊断的操作。

↓ 能正确记录、分析各种检测结果并做出故障判断。

↓ 根据环保要求，正确处理对环境和人体有害的辅料、废气液体和损坏零部件。

↓ 能根据故障现象进行诊断和分析，制定正确的诊断流程，并选择正确的检测和诊断设备。

↓ 掌握造成该故障相关零部件的使用与保养方法。

情境描述

2010 年 2 月 7 日，居住在吉林的李先生驾驶一辆捷达轿车来到售后服务站，李先生描述该车在市区内行驶了 20 000 km，保养了 4 次，发动机号为 JLTD0000000000007，车牌号为吉 A0007。该车在行驶的过程中转向沉重，于是找专业修理人员进行维修。根据车主描述的现象，请查阅相关资料对此故障进行诊断并排除，修理完毕后如实填写故障案例报告单。

相关知识

知识一　排除转向沉重故障的相关知识

汽车在行驶过程中，需要经常改变其行驶方向。汽车转向系统就是改变或保持汽车行驶方向的装置。如果汽车在行驶中，驾驶员向左、右转动转向盘时，感到沉重费力，无回正感，并且汽车低速转弯行驶和调头时，转动转向盘感到非常沉重，甚至打不动等。这些故障现象通常为综合性故障，除与轮胎、悬架、车身等有关外，主要是汽车转向系统发生故障，需要及时检查和维修。作为修理人员，要想修复此类故障，应该了解转向系统的功用和类型，掌握机械转向系统的基本组成和工作原理，掌握液压动力转向系统的基本组成以及转向系统常见故障的排除方法。

知识二　转向系统的常见故障及检修方法

转向系统的功用是按照驾驶员的意愿改变汽车的行驶方向和保持汽车稳定的直线行驶。

汽车转向系统按转向动力源的不同分为机械转向系统和动力转向系统两大类。

一、机械转向系统的基本组成

汽车机械转向系统由转向操纵机构、转向器和转向传动机构三大部分组成，转向操纵机构由转向盘1、安全转向柱8组成；转向传动机构由转向节臂5、转向节7、左右横拉杆4、转向减振器3等组成，其结构如图7-1所示。驾驶员对转向盘1施加的转向力矩通过转向安全柱8输入转向器2，经转向器放大后的力矩和减速后的运动传到左右横拉杆4，再传给固定于转向节7上的转向节臂5，使转向节和它所支承的转向轮偏转，从而改变了汽车的行驶方向。

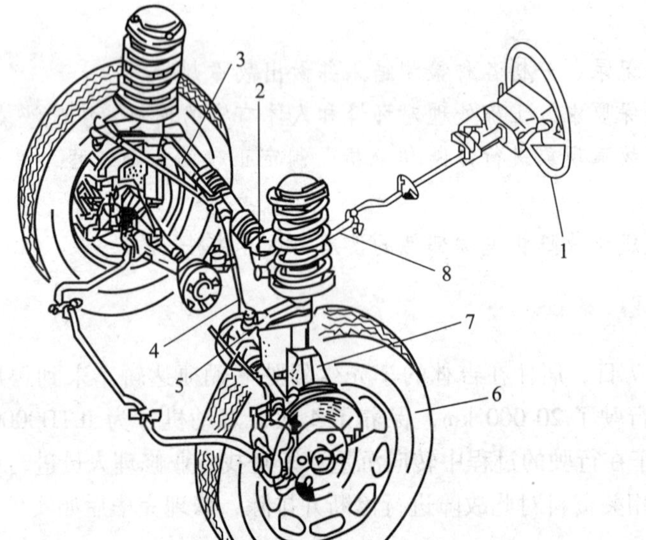

图7-1　机械转向系统

1—转向盘；2—转向器；3—转向减振器；4—左右横拉杆；5—转向节臂；6—车轮；7—转向节；8—安全转向柱

二、动力转向系统的基本组成

动力转向系统是兼用驾驶员体力和发动机（或电机）的动力为转向能源的转向系统，它是在机械转向系统的基础上加设一套转向加力装置而形成的，如图7-2所示。其中属于转向加力装置的部件是：转向油泵5、转向油管4、转向油罐6以及位于整体式转向器10内部的转向控制阀及转向动力缸等。当驾驶员转动转向盘1时，转向摇臂9摆动，通过转向直拉杆 11、转向横拉杆 8 和转向节臂 7，使转向轮偏转，从而改变汽车的行驶方向。

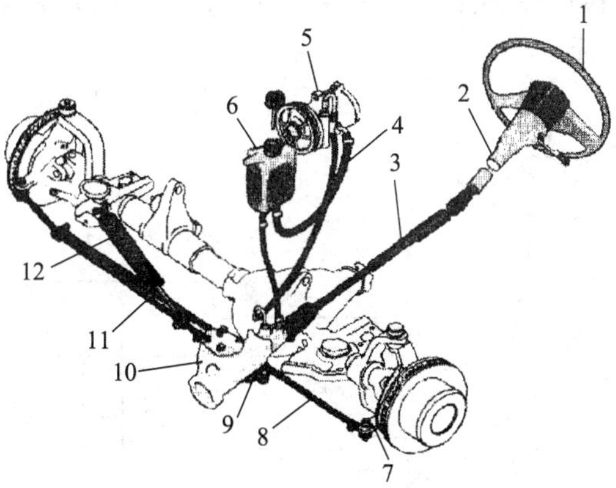

图 7－2　动力转向系统

1—转向盘；2—转向轴；3—转向中间轴；4—转向油管；5—转向油泵；6—转向油罐；7—转向节臂；8—转向横拉杆；9—转向摇臂；10—整体式转向器；11—转向直拉杆；12—转向减振器

三、电子控制动力转向系统的组成

电子控制动力转向系统（EPS）是在普通动力转向系统基础上，以车载微机的应用为条件发展起来的。电子控制动力转向系统能随转向条件的不同来控制转向助力；在停车和低速行驶转向或快速转向时有较大的助力以保证转向轻便；在中高速行驶转向时有较小的助力以提供路感。根据动力源的不同，电子控制动力转向系统常分为电动式和液压式两种。

1. 液压式电子控制动力转向系统

液压式电子控制动力转向系统通常由液压动力转向系统、电磁阀、车速传感器和电控单元组成，如图 7－3 所示。其电控单元根据检测到的车速信号，控制电磁阀来调节系统压力，使转向助力放大倍率实现连续可调，从而满足高、低速时的转向助力要求。另外，不少动力转向系统还增设了转向盘角速度传感器，以满足快速转动转向盘的增力要求。

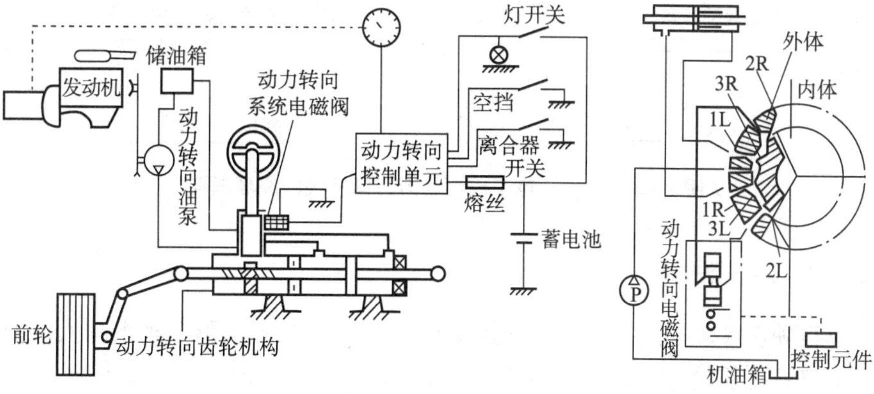

图 7－3　液压式电子控制动力转向系统的组成

2. 电动式电子控制动力转向系统

电动式电子控制动力转向系统通常由转矩传感器、车速传感器、电子控制单元

(ECU)、电动机和电磁离合器等组成，如图7-4所示。它利用直流电动机作为转向助力源，电控单元根据转向参数和转矩传感器、车速等信号，控制电动机转矩的大小和方向，实现转向助力调节，如图7-5所示。

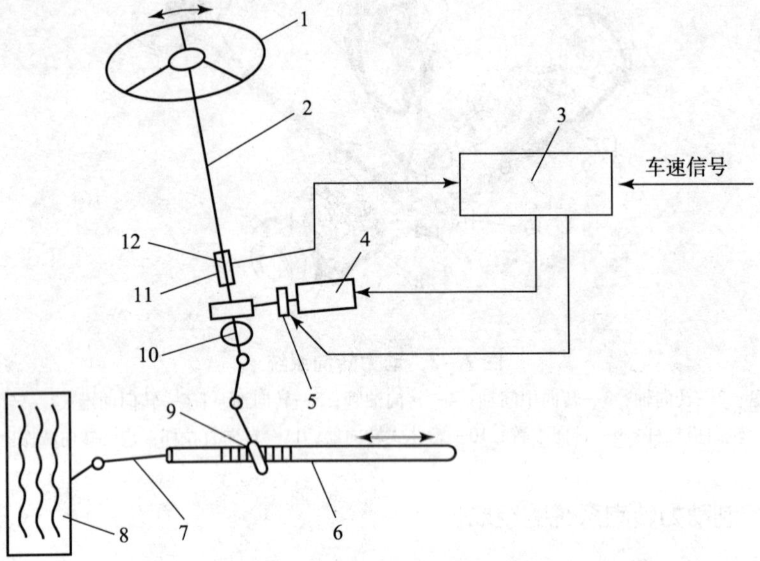

图7-4　电动式EPS的组成

1—转向盘；2—输入轴；3—ECU；4—电动机；5—电磁离合器；6—转向齿条；7—横拉杆；8—转向轮；9—转向定轮；10—扭力杆；11—转矩传感器；12—输出轴

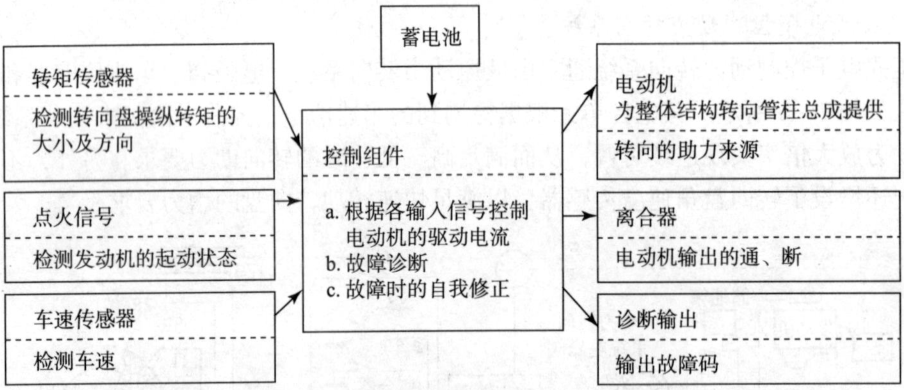

图7-5　电动式电子控制动力转向系统的原理框图

四、四轮定位仪的使用

由于汽车行驶速度越来越高，汽车的操纵稳定性对行车安全影响越来越大。有些汽车，尤其是轿车不仅具有前轮定位，并且还具有后轮外倾角和后轮前束等定位参数。如果能对汽车四轮定位参数进行检测，不仅能确定所有车轮定位正确与否，还能确定前轴、后轴、悬架、车架等的技术状况，为底盘不解体诊断提供可靠依据，所以四轮定位仪的使用越来越广泛。

四轮定位仪是专门用来测量车轮定位参数的设备。它可检测的项目包括前轮前束、前轮外倾角、主销后倾角、主销内倾角、后轮前束、后轮外倾角、轮距、轴距、推力角和左右轴距差等。

常用的四轮定位仪有气泡水准式车轮定位仪、光学式车轮定位仪、激光式车轮定位仪和电脑式车轮定位仪等几种。它们的测量原理基本是一致的，但不同类型的四轮定位仪的使用方法有一定的差异，因此应严格按使用说明书的要求和方法进行操作。

由于电脑式车轮定位仪要比其他几种车轮定位仪先进得多，所以下面以电脑式四轮定位仪为例，说明四轮定位仪的使用方法。它一般由电脑主机、彩色显示屏、操作键盘、传感器、打印机、遥控器和举升式支架等组成，往往制成可移动台式。这种仪器一般由安装在车轮上的传感器，把车轮与定位角之间的几何关系转变成电信号或光信号，送入电脑分析判断，然后由显示屏或打印机输出。电脑可以存储若干车型的前轮定位数据，而且还可以不断输入新的数据，以便与测得的同一车型的定位值对照。汽车资料由键盘输入，测试过程可操作全功能遥控器，可读取近 10 年来世界各地汽车四轮定位参数且可更新。还配有数码视频图像数据库，显示检查和调整位置等。有些电脑式车轮定位仪不仅能检测前轮定位，而且还可以检测后轮定位的技术状况。

为便于检测和调整，被检汽车需放在地沟上或举升平台上，地沟或举升平台应处于水平状态，四轮定位仪则安装在地沟两旁或举升平台上，图 7－6 是四轮定位仪安装在举升平台上的情况。

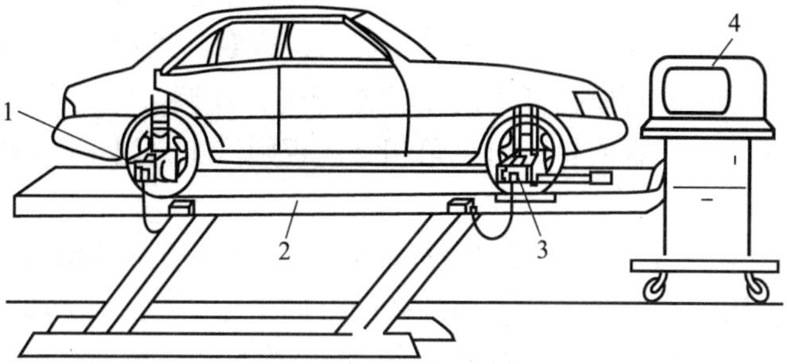

图 7－6　四轮定位仪安装在举升平台上

1，3—检测仪；2—举升机构；4—检测仪主机

1. 检测前的准备

（1）把汽车开上举升平台，托住车轮，把汽车举升 0.5 m（第一次举升）。

（2）托住车身，把汽车举升至车轮能自由转动（第二次举升）状态。

（3）检查轮胎气压，使其符合标准值。

（4）拆下各车轮，检查轮胎磨损情况，要求各轮胎磨损基本一致。

（5）做车轮动平衡试验，动平衡完成后将车轮装回车上。

（6）检查车身高度，检查车身 4 个角的高度和减振器技术状况。如车身不平应先调平，同时检查转向系统和悬架是否松旷，如松旷则应先紧固或更换零件。

2. 检测步骤

（1）把传感器支架安装在轮辋上，再把传感器（定位校正头）安装到支架上，并按使用说明书的规定调整。

(2) 开电脑主机进入测试程序，输入被测汽车的车型和生产年份。

(3) 进行轮辋变形补偿，转向盘位于直驶位置，使每个车轮旋转一周，即可把轮辋变形误差输入电脑。

(4) 降下第二次举升量，使车轮落到平台上，把汽车前部和后部向下压动4 ~5 次，使各部位落到实处。

(5) 用刹车锁压下制动踏板，使汽车处于制动状态。

(6) 将转向盘左转至电脑显示“OK”，输入左转角度数；然后将转向盘右转至电脑显示“OK”，输入右转角度数。

(7) 将转向盘回正，电脑显示出后轮的前束及外倾角数值。

(8) 调下转向盘，并用转向盘锁锁止转向盘，使之不能转动。

(9) 将安装在4 个车轮上的定位校正头的水平仪调到水平线上，此时电脑显示出转向轮的主销后倾角、主销内倾角、转向轮外倾角和前束的数值。电脑将比较各测量数值，得出“无偏差”“在允许范围内”或“超出允许范围”的结论。

(10) 若“超出允许范围”，那么按电脑提示的调整方法进行有针对性的调整。调整后若仍不能解决问题，则应更换有关零部件。

(11) 将转向轮左右转动，观察屏幕上数值有无变化，若有变化应重新调整。

(12) 拆下定位校正头和支架，进行路试，检查四轮定位调整的效果。

3. 车轮定位检测结果分析

(1) 车轮前束应符合标准。若车轮前束超标，则容易导致车轮侧滑，轮胎磨损加剧，严重时，轮胎呈羽毛状的磨损。当车轮前束超标时，应对其进行调整，使之满足要求。前轮前束的调整通常是依赖左、右横拉杆中的调整螺母进行。调整时，左、右车轮应对称调整，以保证汽车直线行驶时左、右前轮的前束角相等；否则汽车易出现跑偏、转向轮与车身干涉等现象。

(2) 车轮外倾角应符合标准。若车轮外倾角超标，易使车轮侧滑，导致轮胎的快速磨损及产生转向拉力，影响行车安全。若两前轮的外倾角相差较大，则车辆易向正外倾角较大的一侧偏驶。车轮负外倾角过大时，还容易出现车轮“飞脱”的危险。车轮外倾角一般不可调整，因此，当车轮外倾角超标时，应检查悬架系统零部件是否弯曲变形或损坏，转向节、车桥是否变形或装配不良，待找出原因排除故障后，重新测量车轮外倾角，直至符合标准为止。

(3) 主销后倾角和主销内倾角应符合标准。若主销后倾角、主销内倾角过大，则易导致汽车转向沉重、转向轮回正过猛；而主销后倾角、主销内倾角过小，则不利于转向轮的自动回正。主销内倾角一般不可调整，而主销后倾角是否可调整因车型而异。因此，当主销后倾角和主销内倾角超标时，应检查悬架系统零部件、转向节、车桥或车身是否弯曲变形或者装配不良，待找出原因并排除故障后，重新测量主销定位参数，直至符合标准为止。

五、车轮平衡机的使用

汽车车轮是由轮胎、轮毂组成的一个整体，但由于制造上的原因，使这个整体各部分的质量分布不可能非常均匀。当汽车车轮高速旋转起来后，就会形成动不平衡状态，造成车辆在行驶中车轮抖动、转向盘振动的现象。为了避免这种现象或是消除已经发生的这种现象，就要使车轮在动态情况下通过增加配重的方法，使车轮校正各边缘部分的平衡。这个校正的过程就是人们常说的动平衡。

轮胎应当定期做动平衡检查。轮胎平衡分为动态平衡和静态平衡两种。动态不平衡会使车轮摇摆，令轮胎产生波浪形磨损；静态不平衡会产生颠簸和跳动现象，往往使轮胎产生平斑现象。因此，定期检测平衡不但能延长轮胎寿命，还能提高汽车行驶时的稳定性，避免在高速行驶时因轮胎摆动、跳动，失去控制而造成的交通事故。

1. 轮胎平衡机的安全操作规程

（1）操作时应严格按使用要求进行，应小心挂放车轮，防止中心轴变形，确保机器正常工作，延长使用寿命。

（2）进行平衡时应选择与轮胎中心孔相配的定位中心锥。

（3）轮胎装夹必须牢固可靠，防止出现松动现象，作业前必须盖上护罩，方可起动。

（4）进行平衡时，应检查和输入所测轮胎轮辋直径、轮辋宽度及测量头至轮胎内侧距离。

（5）作业完成后切断电源，及时清理现场，保持设备、环境清洁。

2. 车轮不平衡的原因

（1）轮毂、制动鼓（盘）加工时轴心定位不准、加工误差大、非加工面铸造误差大、热处理变形、使用中变形或磨损不均。

（2）轮毂螺栓质量不等、轮毂质量分布不均或径向圆跳动、端面圆跳动太大。

（3）轮胎质量分布不均、尺寸或形状误差太大、使用中变形或磨损不均、使用翻新胎或垫、补胎。

（4）并装双胎的充气嘴未相隔 180°，单胎的充气嘴未与不平衡点标记相隔 180°安装。

（5）轮毂、制动鼓、轮胎螺栓、轮辋、内胎、衬带、轮胎等拆卸后重新组装成轮胎时，累计的不平衡质量或形位偏差太大，破坏了原来的平衡。

离心式轮胎平衡机如图 7－7 所示。

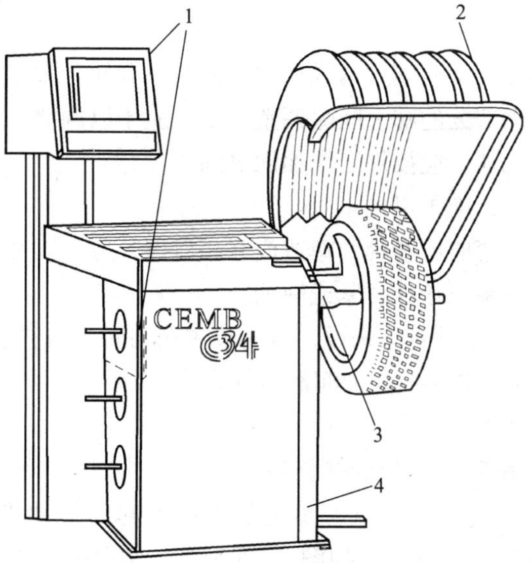

图 7－7　离心式轮胎平衡机

1—显示与控制装置；2—车轮护罩；3—转轴；4—机箱

六、转向系统的常见故障及检修方法

转向系统中由于维护调整不当、磨损和碰撞变形等原因，会使转向器过紧，转向传动机构和转向操纵机构松旷、变形及发卡等，从而造成转向沉重、行驶跑偏、转向不稳、转向轮摆振等故障。因此必须要掌握转向系统故障的诊断与排除方法。

（一）转向沉重故障的诊断

1. 故障现象

汽车行驶中，驾驶员向左、右转动转向盘时，感到沉重费力，无回正感；汽车低速转弯行驶和调头时，转动转向盘感到非常沉重，甚至打不动。

2. 故障原因分析

转向沉重的根本原因是助力系统不良、转向轮气压不足或定位不准，转向系传动链中出现配合过紧或卡滞而引起摩擦阻力增大。具体原因主要有以下几个。

（1）转向轮轮胎气压不足，应按规定充气。

（2）转向助力装置失效或有故障。

①液压动力转向装置转向油罐动力转向液不足。

②液压动力转向助力泵传动带损坏或打滑，应予以调整或更换。

③液压动力转向助力泵调节阀失效或磨损过甚，使输出压力过低，应予以更换或调整。

④液压动力转向控制阀不良或密封环损坏，转向器动力缸活塞密封圈损坏。

⑤液压动力转向系统液压回路中有堵塞或泄漏现象。

⑥动力转向装置电控系统电路有故障或 ECU 不良。

⑦电控液压动力转向系统转向控制电磁阀不良。

⑧电动转向系统的转矩传感器、电动机不良等。

（3）转向轮本身定位不准或车轴、车架变形造成转向轮定位失准，应校正车轴和车架，并重新调整转向轮定位。

（4）转向器主动部分轴承调整过紧或从动部分与衬套配合太紧，应予以调整。

（5）转向器主、从动部分的啮合间隙调整过小，应予以调整。

（6）转向器缺油或无油，应按规定添加润滑油。

（7）转向器壳体变形，应予以校正。

（8）转向管柱转向轴弯曲或套管凹瘪造成互相碰擦，应予以修理。

（9）转向传动拉杆球头连接处过紧或缺油。

（10）对采用非独立悬架的货车来说，转向节主销与转向节衬套配合过紧或缺油，或转向节推力轴承缺油，应予以调整或添加润滑脂等。

3. 故障诊断的一般步骤

（1）检查转向轮轮胎气压，过低时则需充气。

（2）起动发动机后，转动转向盘，感觉是否比不起动发动机时明显变轻，如感觉不是明显变轻，先检查转向助力系统。如图 7 - 8 所示，在不拆下安全气囊、发动机怠速运转的情况下，用弹簧秤沿转向盘边缘拉动转向盘，其力一般应小于 39 N，或者在拆下安全气囊、发动机怠速运转的情况下，用扭力扳手转动转向盘的力矩应符合原厂规定，一般应小于10 N·m，如图7-9所示。

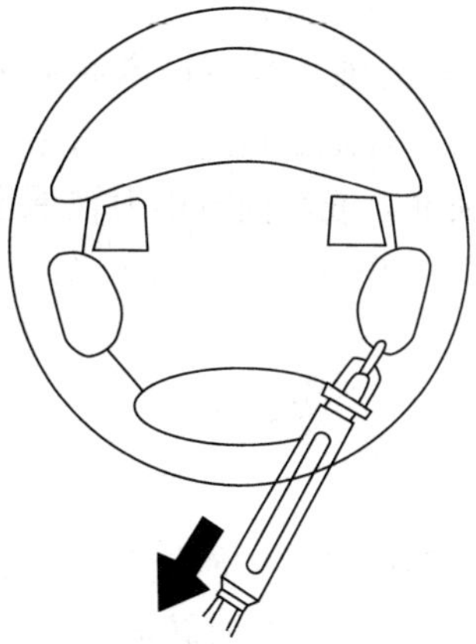

图7-8　用弹簧秤检查转向盘的转向力（有安全气囊）

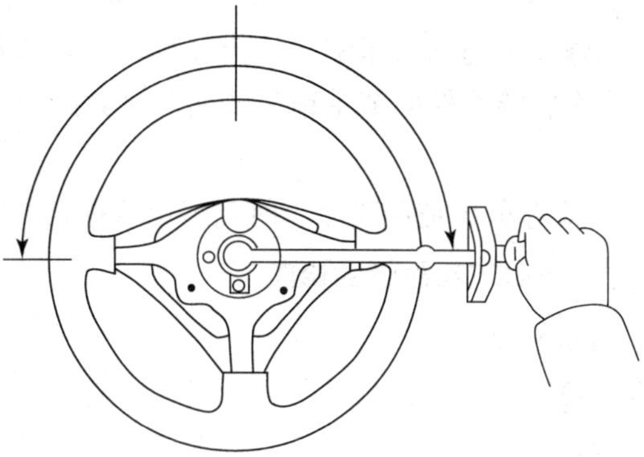

图7-9　用扭力扳手检查转向盘的转动力矩（无安全气囊）

（3）对电控转向系统，应首先进行故障自诊断，可读取数据流时应读取数据流，按故障码或数据流的提示进行检修。

（4）检查液压传动部分油液是否泄漏、是否渗入空气、液压泵工作是否正常、操纵阀是否失效等。

①检查储油罐的储油量是否在规定的范围内，液压油是否起泡、发白，有无空气混入。

②检查油管和管接头是否有松动、破损及沾有泥油现象。

③液压泵输出油压检查。发动机怠速运转，在阀门全开时测量输出油压，并把检测结果与标准值比较，如果所测油压偏低，说明液压泵存在故障，应进行修理。

④转向器的油压检查。发动机怠速运转，在阀门全开时，左右转动转向盘测量油压，并与规定值比较，如果测得油压偏低，说明转向器内有漏油现象。

⑤如果左右转向轻重不同，则一般是转向控制阀（分配阀）不良，对转阀式转向控制阀来说，通常是控制阀的密封环（见图7-10）损坏；对滑阀式转向控制阀来说，可能为滑阀偏离中间，或虽在中间位置但与阀体台肩的缝隙大小不一致或滑阀内有脏物阻滞，使左右移动时阻力不一样。

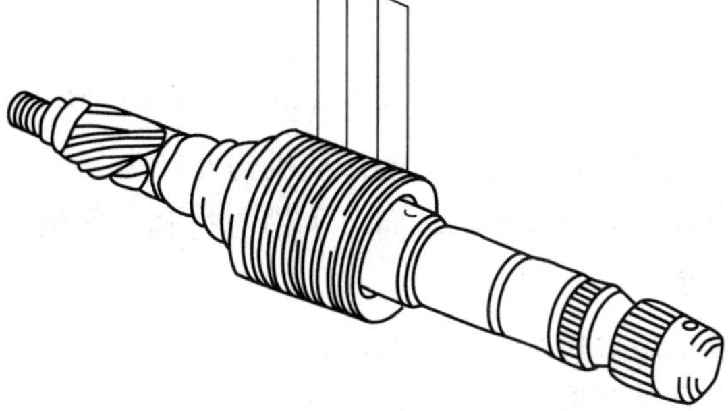

图7-10　转向控制阀密封环

⑥如果快速转向时转向盘感到沉重，则主要原因可能是转向助力液压泵传动带打滑，流量控制阀弹簧过软，安全阀、流量控制阀泄漏严重，液压泵磨损过甚等。

（5）检查转向器齿条和小齿轮啮合间隙是否过小；转向轴的轴承是否过紧或损坏；转向拉杆的球头销与球头座配合是否过紧；转向轴万向节十字轴配合是否过紧。对采用非独立悬架的货车，检查转向节主销与转向节衬套配合是否过紧或缺油，或转向节推力轴承是否缺油或卡滞。

（6）检查车身是否变形、前轮定位数据是否满足要求等。

（二）转向不稳故障的诊断

1. 故障现象

汽车转向时感觉转向盘松旷量很大，需用较大的幅度转动转向盘，方能控制汽车的行驶方向；或者车辆不能长期保持直线行驶，忽左忽右，方向不好控制，有时转向反应过于灵敏，轻微转动转向盘，车辆却向一侧漂移过多，有时转向反应迟缓。

2. 故障原因分析

转向盘自由行程过大的根本原因是转向系统传动链中一处或多处的配合因装配不当、磨损等原因造成松旷。具体原因主要有以下几个。

（1）转向器主、从动啮合部位间隙过大或主、从动部位轴承松旷。

（2）转向盘与转向轴连接部位松旷。

（3）转向垂臂与转向垂臂轴连接松旷。

（4）纵、横拉杆球头连接部位松旷。

（5）纵、横拉杆臂与转向节连接松旷。

（6）转向节主销与衬套磨损后松旷或悬架上、下摆臂球头松旷。

（7）车轮轮毂轴承间隙过大。

（8）滑阀式转向控制阀不良。滑阀式转向控制阀回位弹簧损坏或太软，使滑阀不能及时回位，或者因油液脏污使滑阀运动受到阻滞。

（9）车架或车身变形或前束失准。

3. 故障诊断的一般步骤

（1）检查转向盘自由行程是否过大。从转向盘开始检查转向系统各部件的连接情况，看是否有磨损、松动、调整不当等情况，找出故障部位。检查时可一人转动转向盘，另一人在车下查看转向传动机构，如转向盘转了许多圈而转向臂或转向器齿条（对齿轮齿条式转向器而言）并不动作，则故障在转向器；如转向摇臂或齿条动了而转向轮并不偏转，则故障在传动机构。

（2）如果故障在转向器，应检查传动副啮合间隙，必要时进行调整。

（3）如果故障在传动机构，应检查、更换传动机构各球头。

（4）若上述检查情况良好，则应检查转向节主销与衬套、悬架上下摆臂球头是否松旷，必要时更换相关配件进行修理。

（5）检查前轮轮毂轴承是否松旷，必要时进行调整或更换。

（6）检查车架或车身是否变形。

（7）进行车轮定位，调整前轮前束。

（8）对采用滑阀式转向控制阀的动力转向器还应检查滑阀式转向控制阀。滑阀式转向控制阀回位弹簧损坏或太软，难以克服转向器逆传动阻力，使滑阀不能及时回位，或者因油液脏污使滑阀运动受到阻滞时，应进行清洗或修理。

（三）转向轮摆振故障的诊断

1. 故障现象

转向轮摆振的故障现象是：汽车在某一速度范围内行驶时，转向轮围绕主销发生角振动，引起车辆摇摆蛇行、转向盘振抖、车身摇晃抖动，使行驶稳定性和操纵性变差。若故障发生在高速时，有可能出现转向轮严重摆振，握转向盘的手有麻木感，甚至在驾驶室可看到汽车车头晃动。

2. 故障原因分析

（1）转向器垂臂与其轴配合松旷或纵、横拉杆球头连接松旷。

（2）转向器在车架上的连接松动。

（3）独立悬架汽车摆臂衬套或球头销间隙过大。

（4）转向轮所在车轴的悬架减振器失效或左右两边减振器效能不一。

（5）转向轮所在车轴的钢板弹簧 U 形螺栓松动或钢板销与衬套配合松旷。

（6）转向轮所在车轴的左右两悬架的高度或刚度不一。

（7）车轮动不平衡，应进行动平衡校正。

（8）转向轮轮毂轴承磨损、松旷。

（9）前轮驱动汽车传动轴平衡不好或球笼式万向节松旷。

（10）转向轮定位不准。

3. 故障诊断的一般步骤

转向轮摆振的根本原因是转向轮定位不准，转向系统连接部件之间出现松旷，悬架导向机构连接松旷，旋转部件动不平衡。

（1）检查转向盘自由行程以及了解前轮胎有没有填补过。

（2）检查轮胎质量分布是否不均、尺寸或形状误差是否过大、是否使用中变形或磨损不均、轮胎材料是否不均匀。

（3）检查轮辋、轮胎在生产和修理过程中的精度误差。

（4）转向减振器出现漏油痕迹或拆下推拉杆检查时，阻力过小及出现空行程，应更换。

（5）检查转向系统各部件的配合间隙。

（6）前悬架减振器是否漏油，推压车身检查前悬架的减振性能。

（7）检查传动轴是否松动、弯曲等。

（8）检查调整前轮定位，对车轮进行动平衡。

（四）行驶跑偏故障的诊断

1. 故障现象

车辆行驶时自动地向左或向右偏，不能维持直线行驶，严重时必须紧握转向盘，若稍放松转向盘，车辆就自动向一侧跑偏的现象。严格来说，它包括总是偏向一侧的恒定跑偏和在一定条件下的行驶跑偏（如跳动转向、记忆转向、力矩转向）。通常所说的行驶跑偏是指恒定的行驶跑偏。

2. 故障原因分析

造成汽车行驶跑偏的根本原因是汽车车轮的相对位置不正确，两侧车轮受到的阻力不一致。具体原因主要是以下几个。

（1）两前轮轮胎气压不等、直径不一或汽车装载质量左右分布不均匀；前轮驱动汽车新换的左右半轴直径、质量不符合原厂规定。

（2）转向轮某一侧的前稳定杆、下摆臂变形。

（3）前左、前右减振器弹簧刚度不一致。

（4）两前轮轮毂轴承的松紧度不一。

（5）车身变形或车架变形使两侧轴距不等。

（6）四轮定位不正确，应予以调整或更换部件。

（7）车轮单边制动或拖滞。

（8）转向杆系变形。

（9）动力转向系统控制阀损坏或密封环弹性减弱，阀芯运动不畅或偏离中间位置。

（10）更换了转向系统 ECU 或转向盘转角传感器后未进行转向盘零点校正。

（11）麦弗逊式悬架的减振器上轴承卡滞或损坏，减振器上轴承橡胶座磨损变形开裂等。

（12）转向器固定螺栓松动、一侧的转向横拉杆弯曲等导致转向横拉杆与下摆臂的空间几何位置关系发生变动。

（13）球关节或主销及其推力轴承润滑不良、卡滞，转向器或齿条调节过紧导致转向后转向盘不能返回至中心位置，即发生记忆转向。

3. 故障诊断的一般步骤

（1）检查左、右转向轮气压是否符合标准或一致，不符合标准或不一致时应充气至标准值。

（2）将两前轮左、右对调，再进行试车。如果跑偏方向改变，应更换轮胎。

（3）检查减振器弹簧刚度及左右弹簧的变形量是否一致。

（4）检查前稳定杆和前摆臂是否变形。

（5）行车后检查左右轮毂和制动鼓的温度情况。若温度不一致时，则说明高温一侧的制动器存在单边制动、制动拖滞或轮毂轴承装配过紧、损坏等。

（6）检查麦弗逊式悬架的减振器上轴承是否卡滞或损坏、减振器上轴承橡胶座是否磨损变形开裂等。若是，应更换减振器上轴承橡胶座总成。

（7）检查左右侧轴距和四轮定位参数是否符合标准值。

（8）检查动力转向系统控制阀是否损坏或密封环弹性是否减弱，阀芯是否运动不畅或偏离中间位置。若是，应予以调整或更换。也可顶起车辆，使车轮离地，起动发动机。若车轮向一侧偏转，则可估计是控制阀或转向器的故障。

（9）若新更换了转向系统 ECU 或转向盘角度传感器，应按维修手册所述进行转向盘零点校正。

可以采用两种方法进行零点校正：

①沿直线行驶。行驶应该在 100 m 左右水平公路上进行，无斜面来的强风。行驶途中，应该尽可能小心地保证转向盘的位置，以便稳定汽车的行驶。

②在前束试验台上对齐。

注意：起动校准程序前，必须保证车轮处于摆正位置。故障指示灯不应该亮。

（10）如果前轮驱动汽车新换了左、右半轴后出现跑偏，而车轮定位未发现异常，就应进行路试。若加速时跑偏严重而空挡滑行时不跑偏，说明存在力矩转向现象，应是新换的左右半轴直径、质量不符合原厂规定，需更换合格配件。

（11）若每次转向后即出现行驶跑偏的现象，说明车辆可能存在记忆转向。此时应检查球关节或主销及其推力轴承是否存在润滑不良、卡滞的现象，转向器或齿条调节是否过紧。

（12）如果试车时发现汽车存在颠簸转向（跳动转向），应检查转向器固定螺栓是否松动、一侧的转向横拉杆是否弯曲等，导致转向横拉杆与下摆臂的空间几何位置关系发生变动，需更换相关部件并重新进行四轮定位。

（五）电子控制动力转向系统的故障诊断

1. 电子控制动力转向系统的故障自诊断

电子控制动力转向系统一般都具有故障自诊断功能，以监测、诊断系统的工作情况。当系统出现故障时，电子控制单元将其故障信息以代码形式显示出来，能使维修人员快速、准确地判断出故障类型及故障部位。

2. 电子控制动力转向系统的故障诊断

电子控制动力转向系统的机械及油路的故障诊断，可参考普通动力转向部分进行。其电控部分的故障诊断以皇冠轿车电子控制动力转向系统为例进行说明。图 7－11 所示为该车动力转向系统的控制电路和 ECU 插接器示意图。

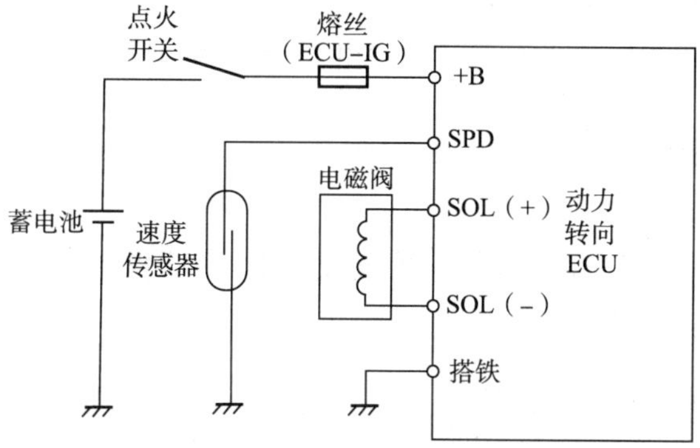

图 7－11　皇冠轿车动力转向系统的控制电路和 ECU 插接器示意图

1）故障现象

怠速或低速行驶时转向沉重；高速行驶时转向太灵敏。

2）故障原因

（1）动力转向系统机械及油路故障。

（2）动力转向的 ECU－IG 熔丝熔断。

（3）动力转向的 ECU 插接器接触不良。

（4）车速传感器线束有断路或短路故障。

（5）动力转向电磁阀线圈有断路或短路故障。

（6）动力转向 ECU 故障。

3）故障诊断与排除

（1）检查转向系统的机械及油路故障，如轮胎气压、前轮定位、悬架与转向连接件之间的连接情况以及动力转向泵的输出油压等，经检查正常或排除以上故障后仍不能消除故障现象，则应进行下一步检查。

（2）打开点火开关（ON），检查 ECU－IG 熔丝是否完好。若熔丝烧毁，则应更换熔丝重新检查；若熔丝又烧毁，则表明此熔丝与动力转向 ECU 的＋B 端子之间的电路有搭铁故障；若熔丝完好，则进行下一步检查。

（3）拔下动力转向 ECU 插接器，检查动力转向 ECU 插接器的＋B 端子与车身接铁处之间的电压是否为正常值（10～14V）。若无电压，则表明 ECU－IG 熔丝与 ECU 的＋B 端子之间的线束有断路故障；若电压正常，则进行下一步检查。

（4）检查动力转向 ECU 插接器的 GND 端子与车身搭铁处之间的电阻是否为零。若电阻不为零，则表明 ECU 插接器的 GND 端子与车身搭铁处之间线束断路或接触不良；若电阻为零，则应进行下一步检查。

（5）顶起汽车一侧前轮并使之转动，用欧姆表测量 ECU 插接器的 SPD 端子和 GND 端子之间的电阻。在车轮转动时，其正常的电阻值应在 0～∞ 之间交替变化；否则说明 ECU 的 SPD 端子与车速传感器之间的线束有断路或短路故障，或车速传感器有故障。若其电阻变化正常，则应进行下一步检查。

（6）检查动力转向 ECU 插接器的 SOL（＋）端子或 SOL（－）端子与 GND 端子之间是否导通。若相通，则表明 SOL（＋）端子或 SOL（－）端子之间的线路发生短路，或电磁阀有故障；若不导通，则进行下一步检查。

（7）用欧姆表检查 SOL（＋）端子或 SOL（－）端子之间的电阻，其正常值应为 6～10 Ω。若阻值不正常，则表明 SOL（＋）端子或 SOL（－）端子之间的线路有断路故障或电磁阀有故障；若阻值正常，则可能是动力转向 ECU 故障，必要时可对 ECU 进行替换检查。

知识三　造成转向沉重故障相关部件的使用与保养

一、机械转向系统的使用与保养

1. 转向盘自由行程的检查

汽车每行驶 12 000 km 左右，应检查转向盘的自由行程，检查方法如下。

（1）起动发动机（机械转向系统无须起动发动机）。

（2）转动转向盘，使前轮处于直线行驶位置。

（3）轻轻移动转向盘，在转向轮就要开始移动时（或感觉到阻力时），使用直尺测量转向盘外缘的移动量，一般为 15～20 mm。

（4）如果不符合要求，应该检查转向器间隙以及调整转向球头销等。

2. 转向盘转动阻力的检查

转向盘转动阻力可用图 7－12 所示的弹簧秤拉动转向盘边缘的方法进行测量。

转动力 $F = M/r$，式中，M 为转动力矩；r 为转向盘半径。

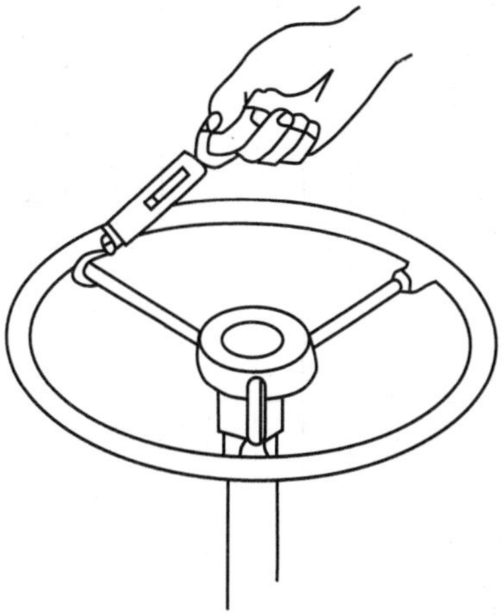

图 7－12　转向盘转动阻力的检查

3. 转向盘锁止功能的检查

（1）将点火开关转至 LOCK 位置，轻轻转动转向盘，此时转向盘应该锁止不能转动。

（2）将点火开关转至 ACC 位置，转向盘应能自由转动。

4. 转向操纵机构松动、摆动的检查

用双手握住转向盘，在轴向和径向方向上用力摇动，观察此时转向盘是否移位，由此了解转向盘与转向轴的安装情况，查看轴承是否松旷等。

5. 转向器的检查

通过转向盘自由行程和转向盘转动阻力的检查，可以判断转向器轴承预紧度和转向器转动副配合间隙的大小，如果不符合要求，需要对转向器轴承预紧度和转向器传动副配合间隙进行调整。

6. 转向传动机构的检查

检查转向传动机构是否弯曲、损坏，防尘罩是否有裂纹或破损。用手摇晃转向传动机构，检查是否松动或摆动。

二、动力转向系统的使用与保养

1. 定期检查储液罐内动力转向液液面高度

热态时（约为 66 ℃，用手摸感觉烫手），其液面高度必须在 HOT（热）和 COLD（冷）标记之间。如果是冷态（约为 21 ℃），则液面高度必须在 ADD（加）和 CLOD（冷）标记之间。如果液面高度不符合要求，必须加注 DEXRON2 型动力转向液（液力传动油）。

2. 动力转向系统的清洗、换油与保护

动力转向系统的清洗、换油与保护应在有动力转向换油设备的汽车养护中心进行，使用专用设备，用动力转向系统强力清洗剂首先换出动力转向系统中的旧油，然后用清洗剂清洗动力转向系统，最后用新油（加动力转向保护剂）再次换出动力转向清洗剂，直至换油结束。动力转向系统的清洗、换油与保护作业通常应行驶 50 000 km 进行一次，这样能确保动力转向系统工作更安全、可靠，避免出现早期损坏，延长使用寿命。

1. 任务资讯

车主姓名		地址		电话		出厂时间		公里数	
车牌号		型号/年份		发动机牌号				燃油量	
入场时间		约定交车时间		修正交车时间				维修级别	
故障陈述						接车员		调度员	备注
						班组长		结算员	
						检验员		交车员	

维修项目	工时	工价	维修班组	开工时间	完工时间	换件项目	数量	单位	单价	金额

客户签字：　　约定联络时间：

班组长：________
检验员：________
接车员：________
服务专员：________

工时费用总计：________
材料费用总计：________
估价人：________
付款方式

转账支票□　现金□　其他□

接车前的检查

□车匙　□备胎　□轮盖　□行驶证　□随车工具　□故障灯

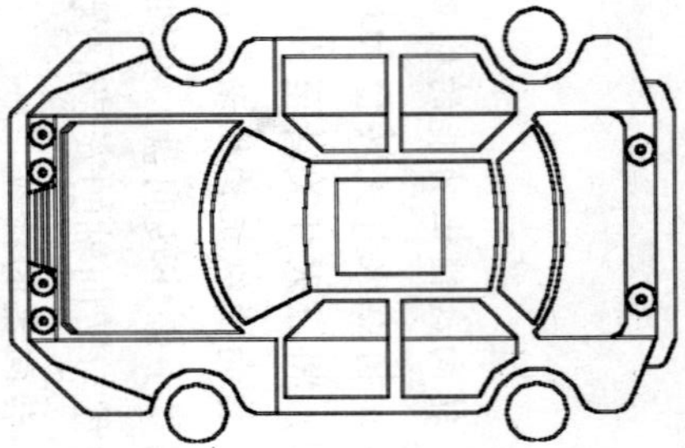

× 划痕　⊙ 凹陷　√ 破损

检查人：

说明

1. 车内贵重物品由客户自行带走；否则如有遗失，本厂恕不负责；
2. 车主同意上述维修项目并授权本厂对无法修复零件予以更换；
3. 客户自带配件与客户要求更换副厂件的，本厂恕不负责质量保修

2. 制定诊断方案（描述故障产生的可能原因及对应检查方法）

序号	可能的原因	检查方法
将诊断方案画成因果关系分析图		
班组长意见		

3. 实施诊断方案（描述对应检查项目、测量数据和判定结果）

序号	检查项目	检查结果	正常状态	结果判定

4. 实施维修（描述最终确认的故障部位和修复方法）

故障部位（零部件）	故障原因	修复方法

5. 维修结算

学字 007　No. 00007

<table>
<tr><td>客户名称</td><td colspan="2"></td><td colspan="2">客户代码</td><td></td></tr>
<tr><td>地址</td><td colspan="2"></td><td colspan="2">车牌号码</td><td></td></tr>
<tr><td>电话</td><td colspan="2"></td><td colspan="2">车型</td><td></td></tr>
<tr><td>付款方式</td><td colspan="2"></td><td colspan="2">车辆出厂编号</td><td></td></tr>
<tr><td>序号</td><td>作业项目</td><td>作业内容</td><td colspan="2">使用零件</td><td>金额</td></tr>
<tr><td></td><td></td><td></td><td colspan="2"></td><td></td></tr>
<tr><td colspan="3">业务主管指示：　　　　　　　　____年__月__日</td><td colspan="3">交车员签名：　　　　　　　　____年__月__日</td></tr>
<tr><td rowspan="4" colspan="2">确认客户已交费

结算员签名：</td><td rowspan="4" colspan="2">本公司对上述维修项目保用至__月__日或__公里</td><td>项目</td><td>金额</td></tr>
<tr><td>维修、检测</td><td></td></tr>
<tr><td>配件</td><td></td></tr>
<tr><td>其他</td><td></td></tr>
<tr><td colspan="4">服务电话：</td><td>总计</td><td></td></tr>
</table>

评价反馈

专业		姓名		班级		学号	
考核项目		评分标准	教师评判			分数	得分
态度（师评）	团队合作	是否和谐	是 □	否 □		5 分	
	拓展发言	是否精彩	是 □	否 □		5 分	
	小组讨论	是否积极	是 □	否 □		5 分	
	设备安全	有无损害	无 □	有 □		5 分	
	人身安全	有无损伤	无 □	有 □		5 分	
	生产纪律	是否守纪	是 □	否 □		5 分	
	现场清理	是否做到	是 □	否 □		5 分	
交车	维修结算（组评）	维修结算单内容填写	充分□	一般□	没填写□	5 分	
	实施维修（组评）	实施维修结果是否完整、正确	完整□	一般□	不正确□	5 分	
实际操作	任务方案（师评）	转向沉重故障的诊断方案是否正确易行	正确易行	基本正确	不正确	10 分	
			□	□	□		
	工具使用（师评）	所选工具是否正确无误	完全正确	基本正确	不正确	10 分	
			□	□	□		
	维修过程（自评）	能否掌握转向沉重故障的诊断方法	能	基本能	不能	10 分	
			□	□	□		
	完成维修任务情况（师评）	能够独立完成故障排除	能	基本能	不能	10 分	
			□	□	□		
		转向沉重故障的诊断与排除	完全排除	基本排除	没有排除	15 分	
			□	□	□		
学生体会：						合计	
教师签字： 年 月 日							

知识拓展

故障案例一：发动机发出“沙沙”声

【故障描述】

北京现代 2.0 正常行驶时发动机处发出“沙沙”异响。几经查找都没找到原因。该车又行驶了约 3 000 km 后，响声加剧且转向沉重。

【检查过程】

将转向桥举升后起动发动机，边转动转向盘边用金属棒听诊，发现异响来自转向助力器；检查动力转向储油罐，其中已经无油；加足转向助力油，试车，异响稍有减轻，但转向仍很沉重。分解转向助力器查看，原来其中轴承已经损坏。

【故障分析】

汽车行驶中转弯时，转向助力器将产生很高的油压，并传送到转向机中起到助力作用。同时，助力器自身的润滑也靠助力油。该车由于长期未检查、加注润滑油，致使油量不足，自身润滑不良而出现“沙沙”的响声，由于此时没有找到故障原因加以解决，终于在继续行驶中造成上述故障。

【维修方案】

更换新的转向助力器，加足转向助力油，试车，故障即告排除。

【维修备注】

在此提醒驾驶和维修人员，应按照规定期限检查动力转向储油罐的油面高度，不足时应当及时补充。

故障案例二：广州本田汽车转向系统转向沉重故障

【故障描述】

一辆广州本田轿车在行车转向时，转动转向盘感到沉重费力。

【检查过程】

检查转向盘的转动力时，其值大于30 N。按照常规检查方法和步骤，检查过程如下。

（1）检查储油罐是否缺油、转向油泵驱动皮带是否打滑，同时确认系统内无空气。若是由于缺油、皮带打滑或转向助力泵不能正常工作而没有助力，若油中混有气体而起不到助力作用，则加满油或换油，更换清洁皮带，排气便可排除相应故障。

（2）检查转向油泵的压力。在压力控制阀和截流阀全开的情况下测量怠速时的静态油压应不大于1 500 kPa；否则，检查动力转向器 动力转向油泵之间的进油和回油管路是否堵塞、老化或变形。若没问题，则说明转向器压力控制阀有故障。

（3）如果检测的动力转向油泵的压力正常，则在压力控制阀和节流阀全闭的情况下，测量怠速时的油泵卸荷压力，应为7 200 ~ 7 800 kPa。若压力过低，则检查流量控制阀与油泵总成是否正常。

（4）如果上述检查均正常，则检查转向盘向左向右转动时的动力，两者的差值应不大于2. 9 N；否则，应检查油缸管路是否变形或安装不当。若正常，则检查齿条轴是否变形、齿条导向螺塞调整是否过紧。若也正常，则说明转向控制阀有故障。

（5）如果左右两方向转向盘转向力差值正常，则应检查并调整齿条导向螺塞。若通过调整齿条导向螺塞不能消除上述故障，则应更换动力转向器；若齿条导向调整正常，则应检查动力转向装置以外的零部件是否有故障，包括：转向轴相关零部件卡滞、转动不自如；转向万向节是否有故障；各球头销装配过紧或缺油；转向系统内机件相互干涉。

【维修方案】

本案例中，在检查过程中发现转向油泵驱动皮带有些磨损打滑，于是更换新的皮带。另外，检查动力转向器与动力转向油泵之间的进油和回油管路有些变形，更换之，故障排除。

故障案例三：宝马 F20 转向盘沉重故障

【故障描述】

一辆车架号为 C343108 的宝马 F20，生产日期为 2009 年 9 月，在新车 PDI 时发现仪表板主动转向系统报警灯亮，驾驶时方向助力系统失效，转向盘很沉。

【检查过程】

用 ISTA 读取系统中存储的故障代码，发现有相关故障存在，因为 BMW 车型新车都需要删除运输模式，所以先清除运输模式看故障是否可以清除，清除后发现故障依旧存在。重新诊断，故障显示：伺服转向助力系统阀门开关断路。首先目测 ICM 控制单元的插头连接，检查插头连接是否良好，根据电路图找到 ICM 的安装位置和伺服转向系统阀门的安装位置，抱着先由简单到复杂的工作思路，在转向机上拔下两个针脚的助力系统阀门插头，因空间很小没有办法测量。所以先检查 ICM 的插头，拆下车内的中央扶手箱，拔下 ICM 的连接插头，根据电路图检查 ICM 和阀门之间的线束是否有短路、断路等现象，找到连接的两根导线，经检测对地、对正极都没有短路现象。接着测量两根导线从 ICM 插头到阀门插头的导通性，发现没有异常显示，于是可以确认线束连接良好，没有故障。接着在 ICM 插头这边连接好万用表检测阀门的电阻。根据资料查询得知阀门的电阻标准值在 5 ~ 12 Ω 之间，但测试结果显示无穷大，说明内部线圈已经断开。可是由于担心阀门处两脚的插头有虚接现象，所以，还要在阀门上测量其电阻值。因内部空间很小不便于测量，所以找到一根插头连接在阀门插脚上测量，还是显示无穷大，说明以前测量结果是正确的。因此，可判断阀门内部断路，需要更换助力转向系统阀门。

【维修方案】

更换助力转向系统阀门，清除系统内部存储的故障代码，起动车子，故障消失，助力系统工作良好。

学习情境八

制动距离过长的故障诊断与排除

工学目标

↓ 能通过与客户交流、查阅相关维修技术资料等方式获取车辆故障信息。

↓ 能根据故障现象制订正确的维修计划。

↓ 能根据维修计划，选择正确的检测和诊断设备对制动距离过长故障进行诊断和分析。

↓ 能使用万用表、故障诊断仪、示波器及发动机综合分析仪常用检测和诊断设备对引起制动距离过长的各个系统进行检测。

↓ 掌握制动距离过长故障诊断的流程及思路，能独立进行基本诊断、故障码诊断、症状诊断的操作。

↓ 能正确记录、分析各种检测结果并做出故障判断。

↓ 根据环保要求，正确处理对环境和人体有害的辅料、废气液体和损坏零部件。

↓ 能根据故障现象进行诊断和分析，制定正确的诊断流程，并选择正确的检测和诊断设备。

↓ 掌握造成该故障的相关零部件的使用与保养方法。

情境描述

2010 年 2 月 4 日，居住在吉林的李先生驾驶一辆捷达轿车来到售后服务站，李先生描述该车在市区内行驶了 10 000 km，保养了两次，发动机号为 JLTD0000000000008，车牌号为吉 A0008。该车在制动的过程中制动距离过长，于是找专业修理人员进行维修。根据车主描述的现象，请查阅相关资料对此故障进行诊断并排除，修理完毕后如实填写故障案例报告单。

相关知识

知识一　制动距离过长的故障概述

制动距离是衡量一款车的制动性能的关键性参数之一，它的意思就是人们在车辆处于某一时速的情况下，从开始制动到汽车完全静止时，车辆所开过的路程，是汽车在一定的初速度下，从驾驶员急踩制动踏板开始，到汽车完全停住为止所驶过的距离，包括反应距离和制动距离两个部分。制动距离越小，汽车的制动性能就越好。由于它比较直观，因此成为广泛采用的评价制动效能的指标。正确掌握汽车制动距离对保障行车安全起着十分重要的作用。

各国的制动法规都规定了各种车型在规定初速度下的制动距离。超过这个距离的车辆就是不合格车辆，不能在道路上行驶。交通管理部门在进行车辆检验时，最重要的指标之一就是制动距离。我国对汽车（空载时）制动距离的要求如下：不超过 9 座的载客汽车初速度为 50 km/h 时，制动距离不超过 19 m；其他总质量不超过 4.5 t 的汽车初速度为 50 km/h 时，制动距离不超过 21 m；其他汽车，初速度为 30 km/h 时，制动距离不超过 9 m。

影响制动距离的因素有很多，如制动盘（毂）、蹄片、轮胎花纹、制动液的消耗程度、频繁制动引起的制动热衰减、车子的载重情况等。这些因素都属于汽车制动系统的检测维修范畴。任何一种因素出现问题，都可能导致制动距离过长故障的发生。在行车过程中对制动系统的要求包括以下几个。

（1）工作可靠，有足够的制动强度。

（2）操纵轻便，灵敏。

（3）制动平顺，解除制动迅速。

（4）制动时方向稳定，不跑偏，不侧滑。

（5）具有良好的散热性和涉水稳定性。

知识二　排除制动距离过长故障的相关知识

由于制动系统故障造成制动距离过长的相关知识如下。

一、制动系统概述

制动系统的作用是在汽车行驶中强制减速，在尽可能短的时间内将车速降低，甚至停车；下长坡时维持一定的车速；使得汽车可以可靠地驻车停放。

1. 制动系统的组成

制动系统的基本组成是制动器、供能装置、控制装置、传动装置、制动力调节装置、报警装置和压力保护装置等。

（1）制动器。制动器是产生阻碍车辆的运动或运动趋势的力（制动力）的部件。

（2）供能装置。此装置包括供给、调节制动所需能量以及改善传能介质状态的各种部件，如气压制动系统中的空气压缩机、液压制动系统中的真空泵。

（3）控制装置。此装置包括产生制动动作和控制制动效果的各种部件，如制动踏板等。

（4）传动装置。此装置将驾驶员或其他动力源的作用力传到制动器，同时控制制动器的工作，从而获得所需的制动力矩。它包括将制动能量传输到制动器的各个部件，如制动主缸和制动轮缸等。

（5）其他装置。其他装置包括制动力调节装置、报警装置和压力保护装置等。

2. 制动系统的工作原理

制动系统的组成及工作原理如图 8－1 所示。行车制动装置由车轮制动器和液压传动机构两部分组成。车轮制动器的旋转部分是制动鼓 8，它固定于轮毂上，与车轮一起旋转。固定部分是制动蹄 10 和制动底板 11 等。制动蹄上铆有摩擦片 9，其下端套在支承销 12 上，上端用复位弹簧 13 拉紧压靠在制动轮缸 6 内的轮缸活塞 7 上。支承销和制动轮缸都固定在制动底板上，制动底板用螺钉与转向节凸缘（前桥）或桥壳凸缘（后桥）固定在一起。制动蹄靠液压轮缸使其张开。不制动时，制动鼓的内圆柱面与摩擦片之间保留一定间隙，制动鼓可以随车轮一起旋转。制动时，驾驶员踩下制动踏板，推杆便推动制动主缸内的活塞 3 前移，迫使制动液经管路进入轮缸，推动轮缸活塞 7 向外移动，使制动蹄克服复位弹簧的拉力绕支承销转动而张开，消除制动蹄与制动鼓之间的间隙后压紧在制动鼓上。此时，不旋转的制动蹄摩擦片对旋转的制动鼓就产生一个摩擦力矩，其方向与车轮的旋转方向相反。制动鼓将此力矩传到车轮后，由于车轮与路面的附着作用，车轮即对路面作用一个向前的周缘力，与此相反，路面会给车轮一个向后的反作用力，这个力就是车轮受到的制动力。各车轮制动力的总和就是汽车受到的总制动力。放松制动踏板，在复位弹簧的作用下，制动蹄与制动鼓的间隙又得以恢复，从而解除制动。

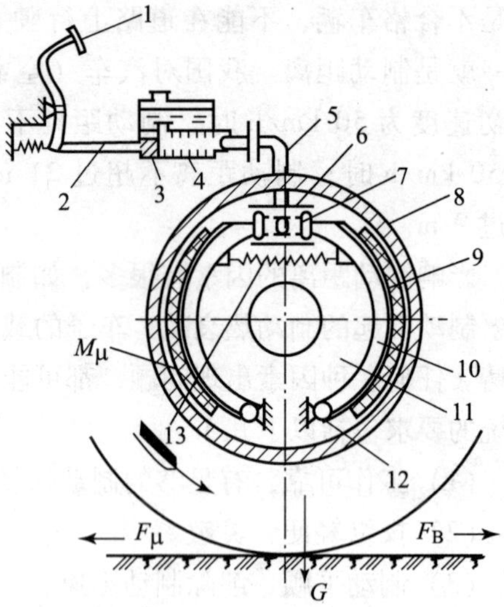

图 8－1　制动系统的组成及工作原理

1—制动踏板；2—主缸推杆；3—主缸活塞；4—制动主缸；5—油管；6—制动轮缸；7—轮缸活塞；8—制动鼓；9—摩擦片；10—制动蹄；11—制动底板；12—支承销；13—制动蹄复位弹簧

3. 制动器

目前，轻型车辆制动器包括盘式制动器和鼓式制动器两种。盘式制动器用在一些汽车的前轮与跑车和高性能轿车的所有车轮上。制动压力推动制动衬块紧贴钢制辐板的两边。鼓式制动器安装在一些汽车的后轮上和老式车辆的所有车轮上。制动压力推动制动蹄向外扩张，与制动鼓接触。制动衬块和制动蹄的重要零件是一个夹得牢而耐磨损的摩擦衬片。

1）盘式制动器

图 8－2 所示为典型的盘式制动器，也是单作用浮式制动钳。这是因为虽然只用了一个液压缸，但通过滑动作用摩擦衬块仍同样被压向制动盘的两边。盘式制动器能保持较低温度，因为它们在空气流中，当应用制动器时制动盘只有一部分变热。它们排水的效果也比鼓式制动器好。在多数情形下，只需少量维护。盘式制动器可自动调节，且通常更换摩擦衬片比较简单。图 8－2 所示的类型中，仅有一个铰接制动钳的螺栓必须移除。

盘式制动器能提供良好的制动，较鼓式制动器更不易于发生制动衰减。这是因为它们更多地露在外面，更容易散热。制动衰减发生在制动器变热时，它们就不能再传递动力，并停止工作。不妨说车辆在沿陡峭的山下行而持续制动很长时间后，这类问题就会发生。这就是为什么应该使用低速挡，使用发动机牵阻作用的原因。使用质量好的制动衬块和摩擦片无疑

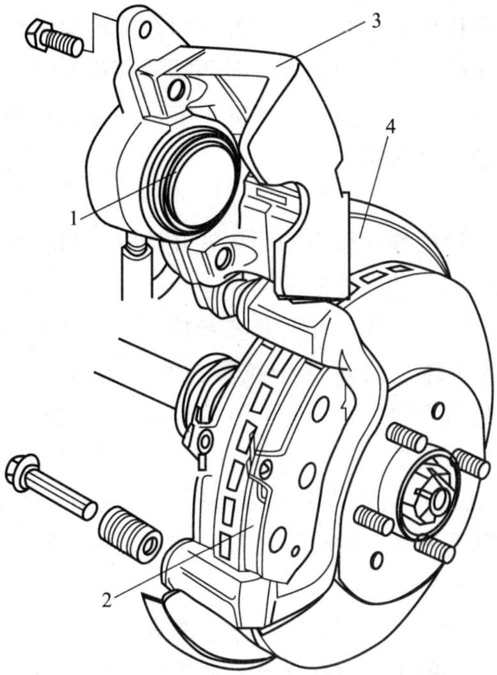

图 8－2　盘式制动器

1—活塞；2—制动衬块；3—制动钳；4—通风盘

非常重要，因为低质材料过热时会失效。

2）鼓式制动器

鼓式制动器通过被推向制动鼓内部的制动蹄而起作用。图 8－3 所示为带棘轮机构而自

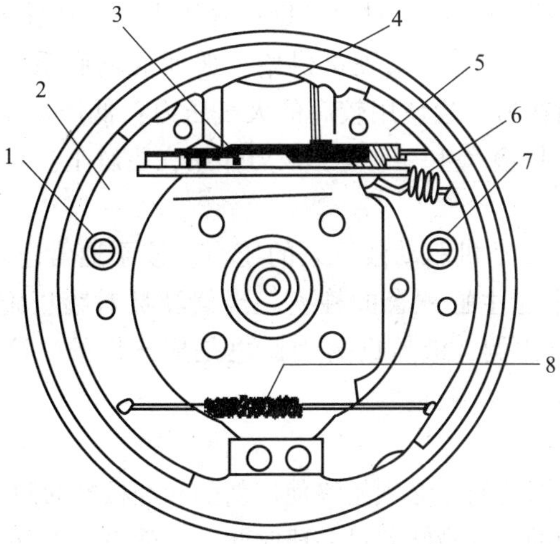

图 8－3　鼓式制动器

1，7—制动蹄固定销和帽；2—领蹄；3—自动调节棘轮和弹簧；

4—轮缸；5—从蹄；6—拉簧；8—下回位弹簧

动调节的一种普通类型。制动蹄通过双作用或单作用液压缸而被移动。最普通的布置是在车辆的每个后轮上使用一个双作用液压缸和制动蹄，而在前轮使用盘式制动器。双作用液压缸即意味着当液体压力通过一个中心入口起作用时两端活塞被推出。

鼓式制动器比盘式制动器更多地受湿和热的影响，因为水和热会滞留在制动鼓内，但其更容易安装机械式驻车制动连杆机构。

4. 制动器的调整

制动器必须调整，以便踏板移动较小的距离就开始应用制动器。这里讨论的调整是制动衬块和制动盘之间或制动蹄和制动鼓之间的间隙。

盘式制动器是自动调整的，因为当压力被释放后，制动衬块移动而离开制动盘。鼓式制动器则不同，因为制动蹄是通过一个拉簧拉靠在制动轮缸的顶块上，从而使制动碲与制动鼓之间有一个最佳间隙值，该间隙值是可以调整的，并且可以用许多方法实现。

（1）现在自动调整的鼓式制动器几乎可以通用。在轻型车辆上，普通型鼓式制动器使用一个偏置棘轮，工作时如果制动蹄的移动超过一定量，该棘轮啮合到较宽位置。现代的汽车常常有一个自动调整的驻车制动器。

（2）通过车轮上的一个孔，用螺钉旋具进行调整。这经常是与螺杆连接的一类螺母，当沿螺纹拧紧时，螺杆将制动蹄推出，从而调整制动碲和制动鼓之间的间隙值。

（3）用底板上的调整螺钉调整，但这现在已经是一个相当古老的方法，从底板凸出的一个螺钉或方头通过蜗形凸轮来移动制动蹄。多数制造商推荐拧紧调节器直到车轮闭锁，然后将它移回，直到车轮刚好被释放。必须确保制动器不在摩擦状态，因为这会增加热量和很快地磨损摩擦材料。

如果调整不当将导致制动效能减弱、制动不平衡和踏板行程过大等故障发生。

5. 伺服制动

伺服系统主要是当踏板压力增大时，帮助增强压力，使驾驶员采取制动时省力，在动力伺服系统失效时，制动能量全靠驾驶员供给。普通的伺服系统在膜片的一边使用来自歧管的低压（真空），而在另一边使用较高的大气压力：低压从发动机进气歧管经由单向安全阀获得。该压力的不同会产生一个力，该力作用在主缸上。图 8 – 4 所示为一个真空伺服机构。

液力制动器利用来自发动机驱动液压泵的压力。该泵通常与转向助力泵是同一个泵。来自泵的压力作用于一个与主缸配合的柱塞。当驾驶员对踏板施力时，伺服阀开启，开启度与驾驶员施加的力成比例，液压助力因此也是成比例的。这维系了重要的“驾驶员感觉”。

6. 制动液

当加注制动液或更新系统时，必须始终使用新的和经核准的制动液，必须永远遵循制造商的建议。制动液是吸湿的，这意味着过一段时间，它就吸收水分。这增加了由于来自制动器的热量而使液体沸腾的风险。系统中的蒸汽泡将不会允许施加全部制动压力。许多制造商建议应当每隔一定时间更换一次制动液——在有些情形下一年一次或每 30 000 km 一次，且应确保使用正确等级的制动液。

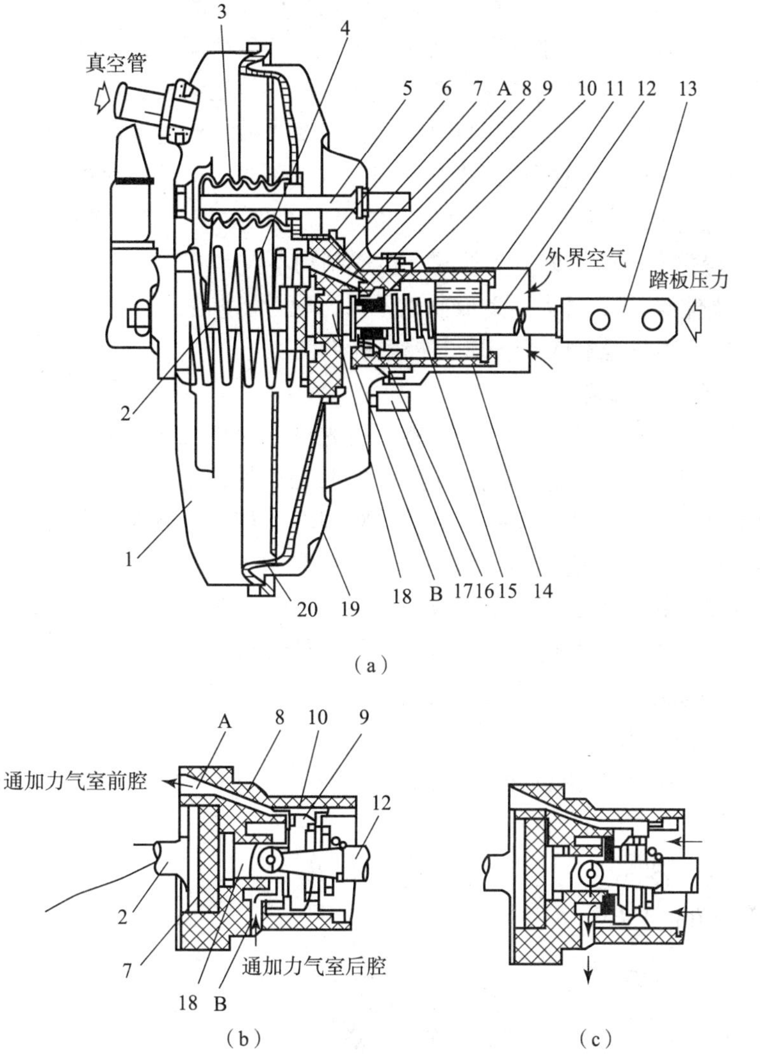

图 8－4 真空制动伺服装置（助力器）

1—加力气室前壳体；2—制动主缸推杆；3—导向螺栓密封套；4—膜片复位弹簧；5—导向螺栓；6—控制阀；7—橡胶反作用盘；8—加力气室膜片座；9—橡胶阀门；10—大气门座；11—过滤环；12—控制阀推杆；13—调整叉；14—毛毡过滤环；15—控制阀推杆弹簧；16—阀门弹簧；17—螺栓；18—控制阀柱塞；19—加力气室后壳体；20—加力气室膜片

A，B—通道

二、液压制动系统常见故障的诊断与排除方法

1. 制动失灵

1）故障现象

汽车在行驶中，一脚或连续几脚制动，制动踏板均被踏到底，制动突然失灵。

2）故障原因

（1）制动管路泄漏，或制动回路中的各液压阀不良，造成制动不灵。

（2）储液罐制动液不足或变质，造成制动不灵。

（3）制动管路中有空气，或油管凹瘪，软管老化、发胀导致内孔不畅通。

（4）总泵活塞与缸体的间隙过大，密封圈失效，产生泄漏，使制动不灵。

（5）总泵的进油孔、补偿孔堵塞，造成油压不够，使制动失灵。

（6）前、后制动器活塞与缸体间隙过大，密封圈失效，产生泄漏，使制动不灵。

（7）制动盘、制动鼓磨损过甚，或制动间隙调整不当，应予以更换或调整。

（8）制动器摩擦片与制动鼓（制动盘）的接触面积太小，制动器摩擦片质量欠佳或使用中表面硬化、烧焦、油污，铆钉头外露，造成制动不灵。

（9）制动器踏板空行程过大，造成制动不灵，应予以调整。

（10）ABS 液压调节器不良或 ABS 电控系统不良。

3）故障诊断的一般步骤

发生制动失灵故障时，应立即停车检查。首先观察储液罐制动液量，若不足则要添加，再检查有无泄漏制动液处。管路渗漏制动液一般明显可见，常见于制动总泵推杆防尘套处。此处制动液泄漏严重，多属总泵皮碗压翻或严重损坏。如某车轮制动鼓边缘有大量制动液，说明该轮分泵皮碗压翻或严重损坏。发现后应更换受损器件，添加制动液，放气。下一步，将车开上两柱式举升机，拆下 4 个车轮，操纵制动踏板，观察车轮制动器的工作情况，判断是液压系统还是机械系统，发现制动器因磨损严重导致制动效能下降时，需要更换合格的制动器。最后调整制动踏板的自由行程，使其符合使用要求。

故障诊断的一般步骤如下。

（1）检查踏板高度、自由行程、踏板行程余量，如图 8－5 所示。

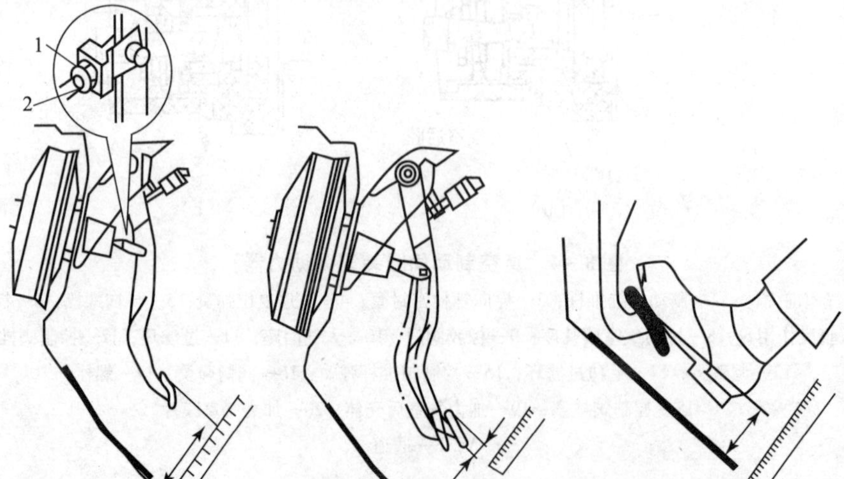

图 8－5　检查踏板高度、自由行程、踏板行程余量

（a）踏板高度；（b）自由行程；（c）踏板行程余量

1—锁止螺母；2—推杆

①制动踏板自由行程的检查。首先，解除制动助力器作用，停止发动机后，踩下制动踏板几次（对于配备了液压制动助力器的车辆，至少要踩下制动踏板 40 次）。然后，使用手

指轻轻按压制动踏板并且使用一把直尺测量制动踏板的自由行程。这一段踏板行程是制动液压升高之前踏板的行程，一般为 1 ~6 mm。调整时除应检查调节踏板推杆长度与制动灯开关的安装外，还应检查调节真空助力器推杆的长度，如图 8 –6 所示。

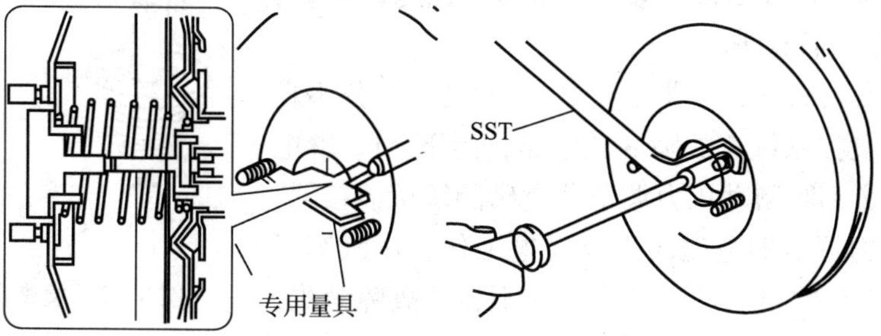

图 8 –6　检查调节真空助力器推杆的长度

在装配制动主缸和真空助力器之前，必须调节助力器推杆的长度。以便使得主缸活塞与助力器推杆之间间隙适当，可使用 SST 来调节间隙。检查必须多次，以确保这一间隙合适。如果间隙太小，会导致制动拖滞。如果间隙太大，会导致制动滞后。

②踏板行程余量的检查。发动机运转和驻车制动器松开时，使用 490 N 踩下制动踏板，然后使用一把直尺测量踏板行程余量，并检查其是否处于规定的范围内。一般测量从地面到制动踏板上表面的距离，如果必须要从地毯表面开始测量，则从标准值中扣除地毯的厚度，或者地毯和沥青纸毡的厚度。一般来说，踏板行程余量均应大于 55 mm。查看标准值请参阅修理手册。

（2）检查踏板感觉、助力器的工作情况。

①踩下踏板不动，踏板自动慢慢下降，说明制动主缸和制动轮缸的活塞、皮碗、阀门等磨损或不密封；检查制动轮缸，如果制动轮缸（不渗漏）正常，说明主缸不密封。

②如果踏板很轻，车轮没有制动力，而油路不缺制动油，就说明主缸的旁通孔或补偿孔堵塞，或油路有空气。

③如果踏板很重，对装有真空助力器的车辆，故障原因主要是助力器或软管漏气，可对真空助力器真空度和阀门的密封性进行检查，若良好，再对制动系统其他部位进行检修。可先拔下真空助力器的真空管，听有无吸气声音，看发动机转速是否变化，如果没有响声并且转速不变化，说明真空管堵塞；若真空管正常，踩动踏板，如果踏板力不变，说明真空助力器不工作。如果真空助力器工作正常，说明主缸出油口或油管堵塞。

④踩不动，说明主缸的活塞或真空助力器卡住不动。

⑤按以下方法检查真空助力器。

检查真空助力器气密性。发动机起动后熄火，用同等的力踩下制动踏板 3 次，观察每一次制动踏板的行程，如果后一次比前一次制动踏板位置高，说明真空助力器气密性良好。

检查真空助力器的真空功能。在发动机运转状态下踩下制动踏板不动，然后将发动机熄火，保持制动踏板踩下一段时间，制动踏板应不会自动上移，说明真空管路、单向阀工作正常。如果发动机熄火时，制动踏板自动上移，说明单向阀失效。

可按图 8 –7 所示检查真空单向阀。

（3）检查 ABS 电控系统是否有故障。观察仪表，ABS、ESP、VSC、制动系统故障警告灯均应亮、灭正常。应清楚各种车型的仪表上显示的指示灯的含义。如行驶中不正常亮起或闪烁，应尽快检修。一般应先读取故障码，按故障码的提示进行检查。

遇制动不良故障时，应先区分是 ABS 机械部分不良还是 ABS 电子电控系统有故障。方法是：拆下 ABS 继电器线束插接器或 ABS 制动压力调节器电磁阀线束插接器，使 ABS 制动压力调节器电磁阀不能通电工作，让汽车以普通制动系统工作方式制动，如果制动不良、故障消失，说明是 ABS 电子控制系统有故障；否则为 ABS 机械部分有故障。

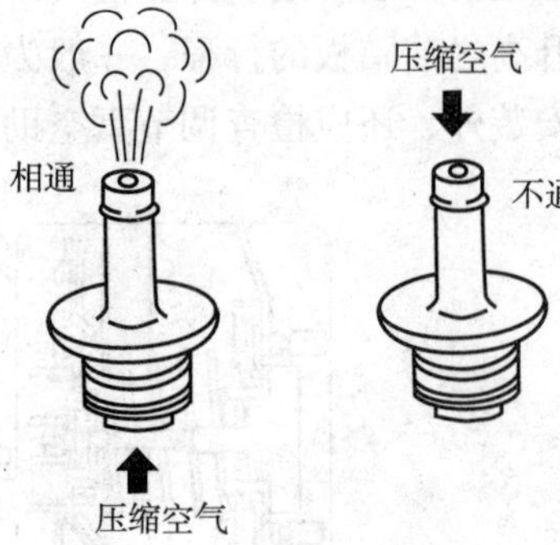

图 8－7　检查真空单向阀

（4）检查油路压力。按图 8－8 所示接好油压表，拔下单向阀上的真空管，踩下制动踏板看油压指示。

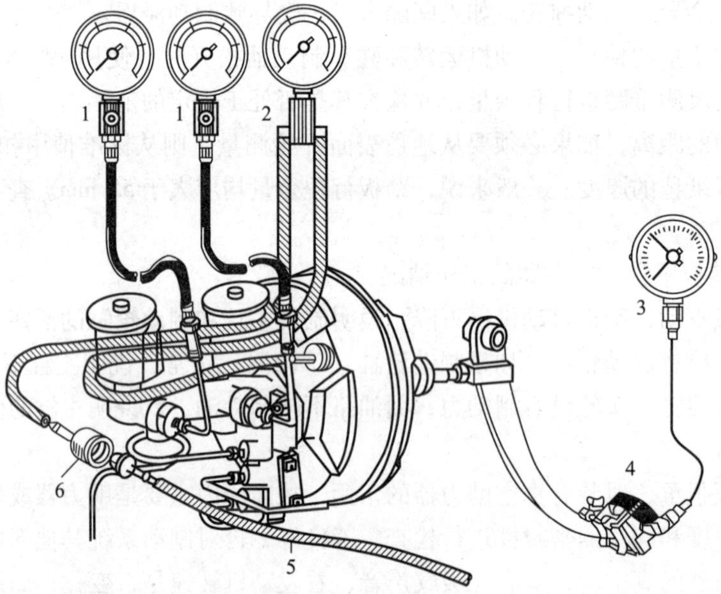

图 8－8　检查液压制动油路压力

1—油压表；2—真空表；3—测力表；4—踏板力传感器；5—真空管；6—单向阀

①如果踏板能完全踩到底，但踏板力较小；如果油压偏低，踩住踏板不动，踏板和油压下降较快，说明主缸活塞、皮碗、缸筒拉伤，油中有杂质，阀门不严或油管接头漏油。

②如果踏板很重，有踩不下去的感觉，但油压偏低，说明主缸有发卡（推杆变形、主缸筒变形、皮碗发胀卡死）现象。

③装好单向阀，起动发动机，看真空表的指示。发动机怠速运转，不踩制动踏板时，如果真空表指示低于标准值，说明发动机进气歧管、进气门等不密封。对采用机械真空泵或电动真空泵的车辆来说应检查真空泵及管路。

④如果制动压力能随着踏板力的增大而增大，且符合原厂要求，踩住踏板不动时，压力

一直维持不变，说明制动压力正常，制动主缸及真空助力器正常。

（5）检查制动管路中是否有空气。当在制动轮缸处测得油压过低，如果怀疑有空气在制动系统中，可以用下述方法测试得知：

①取下主缸储液罐盖，添加制动液至合适液面，不用盖上储液罐盖。

②请助手快速踩制动踏板 10 ~ 20 次，最后一次时踩住踏板不放。

③观察主缸储液罐制动液液面，请助手迅速释放制动踏板，假如制动液冲出储液罐口，则表示制动管路进入空气。

通常采用 4 种方法对制动系统排气：人工排气、压力排气、真空排气和冲击排气。不论采取哪种方法，基本程序是相同的。检查主缸液面高度并在整个排气过程中维持液面高度，对所有车辆都应按工厂的排气程序进行操作。在主缸、轮缸、盘式制动钳或者有时在组合阀上都设有排气螺钉，松开这些螺钉，迫使制动液流出便可排除系统内的空气。

如果空气不能顺利地被排尽，应检查左右轮制动轮缸是否调错，检查时可观察轮缸上的排气螺钉是否在轮缸的上方位置。

如果行驶一段时间后系统就会进入空气，则必须查明空气进入的原因。对装备 ESP 的车辆来说，如果离 ESP 液压执行器（ABS 液压调节器）最近的制动轮缸的一侧经常进入空气，除按常规检查空气进入的途径外，还应检查 ESP 油泵电动机的控制电路是否因油泵电动机长时间运转，空气由轮缸处慢慢渗入等。

（6）检查制动回路中的各液压阀是否不良或制动软管是否质量差（在高压下会膨胀）。当系统无空气进入、外部无泄漏，但在轮缸处测得油压偏低时，则应检查制动回路中的各液压阀管路中有无堵塞等，包括 ABS 液压调节器内部阀堵塞、泄漏，进油电磁阀堵塞或回油电磁阀（减压电磁阀）泄漏等。检查方法是分段检测油压。同时还要注意检查系统中制动软管是否存在鼓包、内衬是否损坏或存在质量问题、管壁单薄在高压下会膨胀等现象。

（7）检查各制动轮缸活塞是否发卡。当系统油压正常而制动力不足时，应检查各制动轮缸活塞是否发卡。

（8）检查制动器摩擦片与制动鼓（制动盘）的接触面积是否太小，并检查调整制动器摩擦片与制动鼓的间隙。

2. 制动拖滞（不制动时车轮阻力过大）

1）故障现象

踏下制动踏板时感到既高又硬或没有自由行程，汽车起步困难或行驶费力。当抬起制动踏板后，全部或个别车轮的制动作用不能完全立即解除，以致影响车辆重新起步、加速行驶或滑行。

2）故障原因

故障的实质是不踩制动踏板时，制动器仍有制动力。常见的故障原因主要有以下几个。

（1）制动踏板无自由行程，导致制动拖滞。

（2）踏板回位弹簧脱落、拉断、拉力不足，踏板轴锈蚀、卡住而回位困难或真空助力器内部卡滞，造成制动拖滞。

（3）盘式车轮制动轮缸活塞密封圈老化或活塞锈滞，造成活塞不能正常回位，使制动拖滞。

（4）总泵补偿孔被污物堵塞，密封圈发胀或发黏与泵体卡死，使制动拖滞。

（5）前、后制动器分泵密封圈发胀或发黏与泵体卡死，造成制动拖滞。

（6）后制动蹄回位弹簧折断或拉长，造成制动拖滞。

（7）通往分泵的油管凹瘪或堵塞，造成制动拖滞。

（8）盘式车轮制动器制动钳滑动销锈滞。

（9）制动器制动间隙太小，应予以调整。

（10）制动软管内衬损坏，导致回油不畅，造成制动拖滞。

（11）制动管路中液压阀或 ABS 液压调节器不良。

3）故障诊断的一般步骤

（1）诊断时应判明是少数轮还是所有轮制动拖滞，俗称“发咬”。行驶一段时间后，若各车轮制动鼓或制动盘均发热，即为全轮“发咬”；若仅个别车轮制动鼓或制动盘发热，就是个别轮“发咬”。

也可将车辆举升，一人在驾驶室踩制动踏板后放松，另一人立即转动车轮，所有车轮均不能立即转动，说明全轮制动拖滞；如果个别车轮不能立即转动，说明个别车轮拖滞。如果存在两个车轮拖滞，需弄清楚此两个车轮是否属同一制动液压管路控制。

（2）全轮“发咬”多为制动主缸故障。一般先检查踏板自由行程，若无自由行程，应予以调整。若制动踏板不能完全回位，一般为真空助力器卡滞或踏板回位弹簧失效。接着检查制动主缸橡胶件是否发胀或主缸补偿孔堵塞，使制动踏板不能回位或回位迟缓。若是刚拆修过主缸的，可能是检修草率，主缸内部零件安装不正确。

将车辆举升至车轮离地，一人在驾驶室踩制动踏板后放松，一人立即转动车轮，确认存在全轮制动拖滞后，将制动主缸与真空助力器的连接螺母均匀松开一些，再执行制动后放松制动踏板操作，如果故障消失，说明踏板推杆、真空助力器推杆或制动灯开关等调整不当。如果仍拖滞，拧松制动主缸出油管接头，转动车轮，能立即转动，说明故障在制动主缸，可能是制动主缸橡胶件发胀或主缸补偿孔堵塞，可进一步拆检。

（3）同一制动管路控制的两个车轮“发咬”，按上述方法拧松主缸出油管接头后车轮能立即转动，说明故障在主缸。如两后轮同时拖滞，还应检查驻车制动装置的工作情况，可能是驻车制动器拉索卡住等。

（4）个别车轮“发咬”一般是因为车轮制动器故障或此制动轮缸内的液压不能立即降低（即回流不畅）。如前所述，将车辆举升至车轮离地，一人在驾驶室踩制动踏板后放松，一人立即转动车轮，确认某车轮制动拖滞后，将制动轮缸上的排气螺钉拧松，转动车轮，若能立即转动，说明故障是制动轮缸内的液压在解除制动时不能立即降低（即回流不畅）所致。可用同样方法拧松制动软管靠轮缸一侧的接头，如转动车轮，能立即转动，而拧松制动软管靠主缸一侧的接头，车轮仍不能立即转动，说明制动软管内衬损坏，导致回油不畅。如果拧松 ABS 液压调节器至轮缸侧的管接头，车轮可立即转动，而拧松 ABS 液压调节器至主缸侧的管接头时车轮仍不能立即转动，说明 ABS 液压调节器内部不良。可用这种方法分段检查，直至找到故障部位。当拧松制动轮缸上的排气螺钉时车轮仍不能立即转动，说明故障在车轮制动器本身而非制动管路残压过大所致。

（5）对鼓式车轮制动器来说，主要检查制动蹄摩擦片与制动鼓间隙是否太小；制动蹄回位弹簧是否过软、折断或脱落；制动蹄支承销是否锈蚀卡滞；制动轮缸活塞是否锈蚀或橡胶件发胀；制动鼓是否失圆或制动蹄摩擦片破碎等。

（6）对钳盘式车轮制动器来说，主要检查制动器摩擦片在制动钳上是否发卡；制动轮缸活塞密封圈是否老化，失去自动回位作用或活塞锈滞、制动钳滑动销锈滞等。制动钳滑动销锈滞的检查如图 8－9 所示。

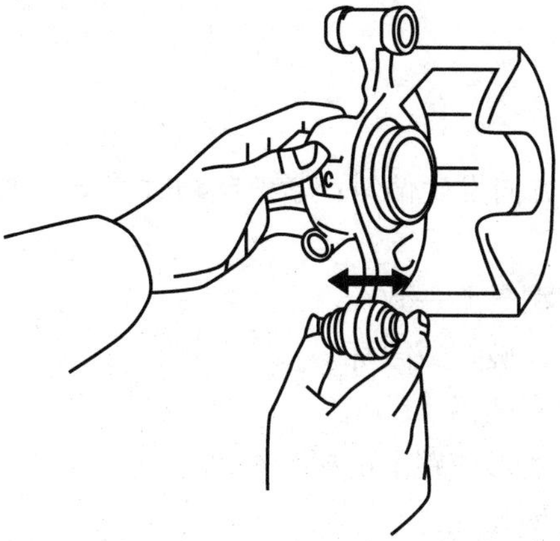

图 8－9　检查制动钳滑动销

3. 制动效能不良使制动距离过长

1）故障现象

汽车行驶中制动时，制动减速度小，踩下制动踏板时车辆不减速，即使连续踩几次，制动也无明显作用。汽车紧急制动时制动距离长。

2）故障原因

（1）制动鼓与制动块或总泵活塞与推杆的间隙过大。

（2）制动管路某处破裂、接头密闭不良或分泵皮碗密封不良，其回位弹簧过软或折断，或总泵皮碗、皮圈密封不良，回油阀及出油阀不良。

（3）制动主缸、制动轮缸皮碗严重破裂，总泵皮碗破裂，回位弹簧太软。

（4）制动液压系统内渗入了较多空气。

（5）总泵储液室内制动液严重亏损，应添加制动液至规定高度。

（6）总进油孔中储液室螺塞通气孔堵塞。

（7）制动间隙不当。

3）故障诊断的一般步骤

（1）检查系统管路有无泄漏或破裂（通常根据油迹）。管路的泄漏或破裂会使回路中形成不了高压，使制动性能失效，应予以修理或更换管路。

（2）检查制动液压系统内是否存在较多空气。若是，应查明进空气的原因并排放空气。

（3）如上述情况正常，则应检查制动主缸和制动轮缸。轮缸泄漏可导致空气进入和制动液流失，造成制动踏板位置低和松软。制动液低劣或制动液过热容易使制动液沸腾，此时制动液被压缩，会暂时丧失制动性能。特别是制动主缸活塞皮碗泄漏时，可能导致制动瞬间失效。

（4）如果在第一次制动时踏板位置过低，感觉制动失效，可松开制动踏板再次踏下，制动踏板位置升高，则连踏几次制动踏板后制动性能恢复正常。除检查主缸外，还应检查是否因某种原因使制动器摩擦片与制动盘之间的间隙过大。

如行驶中偶尔出现这种现象，主要应检查制动主缸的密封件是否良好。有时在急转弯或路面粗糙的情况下，制动轮缸活塞可能被冲击回制动钳的缸孔中，也会出现这种情况。还应检查制动钳是否连接松动，车轮轴承是否磨损过甚或松动，活塞是否被振回制动钳缸孔中等。

4. 制动跑偏

1）故障现象

汽车制动时，车辆行驶方向发生偏斜；紧急制动时甚至出现掉头或甩尾现象。

2）故障原因

（1）轮胎压力不一致，型号不一致。

（2）车轮轴承调节不当，破损或毁坏。

（3）一侧制动器摩擦片有油污。

（4）制动蹄一边弯曲、变形或蹄上的衬片松动。

（5）一侧制动盘弯曲或松动。

（6）一侧车轮制动器的领蹄和从蹄摩擦片安装错位。

（7）一侧车轮制动蹄与支承销配合过紧或锈蚀，应予以调整或润滑。

（8）一侧车轮制动轮缸活塞与缸壁磨损过甚或皮碗老化、发胀、发黏，应予以更换。

（9）悬架装置连接螺栓松动、一侧鼓式制动器制动底板松动或盘式制动器制动钳固定支架（板）松动。

（10）制动压力调节器或比例阀故障。

（11）左右轮制动蹄（钳）摩擦片材料、新旧程度、质量不一致，左右轮制动蹄（钳）摩擦片与制动鼓（盘）的接触面积不一或制动间隙不一致或者左右轮制动蹄回位弹簧拉力不一致。

（12）前轮定位不正确。

3）故障诊断的一般步骤

制动迟缓指车轮产生制动的速度慢，个别车轮制动迟缓和制动力不足会使所在车轮与同轴车轮的制动力不一致，造成汽车制动跑偏。车身倾斜等原因会造成两侧车轮受到不同的负载，从而产生不同的制动力，造成汽车制动跑偏。

（1）进行减速制动，如果汽车向左（右）跑偏，说明右（左）轮制动迟缓或制动力不足。

（2）进行紧急制动，观察车轮在地面上的印迹。若同一轴两边车轮印迹不能同时产生，则其中印迹短的车轮为制动迟缓，印迹轻的为制动力不足。

（3）检查制动迟缓或制动力不足车轮的轮胎气压、轮胎磨损情况及制动管路是否漏油。检查制动系统中有无空气，制动间隙是否正常。故障仍存在时分解检查制动器和制动轮缸。

主缸通过一套制动油管和软管将液压传递到轮缸或制动钳上，软管则连接于车体上的刚性油管和制动钳或轮缸之间，起到柔性连接的作用。整个制动系统内，制动液的压力和流量必须符合规范要求。即使油管或软管的部分堵塞也会影响液流的畅通并引起问题。施加的制动压力可能足以驱使液流流过堵塞部位，但制动将不易解除或解除缓慢。这就造成制动器拖滞。如果堵塞发生在一个车轮上，则车辆制动时将向一侧跑偏。

（4）如果故障还是存在，应检查车身或悬架、转向系统、行驶系统是否有故障。

（5）做四轮定位。

当两前轮主销内倾角左右不等时，不但会引起行驶跑偏，而且会导致紧急制动时在转向盘上产生严重的转动力矩而出现制动跑偏。

5. 制动时异响故障的诊断

1）故障现象

制动时个别轮有异响，并伴有车身抖动现象。

2）故障原因

（1）制动器摩擦片或摩擦块硬结、太光滑，或制动鼓与摩擦片间夹有金属屑等发出“吱吱”的尖叫声。

（2）制动鼓与摩擦片的曲率相差太大，摩擦片曲率过小使两端与鼓接触；或制动鼓失圆，与摩擦片接触不良或磨损不均，都能发生“哽”的响声，且车身抖动。

（3）制动器摩擦片与制动鼓间隙过小而相互摩擦，会发生“唰唰”的响声。

（4）制动鼓破裂。

（5）防颤动弹簧夹磨损或减弱。

（6）摩擦块磨损到金属底板或摩擦块磨损指示器接触到制动盘。

（7）制动钳安装螺栓松动。

（8）摩擦片中的防颤动弹簧漏装或安装不良，摩擦片和制动钳之间的间隙太大。

（9）位于活塞和摩擦片之间的消声片漏装，或安装不良。

（10）前、后悬架部件磨损松旷或固定螺栓松动。

（11）制动盘端面圆跳动过大、平面度偏差过大或车轮轴承松动。

3）故障诊断的一般步骤

（1）根据不同的响声判定故障原因。分解制动器，检查制动鼓、摩擦衬片的磨损情况及两者的配合。

（2）盘式制动器制动盘和制动钳之间的振颤噪声或尖叫声，多因旋转元件抛光不良，修削加工粗糙，表面刮擦受损或钳体部位毛刺造成，应给予逐一检修清洁，必要时更换零部件。修复旋转元件可采用不定向涡流式抛光法重新抛光其表面，利用特种型号制动盘或在制动盘背后装上垫块和复合材料也可以消除或降低噪声。制动盘过度磨损会导致金属刮削声。制动盘磨损超过规定限度的，应给予更换。

（3）鼓式制动器内摩擦片的过度磨损、制动蹄或制动鼓调整不当或变形等将导致摩擦声或金属刮削声，应给予校正或更换。制动鼓和摩擦片磨损或刮伤、摩擦片油污打滑、回位弹簧轻度失效等可能导致制动器工作时出现尖叫声，应给予检修或更换零部件。此外，制动器元件松动、脱落或装配不良时，还会出现机械撞击声。这时应停车检修，将相应元件装配回位并固定好。

（4）车辆开始行驶时出现的微小“咔嗒”声是 ABS ECU 自检引发的声音，此时 ABS ECU 短暂地使 ABS 系统内的电磁阀动作。

（5）还应检查前、后悬架部件是否磨损松旷或固定螺栓松动。

6. ABS 防抱死制动系统的故障类型

ABS 系统的故障基本上可分为三大类：电路故障、机械故障及外界干扰等。

（1）电路故障。ABS 的电路以控制单元为中心，除控制单元本身的电源电路外，还有信号输入电路及执行器工作电路。有些 ABS 的电路故障是容易修复的，如连接导线松开、破损、连接不良及短路、断路等；有些则是难以修复的，如电子控制器、传感器及电磁阀等的内部故障，一旦出现故障，就必须更换；当然也有一些 ABS 的电路、电器元件实体并没有故障而 ABS 故障指示灯亮，如 ABS ECU 编码不对（一般是新换了 ABS ECU 而未进行正确编码）。

（2）机械故障。ABS 系统的机械故障主要可能是传感器松动、传感器信号转子与传感头之间的间隙不当、安装上的人为失误、更换的配件型号不符、轮胎气压及直径不同等造成，也有一些是 ABS 压力调节器内部机械故障。

若传感器松动，将破坏传感头与信号转子脉冲环间的正确间隙，因此难以准确测量车辆的运动状态参数。轮速传感器一般有两种，即磁电式和霍尔式，应检查其信号转子有无变形或损坏，有可能出现信号转子脉冲环齿数相差一个的情况，更换配件时应仔细核对配件型号。采用霍尔式（磁环式）轮速传感器（如广州本田飞度等）的信号转子（磁环）通常装在轮毂轴承上，若把轴承装反，将导致该轮无轮速信号输出。

如 ABS 电路系统技术状况良好，传感器又能准确测量车轮运动状况，而 ABS 性能不良，如制动距离增长、防抱作用失控等，则为压力调节器故障所致。其内部机械故障主要是阀门卡滞、不密封等。

压力调节器的轻微故障是：响应迟缓，增益不当。其严重故障是：工作程序不受 ABS 控制，脱开 ABS 后，制动系统不能恢复到常用制动系统的功能。

由于压力调节器结构差别较大，难以将其归纳起来，这就需要熟悉各种车型 ABS 系统的结构、原理。

（3）外界干扰。ABS 系统的电子控制单元（ABS ECU）以及传感器到 ABS ECU 间的连线易受电磁场的不利影响。一旦 ABS 系统受到电磁场的干扰，其工作便会失常。比较常见的就是信号屏蔽线损坏、传感器旁起屏蔽作用的金属罩盖安装不当。干扰可来自车辆本身其他系统（如点火系统），也可来自外界（如其他车辆）。当车辆在特定环境下 ABS 故障指示灯亮，更应考虑外界干扰因素。如某车发动机要求装配带抑制电阻的火花塞，若更换了不带抑制电阻的火花塞，在加速行驶过程中可能会使 ABS 故障指示灯亮。

7. ABS 防抱死制动系统的常见故障现象

ABS 的故障现象又大致可分为以下几种情况：一是紧急制动时车轮被抱死；二是制动效果不良；三是警告灯亮起，ABS 不起作用；四是 ABS 出现不正常现象，如在低速制动时 ABS 起作用，踩制动踏板时有振颤的感觉，有时发出“咕噜、咕噜”的声音等。

8. 检修 ABS、TCS（TRC）和 VSC（ESP）的注意事项及一般的检查方法

当 ABS、TCS 和 VSC 系统出现故障时，应根据具体情况，采用正确的方法检修故障。

（1）具体检修时，应首先对 ABS、TCS 和 VSC 的外观进行检查，如导线的接头和插接器有无松脱、制动液是否足够、制动油路有无泄漏、泵及阀有无损坏、蓄电池是否亏电等，还应注意各轮胎型号、气压、直径大小等。对这些容易出现的故障且检查方法又很简单的要先行检查，确定无异常时，再做系统检查，对迅速排除故障有利。

（2）当 ABS、TCS 和 VSC 警告灯亮起时，一般应先读取故障码，按故障码的提示进行。

9. 电子控制防抱死制动系统（ABS）的故障诊断

ABS 系统通常由车轮速度传感器、液压控制单元（液压调节器、制动压力调节器）、电

控单元 ECU 及故障指示灯等组成，如图 8－10 所示。汽车行驶时，若 ABS 故障指示灯持续点亮，说明 ABS 系统存在故障，此时应及时对 ABS 系统进行检测诊断并排除故障。

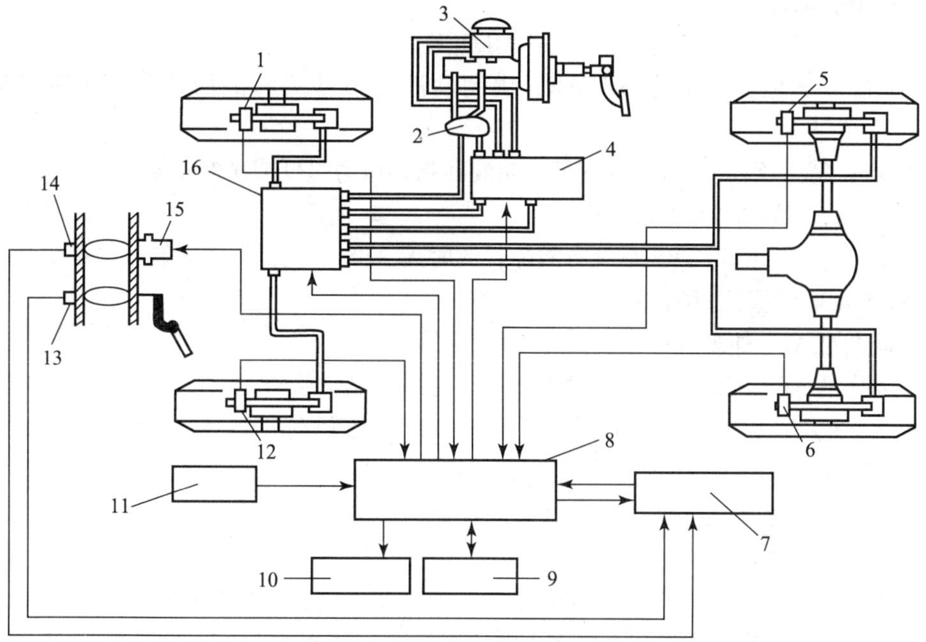

图 8－10　典型 ABS/ASR 的组成

1—右前轮转速传感器；2—比例阀和差压阀；3—制动主缸；4—ASR 制动压力调节器；5—右后轮转速传感器；6—左后轮转速传感器；7—变速器 ECU；8—ABS/ASR ECU；9—ASR 关闭指示灯；10—ASR 工作指示灯；11—ASR 选择开关；12—左前轮转速传感器；13—主节气门开度传感器；14—副节门开度传感器；15—副节气门驱动步进电机；16—ABS 制动压力调节器

1）装备 ABS 的汽车易出现的一些特殊现象

（1）发动机起动时，踏下制动踏板会弹起；而发动机熄火时，制动踏板会下沉。

（2）制动时转动转向盘，会感到转向盘有轻微的振动。

（3）制动时，会感到制动踏板有轻微下沉或轻微振动。

（4）高速行驶时急转弯或在冰雪路面上行驶时，有时会出现制动警告灯亮起的现象。

（5）制动时，ABS 继电器不断地动作，这是 ABS 起作用的正常现象。

（6）制动后期，会有车轮被抱死，在地面上留下拖滑的印痕。这是因为在车速小于 7～10 km/h 时，ABS 不起作用。此时的印痕很淡，与普通制动时留的长而深的印痕不同。

2）ABS 故障现象

一是紧急制动时车轮被抱死；二是制动效果不良；三是警告灯亮；四是 ABS 出现不正常情况。

3）ABS 系统故障自诊断

（1）ABS 的自检。

①点火开关接通后，ABS ECU 将立即对其外部电路进行检查。这时制动警告灯亮，3 s 后熄灭。若制动警告灯一直亮或不亮，说明 ABS 电路有故障。

②对制动压力调节器的检查是通过控制阀的循环来实现的。

③发动机起动后，车速第一次达 60 km/h，ABS 系统完成自检。

④自检过程中若有异常，则停止使用 ABS，储存故障码并点亮故障警告灯。

（2）两个制动警告灯。

① ABS 灯：黄色，标记为 ABS 或 ANTILOCK。

②制动灯：红色，标记为 BREAK，由制动液压力开关和液面开关及手制动器开关控制。

③若制动灯亮，则可能制动液不足、储液器制动压力过低或手制动器开关有问题，此时 ABS 和普通制动系统均不能正常工作。

④若 ABS 灯亮，说明 ABS 系统有故障，此时无 ABS 功能，但常规制动系统仍有效。

4）检修 ABS 时应注意的事项

（1）首先对 ABS 外观进行检查。

（2）区分是 ABS 机械部分（制动器、制动总泵、制动管路等）不良还是 ABS 电子控制部分的故障。方法：拔下 ABS 控制线束，让汽车以普通制动方式制动，如果故障消失，则为电子控制部分故障；否则说明机械部分有故障。

（3）ABS 电子控制部分故障多为线束插接器或导线松脱、车速传感器不良等，制动压力调节器的故障相对较少。

（4）在检修制动压力调节器、制动分泵、储压器、后轮比例分配阀、电动油泵、制动液管路、压力警告和控制开关时需泄压。泄压方法：关闭点火开关，反复踩制动踏板 20 次以上，直至感觉到踩制动踏板力明显增加为止。

知识三　制动距离过长故障的相关零部件的维护

制动系统良好的工作状况是汽车高速行驶的保障。汽车在使用中，制动系统也将随着行驶里程的增加，工况会逐渐变差，影响汽车的安全行驶。为了长期保持制动系统良好的工况，加强日常检查、维护与调整就显得尤为重要。

一、制动液的检查与更换

1. 制动液液面高度的检查

正常情况下，汽车每行驶 1 万 km 时和制动系统维修后，应经常检查储液罐内制动液的液面高度。正确的液面高度，应在储液罐的上限线和下限线之间。若制动液液面过低，应向储液罐内加入制动液至上限位置。若行驶中制动液液面过低报警灯发亮，应立即添加制动液。

2. 制动液的更换

通常制动液的维护周期为 2 年或者 4. 8 万 km。更换新的制动液时，通常应清洗液压制动管路，其方法如下。

（1）在放气螺钉处接好管子，引流制动液并收集。

（2）用吸管将储液罐里的油液吸走，将储液罐内的油污擦拭干净，并加入与原车同型号的制动液。

（3）由两人配合，一人踏住制动踏板，另一人按由远而近的顺序拧松制动分泵的放气螺钉，使旧制动液和污物从此排出。将旧制动液彻底排净，直到新制动液流出为止。

更换制动液应选用优质产品。制动液应清洁、包装密封；否则制动液吸收空气中的潮气或进入杂质，会导致制动液系统中总泵、分泵的磨损而影响制动效果。

目前普遍使用 DOT3、DOT4 和 DOT5 3 种制动液。DOT3 和 DOT4 是吸水性的，它们会吸收潮气。所有的制动液都必须符合国家相应的标准。各种制动液的主要差别在于它们的沸点。DOT3 是乙二醇基制动液，它的最低沸点为 20.5 ℃。DOT4 也是乙二醇基制动液，它的最低沸点是 230 ℃。DOT5 制动液为硅基，无吸水性，其最低沸点为 260 ℃。由于吸水性，DOT3 和 DOT4 制动液有储存有期限，一旦打开储液灌便应尽快将制动液用完，另外，储液罐盖应随时盖好。

DOT4 会损坏油漆表面，故处理制动液时应多加注意。硅基制动液 DOT5 的主要优点是沸点高和不吸水，但 DOT5 容易掺气。当摇动制动液时，会产生微小的气泡，所以 DOT5 制动液绝不能在防抱死制动系统车辆上使用。另外，DOT5 制动液的排气也更加困难。

加注制动液时，应加注正确的制动液，绝大多数车辆使用 DOT3 和 DOT4，这两种制动液可以互换但不应混合。DOT5 则不能与 DOT3 或 DOT4 兼容。

不同牌号的制动液如果混用，会使制动失灵。

二、制动系统内的排气

对制动系统进行维护时，如更换制动管路，则维护制动总泵、分泵之后，必须将制动系统内的空气排净，以确保良好的制动效果。放气的一般程序如下。

（1）检查储液罐内的液面高度，通常应加至规定的上限值。放气过程中，应及时添加制动液，保持液面高度不低于下限值。

（2）放气顺序为由远至近，即右后轮、左后轮、右前轮、左前轮。

（3）为了清洁和回收制动液，应将放气螺钉擦干净，并接上透明塑料软管和容器。

（4）一人踏制动踏板数次，当制动踏板较高时，用力踏住不放松。

（5）另一人用扳手逆时针转动放气螺钉 1/3 ~ 1/2 圈，使制动液从管中流出，在液压消失之前顺时针拧紧放气螺钉。在拧紧放气螺钉之前，绝不可放松制动踏板。

（6）若空气没排尽，可重复（4）、（5）步骤的动作，直至流出的制动液没有气泡为止。排气过程结束后，应检查制动管路，不应有渗漏现象。

三、制动真空助力性能的检查

汽车行驶一定里程后或认为真空助力性能较差时，应对其性能进行检查。检查可分为简易和试验仪器两种方法。下面介绍简易方法。

（1）真空助力作用的检查。在发动机熄火时，按正常制动力踏下制动踏板并保持不动，然后起动发动机，即刻间制动踏板应向下移动一个位置，说明真空助力作用正常。若制动踏板不向下移动或移动不明显，说明助力作用丧失或减弱。

（2）真空助力器的密封检查。起动发动机并使其运转 1 ~ 2 min 熄火，然后踏几下制动踏板，踏板高度应一次比一次高；否则，应检查助力缸的密封状况。

（3）负荷气密性的检查。起动发动机，运转 1 ~ 2 min 后踏下制动踏板，然后使发动机熄火，在 30 s 内踏板高度应无变化。若有变化，应检查单向阀是否密封、真空管路是否有泄漏等。

若上述检查中，真空助力装置不符合检测的要求，需及时更换。

四、检查与调整制动踏板

1. 制动踏板自由行程的检查与调整

将直尺一端放置于制动踏板的前围板上，另一端接触制动踏板一侧（直尺应垂直于踏板平面），用手轻压踏板，当感到有阻力时应停止，查看踏板移动的距离，即自由行程，应为 3 ~7 mm，过大或过小时应调整。拧松固定螺母，转动真空助力器推杆，调整合适后将固定螺母拧紧。调整后，应检查并确保制动踏板高度和制动灯开关正常。

2. 制动踏板高度的检查与调整

测量踏板高度，即踏板在自由状态下其上表面至前围板的距离，应为 176 ~181 mm。不符合规定时，应进行调整。

（1）拆下制动灯开关导线，拧松制动灯开关固定螺母。

（2）旋转制动灯开关，同时检查踏板高度，直到符合规定时，再将制动灯开关固定螺母固定。

（3）装复制动灯开关导线。

（4）最后检查与调整制动踏板的自由行程，使之符合规定。

五、检查与调整驻车制动

有些驻车制动是将操纵杆拉紧后，经过拉线和杆件等，使后轮制动器中的两制动蹄压紧在制动鼓上而产生制动作用。

（1）驻车制动的检查。将操纵杆在完全放松时拉紧，其工作行程应在 5 ~9 个齿之间。不符合规定时，应进行调整。

（2）驻车制动的调整。转动调整螺母，直到制动操纵杆的工作行程达到规定值时为止。调整后，将车停在大于 20% 的坡度上，轿车满载，用大于 400 N 的力拉住操纵杆，若轿车能够停住则为符合要求。

六、制动器的检查

1. 前轮制动器的检查

通过制动钳体上的检查孔，检查制动衬块和制动盘的厚度，超过磨损极限时，制动衬块需更换，制动盘可换，也可在机床上加工后继续使用。

2. 后轮制动器的检查

制动蹄片可用游标卡尺测量其厚度，磨损超过极限值时，需要更换。制动鼓使用中的磨损会使其内径变大，可以对制动鼓进行镗削，安装制动蹄片时需要重新调整制动间隙。

制动器零件是关键部件，对其进行检修是二级维护的主要项目，当磨损接近或达到极限值时，应及时更换磨损件。

1. 任务资讯

车主姓名		地址		电话		出厂时间		公里数	
车牌号		型号/年份		发动机牌号				燃油量	
入场时间		约定交车时间		修正交车时间				维修级别	

故障陈述		接车员		调度员		备注
		班组长		结算员		
		检验员		交车员		

维修项目	工时	工价	维修班组	开工时间	完工时间	换件项目	数量	单位	单价	金额

客户签字：

约定联络时间：

班组长：______

______

检验员：______

接车员：______

服务专员：______

工时费用总计：______

材料费用总计：______

估价人：______

付款方式

转账支票□　现金□　其他□

接车前的检查

□车匙　□备胎　□轮盖　□行驶证　□随车工具　□故障灯

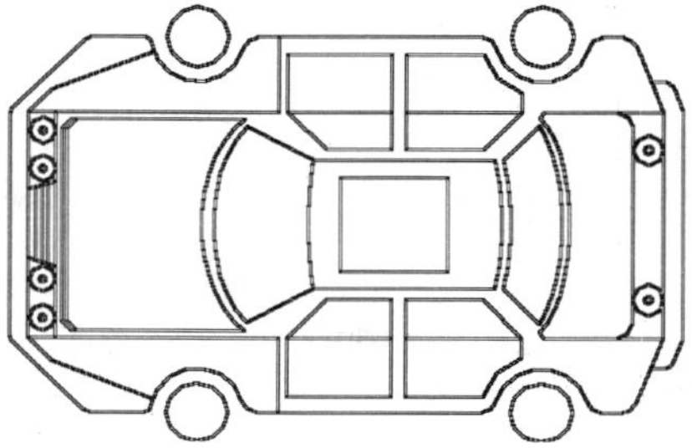

× 划痕　⊙ 凹陷　√ 破损

检查人：

说明

1. 车内贵重物品由客户自行带走；否则如有遗失，本厂恕不负责；

2. 车主同意上述维修项目并授权本厂对无法修复零件予以更换；

3. 客户自带配件与客户要求更换副厂件的，本厂恕不负责质量保修

2. 制定诊断方案（描述故障产生的可能原因及对应检查方法）

序号	可能的原因	检查方法
将诊断方案画成因果关系分析图		
班组长意见		

3. 实施诊断方案（描述对应检查项目、测量数据和判定结果）

序号	检查项目	检查结果	正常状态	结果判定

4. 实施维修（描述最终确认的故障部位和修复方法）

故障部位（零部件）	故障原因	修复方法

5. 维修结算

学字 008 No. 00008

<table>
<tr><td>客户名称</td><td colspan="2"></td><td>客户代码</td><td colspan="2"></td></tr>
<tr><td>地址</td><td colspan="2"></td><td>车牌号码</td><td colspan="2"></td></tr>
<tr><td>电话</td><td colspan="2"></td><td>车型</td><td colspan="2"></td></tr>
<tr><td>付款方式</td><td colspan="2"></td><td>车辆出厂编号</td><td colspan="2"></td></tr>
<tr><td>序号</td><td>作业项目</td><td>作业内容</td><td colspan="2">使用零件</td><td>金额</td></tr>
<tr><td></td><td></td><td></td><td colspan="2"></td><td></td></tr>
<tr><td colspan="3">业务主管指示：　　　____年__月__日</td><td colspan="3">交车员签名：　　　____年__月__日</td></tr>
<tr><td colspan="2" rowspan="4">确认客户已交费

结算员签名：</td><td colspan="2" rowspan="4">本公司对上述维修项目保用至__月__日或__公里</td><td>项目</td><td>金额</td></tr>
<tr><td>维修、检测</td><td></td></tr>
<tr><td>配件</td><td></td></tr>
<tr><td>其他</td><td></td></tr>
<tr><td colspan="4">服务电话：</td><td>总计</td><td></td></tr>
</table>

评价反馈

专业		姓名		班级		学号	
考核项目		评分标准	教师评判			分数	得分
态度（师评）	团队合作	是否和谐	是 □		否 □	5 分	
	拓展发言	是否精彩	是 □		否 □	5 分	
	小组讨论	是否积极	是 □		否 □	5 分	
	设备安全	有无损害	无 □		有 □	5 分	
	人身安全	有无损伤	无 □		有 □	5 分	
	生产纪律	是否守纪	是 □		否 □	5 分	
	现场清理	是否做到	是 □		否 □	5 分	
交车	维修结算（组评）	维修结算单内容填写	充分□	一般□	没填写□	5 分	
	实施维修（组评）	实施维修结果是否完整、正确	完整□	一般□	不正确□	5 分	
实际操作	任务方案（师评）	制动距离过长故障的诊断方案是否正确易行	正确易行 □	基本正确 □	不正确 □	10 分	
	工具使用（师评）	所选工具是否正确无误	完全正确 □	基本正确 □	不正确 □	10 分	
	维修过程（自评）	能否掌握制动距离过长故障的诊断方法	能 □	基本能 □	不能 □	10 分	
	完成维修任务情况（师评）	能够独立完成故障排除	能 □	基本能 □	不能 □	10 分	
		制动距离过长故障的诊断与排除	完全排除 □	基本排除 □	没有排除 □	15 分	
学生体会：						合计	
教师签字： 年 月 日							

知识拓展

故障案例：后轮抱死

【故障描述】

捷达汽车行驶过程中发动机无力，后来根本就不能动了，据旁人说是后轮没有转动，只是被拖着打滑。

【检查过程】

起初怀疑是洗车后没有把水甩干，而且车辆放很久才起动的缘故，因为此机构的制动鼓进水之后容易出现蹄片发胀的现象，容易导致后轮抱死，其机构如图 8 – 11 所示。

图 8 – 11　机构图片

于是技术人员带上拆装轮胎的工具现场卸下轮胎。轮胎被卸下后发现确实两后轮都抱死。调整蹄片的间隙后，检查了里面的弹簧都是到位的。检查之后，询问车主是否前不久洗过车，而后又没有开就停放很久。车主也说确实两天前洗过车就放在车库里没有动过。

大约过了 4 h 后，车辆又出现了同样的问题。考虑到既然只是轮胎抱死，那么大多数问题都应该是出在轮毂上的，于是立即拆下轮胎，发现轮毂内只有间隙不对，除此之外没有看见任何其他的故障。间隙是在 2 h 前调好的，怎么会发生变化呢？学徒已经把蹄片拆了下来，可没有办法装复，于是准备先将其安装还原。就在装复的过程中，发现自调机构的 U 形叉一端有缺口，如图 8 – 12 所示。

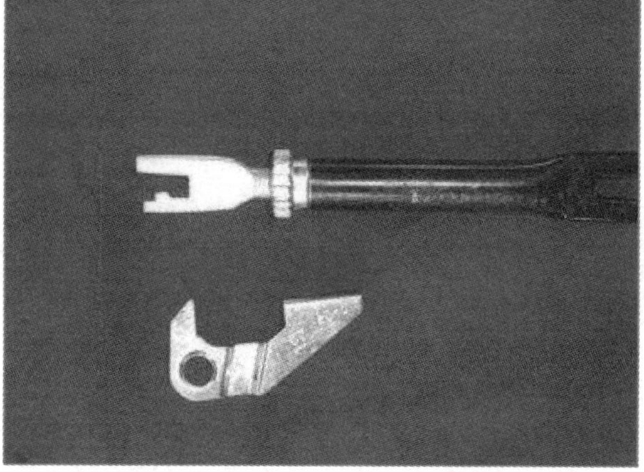

图 8 – 12　U 形叉

观察此机构发现，这个 U 形叉有缺口的一面应该与拨片接触，以便将拨片卡在缺口上。

【故障分析】

立即查看没有拆蹄片的一边这个位置，发现故障所在的部位，其拨片并不是卡在缺口的位置上。U 形拨叉带有缺口的这一端已经被装反，拨片没有固定的卡口。于是就掉在 U 形拨叉与蹄片之间的缝隙中卡死了，导致自调机构不能自调间隙，所以其间隙越来越小，最终造成了后轮抱死。

为了验证这一判断，首先按正确的装配方式装好被解体的一边，而对另一边只调好间隙。之后踩制动踏板，同时拉驻车制动反复操作，几分钟后没有按正确方式装配的一边就抱死了，终于找到并验证了后轮抱死的原因。于是把另一边也按照正确的装配方式装配好。仔细询问驾驶员后，了解到在几天前该车曾在一个路边小维修站中换过制动蹄片。该故障的真正的“导火索”竟然是人为造成的，正确的安装如图 8 – 13 所示。

图 8 – 13　正确的安装

【维修方案】

重新安装后系统正常。

学习情境九

离合器起动发抖的故障诊断与排除

工学目标

↓ 能通过与客户交流、查阅相关维修技术资料等方式获取车辆故障信息。

↓ 能根据故障现象制订正确的维修计划。

↓ 能根据维修计划，选择正确的检测和诊断设备对离合器起动发抖故障进行诊断和分析。

↓ 能使用万用表、故障诊断仪、示波器及发动机综合分析仪常用检测和诊断设备对引起离合器起动发抖故障的各个系统进行检测。

↓ 掌握离合器起动发抖故障诊断的流程及思路，能独立进行基本诊断、故障码诊断、症状诊断的操作。

↓ 能正确记录、分析各种检测结果并做出故障判断。

↓ 根据环保要求，正确处理对环境和人体有害的辅料、废气液体和损坏零部件。

↓ 能根据故障现象进行诊断和分析，制定正确的诊断流程，并选择正确的检测和诊断设备。

↓ 掌握造成该故障的相关零部件的使用与保养方法。

情境描述

2010 年 2 月 9 日，居住在吉林的李先生驾驶一辆捷达轿车来到售后服务站，李先生描述该车在市区内行驶了 10 000 km，保养了两次，发动机号为 JLTD0000000000009，车牌号为吉 A0009。该车在起步的时候离合器起动发抖，于是找专业修理人员进行维修。根据车主描述的现象，请查阅相关资料对此故障进行诊断并排除，修理完毕后如实填写故障案例报告单。

相关知识

知识一　汽车离合器起步发抖故障的概述

离合器，顾名思义，就是一个可以分离和接合的总成。离合器位于发动机和变速箱之间的飞轮壳内，用螺钉将离合器总成固定在飞轮的后平面上，离合器的输出轴就是变速箱的输入轴。在汽车行驶过程中，驾驶员可根据需要踩下或松开离合器踏板，使发动机与变速箱暂时分离和逐渐接合，以切断或传递发动机向变速器输入的动力。

汽车离合器是汽车传动轴系中的关键部件之一，常见故障为分离不彻底、起步发抖、传动打滑和异响及离合器起步发抖等故障现象。

知识二　排除汽车离合器起步发抖故障的相关知识

一、离合器的功用

（1）传递动力。当离合器接合时，通过离合器的压紧装置把从动元件和主动元件紧压在一起成为一个整体，达到从动元件与主动元件的转速一致，这样就实现了动力的传递。

（2）切断动力。当离合器分离时，通过分离机构，使从动元件和主动元件分离，导致发动机的动力不能由主动元件传给从动元件，动力终止传递，切断了发动机的动力输出。

（3）平稳起步。当离合器由分离状态慢慢过渡到接合状态时，汽车就很平顺地从静止到运动，实现平稳起步。

（4）便于换挡。当需要变换挡位时，可以短暂切断发动机动力的输出，让变速器处于自由状态，这样可以轻易顺畅地变换挡位。

（5）防止过载。当离合器载荷超过其可承受的最大载荷时，离合器会出现打滑现象，从而防止传动系统过载，起保护作用。

二、对离合器的基本要求

（1）合适的储备能力。离合器应既能保证传递发动机最大转矩，又能防止传动系统过载。

（2）分离彻底，接合平顺。

（3）从动部分转动惯量尽量小，减少换挡齿轮所受到的冲击力。

（4）散热能力强。由于离合器接合过程中，主、从动部分相对滑动，故会产生大量的热量，如不及时散出，会严重影响其使用寿命和工作可靠性。

（5）操作轻便，减轻驾驶员的劳动强度。常用液压助力离合器来实现此要求。

三、离合器的分类

（1）按从动盘片数可分为单片离合器、双片离合器和多片离合器。从动盘片数越多，可传递的发动机转矩越大。

（2）按是否浸在油中工作可分为干式离合器和湿式离合器。

（3）按工作原理可分为：摩擦式离合器——摩擦传动，应用广泛；液力式耦合器——液体传动；电磁式离合器——电磁力传动。

（4）按压紧弹簧形式与布置形式可分为周布螺旋弹簧离合器、中央弹簧离合器和膜片弹簧离合器。

四、摩擦式离合器的组成与工作原理

摩擦式离合器由主动部分、从动部分、压紧装置、分离机构和操纵机构5部分组成，如图9－1所示。

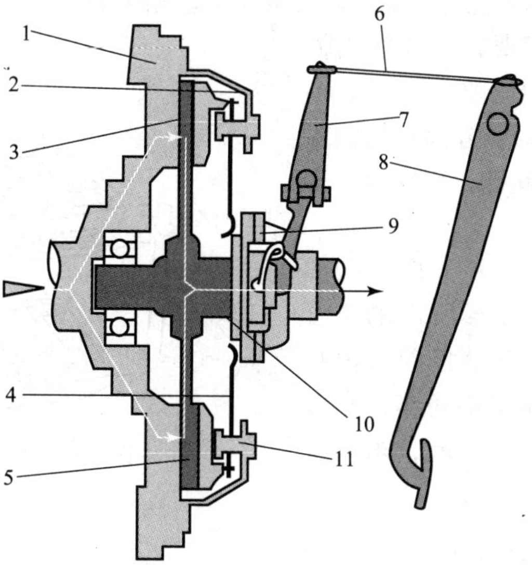

图 9－1　摩擦式离合器的结构（接合状态）

1—飞轮；2—离合器盖；3—从动盘；4—分离杠杆；5—压盘；6—钢索；7—分离叉拉臂；8—踏板；9—分离轴承；10—变速器输入轴；11—膜片弹簧定位钉

发动机飞轮和离合器压盘及盖总成都是主动件；带有摩擦片的从动盘组件是从动件，它的花键毂与变速器的输入轴（第一轴）相连；压紧装置由压紧弹簧、压盘和传动片等组成；分离机构由分离杠杆、支承销（环）、分离钩、分离叉和分离套筒等组成；操纵机构由离合器踏板、杠杆（或钢索）和分离叉拉臂等组成。

离合器的接合状态如图 9－1 所示，离合器依靠本身的弹簧弹力，使从动盘、飞轮以及离合器压盘紧压在一起，成为一个整体，并由从动盘把发动机的动力传输到变速器输入轴上。

离合器的分离状态如图 9－2 所示，离合器依靠驾驶员的操纵，通过离合器踏板及传动机构，使作用力传到离合器的分离叉上，使分离叉通过支点将作用力作用在分离轴承上，分离轴承移动，消除与分离杠杆的间隙后继续推动分离杠杆移动，由于分离杠杆受螺钉支承作用，且分离杠杆的另一端与压盘分离钩连接，从而撬动离合器压盘克服压紧弹簧的弹力往反方向移动，使离合器的从动盘与飞轮以及压盘分离，摩擦力消失，中断动力传动。

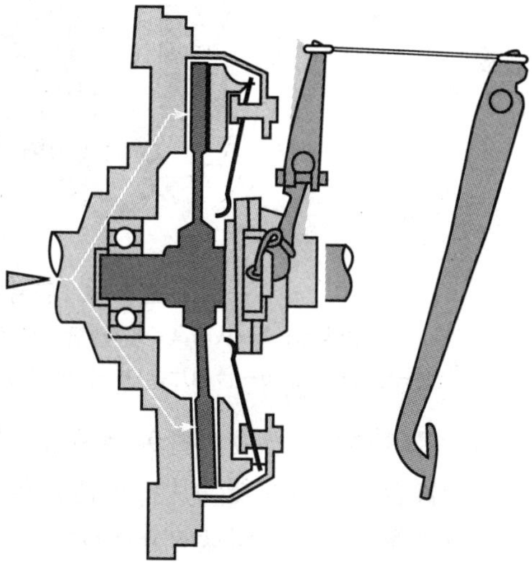

图 9－2　分离状态

五、离合器的自由间隙和离合器踏板的自由行程

当从动盘摩擦片因磨损而变薄时，压盘向飞轮靠近，分离杠杆内端向分离轴承靠近。如果分离杠杆与分离轴承间没有间隙，则分离杠杆内端将不能后移，相应地，也就限制了离合

器压盘前移，从而使压盘不能有效地压紧从动盘，造成离合器打滑，传递转矩下降。所以分离杠杆内端与分离轴承间要有适当的间隙，此间隙即为离合器的自由间隙。其定义为：当离合器处于接合状态时，分离杠杆内端和分离轴承之间的预留间隙，称为离合器的自由间隙。

消除离合器自由间隙及分离机构和操纵机构等零件的弹性变形所需的离合器踏板行程，称为离合器踏板的自由行程，如图 9－3 所示。桑塔纳轿车的离合器踏板自由行程为 15～25 mm，东风货车为 30～40 mm。

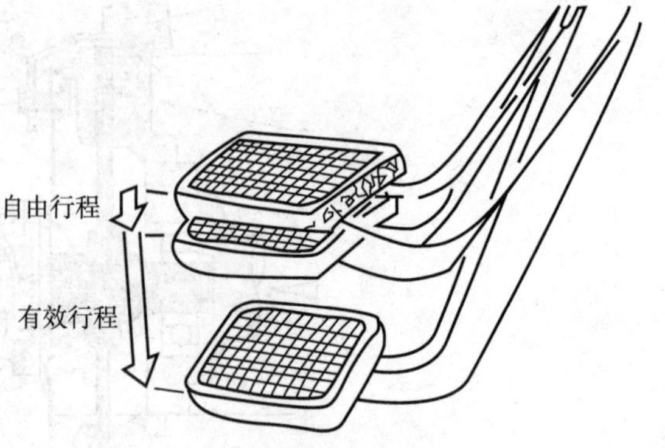

图 9－3　离合器踏板行程

六、膜片弹簧离合器的结构

膜片弹簧离合器由从动元件－动盘总成、主动元件－压板总成（离合器压盘、膜片弹簧和支撑环、离合器盖、分离钩、传动片、定位钉）及飞轮等组成。膜片弹簧离合器零件分解如图 9－4 所示。

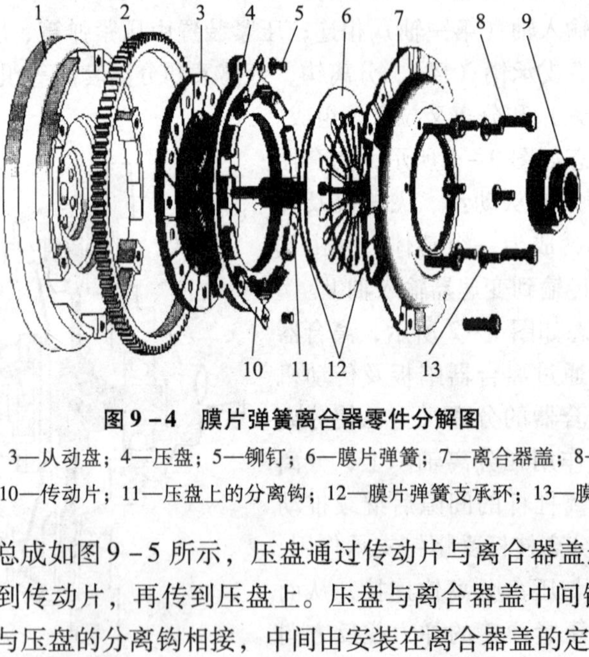

图 9－4　膜片弹簧离合器零件分解图

1—飞轮；2—起动齿圈；3—从动盘；4—压盘；5—铆钉；6—膜片弹簧；7—离合器盖；8—离合器总成紧固螺栓；9—分离轴承；10—传动片；11—压盘上的分离钩；12—膜片弹簧支承环；13—膜片弹簧定位钉

膜片弹簧离合器总成如图 9－5 所示，压盘通过传动片与离合器盖连接在一起，发动机的动力由离合器盖传到传动片，再传到压盘上。压盘与离合器盖中间镶嵌着膜片式压紧弹簧，膜片弹簧的外圆与压盘的分离钩相接，中间由安装在离合器盖的定位钉支撑，膜片弹簧的内圆是用开槽隔开的分离爪，它代替了分离杠杆，膜片两面各有一个支承环，当膜片弹簧变形时起支撑作用。

从动盘总成由摩擦片、钢片、花键毂和减振弹簧等组成，如图 9－6 所示。非金属材料的摩擦片通过铆钉与钢片铆合在一起，花键毂和钢片也是通过铆钉铆合，减振弹簧分布并安装在花键毂上，起到缓冲发动机输出扭矩冲击的作用，使离合器接受发动机扭矩时更加平顺、柔和。花键毂的花键槽与变速器的输入轴相连，从动片接受了发动机的动力时，变速器就有动力的输入。

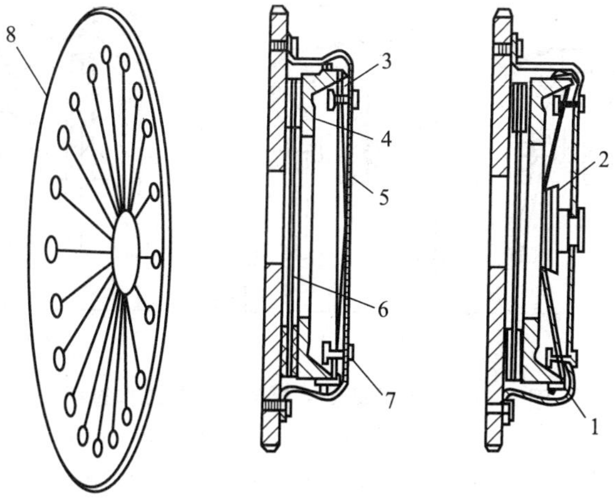

图9－5　膜片弹簧离合器总成

1—分离钩；2—分离轴承；3—离合器盖；4—压盘；5，8—膜片弹簧；6—从动盘；7—分离杠杆定位螺钉

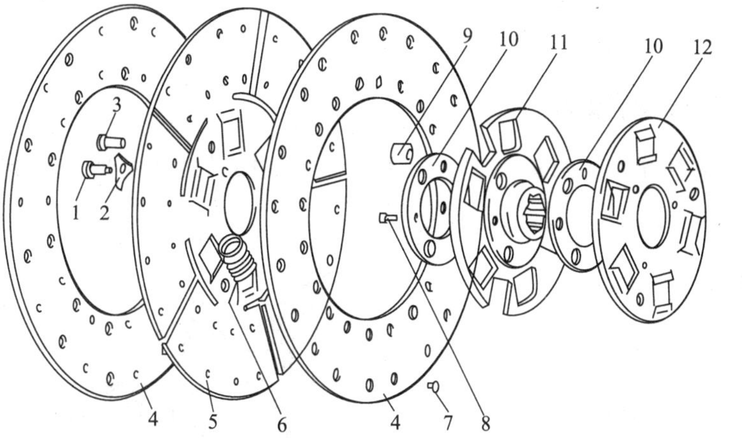

图9－6　汽车离合器从动盘总成

1—阻尼弹簧铆钉；2—减振器阻尼弹簧；3—从动盘铆钉；4—摩擦片；5—从动片；6—减振器弹簧；7—摩擦片铆钉；8—阻尼片铆钉；9—从动盘铆钉隔套；10—减振器阻尼片；11—从动盘毂；12—减振器盘

七、膜片弹簧离合器的工作过程

当离合器在自由状态下时，膜片弹簧装合在离合器总成里已经有了一定的变形量，也产生一定的弹力，把压盘弹开，使压盘与离合器盖具有较大的空隙和距离，即压盘后移行程，如图9－7（a）所示。

当离合器总成安装在飞轮上时，由于离合器盖与飞轮应完全接合，故将导致压盘往后移动，即向离合器盖方向移动，致使膜片弹簧反方向变形，变形的弹簧对压盘产生一个反作用力，也就是这个力使压盘压紧从动盘。离合器就是在这样压紧的状态下传递动力的，如图9－7（b）所示。

当离合器分离时，分离轴承压向分离杠杆，分离杠杆向内移动，由于离合器盖上的定位

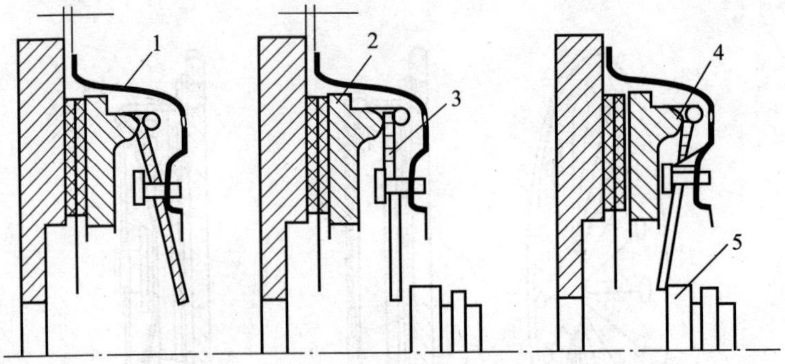

图 9-7　膜片弹簧离合器的安装与工作过程

(a) 安装前位置；(b) 安装后（接合）位置；(c) 分离时的位置

1—离合器盖；2—压盘；3—分离杠杆以及膜片弹簧；4—分离钩；5—分离轴

钉起到分离杠杆支点的作用，所以分离杠杆的另一端（即与压盘分离钩相接的一端）发生反方向的移动，由于连接了压盘的分离钩，所以把压盘也往反方向撬起，使压盘与离合器盖间的距离进一步减小，则膜片弹簧变形量更大，产生的弹力也更大。如果让离合器分离，则必须要克服这个压力，如图 9-7（c）所示。

八、机械钢索式操纵机构

机械钢索式操纵机构如图 9-8 所示，机械钢索式操纵机构主要由离合器踏板、踏板支

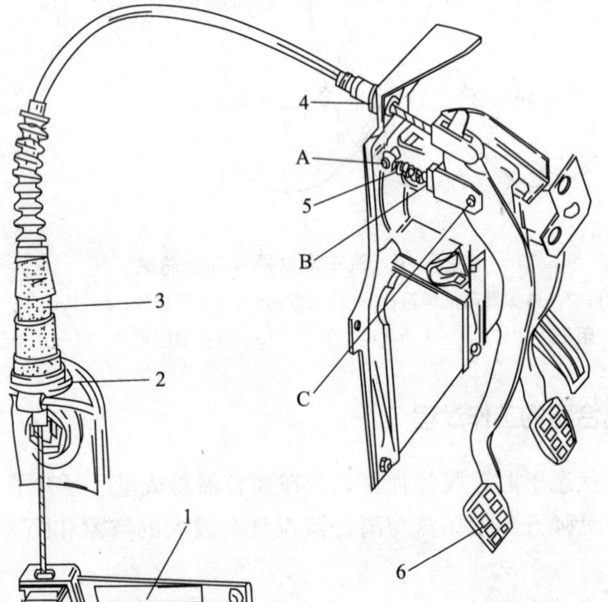

图 9-8　机械钢索式操纵机构

1—离合器分离杠杆；2—固定点；3—钢索胶套；4—钢索胶套固定架；5—助力弹簧；6—离合器踏板；

A—助力弹簧导向杆与离合器踏板支架连接销轴；B—助力弹簧导向杆与离合器踏板连接销轴；C—离合器踏板轴

架、钢索、钢索胶套、钢索胶套固定架、摆臂调整螺母和分离杠杆等组成。其工作原理与杠杆式相似，只是用钢索代替摆臂、杠杆的作用。当踏下离合器踏板时，钢索被拉动，由钢索胶套固定架固定外胶套，钢索带动离合器摆臂，拉动分离杠杆，实现分离操纵。它消除了杠杆式操纵机构的一些弱点，并能采用便于驾驶员操纵的吊挂式踏板。但钢索的寿命较短，容易拉伸，所以一般用于轿车或微型车，如桑塔纳和捷达等车型。

离合器液压式操纵机构由工作缸、储液罐、主缸、油管、离合器踏板和分离拨叉等组成，如图 9－9 所示。它主要是以液压油作介质，传送压力。首先由驾驶员操纵踏板，带动主缸推杆，驱动主缸的活塞移动，活塞和皮碗一起密封缸筒内的液压油，对液压油施加压力，由于油有不可压缩的特性，所以液压油只有顺着油管被压送到工作缸、工作缸活塞和密封的皮碗内，所以液压油就推动工作缸活塞移动，活塞推动推杆及分离叉，实现离合器的分离或接合。

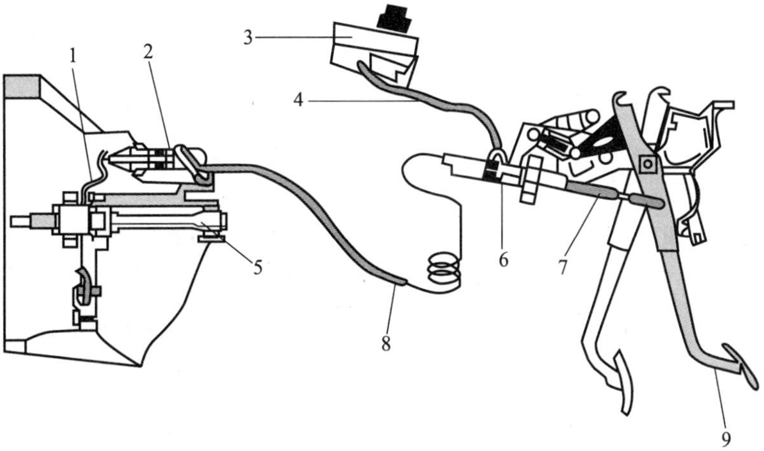

图 9－9　桑塔纳 2000GSi 型轿车离合器液压式操纵机构

1—分离拨叉；2—工作缸；3—储液罐；4—进油软管；5—变速器第一轴；
6—主缸；7—主缸推杆；8—压力管；9—离合器踏板

九、助力式操纵机构

为了减小所需的离合器踏板力，又不致因传动装置的传动比过大而加大踏板行程，在一些中重型货车和某些轿车上采用了助力式操纵机构。

1. 弹簧助力式操纵机构

如图 9－10 所示，助力弹簧的两端分别挂在固定于支架 2 和三角板 5 的支撑销上，三角板 5 可绕三角板销轴 4 转动，当离合器踏板完全放松，离合器处于接合位置时，助力弹簧 3 的轴线在三角板销轴 4 的下方。

分离离合器时，离合器踏板先经过自由行程，消除离合器自由间隙，此行程中，助力弹簧 3 的拉力对三角板销轴 4 的力矩为阻碍踏板和三角板运动的反力矩，其值随离合器下移而减小，至三角板 5 转到助力弹簧 3 轴线通过三角板销轴 4 中心时，反力矩等于零，自由行程中离合器压紧机构压紧力不大，故驾驶员所需克服的总的阻力在允许范围内；离合器踏板继续下移，助力弹簧 3 对三角板销轴 4 的力矩方向与踏板力对销轴的力矩方向一致，则弹簧起

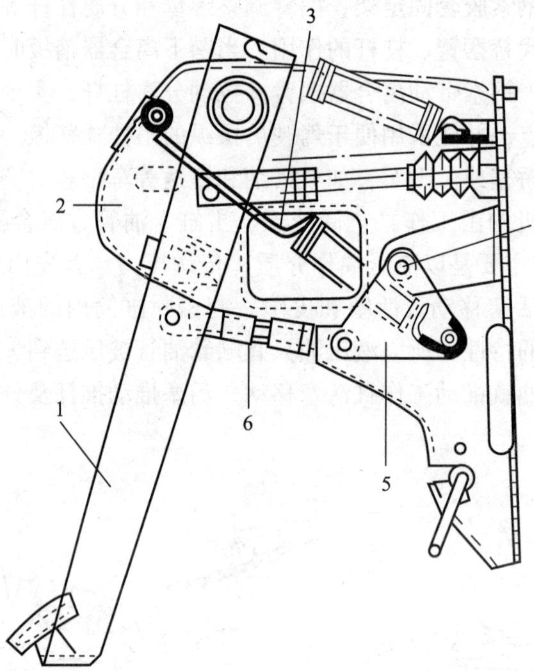

图 9-10　日产 TKL-20 型汽车离合器踏板的弹簧助力装置

1—离合器踏板；2—支架；3—助力弹簧；4—三角板销轴；5—三角板；6—调整杆

到助力作用，且当踏板处于最低位置时，助力作用最大，而此时离合器踏板进入工作有效行程。

2. 气压助力液压式操纵机构

进口的日本五十铃 VCR、TDJ、CJR 系列，日产 CWL 系列及国产的黄河系列等大吨位载重汽车和大型公共汽车等，由于大功率、重负荷，所以离合器传递的扭矩大，相应压紧机构的压紧力也大。为使其操纵轻便，减轻驾驶员的劳动强度，普遍在离合器操纵机构中装有气压助力液压式操纵机构，其作用是增加离合器踏板施加给离合器分离推杆的力，使分离轴承分离容易，从而减小踏板力。

气压助力液压式离合器操纵机构利用发动机带动空气压缩机作为主要的操纵能源，驾驶员的肌体作为辅助的或后备的操纵能源，多与汽车的气压制动系统或其他气动设备共用一套压缩空气源。

如图 9-11 所示，气压助力液压式操纵机构主要由液压主缸、气压助力液压工作缸和储气筒等组成。气压助力液压工作缸是一个将气压控制阀、助力汽缸及液压工作缸三者组合为一体的总成。

离合器处于接合状态时如图 9-11 所示，主缸活塞 3 处于最左端位置，空心进油阀 6 以其左端顶靠在限位螺钉 7 上，使进油阀保持开启，储液室 4 中的工作液经过进油孔、主缸活塞 3 上的切槽和进油阀 6 中的通道流入并充满主缸工作腔。

踩下离合器踏板 1 时，主缸活塞 3 右移，最初进油阀 6 在其弹簧作用下，顶靠在限位螺钉 7 上不动，随着活塞右移，进油阀开度减小直至全关，主缸活塞 3 便带动进油阀一起右移进入有效行程。主缸工作腔中的压力油沿油管 8 进入液压工作缸压力腔 A，一方面作为工作

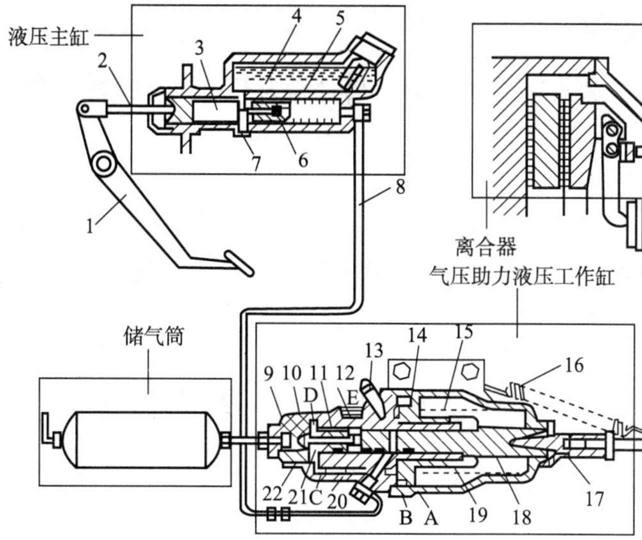

图 9－11　黄河 JN1181 C13 型汽车离合器的气压助力液压式操纵机构示意图

1—离合器踏板；2—主缸推杆；3—主缸活塞；4—储液室；5—主缸活塞复位弹簧；6—进油阀；7—限位螺钉；8—油管；9—气阀门弹簧；10—气阀门；11—气压控制活塞；12—排气滤清器；13—放气螺钉；14—气压助力活塞；15—气压助力活塞复位弹簧；16—分离叉复位弹簧；17—液压工作缸推杆；18—液压工作缸活塞；19—弹簧座；20—液压控制活塞；21—气压控制活塞复位弹簧；22—进气阀座；23—离合器分离叉；A—液压工作缸压力腔：B—助力汽缸压力腔；C—气道；D—控制阀反作用腔；E—排气口

压力推动液压工作缸活塞 18 右移，另一方面又作为控制压力作用在液压控制活塞 20 上，并推动气压控制活塞 11 左移，先关闭其左端排气阀，继而顶开气阀门 10，储气筒内的压缩空气经气阀门 10、控制阀反作用腔 D、气道 C 进入助力汽缸压力腔 B，推动气压助力活塞 14，并经弹簧座 19 推动液压工作缸活塞 18 右移，活塞 18 所受到的主缸液压作用力和助力汽缸的气压作用力一起通过液压工作缸推杆 17 传递给离合器分离叉 23，使离合器分离。

若踏板踩至某一位置保持不动，随着活塞 18 右移，A 腔容积增大而压力下降，于是气压控制活塞 11 便在 D 腔气压及气压控制活塞复位弹簧 21 的作用下立即右移予以补偿，直至气阀门 10 右移到与进气阀座 22 接触，使进气阀关闭不再进气，整个系统达到平衡。若继续踩下踏板，将重复上述过程，只是踏板行程增大，其输出力也增大，因而这一过程具有随动作用。

踏板抬起时，A 腔压力下降失去平衡，气压控制活塞 11 右移，排气阀打开，B 腔内压缩空气经气道 C、气压控制活塞 11 上的中心排气道、排气口 E 排入大气，同时，液压工作缸活塞 18 左移，离合器逐渐接合，这一过程同样具有随动作用。

如气压助力系统失效，踩下离合器踏板，主缸进入工作缸压力腔 A 的油液通过液压控制活塞 20 推动气压控制活塞 11 左移至与进气阀座接触，液压控制活塞 20 不再移动，由主缸来的液压油推动液压工作缸活塞 18 使离合器分离，但此时踏板行程增大，踩动踏板所需施加的力也较大。

十、离合器的常见故障

离合器的常见故障主要有离合器打滑、离合器发抖、离合器异响和离合器分离不彻底等。

（一）离合器打滑

1. 现象

汽车加速时，车速不能随发动机转速的提高而加快，且行驶无力、动力下降、油耗增加、起步困难。

2. 原因

（1）摩擦片有油污，压盘磨损后太薄（过薄会使弹力不足）。

（2）摩擦片磨损严重。

（3）离合器踏板没有自由行程。

（4）弹簧过软，弹力不够。

3. 诊断

拉紧手制动器，挂上低速挡（1 挡），慢慢放松离合器踏板，再慢慢加大发动机转速，若发动机不熄火，即为离合器打滑故障。

4. 排除

（1）检查踏板自由行程，不符合标准的予以调整。

（2）如果踏板自由行程正常，应拆卸变速器，检查离合器与飞轮的连接螺栓是否松动，如松动应拧紧。如果不松动，则应拆卸离合器总成，检查从动盘的情况。检查是否有油污、磨损是否过度和铆钉是否外露等；否则应更换从动盘。

（3）经检查，如果从动盘完好，则应检查并分解离合器总成，检查压盘的厚度、工作面和压紧弹簧等（膜片弹簧离合器一般作总成更换，不作分解）。

（二）离合器发抖

1. 现象

汽车起步时，离合器经常不能平稳接合，使车身发生抖动。

2. 原因

（1）分离杠杆端面高度不处在同一平面内。

（2）减振弹簧失效。

（3）从动盘、压盘翘曲变形，飞轮工作端面圆跳动严重。

（4）从动盘摩擦片厚度不均匀，表面硬化，铆钉头露出，铆钉松动，钢片损坏等。

（5）发动机、变速器、飞轮与飞轮壳的固定螺栓松动。

（6）分离轴承座的轴向移动不灵活、卡滞。

3. 诊断

发动机怠速运转，挂上低速挡，慢慢松开离合器踏板并加大发动机转速起步，如车身有抖动（明显），即为离合器发抖故障。

4. 排除

(1) 检查分离杠杆端面高度，如有误差应予以调整。

（2）检查每个连接固定螺栓是否松动，如有松动应拧紧。

（3）分解离合器总成，检查从动盘和压盘等情况，如有损坏，应进行更换或修理。

（三）离合器异响

1. 现象

在使用或不使用离合器时，有不正常的响声产生。

2. 原因

（1）分离轴承磨损严重或缺油。

（2）分离杠杆的支承销磨损过大。

（3）从动盘钢片铆钉松动，钢片断裂或减振弹簧折断、松旷。

（4）轴承回位弹簧过软、折断或脱落。

（5）从动盘花键与花键轴配合松旷。

3. 诊断

起动发动机，怠速运转，不踩离合器踏板时离合器发出响声，则是离合器总成或从动盘故障发出的响声。稍踩下踏板时发出“沙沙”响声，则是离合器分离轴承故障发出的响声。

4. 排除

如果稍踩下踏板发出“沙沙”的响声，则更换分离轴承。如果没有踩踏板时发出响声，则应拆卸、分解离合器总成进行检查，更换已损坏的部件。

（四）离合器分离不彻底

1. 现象

当汽车起步时，将离合器踏板踏到底仍感挂挡困难，虽强行挂入，若不抬踏板汽车就向前运动或造成发动机熄灭或挂挡时发出响声等。

2. 原因

（1）离合器踏板的自由行程过大，造成工作行程过小，离合器不能完全分离。

（2）从动盘翘曲，铆钉松脱或更换的摩擦片过厚，摩擦片的铆钉松动。

（3）分离杠杆高度不够。

（4）膜片弹簧过软或折断，钢片的偏移度过大。

（5）新换的从动盘方向装反。

（6）液压操纵机构漏油、有空气或油量不足。

（7）发动机与变速器轴线不同心。

3. 诊断

将变速杆挂入空挡，踏下离合器踏板，用螺丝刀推动离合器从动盘，若推不下了，则说明离合器分不开；推动时有阻滞和卡滞等也说明离合器分离不彻底。

4. 排除

（1）补充液压油并排空。

（2）调整分离杠杆高度。

（3）调整踏板自由行程。

（4）更换损坏、变形部件。

离合器位于发动机与变速器之间，在汽车起步和变速器换挡时，用于暂时切断发动机与变速器的连接，以切断动力传递，变挡后逐渐结合，传递发动机动力，从而保证汽车平稳起步以及平顺换挡，并且能防止传动系统过载。

知识三　离合器起步发抖故障相关零部件的使用与保养

离合器液的检查：日常检查离合器液液位，不足时，则应检查管路有无泄漏现象，然后补充添加至指定液位。离合器助力器使用与制动系统同样的合成制动液时，应根据原车说明书规定的牌号、规格选用，不能混合使用，以免助力器中的皮碗难以适应，产生腐蚀、膨胀等现象，而使助力器失效。定期更换制动液，更换时必须清洗液压管路。不得使用其他的油液代替制动液。

对于气压助力液压操纵式离合器，出车前，应打开储气筒下部的放泄塞，排除水分，以免进入动力缸及其他装置，引起锈蚀及其他故障。

离合器的维护：主要就是进行离合器踏板自由行程的检查、维护，检查分离轴承与分离杠杆的间隙以及液压油的油面。下面以桑塔纳轿车离合器为例来介绍离合器的维护。

新车行驶 7 500 km 以上或使用 6 个月后，要对离合器踏板自由行程和功能进行检查。离合器踏板自由行程为 15 ~ 40 mm；否则，可通过离合器拉索进行调整，如图 9 – 12 所示。

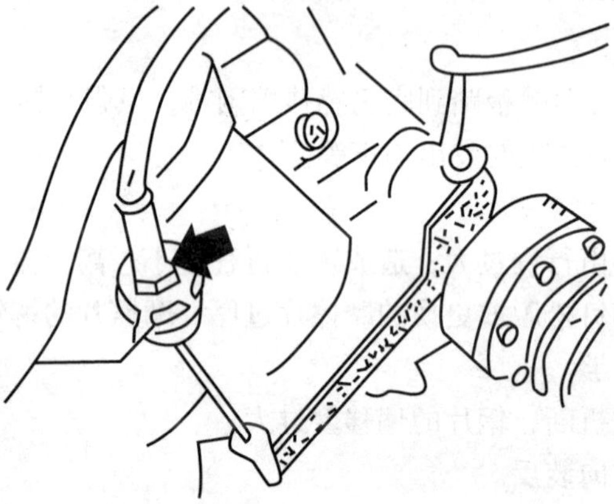

图 9 – 12　离合器踏板自由行程的调整

离合器功能的检查方法：起动发动机，完全拉紧驻车制动器，挂上一挡，稍许加大油慢慢抬起离合器踏板，这时如果发动机转速下降或熄火，则说明其功能正常；否则，则说明离合器存在故障，应首先检查离合器踏板的自由行程，如自由行程符合标准，则是离合器有打滑现象，应予以排除。

离合器的使用寿命主要是由设计决定的，但也与车辆行驶条件和驾驶员的操作方式有很大关系。经常行驶在城市道路，换挡频繁地使用离合器；有的驾驶员换挡时不使用离合器；不使用离合器时，也把脚放在离合器踏板上，使离合器不能完全接合、拖带发热而烧坏。如果能正确使用与保养离合器，它的使用寿命可达 10 万 km 以上。

1. 任务资讯

车主姓名		地址		电话		出厂时间		公里数	
车牌号		型号/年份		发动机牌号				燃油量	
入场时间		约定交车时间		修正交车时间				维修级别	

故障陈述		接车员		调度员		备注
		班组长		结算员		
		检验员		交车员		

维修项目	工时	工价	维修班组	开工时间	完工时间	换件项目	数量	单位	单价	金额

客户签字：	约定联络时间：	接车前的检查	□车匙 □备胎 □轮盖 □行驶证 □随车工具 □故障灯	说明
班组长：______ 检验员：______ 接车员：______ 服务专员：______	工时费用总计：______ 材料费用总计：______ 估价人：______ 付款方式 转账支票□ 现金□ 其他□		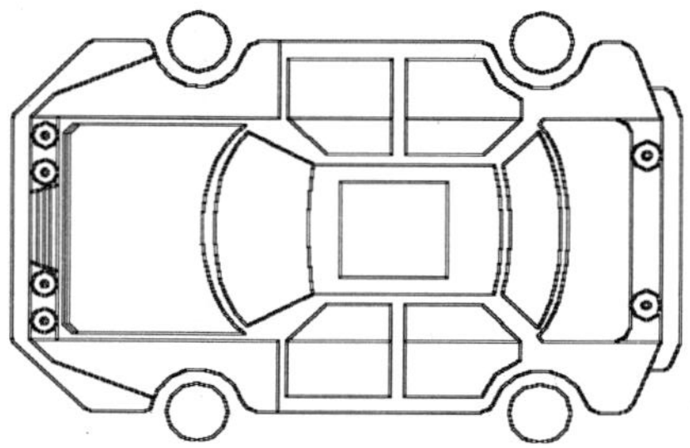 × 划痕 ⊙ 凹陷 √ 破损 检查人：	1. 车内贵重物品由客户自行带走；否则如有遗失，本厂恕不负责； 2. 车主同意上述维修项目并授权本厂对无法修复零件予以更换； 3. 客户自带配件与客户要求更换副厂件的，本厂恕不负责质量保修

2. 制定诊断方案（描述故障产生的可能原因及对应检查方法）

序号	可能的原因	检查方法
将诊断方案画成因果关系分析图		
班组长意见		

3. 实施诊断方案（描述对应检查项目、测量数据和判定结果）

序号	检查项目	检查结果	正常状态	结果判定

4. 实施维修（描述最终确认的故障部位和修复方法）

故障部位（零部件）	故障原因	修复方法

5. 维修结算

学字 009　No. 00009

<table>
<tr><td>客户名称</td><td colspan="2"></td><td>客户代码</td><td colspan="2"></td></tr>
<tr><td>地址</td><td colspan="2"></td><td>车牌号码</td><td colspan="2"></td></tr>
<tr><td>电话</td><td colspan="2"></td><td>车型</td><td colspan="2"></td></tr>
<tr><td>付款方式</td><td colspan="2"></td><td>车辆出厂编号</td><td colspan="2"></td></tr>
<tr><td>序号</td><td>作业项目</td><td>作业内容</td><td colspan="2">使用零件</td><td>金额</td></tr>
<tr><td></td><td></td><td></td><td colspan="2"></td><td></td></tr>
<tr><td colspan="3">业务主管指示：　　　　____年__月__日</td><td colspan="3">交车员签名：　　　　__年__月__日</td></tr>
<tr><td rowspan="4">确认客户已交费

结算员签名：</td><td rowspan="4" colspan="2">本公司对上述维修项目保用至__月__日或__公里</td><td colspan="2">项目</td><td>金额</td></tr>
<tr><td colspan="2">维修、检测</td><td></td></tr>
<tr><td colspan="2">配件</td><td></td></tr>
<tr><td colspan="2">其他</td><td></td></tr>
<tr><td colspan="3">服务电话：</td><td colspan="2">总计</td><td></td></tr>
</table>

评价反馈

专业		姓名		班级		学号	
考核项目		评分标准	教师评判			分数	得分
态度（师评）	团队合作	是否和谐	是 □		否 □	5分	
	拓展发言	是否精彩	是 □		否 □	5分	
	小组讨论	是否积极	是 □		否 □	5分	
	设备安全	有无损害	无 □		有 □	5分	
	人身安全	有无损伤	无 □		有 □	5分	
	生产纪律	是否守纪	是 □		否 □	5分	
	现场清理	是否做到	是 □		否 □	5分	
交车	维修结算（组评）	维修结算单内容填写	充分□	一般□	没填写□	5分	
	实施维修（组评）	实施维修结果是否完整、正确	完整□	一般□	不正确□	5分	
实际操作	任务方案（师评）	离合器起动发抖故障的诊断方案是否正确易行	正确易行 □	基本正确 □	不正确 □	10分	
	工具使用（师评）	所选工具是否正确无误	完全正确 □	基本正确 □	不正确 □	10分	
	维修过程（自评）	能否掌握离合器起动发抖故障的诊断方法	能 □	基本能 □	不能 □	10分	
	完成维修任务情况（师评）	能够独立完成故障排除	能 □	基本能 □	不能 □	10分	
		离合器起动发抖的故障诊断与排除	完全排除 □	基本排除 □	没有排除 □	15分	
学生体会：						合计	
教师签字： 年 月 日							

知识拓展

故障案例一：捷达轿车离合器维修案例

【故障描述】

一辆捷达轿车行驶中底盘出现异响，司机反映，加油或油门不动时一切正常，但在收油门滑行或发动机制动期间，便发出“咯啦、咯啦”的撞击声。

【检查过程】

用举升机支起车身，四轮离地进行模拟实验，感觉声响是从变速驱动桥的差速器部位传出来的，类似轴承磨损发出的噪声，于是抬下变速器并分解，取出差速器总成，检查轴承与座圈未发现划痕和斑点。用手拨行星齿轮轴，能感觉出有约 0.010 mm 的径向移动量，而两个半轴齿轮则有近 1.0 mm 的轴向移动量。但通过其与行星齿轮之间的齿轮面来看，配合间隙正常。经过综合分析，认为差速器总成良好。然后用手转动分离轴承，有“沙沙”摩擦声，决定更换，而后又检查了离合器片、离合器压板、两个半轴的内外球笼，均未发现异常现象。

如果只是分离轴承磨损，那么它所发出的噪声应出现在踩下离合器踏板阶段，不可能在行驶中收油门时才产生，这说明未找到真正的故障点，若此时是装复变速器，其结果必定是返修。于是又细心地复查一遍。检查了离合器片，铆钉目前的磨损深度，确定可以继续用，但仔细观察，发现从动盘钢片与从动鼓之间有一小条打的亮印，用手握住摩擦衬片，另一只手转动从动盘毂，发现严重松旷。

从动盘钢片和从动盘毂通过减振弹簧弹性地连接在一起，盘毂夹在钢片的减振盘之间，并且其中夹有摩擦片，钢片和减振盘用铆钉铆接中间预留出一定距离，使盘毂可做相对稍许转动，整个离合器片不受扭矩。当受扭矩时，则通过摩擦衬片首先传到钢片和减振盘，再经过弹簧传递给盘毂，此时弹簧被压缩，以此来吸收所受的冲击，并利用钢片和减振的能量，使振动迅速衰减。

因为发动机传到汽车传动系统中的扭矩是周期性不断变化的，这就使传动系统产生扭矩振动，若频率与传动系统自振频率吻合，即导致共振。减振弹簧因频繁操作离合器，高温退火而缩短，失去了弹性连接与减振的作用。收油门滑行时，扭矩则由车轮经过传动系统传至发动机制动，从动盘钢片与盘毂之间因作用力的变向，相对反转一个角度，便出现打击现象，而且因周期性的扭矩变化就会产生类似轴承的“咯啦、咯啦”声响。

【维修方案】

更换离合器总成与分离轴承，故障排除。

故障案例二：长安之星离合器不分离维修案例

【故障描述】

一辆长安之星行驶途中发现离合器不好使，继续前行直至回到驻地。离合器不分离，踏下离合器挂挡，只能听见“咯咯”的打齿声。

【检查过程】

先检查离合器拉索间隙，发现间隙在无怠速情况下分离轴承也在不停转动，而灭车后，各挡位又十分好挂，于是怀疑离合器片损坏。拆下检查，见离合器片缓冲簧十分松动，有一根已碎成三段。更换离合器片，装复试车后故障依旧存在。再次拆下检查，发现离合器压盘磨损严重，便更换离合器压盘，并在压盘与飞轮之间垫上平垫。

装车后试验，情况同上次一样。最后在无意中发现曲轴前后窜动严重。更换一副止推垫后试车，故障消失。

【维修方案】

更换曲轴止推垫。

【故障分析】

曲轴前后窜动严重，着车时，曲轴由飞轮的离心力带动向后窜动，踏下离合器，曲轴会随分离轴承向前窜动。其窜动行程抵消了一部分压盘的分离行程。故检查离合器间隙以调至最小而离合器却不分离。由此可见，寻找此类故障原因，不仅只检查主要可能出现故障的部件，同时要细心观察与其相关联的其他数据与部件，这样将有助于快速排除故障。

学习情境十

汽车不能起动的故障诊断与排除

工学目标

↓ 能通过与客户交流、查阅相关维修技术资料等方式获取车辆故障信息。

↓ 能根据故障现象制订正确的维修计划。

↓ 能根据维修计划，选择正确的检测和诊断设备对汽车不能起动故障进行诊断和分析。

↓ 能使用万用表、故障诊断仪、示波器及发动机综合分析仪常用检测和诊断设备对引起汽车不能起动的各个系统进行检测。

↓ 掌握汽车不能起动故障诊断的流程及思路，能独立进行基本诊断、故障码诊断、症状诊断的操作。

↓ 能正确记录、分析各种检测结果并做出故障判断。

↓ 根据环保要求，正确处理对环境和人体有害的辅料、废气液体和损坏零部件。

↓ 能根据故障现象进行诊断和分析，制定正确的诊断流程，并选择正确的检测和诊断设备。

↓ 掌握造成该故障的相关零部件的使用与保养方法。

情境描述

2010 年 2 月 4 日，居住在吉林的李先生驾驶一辆捷达轿车来到售后服务站，李先生描述该车在市区内行驶了 8 000 km，保养了 1 次，发动机号为 JLTD0000000000010，车牌号为吉 A0010。该车在车库内停车一周后，不能起动，于是找专业修理人员进行维修。根据车主描述的现象，请查阅相关资料对此故障进行诊断并排除，修理完毕后如实填写故障案例报告单。

相关知识

知识一　汽车不能起动故障的概述

汽车不能起动故障，主要是指接通起动开关时，起动机能带动发动机正常转动，但不能起动发动机，且无着车征兆（无初始燃烧迹象）或者有着车征兆（有初始燃烧迹象），但不能起动发动机。

在维修中，如何准确、迅速地诊断故障的原因，判别故障部位，对于提高工作效率、缩短修理时间是非常重要的。要想做到这一点，必须掌握发动机正常起动的条件。有足够的点火高压与能量、恰当的混合气空燃比、正确的点火时刻、正常的汽缸压缩压力是发动机正常运行的必要条件。若有一个条件不能满足，发动机将运行不良。因此，造成发动机不能起动的原因很多，有起动系统、防盗系统、电控点火系统、电控燃油喷射系统及发动机机械故障，也可能是综合性的故障引起的发动机不能起动等。要想准确地判别故障部位，必须从故障的现象入手。如果起动机带不动发动机，由于起动系统故障及防盗系统故障而造成发动机不能起动的故障的诊断与排除方法，在前面已经介绍过了，这里不予解释。

知识二　排除汽车不能起动故障的相关知识

点火系统故障造成汽车不能起动故障的相关知识

一、概述

对汽油发动机来说，点火系统的用途是向汽缸内提供火花，在压缩行程终点附近，点燃空气燃油蒸气的压缩进气。在正常的大气条件（1 bar，1 bar = 10^5 Pa）下，火花在压缩比为 8:1 的发动机汽缸内跳过 0.6 mm 的空气间隙，大约需要 8 kV。如果是更高的压缩比和更稀的混合气，需要 20 ~ 30 kV。电火花点火是通过一整套电气设备和机件，在相互配合下，将汽车的低压电变为高压电，利用装在汽缸燃烧室内的火花塞间隙放电，产生电火花，将可燃混合气点燃做功，并能按发动机工作的要求自动调节点火时间，使点火可靠、准确。

二、点火提前角

为了得到最优效率，点火提前角应当是在上止点（TDC）后大约 10°，以引起最大燃烧压力发生等。理想的点火正时取决于两个主要因素：发动机转速和发动机负荷。发动机转速的增大需要点火正时提前。汽缸的混合气的充气需要一定的时间燃烧（一般大约是 2 ms）。在更高的发动机转速下，活塞行进相同的距离所花费的时间减少。点火提前的时间确保可以达到充分燃烧。

低负荷条件下使用较稀的混合气以一个较慢的速度燃烧时，由发动机负荷导致的正时变化是必需的。在这种情形下，必然需要进一步提前点火。发动机上的负荷越大，需要的混合气越浓，燃烧得越快。既然这样，正时延迟就是必需的。总的来说，在发动机转速和负荷的任何情况下，需要一个理想的提前角，以确保刚好在上止点（TDC）后汽缸内达到最大燃烧压力。理想的提前角也可以由发动机温度和任何爆燃的危险性来决定。

点火提前可以用许多方式达到。最简单的是由机械点火提前角调节机构来实现，即离心式调节器和真空式调节器。歧管真空几乎与发动机负荷成反比例，但一般还是考虑歧管压力，虽然比大气压力低；进气歧管绝对压力（MAP）与发动机负荷成比例，数字式点火系统可以调节涉及温度以及转速和负荷的正时。为了确定理想的燃点，所有点火正时功能值都是以机械或电子的方式组合的。

能量存储发生在点火线圈内，能量以磁场的形式被存储。为了确保线圈在燃点前充电，要一段闭合持续时间。点火正时在闭合持续时间的末端。

三、电子点火系统的结构

目前，所有火花点火车辆大都已安装了电子点火装置。以霍尔效应式电子点火系统为例来介绍电子点火系统的结构和各部分功能。霍尔效应式电子点火系统其信号发生器是利用霍尔效应制成的。下面以桑塔纳轿车为例简要说明霍尔效应式电子点火系统各部分的功用。桑塔纳轿车点火系统的组成如图 10 – 1 所示。

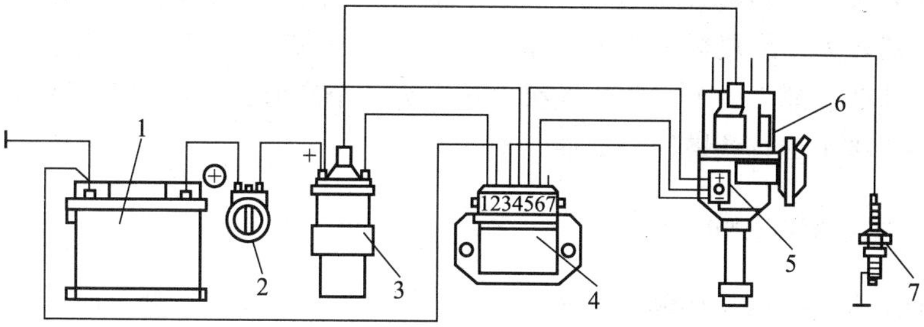

图 10 – 1　桑塔纳轿车点火系统的组成

1—蓄电池；2—点火开关；3—点火线圈；4—点火控制器；5—霍尔信号发生器；6—分电器；7—火花塞

1. 电源

点火系统的电源为蓄电池或发电机，其作用是给点火系统提供低压直流电源，电压一般为 12 V。

2. 点火线圈

点火线圈的作用是将 12 V 低压电转变成 30 kV 的高压电，其结构与自耦变压器相似，所以也称其为变压器。

3. 分电器

分电器是由配电器、信号发生器和机械式点火提前角调节机构等组成。配电器的作用是将点火线圈产生的高压电，按照发动机的工作顺序送至各缸火花塞；信号发生器的作用是产生脉冲信号，送给点火控制器，由点火控制器控制初级电路的通断；机械式点火提前角调节机构的作用是随发动机转速和负荷的变化而改变点火提前角。

4. 点火控制器

点火控制器也称为点火模块，集成电路主要由整形电路、放大电路和开关电路组成，其主要起开关作用，用来控制点火系统初级电路的导通与截止。

5. 火花塞

火花塞的作用是将高压电引入汽缸燃烧室，产生电火花点燃混合气。

6. 高压线

高压线的作用是用来连接点火线圈、分电器及各个火花塞。

7. 点火开关

点火开关的作用是用来控制点火系统的初级电路，同时也控制充电系统的励磁电路、起动电路及由点火开关控制的所有用电设备。

目前国产的桑塔纳、奥迪、捷达、红旗等轿车的点火系统均采用这种点火装置。

四、点火系统的工作过程

电子点火系统的基本工作原理是：信号发生器转动时，其周围磁场发生变化，在传感器中产生电压信号，该信号经点火控制器的放大、整形来控制末级大功率三极管的导通与截止，使点火线圈中初级电流发生变化，并在次级绕组中感应出高压电。点火控制器中的闭合角（指末级大功率三极管导通期间分电器转过的角度，该角度越大，三极管导通时间越长，初级电流越大）控制、恒流控制（高能点火线圈是利用减小初级绕组的电阻值来增加初级电流的，该电流较大，易烧坏末级大功率三极管，必须限制）使初级绕组的电流无论在发动机高速或低速时，都为一个定值，次级电压也为一个定值，从而提高了点火性能。采用电子点火系统的代表车型有桑塔纳、奥迪、捷达等。

五、电子点火系统故障的诊断

不同电子点火系统故障诊断的区别主要在于信号发生器的检测，而其检测原理是相同的，下面以常见的霍尔效应式电子点火系统为例说明电子点火系统的故障诊断与维修。

1. 确定故障在低压电路上还是在高压电路上

（1）打开分电器盖，转动曲轴，使分电器转子缺口对正霍尔信号发生器。

（2）拔出分电器盖上的中央高压线，使其端部离汽缸体 5 ~ 7 mm。

（3）接通点火开关，用螺钉旋具在霍尔信号发生器的间隙中轻轻地插入和拔出，模拟转子在间隙中的动作，如图 10 – 2 所示。

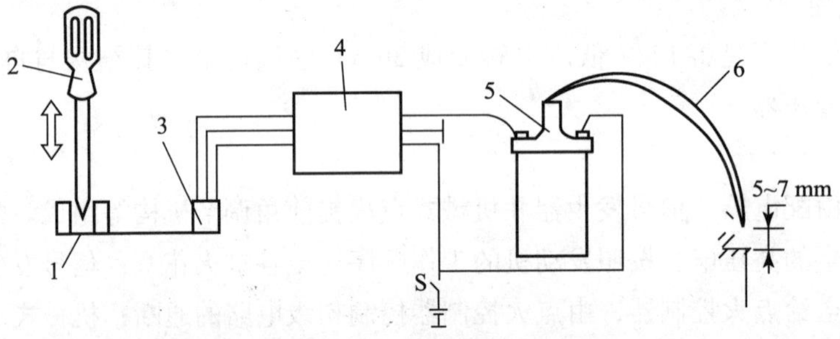

图 10 – 2　电子点火系统的故障确定

1—分电器内的霍尔信号发生器的空气气隙；2—螺钉旋具；3—霍尔传感器插接器；4—点火控制器；5—点火线圈；6—高压线

（4）若能跳火，说明点火控制电路中的信号发生器、点火控制器、点火线圈正常，故障发生在高压电路；若不能跳火，说明故障发生在信号发生器、点火控制器、点火线圈等点火控制电路。

2. 点火控制电路故障的检查

（1）点火线圈的检查。接通点火开关，不起动发动机，用万用表直流电压挡测量点火线圈（ + ）与搭铁间的电压值，是否为蓄电池电压。若电压过低或为零，则应检查蓄电池以及蓄电池至点火线圈（ + ）之间的连接导线和熔断器。若电压为蓄电池电压，则应断开点火开关，检查点火线圈初、次级电阻是否符合规定。

（2）信号发生器的检查。电子点火系统常采用霍尔式信号发生器。在点火线圈、点火控制器、连接导线良好的情况下可拔下配电器盖上的中心高压线，使线端距发动机机体 5 ~ 7 mm，转动发动机使霍尔信号发生器转子的缺口对正霍尔信号发生器。接通点火开关，用钢锯片插入霍尔信号发生器，迅速拔出钢锯片。若能跳火，说明霍尔信号发生器良好；否则说明霍尔信号发生器损坏。

（3）点火控制器的检查。在点火线圈正常的情况下，将连接插头从点火控制器上拔下，将电压表接在图 10 – 3 所示点火控制器连接插头的端子 2 和 4 之间，接通点火开关，测得电压值应与蓄电池电压值相近。断开点火开关，重新将连接插头插在点火控制器上，拔下霍尔信号发生器的插头，将电压表接在点火线圈（ + ）和（ – ）接线柱上，接通点火开关，此时，电压应不小于 2 V，并在 1 ~ 2 s 后必须下降到零；快速将分电器的中央高压线拔出并搭铁，电压值应在瞬间上升到 2 V；断开点火开关，将电压表接到点火控制器的 5、6 端子上，接通点火开关，电压应不小于 5 V；否则应更换点火控制器。

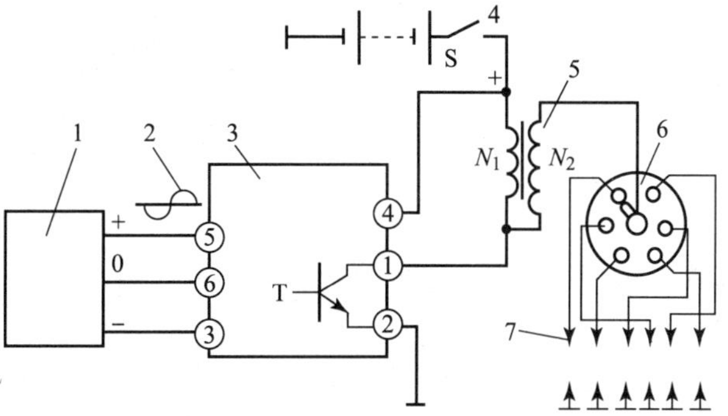

图 10 – 3　电子点火系统点火控制电路的检查

1—信号发生器；2—电压信号；3—点火控制器；4—点火开关；5—点火线圈；6—配电器；7—火花塞

六、电子点火系统的常见故障

（一）发动机无着火征兆

1. 故障现象

起动发动机时，起动机运转正常，但发动机无着火征兆。

2. 故障原因

（1）低压线路断路或短路。

（2）点火线圈初级、次级绕组断路或短路。

（3）点火控制器、霍尔发生器损坏。

（4）分电器中心电刷折断或弹簧损坏。

（5）分火头击穿。

（6）中央高压线折断。

（7）各高压分线或火花塞损坏。

（8）点火时间过早或过迟。

3. 诊断分析

发动机无着火征兆故障诊断分析流程如图 10 – 4 所示。

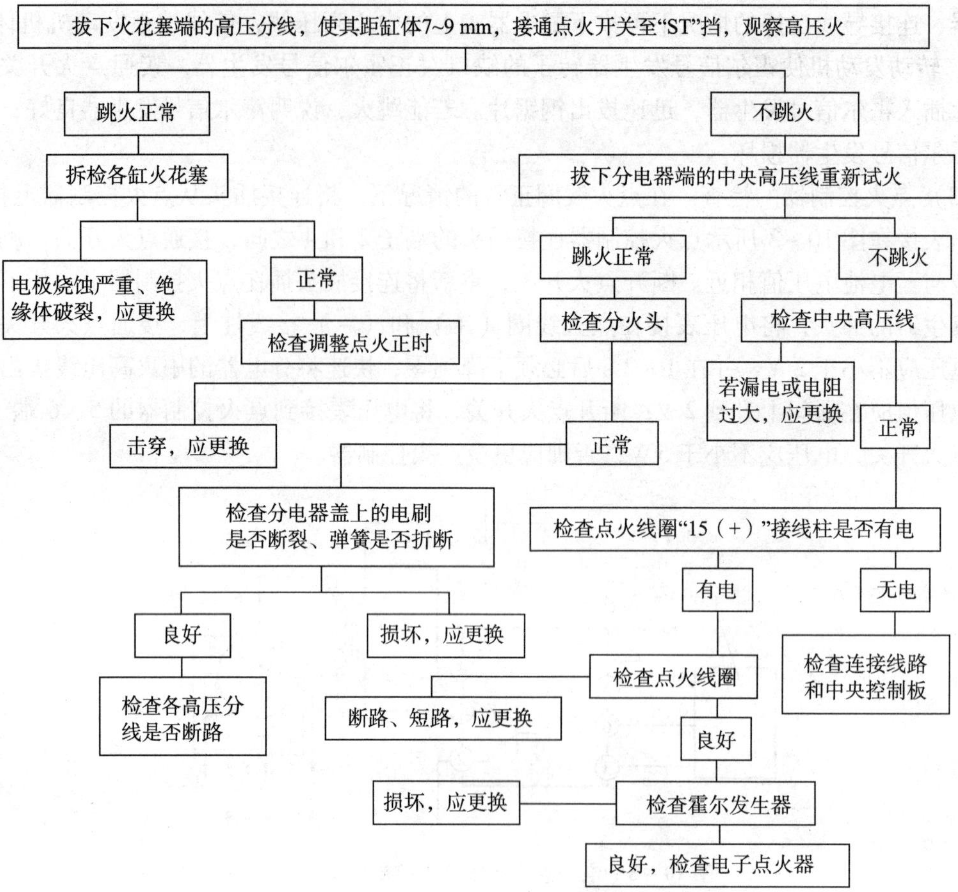

图 10－4　发动机无着火征兆故障诊断分析流程

（二）高压断火

1. 故障现象

发动机工作过程中有明显的抖动现象，排气管冒黑烟，并发出有节奏的“突突”声，甚至放炮，动力下降，燃油消耗高。

2. 故障原因

（1）个别缸火花塞积炭过多、电极间隙不当或绝缘体破裂。

（2）高压分线脱落、漏电或电阻过大。

（3）分电器盖插孔有绝缘物或破裂、漏电。

（4）点火线圈老化导致次级电压偏低。

（5）分电器触发转子定位销松动。

（6）点火控制器内部接触不良。

3. 诊断分析

高压断火故障诊断分析流程如图 10－5 所示。

（三）发动机高速运转不良

1. 故障现象

发动机怠速运转正常，高速运转不稳，有缺火现象，排气管有“突突”声。

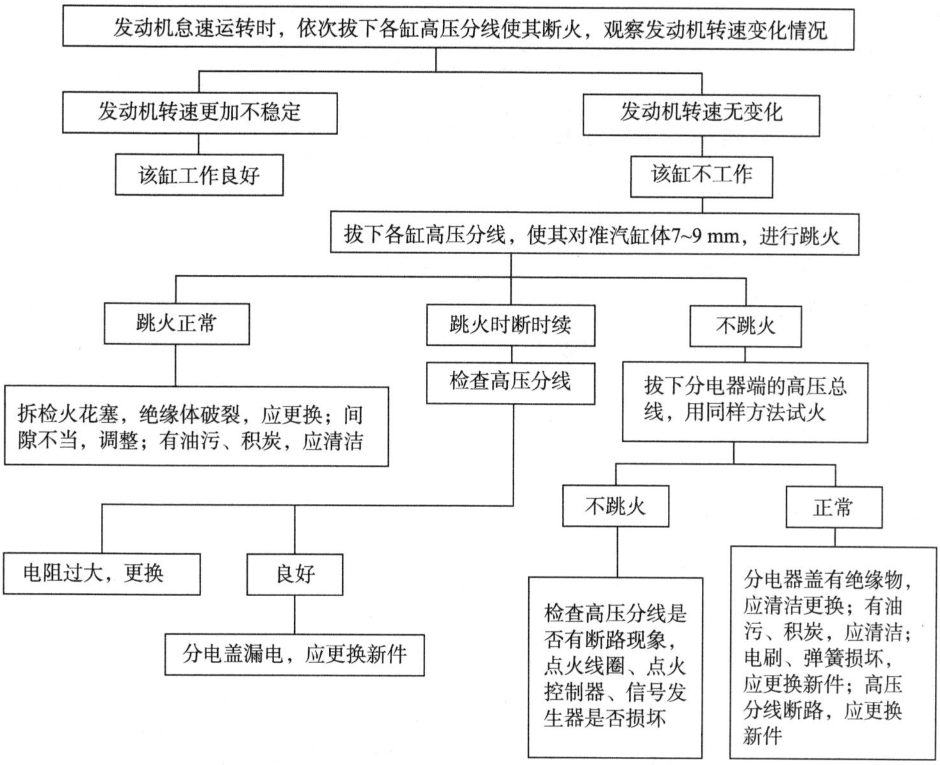

图 10－5　高压断火故障诊断分析流程图

2. 故障原因

（1）个别缸火花塞电极间隙过大。

（2）点火线圈老化使次级电压降低。

（3）离心提前装置工作不良。

3. 诊断分析

发动机高速运转不良故障诊断分析流程如图 10－6 所示。

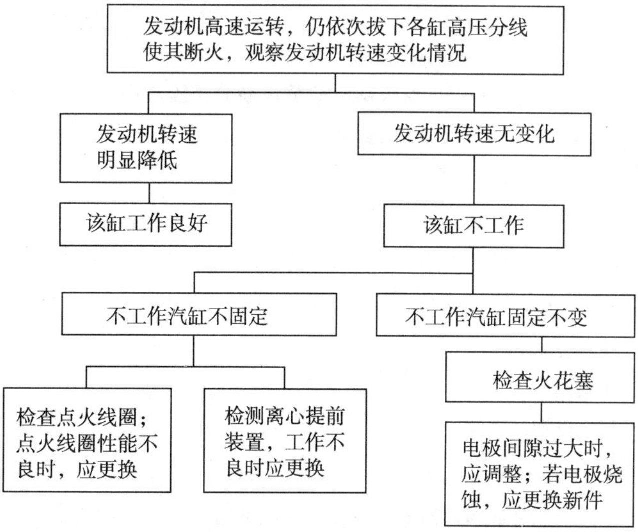

图 10－6　发动机高速运转不良故障诊断分析流程图

（四）点火错乱

1. 故障现象

发动机起动困难；起动后运转不稳，机身抖动严重，并存在化油器“回火”、排气管“放炮”现象。

2. 故障原因

（1）分电器盖击穿漏电。

（2）高压线次序错乱。

（3）点火信号发生器转子定位销脱落。

（4）分火头磨损、松旷。

（5）点火正时调整不当。

3. 诊断分析

点火错乱故障诊断分析流程如图 10－7 所示。

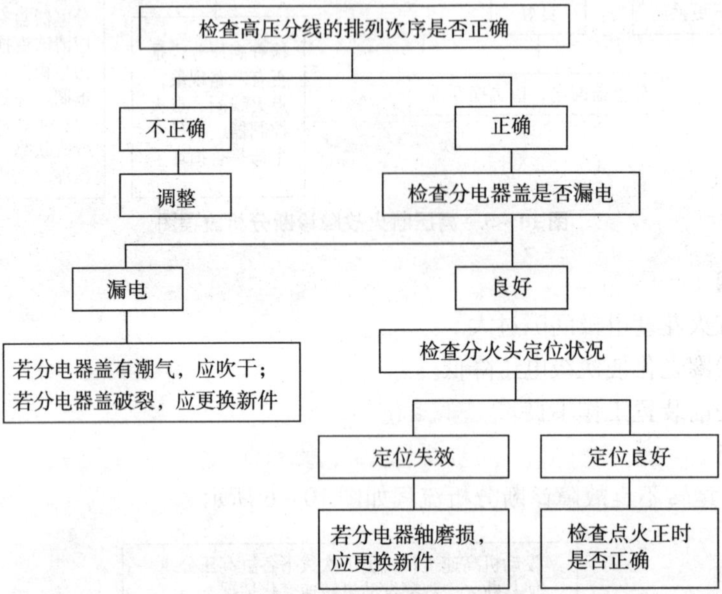

图 10－7　点火错乱故障诊断分析流程图

（五）高压火花弱

1. 故障现象

发动机起动困难，起动后运转不稳，怠速难以维持，化油器有时“回火”，排气管有时有“突突”声，甚至“放炮”，发动机动力不足，易过热。

2. 故障原因

（1）蓄电池存电不足。

（2）点火系统连接线接触不良。

（3）点火线圈内部短路。

（4）分电器盖高压插孔内氧化物过多或中心电刷与分火头接触不良。

（5）火花塞工作不良。

（6）触发叶轮与霍尔发生器之间的间隙不均匀。

3. 诊断分析

高压火花弱故障诊断分析流程如图 10－8 所示。

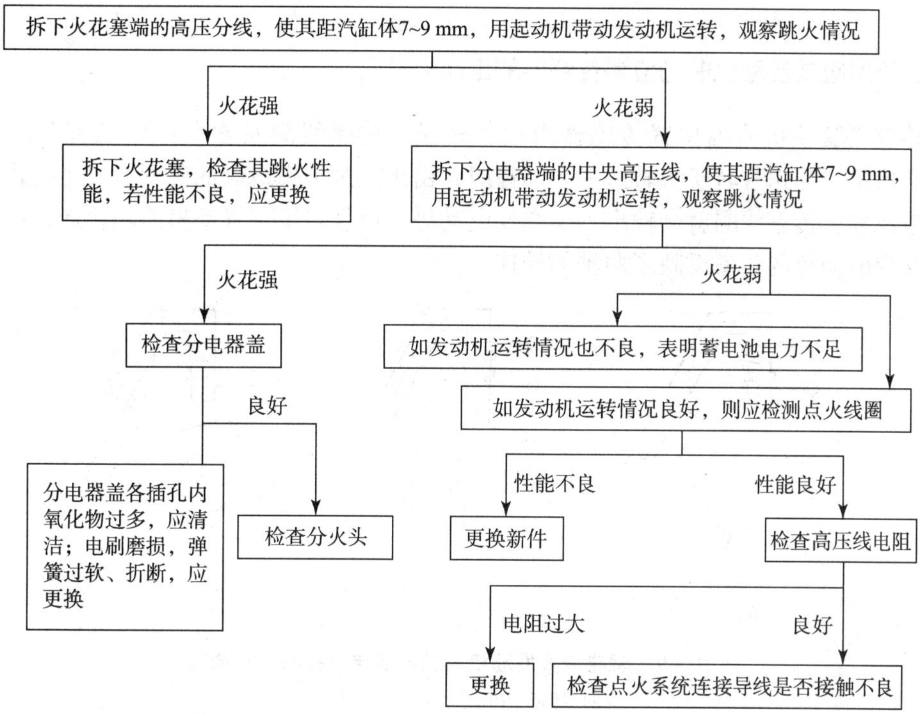

图 10－8　高压火花弱故障诊断分析流程图

发动机曲轴位置传感器与凸轮轴位置传感器故障造成发动机不能起动故障的相关知识

一、发动机曲轴位置传感器与凸轮轴位置传感器的功用

发动机曲轴位置传感器（CPS）的功用是检测发动机的转速和曲轴位置信号并输入 ECU，ECU 根据发动机转速和曲轴位置信号，控制喷油开始时刻和点火时刻（点火提前角）。发动机曲轴位置传感器可以同时检测发动机曲轴位置和发动机的转速，因此又称其为发动机转速传感器，安装在曲轴、凸轮轴、飞轮或分电器处。两传感器有安装在一起的，也有分开安装的，信号类型为频率信号。

发动机凸轮轴位置传感器（CIS）的功用是检测发动机的凸轮轴位置信号并输入 ECU。控制喷油开始时刻和点火时刻需要识别哪一缸处于压缩上止点的位置，对于四冲程发动机来说，发动机工作一个循环，曲轴转两圈（720°），所以发动机曲轴位置传感器并不能识别哪一缸处于压缩上止点的位置。而发动机工作一个循环，凸轮轴转一圈（360°），因此可以利用发动机凸轮轴位置信号来识别 1 缸活塞处于上止点的位置，进行顺序喷油和点火时刻的控制。凸轮轴位置传感器又称为汽缸识别传感器。

发动机电子控制系统常用的发动机曲轴位置传感器与凸轮轴位置传感器根据其工作原理分为磁感应式、光电式和霍尔式 3 种类型。由于现在国产轿车的发动机曲轴位置传感器与凸轮轴位置传感器大部分采用磁感应式的，而磁感应式发动机曲轴位置传感器与凸轮轴位置传感器的工作原理相同，因此下面以桑塔纳2000GSi型轿车采用的磁感应式发动机曲轴位置传感器为例说明磁感应式发动机曲轴位置传感器与凸轮轴位置传感器的工作原理。

二、磁感应式发动机曲轴位置传感器的工作原理

磁感应式发动机曲轴位置传感器由信号转子、传感线圈及永久磁铁三部分组成，如图10－9所示。当信号转子每转过一个凸齿时，由于穿过传感线圈的磁通量发生变化，根据电磁感应原理，传感线圈就会输出一个交变电动势。信号转子与发动机曲轴相连，传感线圈输出的交变电动势的频率反映了曲轴的转速。

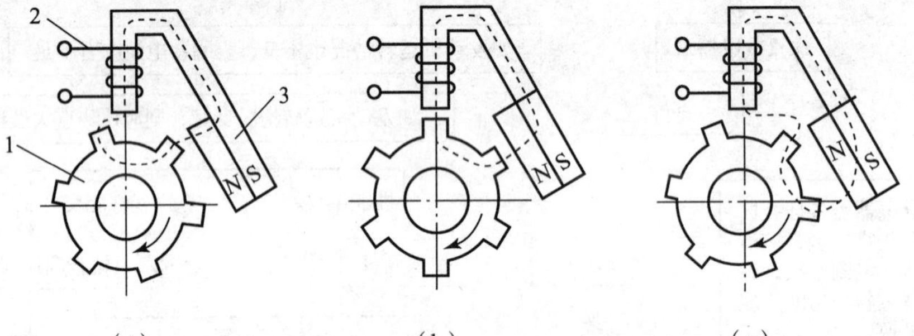

图10－9　磁感应式发动机曲轴位置传感器的工作原理

(a) 接近；(b) 对正；(c) 离开

1—信号转子；2—传感线圈；3—永久磁铁

图10－10所示为桑塔纳2000GSi型轿车的磁感应式发动机曲轴位置传感器的结构示意图，图中5是信号发生器，由传感线圈、永久磁铁及线束组成，安装在靠近离合器一侧的缸体上。信号转子的圆周上间隔均匀地分布着58个凸齿、57个小齿缺和一个大齿缺。

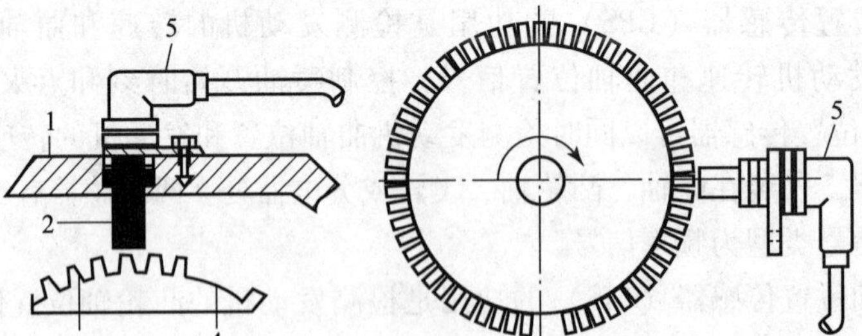

图10－10　桑塔纳2000GSi型轿车发动机电控系统

发动机曲轴位置传感器的结构

1—缸体；2—传感器磁头；3—信号转子；4—大齿缺；5—信号发生器

当曲轴旋转时，信号转子同时旋转，信号发生器输出一个交变电压信号，如图10－11所示。由于大齿缺所占的曲轴转角为15°，每个小齿缺所占的曲轴转角为3°，因此当大齿缺转过传感器磁头时，信号发生器的输出信号相对于其他小齿缺而言为一宽脉冲信号，该信号

对应于 1 缸或 4 缸压缩上止点前一定角度。由发动机凸轮轴位置传感器输入的信号来确定即将到来的是 1 缸还是 4 缸的上止点。当 ECU 接收到大齿缺产生的信号后，再根据小齿缺的脉冲信号来控制点火时间和喷油时间。

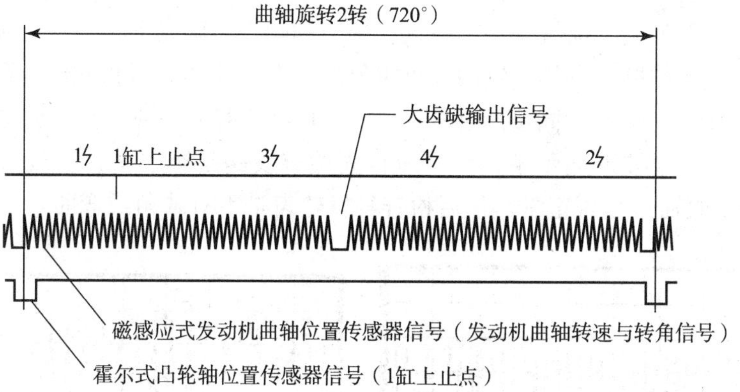

图 10－11　桑塔纳 2000GSi 型轿车发动机电控系统的发动机曲轴位置传感器与凸轮轴位置传感器输出波形的对应关系

发动机的转速是根据信号发生器输出的脉冲信号频率确定的。因为每当发动机曲轴转动一圈，ECU 就会接到信号发生器输送来的 58 个脉冲信号，所以 ECU 根据单位时间接收的发动机曲轴位置传感器脉冲信号的数量，就可以计算出发动机的转速。例如，ECU 在 1 min 内接收到发动机曲轴位置传感器 174 000 个脉冲信号，ECU 便可计算出曲轴转速 n = 3 000 r/min[n = (174 000/58) r/min = 3 000 r/min]。

三、发动机曲轴位置传感器与凸轮轴位置传感器的检修

很多发动机曲轴位置传感器与凸轮轴位置传感器的故障是由于其内部线圈断路或短路，或导线的连接插头与插座有问题，这会使点火时刻出现混乱，造成发动机无法起动。图 10－12 所示为桑塔纳 2000GSi 型曲轴位置传感器电路。当检查发动机曲轴位置传感器与凸轮轴位置传感器时，最好按照厂家规定的诊断程序，先逐步排除与其有关部件的问题，最后确定是否是发动机曲轴位置传感器与凸轮轴位置传感器出现了故障。与传感器相关的部件一般是点火控制模块、ECU 和导线连接插头与插座等。检查发动机曲轴位置传感器与凸轮轴位置传感器可直接测量其绕组上的冷态电阻。电阻过大说明线圈内部有断路，电阻过小说明线圈内部有短路，需更换。

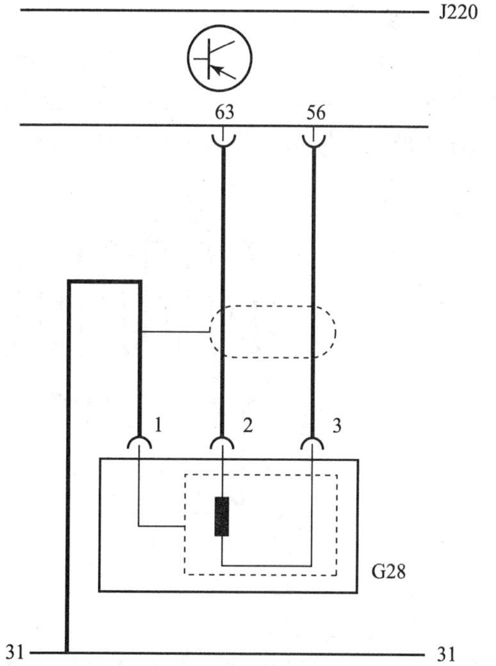

图 10－12　桑塔纳 2000GSi 型曲轴位置传感器电路

四、示波器的检测

1. *磁感应式传感器*

磁感应式曲轴位置和凸轮轴位置传感器波形如图 10－13 所示。对曲轴位置传感器而言，良好的波形在 0 V 电平上下幅值应基本接近，幅值和频率会随发动机转速增加而增大。转速相同时，幅值、频率和形状应是一致的、可重复的、有规律的和可预测的，两脉冲时间间隔应一致（除触发轮齿上缺齿的同步脉冲外）。如果波形峰值变小或变形，将会出现发动机失速、断火或熄火。如果波形显示不正常，应首先检查线路是否正常，再检查机械转动部分（分电器/凸轮轴/曲轴）是否正常。最后检查触发轮齿是否有缺角或弯曲。

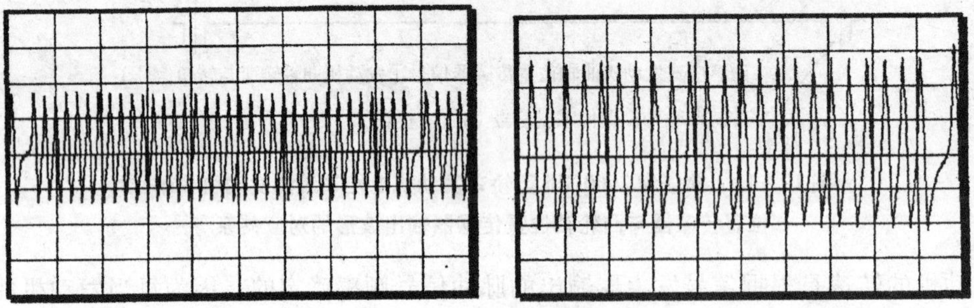

（a）　　　　　　（b）

图 10－13　磁感应式曲轴位置和凸轮轴位置传感器波形

（a）发动机曲轴位置传感器在怠速时的波形；（b）发动机曲轴位置传感器在 2 000 r/min 时的波形

2. *霍尔效应式传感器*

如图 10－14 所示，检查脉冲幅值、频率和形状的一致性，频率应随发动机转速变化，若波形上下沿的拐角异常则说明故障与传感器有关。信号特点是随着发动机转速的提高，信号的频率越来越快，但传感器的输出信号的振幅并不发生变化，如果在示波器 0 V 电压处显示一条直线，则应检查：示波器与传感器的连接；分电器、曲轴、凸轮轴是否能转动；传感器电源电路与控制电脑的电源与接地是否良好。

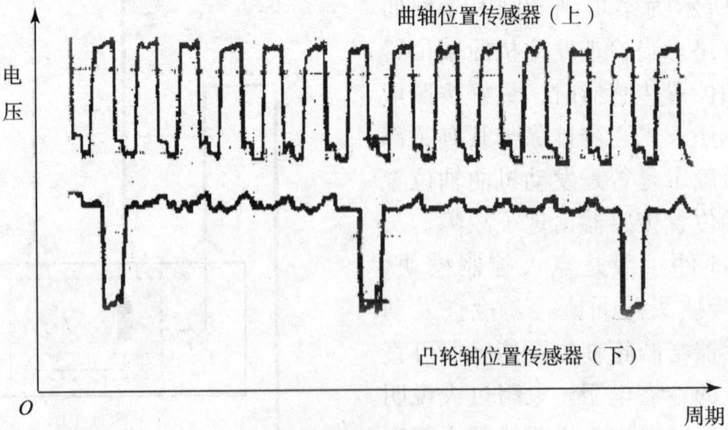

图 10－14　霍尔式曲轴位置传感器和凸轮轴位置传感器信号波形

如果在示波器电源电压处显示一条直线，则检查传感器接地是否良好；分电器、曲轴、凸轮轴是否能转动，如以上均良好则说明传感器损坏。如果幅值过高，说明电阻太大或接地不良。

如果波形显示不正常，则应检查导线、连接器、测试线，可摇动线束来判定故障原因是传感器还是导线或连接器。

3. 光电式传感器

光电式曲轴位置传感器和凸轮轴位置传感器信号波形分析与霍尔式传感器相同。

发动机不能起动综合故障诊断知识

一、基本常识

(1) 验证故障现象，迅速找到故障诊断的切入点。验证发动机不能起动的故障现象时，主要是留意起动机能否带动发动机正常转动，起动时发动机有无着车征兆（有无初始燃烧）。

如果起动机带不动发动机旋转，或能带动，但转动缓慢，则应检查起动系统或发动机机械系统。

如果发动机旋转轻快，感觉无压缩阻力，这就要检查正时带是否断裂、汽缸压力是否过低。

如果出现不能起动且无着车征兆，其原因一定是发动机的点火系统、燃油系统或机械系统三者之中的一个或一个以上的系统完全丧失了功能。因此，不能起动故障的诊断与排除应重点集中在上述3个系统中。

如果有着车征兆而不能起动，说明点火系统、燃油供给系统和控制系统虽然工作失常，但并没有完全丧失功能。这种不能起动故障的原因不外乎是高压火花弱或点火正时不正确、混合气过稀、混合气过浓、汽缸压力太低等。一般先检查点火系统，然后再检查进气系统、燃油系统、控制系统，检查排气管是否堵塞，最后检查发动机汽缸压力等。

(2) 从点火系统入手，先看高压火，再看是否有油进入汽缸（先查喷油信号再查油压）。如果有油有火就检查点火正时，若火花不强则进一步检查点火系统，再拆检火花塞观察火花塞是否“淹死”。如火花塞没有淹死现象，在进气口喷化油器清洗剂也不能起动发动机，高压火强而且正时，这时应检查排气管有无堵塞，最后检查汽缸压力。

(3) 如起动时有起动征兆但不能起动，且伴随有“突突”的排气声，以及车身抖动或冒黑烟或回火放炮等现象，则可立即检查点火是否正时，高压线是否接错，接着检查混合气是过浓还是过稀，再查排气是否堵塞以及汽缸压力等。可总结如下：

①排气突突车抖动，屡次着车车难着。

②先查点火不正时，再查空燃混合比。

③回火放炮点火错，排气不畅缸压低。

二、发动机不能起动且无着车征兆

1. 故障现象

接通起动开关时，起动机能带动发电机正常运转，但不能起动发动机且无着车征兆。

2. 故障原因

（1）油箱中无油。

（2）熔丝熔断。

（3）起动时节气门全开。

（4）电动燃油泵不工作。

（5）喷油器不工作。

（6）油路压力过低。

（7）点火系统故障；无高压火或点火正时与标准相差太大。

（8）正时皮带过松或断裂，发生跳齿故障。

（9）发动机汽缸压缩压力过低。

（10）三元催化转化器堵塞。

（11）电脑或发动机搭铁不良。

（12）曲轴或凸轮轴位置传感器故障。

（13）防盗系统故障。

3. 故障诊断与排除

电控燃油喷射式发动机在设计上具有很好的起动性能。电控燃油喷射系统的一般故障通常不能导致发动机不能起动。如果出现发动机不能起动且无着车征兆的故障，其原因一定是发动机的点火系统、燃油系统、控制系统或机械系统四者之中的一个或一个以上完全丧失了功能。因此，发动机不能起动的故障诊断与排除应重点集中在上述 4 个系统中。

（1）检查油箱的存油情况。

打开点火开关，若燃油表指针不动或油量警告灯点亮，则说明油箱内无油，应加足燃油后再起动。

（2）采用正确的起动操作方法。

通常电控燃油喷射式发动机控制系统要求起动时不踩加速踏板。如果在起动时将加速踏板完全踩下或反复踩加速踏板以求增加供油量，则往往会使控制系统的溢油消除功能起作用，从而导致喷油器不喷油或少喷油，造成发动机不能起动。

（3）检查点火系统。

正确检查无高压火的方法，从分电器上拔下高压总线，让高压总线末端距离缸体 7 ~ 10 mm 或从缸盖上拔下高压分线，将一个火花塞接在高压分线上，将火花塞接地。接通起动开关用起动机带动发电机运转，同时观察高压总线末端或火花塞电极处有无强烈的蓝色火花。

如果没有火花或火花很弱，则说明点火系统有故障。

（4）读故障码。

如有故障码，则可按显示的故障码查找故障部位（CKP 故障码、点火器故障码）；如无故障码，则分别检查点火系统的高压线、分电器盖、高压线圈、各缸火花塞、点火器、分电器、曲轴位置传感器及点火控制系统电脑。易损部件为点火器，应重点检查。

（5）检查分轴正时皮带是否断裂或轮齿滑脱。

方法：拆正时带罩，摇转曲轴，同时检查分电器轴有无转动。如分电器轴不转动，则说明正时带断裂或轮齿滑脱，应拆检正时机构和气门机构，查找导致正时带断裂的原因。排除故障后，再更换新的正时带。

（6）检查电动燃油泵工作是否正常。

如果电动燃油泵不工作，应检查熔丝、继电器以及电动燃油泵控制电路等。如果电路正常说明电动燃油泵有故障，应更换。

（7）检查点火正时。

如果点火提前角与标准相差太大，则也会出现起动时毫无起动征兆的故障现象。

（8）检查喷油器是否喷油，喷油器控制电路是否正常。

（9）检查燃油系统压力。

（10）检查汽缸压缩压力。

若上述检查均正常，则应检查汽缸压缩压力。若汽缸压缩压力低于0.8 MPa，则说明发动机机械部分有故障，应拆检发动机。

三、有着车征兆但不能起动发动机

1. 故障现象

起动发动机时，起动机能带动发电机正常运转，有轻微着车征兆，但不能起动发动机。

2. 故障原因

（1）进气漏气。

（2）点火提前角不正确。

（3）高压火太弱。

（4）冷起动喷油器不工作。

（5）电动燃油泵油压调节器工作不良，燃油滤芯器堵塞，导致燃油压力太低。

（6）冷却温度传感器有故障。

（7）空气滤芯器堵塞。

（8）空气流量传感器有故障。

（9）进气歧管压力传感器有故障或真空管脱落。

（10）喷油器裸露或堵塞。

（11）喷油控制系统有故障。

（12）排气管堵塞。

（13）发动机汽缸压力低。

3. 故障诊断与排除

有着车征兆而不能起动，说明点火系统、燃油系统和控制系统虽然工作失常，但并没有完全丧失功能。这种不能起动故障的原因不外乎是高压火花太弱、点火正时不正确、混合气太稀、混合气太浓、汽缸压力太低等。一般应先检查点火系统，然后再检查进气系统、燃油系统、控制系统，之后检查排气管是否堵塞，最后检查发动机汽缸压力。

（1）先进行故障自诊断，检查有无故障码。会影响发动机起动性能的部件有 CKP、CMP、THW、MAF/MAP。如果空气流量计信号或进气歧管绝对压力传感器信号出现错误时，有可能引起发动机在起动后瞬间不能平稳运转而导致起动失败。看起来就像有起动征兆，但不能起动。而发动机电脑判断 MAF/MAP 传感器失效，记忆故障码后，一般均会起用故障失效保护功能或备用系统，这时发动机一般都能起动。

（2）检查高压火花。

（3）检查空气滤清器。如果滤芯堵塞，可拆掉滤芯后再起动发动机。如果此时发动机正常起动，则应更换滤芯。

（4）检查进气系统有无漏气。对于采用空气流量计测量进气量的电控系统，若在空气流量计之后的进气管管道有漏气时就会影响进气量测量的准确性，从而使混合气变稀。严重的漏气会导致发动机不能起动。检查部件进气软管有无破裂，各处接头卡箍有无松脱，谐振腔有无破裂，曲轴箱强制通风软管是否接好。此外，EVAP 系统和 EGR 系统出现故障也会影响起动系统。

（5）检查火花塞电极间隙。火花塞正常间隙一般为0.8 mm，电子点火为1.2 mm。观察火花塞表面只有少量的燃油，则说明喷油器油量太少，此时检查起动时油泵是否工作。如果火花塞表面有大量潮湿的燃油，则说明喷油器油量太多，此时应检查喷油器。

（6）检查喷油量。喷油量太大或太小也可能是由空气流量计或冷却水温传感器所致。

（7）调整点火正时，如果点火器提前角调大或调小后发动机就能起动，则说明点火正时不正确，应将点火正时调整准确。

（8）检查排气管是否堵塞。拆下某一缸或两缸火花塞，同时将这一缸或两缸的喷油器插头拔下，不让其喷油，再起动发动机，如能起动，说明排气管堵塞。也可直接拆下排气管，然后起动发动机，如能起动，则排气管堵塞无疑。

（9）检查汽缸压力是否正常。

知识三　发动机不能起动故障相关零部件的使用与保养

一、点火系统的使用与维护注意事项

（1）由于初级电流较大，必须使用高能点火线圈，不能用普通的点火线圈代替。

（2）清洗发动机时必须在发动机熄火后进行。

（3）若进行点火系统的故障检测，应在发动机熄火后断开点火系统的线路，连接检测仪表。

（4）当点火系统有故障，由其他车辆拖行时，须将点火控制器的插头拔下。

（5）分火头及高压线接头都具有高压阻尼电阻，以防无线电干扰，不能用普通件来代替。

二、安装发动机曲轴位置传感器与凸轮轴位置传感器时的注意事项

安装发动机曲轴位置传感器与凸轮轴位置传感器时要参考厂家的维修手册，安装顺序要正确，安装后还要调校。例如，传感器与脉冲齿圈信号转子间的空气隙，不能过大或过小，更不能相互摩擦甚至干涉；否则会影响发动机的动力性能。

1. 任务资讯

车主姓名		地址		电话		出厂时间		公里数	
车牌号		型号/年份		发动机牌号				燃油量	
入场时间		约定交车时间		修正交车时间				维修级别	

故障陈述		接车员		调度员		备注
		班组长		结算员		
		检验员		交车员		

维修项目	工时	工价	维修班组	开工时间	完工时间	换件项目	数量	单位	单价	金额

客户签字：　　约定联络时间：

班组长：________

检验员：________

接车员：________

服务专员：________

工时费用总计：________

材料费用总计：________

估价人：________

付款方式

转账支票□　现金□　其他□

接车前的检查

□车匙　□备胎　□轮盖　□行驶证　□随车工具　□故障灯

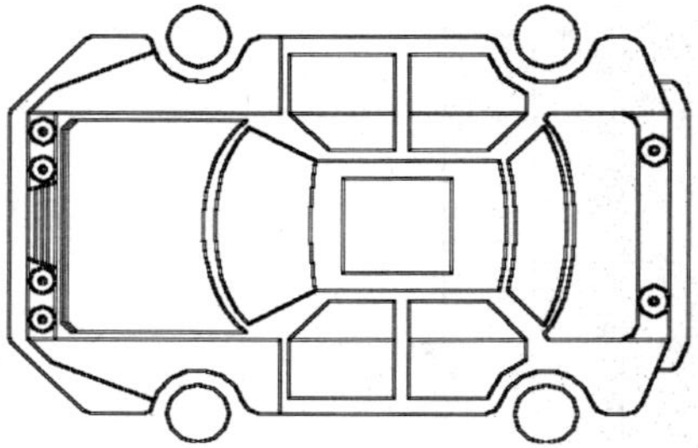

× 划痕　⊙ 凹陷　√ 破损

检查人：

说明

1. 车内贵重物品由客户自行带走；否则如有遗失，本厂恕不负责；

2. 车主同意上述维修项目并授权本厂对无法修复零件予以更换；

3. 客户自带配件与客户要求更换副厂件的，本厂恕不负责质量保修

2. 制定诊断方案（描述故障产生的可能原因及对应检查方法）

序号	可能的原因	检查方法

将诊断方案画成因果关系分析图	
班组长意见	

3. 实施诊断方案（描述对应检查项目、测量数据和判定结果）

序号	检查项目	检查结果	正常状态	结果判定

4. 实施维修（描述最终确认的故障部位和修复方法）

故障部位（零部件）	故障原因	修复方法

5. 维修结算

学字 010　No. 00010

客户名称		客户代码	
地址		车牌号码	
电话		车型	
付款方式		车辆出厂编号	

序号	作业项目	作业内容	使用零件	金额

业务主管指示：　　____年__月__日	交车员签名：　　____年__月__日

		项目	金额
确认客户已交费 结算员签名：	本公司对上述维修项目保用至__月__日或__公里	维修、检测	
		配件	
		其他	
服务电话：		总计	

评价反馈

专业		姓名			班级		学号	
考核项目		评分标准	教师评判				分数	得分
态度（师评）	团队合作	是否和谐	是 □		否 □		5 分	
	拓展发言	是否精彩	是 □		否 □		5 分	
	小组讨论	是否积极	是 □		否 □		5 分	
	设备安全	有无损害	无 □		有 □		5 分	
	人身安全	有无损伤	无 □		有 □		5 分	
	生产纪律	是否守纪	是 □		否 □		5 分	
	现场清理	是否做到	是 □		否 □		5 分	
交车	维修结算（组评）	维修结算单内容填写	充分□	一般□	没填写□		5 分	
	实施维修（组评）	实施维修结果是否完整、正确	完整□	一般□	不正确□		5 分	
实际操作	任务方案（师评）	汽车不能起动故障的诊断方案是否正确易行	正确易行	基本正确	不正确		10 分	
			□	□	□			
	工具使用（师评）	所选工具是否正确无误	完全正确	基本正确	不正确		10 分	
			□	□	□			
	维修过程（自评）	能否掌握汽车不能起动故障的诊断方法	能	基本能	不能		10 分	
			□	□	□			
	完成维修任务情况（师评）	能够独立完成故障排除	能	基本能	不能		10 分	
			□	□	□			
		汽车不能起动故障的诊断与排除	完全排除	基本排除	没有排除		15 分	
			□	□	□			
学生体会：							合计	
教师签字：　年　月　日								

知识拓展

故障案例一：雪佛兰柯西佳不能起动

【故障描述】

一辆美国通用公司的雪佛兰柯西佳（CORSICA LT，VIN 号为 1G11LT5344PY263189），由于发动机无法起动，拖至修理厂进行了一周的修理，没有修好，最后拖至 4S 店请求维修。

【检查过程】

由于汽车是拖来的，问驾驶员修理情况，驾驶员也说不清楚，只好从基础查起。

首先用汽油压力表检测汽油压力，油压为 300 kPa，属于正常范围。检查电瓶电压为 13.4 V，也正常。用自制发光二极管检查喷油脉冲，发现没有脉冲信号，用万用表检查喷油器插座时有 13.4 V 的电压。拔出一缸高压线进行试火，没有高压火，接连对各缸高压线试火，均没有高压火。看来此车故障可能不在油路上，是因为没有点火信号而引起的没有喷油脉冲信号。

根据以上检查分析，故障原因可能有以下 3 点：一是发动机电脑没有收到曲轴位置传感器或凸轮轴位置传感器信号；二是点火电路故障，点火模块、点火线圈有故障；三是发动机电脑或相关电路出现故障。由于电脑故障的可能性比较小，所以首先检查一、二点。连接 ADC200 进入美国车系，然后进入通用公司的雪佛兰，选择 1992—1993 年柯西佳车款。读取发动机故障代码，发现无故障代码。为防止仪器对此车种不认识而不能阅读故障信息，故采取人工读取故障码。

人工读取故障码时，跨接转向盘下的 12 孔诊断座右上角两孔（A、B），然后通过仪表板下的 SERVICE ENGINE SONN 灯读取故障代码。经过反复读取，确定故障代码是 12 号，查手册知 12 号为电脑 ECM 未收到发动机转速信号，应为正常码。因为发动机没有运转，就没有点火脉冲信号产生，当然没有发动机转速信号，诊断仪和人工信息一致。接下来进行分析，按照先前的分析，如果没有曲轴位置信号或凸轮轴位置信号给 ECM，那么 ECM 应该记忆故障代码，现在电脑没有故障代码，看来曲轴位置或凸轮轴位置传感器损坏的可能性不大。

拆下点火模块、点火线圈，用自制试验设备进行检验，均没有发现问题。第一、二点被排除，只有电脑和电路了，难道是电脑坏了？于是对电脑产生了怀疑。首先人为制造故障：拔下 MAP（进气压力传感器）、THA（进气温度传感器）、THW（水温传感器）等多个传感器插头，再次读取故障代码，结果通过仪器和人工读码都没有出现故障码。看来现在并非没有故障，只有电脑不记忆故障码而已。为什么电脑不记忆故障码呢？原因可能有二：一是电脑无常电源；二是电脑本身损坏。如果说电脑无常电源，KEY ON SERVICE ENGINE SOON 灯不会亮（这类故障遇到过多次）。尽管这样，尽量避免怀疑电脑，还是对常电源进行检查。KEY OFF，拔下 ECU 插头，由于没有对应的电脑插脚资料，只好用万用表测量每个插孔的电压，结果发现有一橙色插头有 12 V 电压，有常电源，看来只有怀疑电脑了。由于本地没有此类车电脑，而且电脑是贵重元件，暂且将问题搁置，冷静地进行分析后，看是否还有其他原因导致此种现象发生。

取来一小试灯用以检查电脑插座有无电源时，忽然发现小试灯一直不亮。明明用万用表测量有一电源，现在试灯为何不亮，再次用万用表测量电压值，橙色线仍有 12 V 电压，再用小试灯试，小试灯仍然不亮，这就怪了！有 12 V 电压，为什么试灯不亮呢？多次试验，验证了小试灯本身是好的。会不会是因此原因而引起的不能起动呢？由于急于知道答案，从电瓶正极直接引一火花线到电脑橙色线脚，后插上电脑插头，发动试车居然能正常起动。试车，一切良好，路试也正常。看来问题很清楚了，是因为电脑常电源电路接触不良而引起的电脑电压足够，能量不够，致使电脑不能正常工作。

【维修方案】

既然是由于常电源造成接触不良，一般就怀疑熔丝，针对此车型，查找了元件位置图，发现此车型的 EFI 熔丝并未在熔丝盒内，而在防火墙上靠近 ABS 继电器附近有一插头，拔下插头，发现 EFI 熔丝处于歪斜状态，将熔丝插好，把原来连接线从电瓶取下，起动试车，一切正常。

故障案例二：皇冠 3.0 发动机不能起动

【故障描述】

一辆型号为 JES133 皇冠 3.0 轿车，搭载 2JE－GE 型发动机。因事故碰撞车身前部变形被拖进维修厂。经钣金修复，喷漆后发动机不能起动。

【检查过程】

对于发动机不能起动的故障，按照常规检查方法，无非在点火、燃油、缸压方面。依据由简入繁、由表及里的诊断思路，先检查点火，遂拔下分电器上的中央高压线，进行跳火试验，发现无高压火。

该车因事故碰撞了车身前部，发动机没有受损，因此缸压应没问题。

接上诊断仪，读取故障码为 14，其内容为连续 6 次无 IGF 信号到过 ECU，必须检查的部位为发动机 ECU、点火器、点火线圈、分电器、IGT 信号、IGF 信号或控制线路。该车点火系统工作原理如下：2JE－GE 型发动机点火系统属分电器计算机控制点火，其系统由发动机 ECU、晶体管点火器、点火线圈和带有曲轴位置传感器的分电器等组成。位于分电器中的磁脉冲式曲轴位置传感器有 3 组脉冲信号发生器，由 G1、G2 和 Ne 信号传感线圈及 G1、G2 信号转子和 Ne 信号转子等组成。G1、G2 传感线圈分别用于判别第一缸上止点信号及第六缸上止点信号，并用于控制喷油。Ne 传感线圈用于判别各缸上止点及检测发动机转速、曲轴转角及控制点火。发动机工作时，ECU 根据曲轴位置传感器、节气门位置传感器、冷却液温度传感器、空气流量计等检测到发动机转速、转角、负荷和温度等工况信号，按预先设置的程序进行判断和计算，准确计算出点火正时，将点火信号 IGT 送至点火器，以控制点火线圈的初级电路通断，使点火线圈级组中产生高压电，击穿火花塞气隙，点燃混合气。同时当点火线圈初级电路被切断时，点火安全信号电路即产生一个反电动势，触发点火安全信号发生电路，使其输出一个点火安全信号 IGF 给 ECU，如点火系统发生故障，使点火系统有 3～5 次不产生高压电，ECU 便发出指令，使燃油喷射系统中止喷油，以免污染火花塞。

依据点火系统工作原理，如点火线圈、点火器、分电器、ECU 等或其线路中任意环节出现故障，都会导致无高压火，并产生故障码 14。因此在判断故障源时，首先应缩小故障范围。

首先检查点火系统低压电路，遂拔下点火线圈的插接头，打开点火开关，测量其“+”端有 12 V 电压，检查点火器 1 号端及 2 号端也有 12 V 工作电源。测量点火线圈初级绕组阻值为 0.5 Ω，次级绕组阻值为 15 kΩ，属正常范围。为了区分究竟是点火线圈、点火器执行元件，还是曲轴位置传感器、发动机 ECU 电控系统出现故障而导致的无高压火，遂利用一节 1.5 V 的干电池进行检查。将干电池负极搭铁，用一根带有探针导线的一端接干电池正极，点火开关 ON 时，将探针触及点火器 4 号端，即 IGT 信号输入处，然后提离。这种操作方法等于模拟 ECU 输出一个脉冲信号 IGT 给点火器，此时中央高压线也无高压跳火，因此证明点火器、点火线圈或控制线路还有故障。这种检查方法比较准确、直观，就此把复杂的点火系统分成两大块，一块是点火线圈、点火器等执行元件，另一块则为 ECU 及带有曲轴位置传感器的分离器等电控部分。因已测量过低压电路有工作电源，且点火线圈的初级绕组及次级绕组阻值均正常，因此须重点检查点火器。该点火器有 5 根线，1 号端为点火器工作电源，2 号端与点火线圈“ - ”极相连，3 号端为发动机转速信号线，4 号端为 IGT 信号输入，5 号端为 IGF 信号输出。由于检查工作开始时就已测量过点火器的工作电源正常，且进口点火器本身比较可靠耐用，不易损坏，那么是什么原因导致无高压火呢?

在进一步检查中发现，该点火器内部不是经过导线搭铁，而是依靠点火器外壳搭铁。是不是点火器搭铁不良呢? 2JE - GE 型发动机点火器和点火线圈固定在一起，经支架由两螺栓固定在发动机舱内右侧纵梁处，逐用万用表电阻挡测量点火器外壳对地阻值竟为∞，拆下两固定螺栓，发现点火器支架座上喷有一层漆，这使点火外壳与车身搭铁不良。随后得知为钣金工修复碰撞右纵梁时，拆卸点火器放在旁边，而漆工没注意喷上了漆。

用铲刀把漆铲除后用砂布打磨，而后装复点火器，再次打开点火开关。用干电池测试，当探针触及点火器 IGT 信号输入端，然后此时点火线圈中央高压线产生强烈的蓝色高压火。以上测试说明，点火器外壳搭铁不良，致使点火器不能正常工作，点火线圈的初级电流不能接通，从而产生无高压火故障。既然外加模拟信号电压测试有高压火，逐起动马达，中央高压线也发出强烈的高压火。

随后接上诊断仪，清除故障码。试着起动马达，但发动机仍无起动迹象。遂检查油路，发现燃油泵能工作。装上油压表，点火开关置于“ON”位置时，油压为 300 kPa，显然油压正常。拆下火花塞，观察其中心电极无汽油湿润的痕迹，这说明油不进缸。拔下喷油器上的插头，测量驱动电压有 12 V。遂用一支发光二极管试灯跨接在喷油器插头上，起动马达，试灯不闪亮。正常工作状态下，试灯应频闪。是什么原因令 ECU 无脉冲电压输出而导致喷油器不动作呢?

假如是曲轴位置传感器出现故障，导致既不能喷油也不能点火，同时 ECU 中应储有相应的故障码，因此应排除其发生故障的可能性。再次接上诊断仪，读取故障码，还为 14 号。假如 ECU 中无 IGT 脉冲信号输出，虽会出现 14 号故障码，但同时也会产生喷油器不动作、无高压火故障。现在起动马达有高压火，说明 IGT 信号肯定正常。既然 14 号故障码会再次重现，笔者断定 IGF 信号一定有问题，只要 IGF 信号没有进入 ECU，就会导致喷油器不动作。因此有必要检查点火器上 IGF 信号电压是否正常。遂用高阻抗指针式万用表电压挡测量点火器 5 号端（IGF 信号输出处），起动马达，其电压为 1.0 V 左右，且表针不断摆动，这说明点火器中有反馈点火确认信号输出，因此 IGF 信号正常。

笔者感觉故障有点棘手，仔细分析认为，诊断方法还存在漏洞。因测量 IGF 信号是在点火器上，而没有在 ECU 中 IGF 信号输入的接口端，假如点火器至 ECU 这段 IGF 信号线存在断路或短路呢? 遂在仪表台手套箱下方找到了该发动机 ECU。参阅该车型电路图得知，23 号引脚为 IGF 信号输入端。起动马达，用高阻抗指针式万用表电压挡对 23 号引脚测试，竟无脉冲信号电压输出，显然该线路有故障。随后，用电阻挡测量点火器 IGF 5 号端至 ECU 中 23 号引脚线路，阻值为 0.3 Ω，因此，该线路不存在断路故障。那么，剩下只有短路的可能性。用一支发光二极管试灯，其“ + ”端接蓄电池正极，“ - ”端触接 ECU 上 23 号引脚，此时试灯发亮，这说明 23 号引脚线路中有搭铁故障。

【维修方案】

经仔细检查，在位于发动机舱内通往 ECU 的主线束丛中，查到了这根已破皮的 IGF 信号线，发现它已和车身相触而搭铁，分析为事故碰撞所致。逐用绝缘胶带缠住破损处，并整理好这束导线，再次起动马达。测量 ECU 中 23 号引脚处电压为 0.1 V。试着多起动几次马达，发动机竟顺利起动。

学习情境十一

汽车电控系统的故障诊断与排除

工学目标

↓ 能通过与客户交流、查阅相关维修技术资料等方式获取车辆故障信息。

↓ 能根据故障现象制订正确的维修计划。

↓ 能根据维修计划，选择正确的检测和诊断设备对电控系统故障进行诊断和分析。

↓ 能使用万用表、故障诊断仪、示波器及发动机综合分析仪常用检测和诊断设备对引起电控系统故障的各个系统进行检测。

↓ 掌握电控系统故障诊断的流程及思路，能独立进行基本诊断、故障码诊断、症状诊断的操作。

↓ 能正确记录、分析各种检测结果并做出故障判断。

↓ 根据环保要求，正确处理对环境和人体有害的辅料、废气液体和损坏零部件。

↓ 能根据故障现象进行诊断和分析，制定正确的诊断流程，并选择正确的检测和诊断设备。

↓ 掌握造成该故障的相关零部件的使用与保养方法。

情境描述

2013 年 2 月 4 日，居住在吉林的李先生驾驶一辆捷达 CT 型轿车来到售后服务站，李先生描述该车在市区内行驶了 10 000 km，保养了两次，发动机号为 JLTD0000000000011，车牌号为吉 A0011。该车发动机怠速不稳，行驶无力，急加速时排气管冒黑烟。根据车主描述的现象，请查阅相关资料对此故障进行诊断并排除，修理完毕后如实填写故障案例报告单。

相关知识

知识一　汽车电控系统的概述

一、汽车电子控制技术在汽车上的应用

汽车电子控制技术又称汽车电子技术，是汽车技术与电子技术相结合的产物。汽车电子技术在汽车上应用的目的主要是使整车的安全性能显著提高，减少交通事故；采用空

燃比闭环控制系统，减少空气污染；采用电子综合优化控制，可以省油且提高乘坐的舒适性等。

目前，电子控制技术在汽车上主要有3个方面的应用。

（1）电子控制技术在发动机上的应用包括电子控制发动机燃油喷射系统（EFI）、微机控制发动机点火系统（MCIS）、发动机空燃比反馈控制技术（AFC）、发动机怠速控制系统（ISCS）、发动机断油控制系统（SFIS）、发动机爆震控制系统（EDCS）、加速踏板控制系统（EAP）、发动机近期控制系统（IACS）、燃油蒸汽回收系统（FECS）、废气再循环控制系统（EGR）、可变气门正时控制系统（VVT）、汽车巡航控制系统（CCS）、车载故障自诊断系统（OBD）等。

（2）电子控制技术在汽车底盘上的应用包括电子控制自动变速系统（ECT）、防抱死制动系统（ABS）、电子控制制动力分配系统（EBD）、电子控制制动辅助系统（EBA）、车身稳定性控制系统（VSC）、车身动态稳定性控制系统（DSC）、电子控制稳定性程序（ESP）、驱动轮防滑转调节系统（ASR）、电子调节悬架系统（EMS）、电子控制动力转向系统（EPS）等。

（3）电子控制技术在汽车车身上的应用包括辅助防护安全气囊系统（SRS）、座椅位置调节系统（SAMS）、雷达车距报警系统（RPW）、倒车报警系统（RVAS）、防盗报警系统（GATA）、中央门锁控制系统（CLCS）、车载局域网（LAN）、车载电话（CT）、维修周期显示系统（LSID）及车载计算机（OBC）等。

随着电子技术在汽车上的运用越来越广泛，在普通汽车上，每辆车上其电子装置的平均成本已达到整车成本的30%，在一些豪华轿车上其电子装置的平均成本甚至超过整车成本的50%。这些都给维修带来相应的难度，在维修相应故障时势必要采取新的方法，本书以发动机电控系统来阐述相关知识。

二、发动机电子控制系统的基本组成

汽车发动机电控系统（EECS）的主要作用是根据从发动机各种工作状况下采集的信号，通过计算确定最佳喷油量、最佳喷油时刻以及最佳点火时刻等，从而提高发动机的动力性、燃油经济性和排放性能。发动机电控系统由传感器、电子控制单元（ECU）和执行器（执行元件）三部分组成，如图11－1所示。

（一）传感器

传感器是一种信号转换装置，安装在发动机的各个部位，采集发动机运行状态的各种参数，并将这些参数转换成电信号输送给ECU。

1. 空气流量传感器（也称为空气流量计）

空气流量传感器安装在汽油机上，位于空气滤清器和节气门之间，其功能是检测发动机的进气量，并把检测结果转换成电信号再输送到发动机ECU。ECU根据空气流量传感器信号初步设定基本供油量，以满足发动机各种工况的空燃比，进而保证发动机各种工况对混合气的要求。

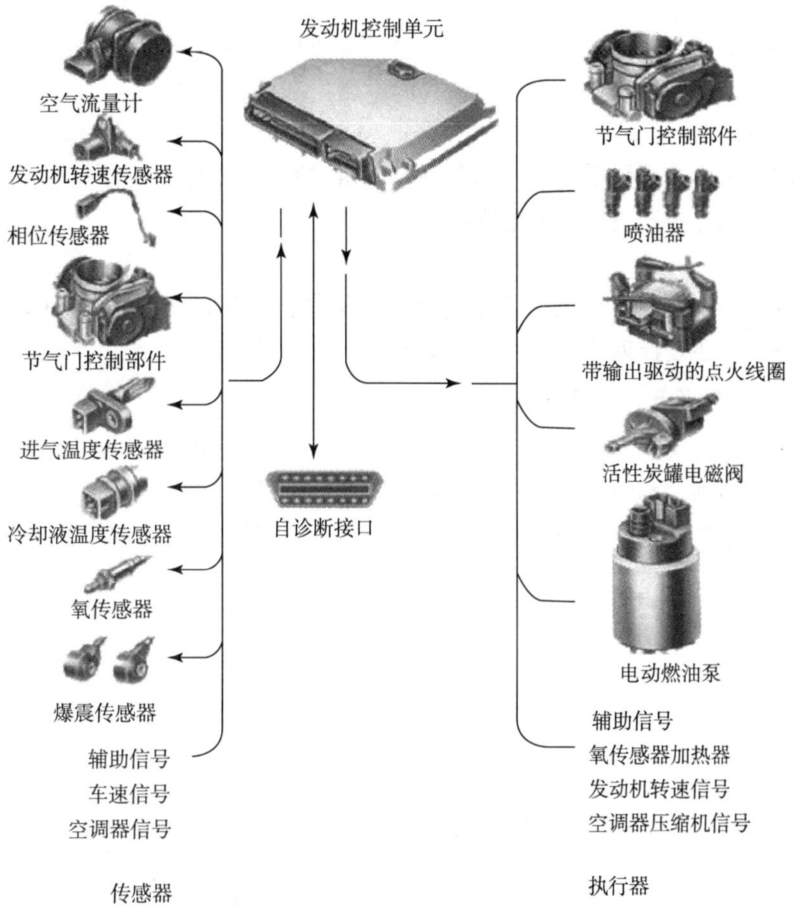

图 11－1　发动机电控系统的组成

2. 进气绝对压力传感器

进气绝对压力传感器，简称 MAP。它以真空管连接进气歧管，随着引擎不同的转速负荷，感应进气歧管内的真空变化，再从感知器内部电阻的改变，转换成电压信号，供 ECM 电脑修正喷油量和点火正时角度。

3. 节气门位置传感器

节气门位置传感器位于进气管中的节气门体中，检测节气门的开度状态，如怠速（全开）、全开及部分打开。它将节气门打开的角度转换成电压信号送给 ECU，进而实现对发动机的运转控制。

4. 曲轴位置传感器

曲轴位置传感器位于曲轴前端、飞轮上，在发动机工作时，提供曲轴所在的位置信号，当活塞到达压缩行程上止点前一定角度时，产生电压信号并送给 ECU。

5. 冷却液温度传感器

冷却液温度传感器把冷却液温度的变化，转化为电信号输送给 ECU，ECU 据此来对电喷发动机发出的喷油量即喷射时间进行修正，调整空燃比，使进入发动机内的混合气能稳定地燃烧。

6. 进气温度传感器

进气温度传感器用于测量进气温度。把进气温度转换成电压信号送给 ECU，使 ECU 根据进气温度对喷油量进行修正，以获得最佳的空燃比。

7. 氧传感器

氧传感器用于检测排气中氧的含量，并向 ECU 输入空燃比的反馈信号，进行喷油量的闭环控制，使空燃比控制在理论值范围内。

8. 爆震传感器

爆震传感器用于检测发动机是否发生爆震，将其作为反馈信号送给 ECU，ECU 从而决定点火时刻是提前还是推迟。

（二）电子控制单元（ECU）

接收各传感器送来的发动机工况信号，并根据内部预先编制的控制程序和存储的试验数据，通过计算、处理、判断，确定适应发动机工况的喷油量（喷油时间）、点火提前角等参数，并将这些数据转变为电信号，向各个执行器发出控制指令，从而使发动机保持最佳运行状态。

1. 组成

它由硬件和软件两大部分组成。硬件部分主要由输入回路、A/D 转换器、微处理器和输出回路四部分组成。其组成如图 11－2 所示。

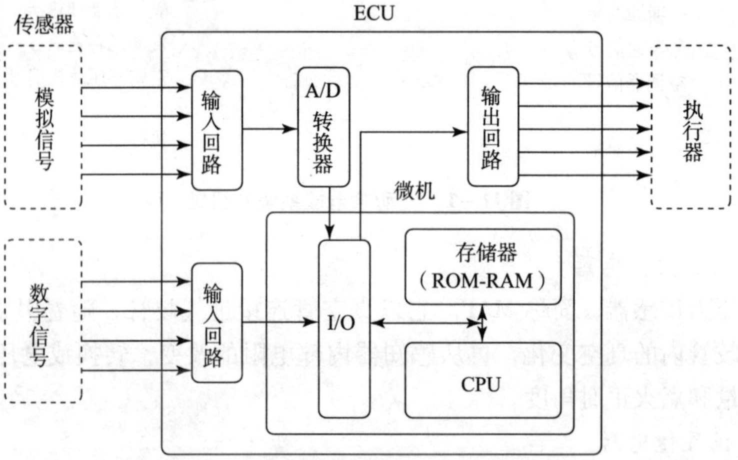

图 11－2　电控单元的组成

软件包括控制程序和数据两部分。主控程序的任务是实现整个系统初始化、系统的工作时序、控制模式的设定，常用工况及其他各工况模式下喷油信号和点火信号的输出控制。为实现发动机各种工况及运行条件下最佳的综合性能，电子控制系统必须以最佳的响应控制参数（如最佳喷油量和最佳点火提前角）控制发动机在最佳运行状况下运转，这些控制参数的最佳数据预先全部存储在微型计算机只读存储器中（ROM）。

2. 功能

（1）接收输入的信息并转变为微机所能接收的信号。

（2）给传感器提供参考（基准）电压。

（3）存储信息资料。

（4）分析处理信息。

（5）故障自诊断。

（6）自我修正功能（自适应功能）。

（三）执行器

接受 ECU 的控制指令来完成具体控制动作。主要有电动燃油泵、电磁喷油器、怠速控制阀、点火控制器和活性炭罐控制阀、EGR 阀、二次空气控制阀、油箱泄漏检测阀等。

（1）电动燃油泵：供给燃油喷射系统规定压力的燃油。

（2）电磁喷油器：根据 ECU 传来的喷油脉冲信号，精确控制燃油喷射量。

（3）点火控制器：是微机控制点火系统的功率输出器，它接收 ECU 输出的点火控制信号并进行功率放大，以便驱动点火线圈工作。

（4）怠速控制阀：根据发动机的负荷情况，控制发动机的怠速转速。

（5）活性炭罐及其电磁阀：受电控单元的指令控制，回收发动机内部的燃油蒸汽，以便减少排气污染。

知识二　排除汽车发动机电控系统故障的相关知识

在发动机运转过程中，ECU 根据发动机控制系统各传感器送来的信号，判断发动机当前所处的运行状况和运行条件，并从 ROM 中查取相应的控制参数数据，经中央处理器（CPU）的计算和必要的修正后，输出相应的控制信号，通过控制执行器的工作，使发动机达到最佳运转状态。现以电子控制燃油喷射系统为例来讲解发动机电控系统故障的相关知识。

一、电子控制燃油喷射系统（EFI）

其主要包括喷射正时控制和喷油量控制。ECU 主要根据空气流量传感器提供的进气量信号确定基本的喷油量，再根据其他传感器（如冷却液温度传感器、节气门位置传感器）信号对喷油量进行修正，能有效控制混合气空燃比，使发动机在各种空燃比达到较佳值，在各种运行工况下均能获得最佳浓度的混合气，从而实现提高功率、降低油耗、减少排气污染的功能。

（一）电子燃油喷射系统的组成和工作原理

电控燃油喷射系统（EFI）由空气供给系统、燃油供给系统和电子控制系统组成，电控汽油喷射系统的组成如图 11－3 所示。

（1）空气供给系统由空气滤清器、空气计量装置、节气门体、节气门位置传感器和怠速控制（阀）等装置组成。空气供给系统的组成如图 11－4 所示。

（2）燃油供给系统的组成一般由油箱、燃油滤清器、燃油脉动阻尼器、燃油压力调节器、喷油器、冷起动喷油器及供油总管等组成。燃油供给系统的组成如图 11－5 所示。

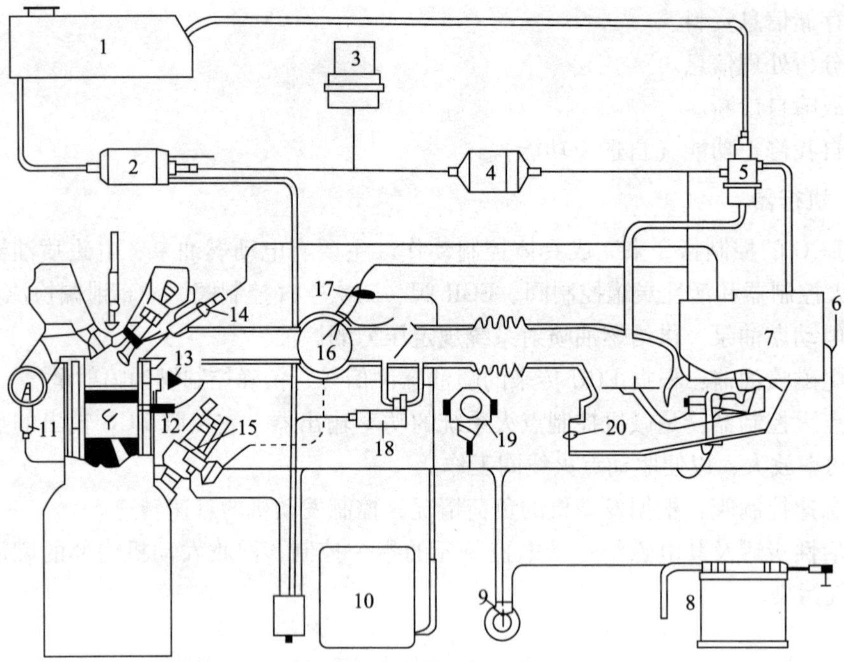

图 11-3　电控汽油喷射系统的组成示意图

1—燃油箱；2—电动燃油泵；3—储油器；4—燃油滤清器；5—系统压力调节器；6—电液混合气成分调节器；7—燃油分配器；8—蓄电池；9—点火起动开关；10—电控单元；11—λ 传感器；12—温度传感器；13—温度-时间开关；14—喷油器；15—分电器；16—进气总管；17—冷起动阀；18—补给空气阀；19—节气门开关；20—空气流量计

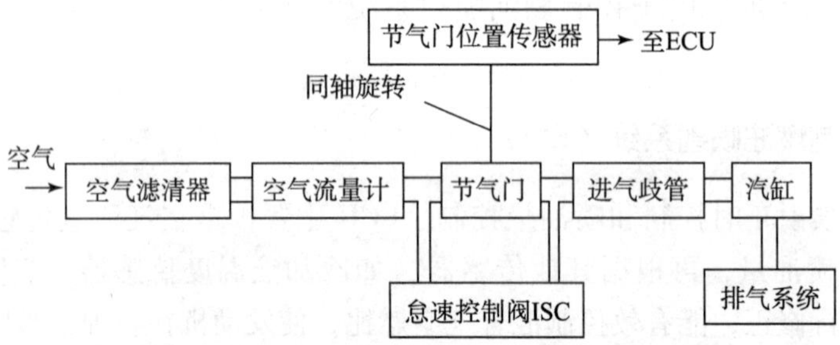

(a)

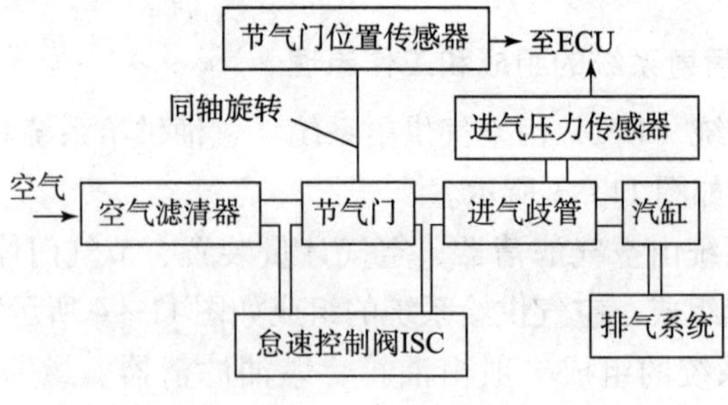

(b)

图 11-4　空气供给系统组成示意图

(a) L 型；(b) D 型

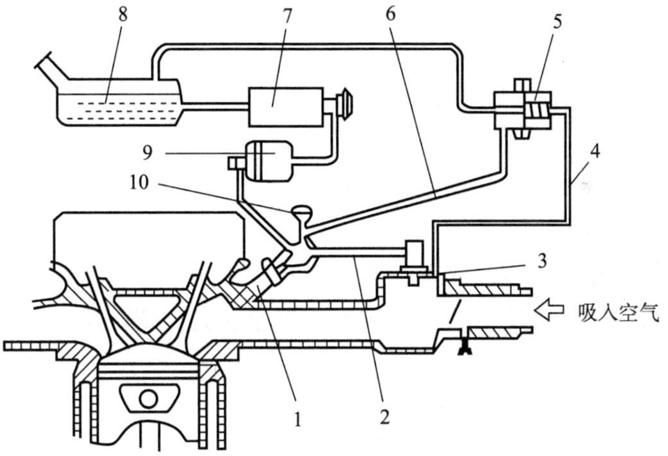

图 11-5　燃油供给系统组成示意图

1—喷油器；2—输油管；3—冷起动喷油器；4—真空管；5—汽油压力调节器；6—回油管；
7—电动汽油泵；8—燃油箱；9—汽油滤清器；10—脉动衰减器

（二）电子控制燃油喷射系统主要部件的检修

1. 燃油泵的检查

（1）燃油泵工作情况的检查。

打开点火开关，应听到燃油泵泵油约 2 s，即在车辆后部会传来“嗡嗡”声。如果没有声音传来，说明燃油泵可能存在故障，检查步骤如下。

①关闭点火开关，检查燃油泵熔丝是否熔断，若熔断，应更换燃油泵熔丝。

②若燃油泵熔丝正常，从继电器板上拔下燃油泵继电器，用跨接线短接燃油泵继电器插脚上的 30 脚和 87 脚。若燃油泵工作，则应检查燃油泵继电器，必要时更换燃油泵继电器。

③若燃油泵仍不工作，应检查燃油泵继电器控制电路及连接导线。若电路无故障，则故障在燃油泵。

④拆下燃油泵，用蓄电池直接供电检查燃油泵的泵油情况。若燃油泵不泵油，则燃油泵损坏。

（2）燃油泵工作性能的检查。

①燃油泵泵油压力的检测。拆下燃油泵，用蓄电池直接与燃油泵连接，通电几秒钟，燃油泵喷油扬程应高于 120 mm。

②燃油泵输油量的检测。拆下燃油分配管进油管接头，将辅助油管接在进油管上，另一端伸入到一量杯中。起动发动机，先排除管道中的空气。再起动发动机，保持怠速运转 30 s，检查输油量为 600 ~ 800 mL。

2. 燃油供给系统压力的检测

（1）检测条件。

①蓄电池电压正常。

②熔丝正常。

③燃油泵继电器工作正常。

④燃油泵工作正常。

⑤燃油滤清器正常。

（2）检测方法。

①将燃油压力表串接在进油管中，打开燃油压力表开关。

②起动发动机，在怠速状况下测量燃油压力，一般在 0.20 ~ 0.25 MPa，标准值接近 0.25 MPa。

③逐渐加大油门，在油门加大的瞬间，油压增大。当稳定在中、小负荷时，油压略有下降，在 0.20 ~ 0.23 MPa 内。

④猛踩油门踏板，油压应突然增至 0.28 ~ 0.30 MPa。

⑤从油压调节器上拔下真空管，油压突然上升至接近 0.30 MPa，加大油门时，油压几乎不变化。

⑥关闭点火开关 10 min 后，燃油压力应大于 0.15 MPa。若燃油压力不符合规定要求，应检查燃油泵、油压调节器和喷油器，并检查油路是否存在堵塞或泄漏。

3. 喷油器的检测

（1）检测喷油器的工作性能。

连接故障诊断仪，打开点火开关，进入故障诊断仪的“元件测试”功能，使燃油泵开始持续泵油。踩下加速踏板，第 1 缸喷油器应发出“咔嗒”声并动作 5 次。操作故障诊断仪，按顺序分别测试第 2 缸喷油器、第 3 缸喷油器、第 4 缸喷油器。注意，当某一喷油器出现故障时，会造成发动机起动困难、怠速不稳、加速不良、动力性差等故障。当喷油器发生阻塞、滴漏等机械故障时，ECU 不能检测，无法读取故障码时，必须进行人工检查与排除。

（2）检查喷油器的工作状态。

接上故障诊断仪，打开点火开关，进入故障诊断仪的“读取数据流”功能。在发动机怠速运转、冷却液温度高于 80 ℃时读取数据流。选择显示组 02，检查曲轴每转喷射持续时间，正常值范围为 1.0 ~ 2.5 ms；检查发动机每循环喷射持续时间，正常值范围为 2.0 ~ 5.0 ms。选择显示组 11，检查燃油消耗量，正常值为 0.5 ~ 1.5 L/h。

（3）检测喷油器电阻。

拔下喷油器插头，测量喷油器两个端子间的电阻，应为 13 ~ 18 Ω，一般为 15 Ω 左右。工作后，随着温度升高，阻值略有增大，增大 4 ~ 6 Ω。

（4）检测喷油器的供电电压。

①拔下喷油器插头，打开点火开关或起动发动机，测量插头端子 1 和搭铁点之间的电压，应为 12 V 或 14 V 左右。若电压值不符合要求，应检查喷油器插头端子 1 至附加熔丝 S 之间的线路有无断路或接触不良。

②拔下喷油器插头，打开点火开关或起动发动机。测量插头端子 2 和搭铁点之间的电压。应为 5 V 或接近 6 V 左右。若拔下全部喷油器插头，则插头端子 2 和搭铁点之间的电压应为 0 V。

（5）就车检查喷油器工作性能。

发动机怠速运转时，将起子或金属棒抵在喷油器下端部，应明显听到喷油器电磁阀动作时发出的“咔嗒”声，且声音的间隔是随着发动机转速升高而缩短，中、高速以后几乎听不到声音。用手指触摸喷油器，应感觉到明显的喷油脉动。

（6）测试喷油器的喷油质量。

应在汽油机喷油器免拆清洗机上进行。

（7）车下检测喷油器。

将喷油器从车上拆下后，连接 12 V 电压，应能听到喷油器电磁线圈接通和断开的声音。注意此项试验，通电时间不能超过 4 s，再次试验应间隔 30 s 以上，以防喷油器烧坏。

4. 活性炭罐电磁阀的检测

（1）检测活性炭罐电磁阀的工作性能。

接上故障诊断仪，打开点火开关，进入故障诊断仪的“元件测试”功能，燃油泵开始持续泵油。首先进行第 1 缸喷油器测试，操作故障诊断仪，按顺序分别测试第 2 缸喷油器、第 3 缸喷油器、第 4 缸喷油器，最后进行活性炭罐电磁阀的测试。此时，活性炭罐电磁阀应动作，可用手感觉到活性炭罐电磁阀动作时的振动，能听到活性炭罐电磁阀动作时发出的轻微“咔嗒”声。

（2）检测活性炭罐电磁阀的供电电压。

拔下活性炭罐电磁阀插头，打开点火开关或起动发动机，测量插头端子 1 和搭铁点之间的电压，应为 12 V 或 14 V 左右。若电压值不符合要求，应检查活性炭罐电磁阀插头端子 1 至附加熔丝 S 之间的线路有无断路或接触不良。若线路正常，应检查燃油泵继电器。

（3）检测活性炭罐电磁阀的电阻。

若（2）检测正常，应检查活性炭罐电磁阀的电阻，活性炭罐电磁阀插座端子 1 和 2 之间的阻值应为 22 ~ 30 Ω。

5. 燃油供给系统的检修注意事项

（1）连接部位及其周围在拆卸前要彻底清洗。

（2）拆卸油管前，应对燃油供给系统进行释压，并注意安全操作。

（3）拆卸下的零部件要放在干净的地方并盖好，不要使用易掉纤维的抹布。

（4）维修时，所有的密封圈、衬垫、垫圈、管道卡箍必须全部更换。

（5）在维修场地禁止明火或吸烟，应通风良好，备有灭火器。

6. 空气供给系统的检修

1）空气流量计的检测

（1）检查空气流量计的工作情况。

连接故障诊断仪，选择“读取数据流”功能，选择 02 显示组，读取空气流量计的数据流，当冷却液温度大于 80 ℃、发动机怠速时，空气流量的标准值为 2.0 ~ 4.0 g/s。

（2）测试空气流量计的工作电压。

①拔下空气流量计插头，用发光二极管测试灯连接空气流量计插头端子 2 和发动机搭铁点，起动发动机，测试灯应闪亮。若测试灯不闪亮，应检查附加熔丝 S 至空气流量计插头端子 1 之间的线路有无断路或接触不良。若线路正常，应检查燃油泵继电器。

②拔下空气流量计插头，用汽车万用表连接空气流量计插头端子 2 和发动机搭铁点，打开点火开关或起动发动机，其电压值应为 12 V 或 14 V 左右。

（3）检测 ECU 供给空气流量计的供电电压。

①拔下空气流量计插头，用汽车万用表连接空气流量计插头端子 4 和发动机搭铁点，打开点火开关或起动发动机，其电压值应为 5 V 左右。

②用汽车万用表连接空气流量计插头端子 2 和 4，打开点火开关或起动发动机，其电压值应为 7 V 或 9 V 左右。

（4）检测空气流量计的信号电压。

拆下空气流量计，将空气流量计插座2和4接5 V直流电压，3和5接电压表，用吹风机向空气流量计进气口吹风，吹风机靠近过程中电压逐渐增大，吹风机远离过程中电压逐渐减小。

2）节气门控制组件的检测

（1）用“读取数据流”功能检查节气门控制组件的工作情况。

连接故障诊断仪，选择“读取数据流”功能，选择98显示组，读取节气门控制组件的数据流，当冷却液温度大于80 ℃、发动机怠速时，区域1和2的数值应当在0.5~4.9 V之间。

（2）检测节气门控制组件的工作电压及相关电阻值。

①检测节气门（定位）电位计的工作电压，拔下节气门控制组件的插头，用汽车万用表连接插头端子4和7，打开点火开关，其电压值应为5 V。

②检测节气门控制组件怠速装置的供电电压，拔下节气门控制组件的插头，用汽车万用表连接插头端子3和7，打开点火开关，其电压值应大于9 V。

③检测节气门电位计的电阻值：拔下节气门控制组件的插头，用汽车万用表连接节气门控制组件插座端子5和7。缓慢关闭节气门，阻值应平稳变大，缓慢打开节气门，阻值应平稳变小。当节气门关闭时，插座端子5和7之间的电阻为1.349 kΩ，缓慢打开节气门时，阻值应平稳变小。

④检测怠速开关。拔下节气门控制组件的插头，用汽车万用表连接节气门控制组件插座端子3和7。关闭节气门，怠速开关闭合时，其阻值应小于1 Ω；打开节气门，怠速开关断开时，其阻值应为无穷大。

⑤检测节气门定位器（怠速马达）电机绕组的电阻。拔下节气门控制组件的插头，用汽车万用表连接节气门控制组件插座端子1和2，其阻值应为3~200 Ω。

（3）基本设定。

①如果节气门控制组件进行了拆装、更换了新的节气门控制组件或者更换了发动机ECU，都必须重新进行基本设定，完成节气门控制组件与发动机ECU的匹配。

②连接故障诊断仪，选择“基本设定”功能，选择98显示组，按“确认”键后，开始匹配，10 s内完成基本设定。

注意：节气门控制组件一般不拆卸，节气门电位计和怠速开关不能进行人工调节。

3）进气温度传感器的检测

（1）检查进气温度传感器的工作情况。

选择“读取数据流”功能，选择03显示组，读取进气温度传感器的数据流。当冷却液温度大于80 ℃、发动机怠速时，进气温度传感器的数据应接近周围环境温度。若线路有开路故障时，数据显示19.5 ℃或−48 ℃不变。

（2）检测进气温度传感器的电阻值。

拔下进气温度传感器的插头，用汽车万用表连接进气温度传感器插座端子1和2，在常温下，阻值为2 200~2 700 Ω。温度越高，阻值越小。若阻值为无穷大或偏差过大，说明进气温度传感器已损坏，应当更换。

（3）检测进气温度传感器的工作电压。

拔下进气温度传感器的插头，打开点火开关，测量插头端子1和搭铁点之间的电压，应为5 V左右。

7. 其他部件的检测

1）发动机转速传感器的检测

（1）检测发动机转速传感器的电压。

不拔下发动机转速传感器插头，用示波器连接传感器端子 2 和 3，起动发动机，可检测到脉冲电压信号。

（2）检测发动机转速传感器的电阻值。

拔下发动机转速传感器的插头，用汽车万用表连接传感器插座端子 2 和 3，阻值为 480 ~ 1 000 Ω（新件为 870 Ω 左右，车上在用件为 950 Ω 左右）。

2）霍尔传感器（凸轮轴相位传感器）的检测

（1）检测霍尔传感器的工作情况。

不拔下霍尔传感器插头，用发光二极管测试灯从插头背面连接插头端子 1 和 2，接通起动机数秒，发光二极管应闪亮（发动机每转两转，测试灯必须闪一下）。

（2）检测霍尔传感器的工作电压。

拔下霍尔传感器的插头，用汽车万用表检测各端子间的电压：打开点火开关或起动发动机，连接霍尔传感器插头端子 1 和 3，其电压值应为 5 V 或 6 V 左右；连接霍尔传感器插头端子 2 和 1，其电压值应为 8 V 或 9 V 左右；连接霍尔传感器插头端子 2 和 3，其电压值应为 12 V 或 14 V 左右。

3）氧传感器的检测

（1）检查氧传感器的工作情况。

①连接故障诊断仪，选择"读取数据流"功能。选择 07 显示组，读取氧传感器的数据流，当冷却液温度大于 80 ℃、发动机怠速时，读取氧传感器的工作电压值。各种结果说明如下：

a. 电压不断地在 0.1 ~ 1.0 V 范围内跳动，说明 λ 调节正常。

b. 电压为 0.1 ~ 0.3 V，残余氧较多，说明混合气太稀。

c. 电压为 0.7 ~ 1.0 V，残余氧较少，说明混合气太浓。

d. 电压为 0.45 ~ 0.5 V，说明氧传感器不工作。

②选择"读取数据流"功能。选择 08 显示组，当冷却液温度大于 80 ℃、发动机怠速时，检查 λ 控制的情况。区域 2，怠速时 λ 调节值在 -10% ~ 10% 为正常；区域 3，部分负荷时 λ 调节值在 -8% ~ 8% 为正常。若控制超差，检查 λ 控制是否正常。

（2）检测加热元件的电阻。

拔下氧传感器的插头，用汽车万用表连接传感器插座端子 1 和 2，常温下阻值为 1 ~ 5 Ω，温度上升很少时，阻值会上升很大。若阻值为无穷大，说明加热元件断路，应更换氧传感器，若阻值符合要求，应检测氧传感器的供电电压。

（3）检测氧传感器的供电电压。

拔下氧传感器的插头，用汽车万用表连接氧传感器插头端子 1 和 2，打开点火开关，其电压值应为 12 V。若电压值不符合要求，应检查氧传感器插头端子 1 至附加熔丝 S 之间的线路有无断路或接触不良现象。

（4）检测氧传感器的信号（输出）电压。

连接好氧传感器插头与插座，用汽车万用表连接氧传感器插头端子 3 和 4，起动发动机。当发动机冷态或氧传感器不工作时，电压为 0.45 ~ 0.5 V；当踩下加速踏板供给浓混合气时，电压在0.7～1.0 V之间波动；当拔下进气管上的真空软管，供给稀混合气时，电压在0.1～0.3 V之间波动。

若电压不变化或变化缓慢，可能原因如下。

①氧传感器插头松动或进水。

②氧传感器头部的孔堵塞。

③氧传感器受到过大的热应力。

④氧传感器加热装置失效。

⑤λ 控制关闭。

⑥由于长期使用劣质汽油或含铅汽油使氧传感器“中毒”失效。

（5）基本设定。

连接故障诊断仪，选择“基本设定”功能。选择08显示组，可使4区域活性炭罐电磁阀关闭，λ 调节起作用。或选择99显示组，使 λ 控制打开或关闭。按4键和8键可以在“基本设定”（λ 控制关闭）和“读取数据流”（λ 控制打开）之间来回变化，用来判断发动机性能是否有变化。

4）冷却液温度传感器的检测

（1）检查冷却液温度传感器的工作情况。

连接故障诊断仪，选择“读取数据流”功能。选择03显示组，读取冷却液温度传感器的数据流。在暖车过程中，温度逐渐连续上升；在正常工作条件下，温度在80 ℃～105 ℃范围内。若冷却液温度没有真实的数据出现，应检查冷却液温度传感器及线路。

（2）检测冷却液温度传感器的电阻值。

拔下进气温度传感器的插头，用汽车万用表连接进气温度传感器插座端子1和3，在常温下，阻值为2 200～2 700 Ω。温度越高，阻值越小。若阻值为无穷大或偏差过大，说明冷却液温度传感器已损坏，应当更换。

（3）检测冷却液温度传感器的供电电压。

拔下冷却液温度传感器的插头，用汽车万用表连接冷却液温度传感器插头端子1和3，打开点火开关，其电压值应为5 V左右。

（4）检测冷却液温度传感器的信号电压。

不拔下冷却液温度传感器的插头，用汽车万用表连接冷却液温度传感器插头端子1和3，打开点火开关，其电压值应为0.5～2.5 V。若信号电压值不在此范围，说明冷却液温度传感器已损坏，应当更换。

注意事项：若冷却液温度传感器没有信号（断路或开路），发动机ECU认为冷却液温度始终是19.5 ℃，会导致冷车或热车起动困难，燃油消耗增加，排放增加等故障。

5）爆震传感器的检测

（1）检查爆震传感器的工作情况。

连接故障诊断仪，选择“读取数据流”功能。选择13显示组，读取各缸爆燃控制点火滞后角数值，在0°～15°的曲轴转角为正常。选择16显示组，读取各缸爆震传感器信号电压值，在0.3～1.4 V内为正常，各缸信号电压差值不得大于50%。若猛踩加速踏板，爆震传感器信号电压最大值可达5.1 V。

（2）检测爆震传感器的电阻。

拔下爆震传感器的插头，用汽车万用表分别连接爆震传感器插座端子 1 和 2、1 和 3、2 和 3，阻值都应大于 1 MΩ。

（3）检测爆震传感器的输出信号电压。

不拔下爆震传感器的插头，用汽车万用表连接爆震传感器插头端子 1 和 2（ +、- 信号端子），起动发动机，应有脉冲电压输出。若无脉冲电压输出，应更换爆震传感器。

（三）电子控制燃油喷射系统的常见故障

（1）计算机电子控制单元故障。电子控制单元工作虽较为可靠，一般不易出现问题，但对于行驶里程达 15 万 km 以上的汽车却难免会发生故障。例如，某集成块损坏，电喷单元固定脚螺栓松动，电子元件焊脚接头松脱以及电容元件失效等。这些问题往往都能造成电控系统功能的失效使发动机难以正常工作。出现这些问题时，一般应送到该车型特约维修部门进行测试和维修。实在无条件检修时，可用类比方法，在运行正常的同型号车上进行元器件的互换效果比较。

（2）插接件连接故障。电子喷射系统的电路引线有很多插接件，因为长期使用而老化，或由于多次拆卸造成接头松动或接触不良，发动机出现不稳定工作时，应检查电控元件及连接线路。要注意不可碰坏连接线及各种电控元件的插件接头，以免增加检测难度，误判为传感器的故障。

（3）传感器故障。传感器大致有热敏电阻式、真空压力式、机械传动式等几种形式，因传感器的零件损坏，如弹片弹性失效、真空膜片破损、回位弹簧断裂或脱落等，都将不能及时、准确地反映发动机的工作情况，从而使电子控制系统失控或控制不正常，发动机工作不协调，甚至不能工作。

（4）管道密封不严。如胶管老化造成漏气，管口破裂或卡扣未卡紧，使管路密封不严，空气量检测失准，使混合气过稀，从而使发动机怠速不稳，运转无力，起动困难等。

（5）电子燃油喷射系统的汽油雾化不良。汽油雾化类似于柴油机的高压喷油器喷油雾化。不过这种汽油喷嘴是由一组电磁线圈、吸铁开关、喷油针阀和针座组成，针阀开启时喷油雾化。针阀的开启是由电子控制单元产生的电脉冲控制的，有时也会因电磁线圈工作不良，或喷油嘴卡死，造成某缸汽油雾化不良或不雾化，从而造成某缸不能正常工作。

（6）电子控制喷射装置故障。该装置主要是起动加浓装置，它只在起动时起作用，起动加浓吸铁线圈在起动时打开针阀，起动后应关闭针阀。它的工作好坏将直接影响到发动机的起动性能，一旦它出现故障，就使起动加浓装置不起作用，车辆无法正常起动。

（7）电磁阀故障。它是指电磁阀线圈脉冲控制的阀门闭合故障，如电磁喷油阀、怠速控制电磁阀及点火装置的电磁阀线圈等，它们工作的好坏直接影响到发动机正时喷油、点火、起动、怠速等工况的正常工作。

（8）电动燃油泵故障。电动燃油泵在无油或油质太差的情况下工作，都会造成电动燃油泵的磨损、烧毁，电动燃油泵受空气流量传感器微动开关的控制，若开关工作不良或动作迟缓，都会影响到油泵的正常工作，造成车辆起动困难、加速不稳。

（9）空气滤清器故障。空气滤清器发生阻塞，会造成混合气过浓；汽油滤清器堵塞会造成混合气过稀。这两种情况都会导致发动机起动困难、转速不稳与运转无力。这与传统化油器供油系统的故障现象相似。

（10）几种最常见故障的诊断程序。

①起动困难。首先检查起动加浓喷嘴是否工作，引线插头是否松脱，起动加浓阀是否卡死。若通电时能听到“嗒”的响声，说明起动加浓阀基本正常；否则为卡死。若起动加浓喷嘴无问题还不能起动着火，则应检查电动输油泵与气流传感器，如都无问题，则可能是油泵供油量不足或压力不够，如两者经检查均无问题，则应检查节流阀开关及点火线路等。

②发动机通过拖车可以顺利发动，但用起动机驱动却不能起动着火。出现这种情况时，可先按上述“起动困难”一项进行检查，若均无问题，则应检查气温传感器和热控开关，若仍不能起动，则检查电动输油泵控制电路及输油管路。若因电动输油泵供油较迟所致，可通过调整杠杆的角度解决。

③发动机失速。首先检查辅助空气装置是否工作不良。冷车时，阀门孔应与辅助气道相通，热车时，则应在弹簧作用下关闭。若此装置无问题，再检查电子计算机控制单元输入输出插件是否工作不良，起动加浓阀能否在热车时关闭，最后再检查温度传感器是否工作正常。

④发动机怠速粗暴或喘振。应先检查各喷油阀的电路连接是否良好，然后检查每一喷油阀的吸铁线圈是否能正常工作。接着检查喷油阀是否能触发，处理好靠近高压线的控制信号线，检查各进气软胶管接头及真空软管有无破损及漏气处，若有则应予以密封。

⑤高速性能差。打开节流阀，检查节流阀开关位置是否合适对中，再用压力表接在供油管道上测试供油压力。过低时，应更换汽油压力调节器。如压力正常，再检查喷油嘴触发系统功能是否失调，检查各传感器并清查导线与插接件，若传感器有问题应予以更换。

⑥耗油量过大。先检查各真空胶管是否有泄漏，再检查气温传感器是否失效或接头是否短路，测试气流传感器上的气温传感器的电阻，如不符合规定，则应予以更换。如果是接头短路，则应清理或更换。最后，再检查起动加浓阀能否关闭，若有问题，应予以排除。

电控发动机故障诊断与排除流程如图 11－6 所示。

知识三　汽车电控系统检修注意事项

（1）不论发动机是否运转，在点火开关接通的情况下，不可随意断开任何一个带有电磁线圈装置的电路，如点火装置、怠速控制阀、电磁喷油器等以及连接这些器件的蓄电池电缆线，以免由于自感作用，产生瞬间高压，对 ECU 和传感器造成严重损坏。

（2）在对 ECU 及与其连接的传感器、执行器进行故障诊断时，操作人员必须先消除自身静电，以免静电放电产生瞬间高压，对车上集成电路或电子元件造成严重损坏。

（3）在拆卸电控系统各电线插头时，应先关掉点火开关，然后拆下蓄电池负极（－）搭铁线，断开蓄电池。有时在断开蓄电池前，应记录下必要的数据；否则，存储于电控单元内部的所有故障码和 ECU 学习数据都将会消失，为故障排除等工作带来困难。

（4）ECU 电源电路被切断后，在重新接通电源后必须进行初始化和路试，让 ECU 重新学习新的数据。

（5）在维护电子部件时，不要掉落电子部件（如传感器或继电器）；否则容易造成损坏；断开电子连接器时，严禁拉拔配线，应拉拔连接器本身；所有的接插件安装或拔出时禁止野蛮操作，一定要确保锁紧定位装置插到位，插口中无异物。

（6）不可用快速充电机进行辅助起动，以防充电机的脉冲高压损坏电子元件。

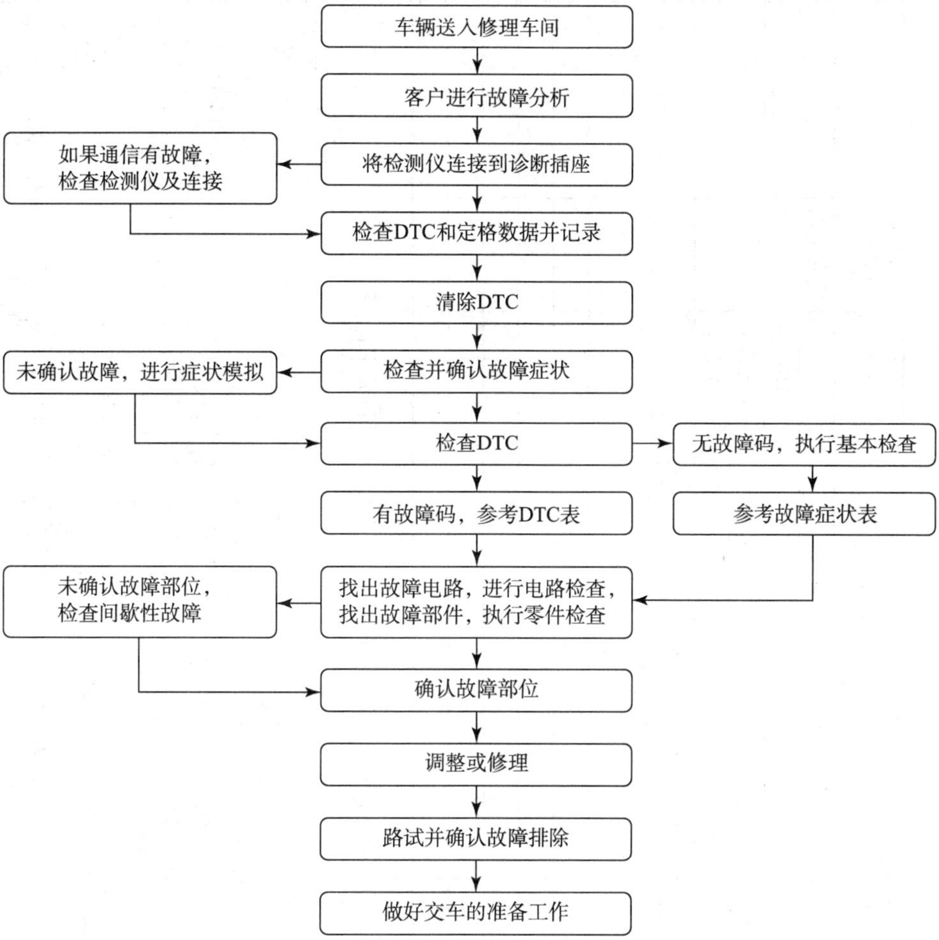

图 11－6　电控发动机故障诊断与排除流程图

（7）在没有连接和拧紧蓄电池电缆线时，绝对不要起动发动机，不可在发动机运转时拆下蓄电池电缆；安装蓄电池时，务必要辨清其正负极，不能接错。

（8）对于配备催化转化器的车辆，应遵循以下注意事项。

①避免发动机怠速运转超过 20 min。

②只能使用无铅汽油。

③避免进行不必要的火花跳火试验。在必要的情况下进行火花跳火试验时，应尽快完成。

④避免发动机压缩压力测量时间过长，发动机压缩压力测量必须尽快完成。试验时，切忌高速运转发动机。

⑤燃油即将耗尽时禁止运转发动机，避免导致发动机失火。

（9）进行电焊作业时，一定要关闭总电源并拔掉 ECM 上所有插头。

（10）注意防水、防潮、防尘、防磁场干扰。

（11）严禁碰撞、冲击，严禁使用任何液体清洗（ECM 印制电路板外包一层钢质外壳，对外壳的损坏，哪怕是轻微的磕碰变形，都有可能造成严重后果）。

（12）定期用清洁软布擦拭线束上积累的油污与灰尘，保持线束及其与传感器或者执行器的连接部分的干燥清洁。

1. 任务资讯

车主姓名		地址		电话		出厂时间		公里数	
车牌号		型号/年份		发动机牌号				燃油量	
入场时间		约定交车时间		修正交车时间				维修级别	
故障陈述						接车员		调度员	
						班组长		结算员	备注
						检验员		交车员	

维修项目	工时	工价	维修班组	开工时间	完工时间	换件项目	数量	单位	单价	金额

客户签字：	约定联络时间：	接车前的检查	□车匙 □备胎 □轮盖 □行驶证 □随车工具 □故障灯		说明
班组长： 检验员： 接车员： 服务专员：	工时费用总计： 材料费用总计： 估价人： 付款方式 转账支票□ 现金□ 其他□		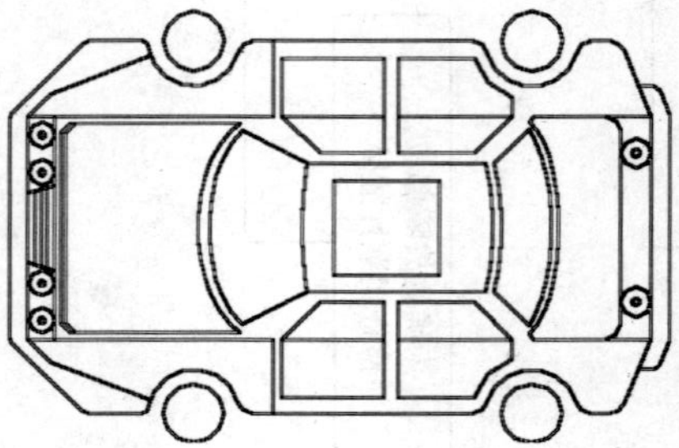	× 划痕 ⊙ 凹陷 √ 破损 检查人：	1. 车内贵重物品由客户自行带走；否则如有遗失，本厂恕不负责； 2. 车主同意上述维修项目并授权本厂对无法修复零件予以更换； 3. 客户自带配件与客户要求更换副厂件的，本厂恕不负责质量保修

2. 制定诊断方案（描述故障产生的可能原因及对应检查方法）

序号	可能的原因	检查方法
将诊断方案画成因果关系分析图		
班组长意见		

3. 实施诊断方案（描述对应检查项目、测量数据和判定结果）

序号	检查项目	检查结果	正常状态	结果判定

4. 实施维修（描述最终确认的故障部位和修复方法）

故障部位（零部件）	故障原因	修复方法

5. 维修结算

学字 011　No. 00011

<table>
<tr><td>客户名称</td><td colspan="2"></td><td>客户代码</td><td colspan="2"></td></tr>
<tr><td>地址</td><td colspan="2"></td><td>车牌号码</td><td colspan="2"></td></tr>
<tr><td>电话</td><td colspan="2"></td><td>车型</td><td colspan="2"></td></tr>
<tr><td>付款方式</td><td colspan="2"></td><td>车辆出厂编号</td><td colspan="2"></td></tr>
<tr><td>序号</td><td>作业项目</td><td>作业内容</td><td colspan="2">使用零件</td><td>金额</td></tr>
<tr><td></td><td></td><td></td><td colspan="2"></td><td></td></tr>
<tr><td colspan="3">业务主管指示：　　　　____年__月__日</td><td colspan="3">交车员签名：　　　　____年__月__日</td></tr>
<tr><td rowspan="4" colspan="2">确认客户已交费

结算员签名：</td><td rowspan="4" colspan="2">本公司对上述维修项目保用至__月__日或__公里</td><td>项目</td><td>金额</td></tr>
<tr><td>维修、检测</td><td></td></tr>
<tr><td>配件</td><td></td></tr>
<tr><td>其他</td><td></td></tr>
<tr><td colspan="4">服务电话：</td><td>总计</td><td></td></tr>
</table>

评价反馈

专业		姓名		班级		学号	
考核项目		评分标准	教师评判			分数	得分
态度（师评）	团队合作	是否和谐	是 □	否 □		5 分	
	拓展发言	是否精彩	是 □	否 □		5 分	
	小组讨论	是否积极	是 □	否 □		5 分	
	设备安全	有无损害	无 □	有 □		5 分	
	人身安全	有无损伤	无 □	有 □		5 分	
	生产纪律	是否守纪	是 □	否 □		5 分	
	现场清理	是否做到	是 □	否 □		5 分	
交车	维修结算（组评）	维修结算单内容填写	充分□	一般□	没填写□	5 分	
	实施维修（组评）	实施维修结果是否完整、正确	完整□	一般□	不正确□	5 分	
实际操作	任务方案（师评）	汽车电控系统（如电子燃油喷射系统）故障的诊断方案是否正确易行	正确易行 □	基本正确 □	不正确 □	10 分	
	工具使用（师评）	所选工具是否正确无误	完全正确 □	基本正确 □	不正确 □	10 分	
	维修过程（自评）	能否掌握汽车电控系统（如电子燃油喷射系统）故障的诊断方法	能 □	基本能 □	不能 □	10 分	
	完成维修任务情况（师评）	能够独立排除汽车电控系统故障	能 □	基本能 □	不能 □	10 分	
		汽车电控系统故障的诊断与排除	完全排除 □	基本排除 □	没有排除 □	15 分	
学生体会：						合计	
教师签字： 年　月　日							

知识拓展

故障案例一：捷达 GiX 发动机不能起动

【故障描述】

一辆捷达 GiX 轿车，起动车辆时，起动机转速正常，发动机不能起动，曾去过路边修理部，建议用户更换发动机线束。车主开到 4S 店请求修理。

【检查过程】

连接故障诊断仪 VAG 1552 进入发动机控制系统，设备显示发动机电控单元不能通信。在车辆起动时，检查火花塞无高压火产生。

【故障分析】

根据上述两项检查结果，可以判定发动机控制单元未工作。一般发动机控制单元不工作的原因有两个：一是控制单元未通电；二是控制单元损坏。捷达 GiX 轿车装备的是西门子公司的 SIMOS3PW 发动机管理系统，发动机控制单元插头有 121 个针脚，1、2 号脚为接地线，61 号脚为点火开关火线，62 号脚为常火线。拔下发动机控制单元插头，对插头线束端进行测量，1、2 号脚接地电阻为零，61 号脚在打开点火开关的情况下对地电压为 12 V，62 号脚对地电压为零。

经分析线路图，得知连接控制单元62 号脚的是一根红色电线，截面积为 0. 35 mm^2，该线另一端连接到继电器盒 G2 插头的第 9 脚（G2 是白颜色 9 脚插头）。测量该导线，导线中间无断路故障，测量继电器盒 G2 插头的第 9 脚电压为 12 V，而测量控制单元的 62 号脚无电压。上述测量结果没有道理，但仔细一想应该这样解释：测 G2 插头第 9 脚时表笔从插头第 9 脚背面使劲插入，这样可以把第 9 脚插头按实，表笔拿开后第 9 脚又断路了，所以测量控制单元 62 脚无电压。

【故障排除】

拆下继电器盒，发现继电器盒 G2 插头的第 9 脚缩进，仅露出一点，插入插头使得此针接触不上。更换继电器盒将所有插头连接好后，连接 VAG 1552 检测后其顺利与发动机控制单元通信，清除故障码后，起动发动机一切正常。

故障案例二：捷达 GiX 发动机不能起动

【故障描述】

一辆捷达王 CT 型轿车，行驶发动机怠速不稳，行驶无力，急加速时排气管冒黑烟，到 4S 店进行检修。

【检查过程】

首先采用 A. V. G1551 解码器读取故障码，显示为空气流量计（G70）信号不明确，空气流量计（G70）断路/搭铁短路；读取 002 组数据块，得知吸入空气量在正常范围；读取 007 组，得知 λ 传感器电压数值变化频率在正常范围内。清除故障码，用清洗剂和压缩空气清洁空气流量计，清洗节气门体，进行基本设定后，起动发动机试车，故障消失，交车主使用。

然而几天后，故障又出现了。用解码器读取故障码，空气流量计（G70）信号不明确现象还存在。考虑到热膜式空气流量计是电喷发动机的一个重要部件，其发生故障的概率应该很低，但既然读取到的故障码提示空气流量计有故障，就应该做进一步检查。然后按照空气流量计的检查方法进行检查：测得空气流量计信号线的电阻值为 4 Ω，远远大于正常值，再用手不停地摇晃线束时，发现信号线电阻有变化。至此，该车故障诊断为空气流量计线路有接触不良的地方。仔细查看插头及线束，发现空气流量计插头信号线在插头接线处内部接触不良（此插头接线有人修理过）。

【故障排除】

重新清理并连接插头线，装好蓄电池，起动发动机试车，一切正常。

参考文献

[1] 李春明. 汽车故障诊断方法与维修技术 [M]. 北京：北京理工大学出版社，2009.

[2] 罗富坤. 汽车故障诊断与排除实训 [M]. 北京：北京理工大学出版社，2008.

[3] 闵永军. 汽车故障诊断与维修技术 [M]. 北京：高等教育出版社，2009.

[4] 李春明，刘艳莉，张军. 汽车故障诊断方法与维修技术 [M]. 北京：北京理工大学出版社，2006.

[5] 李清明. 汽车故障与检测技术 [M]. 北京：机械工业出版社，2010.

[6] 王凯明. 现代汽车故障综合诊断技术——数据分析 [M]. 北京：北京理工大学出版社，2002.

[7] 董继明. 汽车检测与诊断技术 [M]. 北京：机械工业出版社，2010.

[8] 舒华，姚国平. 汽车电器设备与维修 [M]. 北京：北京理工大学出版社，2006.

[9] 孙志刚. 汽车电气设备与维修 [M]. 北京：北京理工大学出版社，2010.

[10] 张宝生，邵林波. 汽车底盘构造与维修 [M]. 北京：冶金工业出版社，2009.

[11] 赵振宁，李东兵. 电控发动机原理与检修 [M]. 北京：北京理工大学出版社，2011.

[12] 姚焕新，刘红. 汽车发动机电控系统检测与维修 [M]. 哈尔滨：哈尔滨工业大学出版社，2013.

参考文献

[illegible]